21世纪高职高专经管类系列规划教材

（第二批）

U0960650

员工关系管理

YUANGONG GUANXI GUANLI

● 主　编　李旭穗　倪春丽

● 副主编　代春花　王春鸽

● 主　审　黄少斋

华南理工大学出版社

SOUTH CHINA UNIVERSITY OF TECHNOLOGY PRESS

·广州·

内 容 简 介

本书是“21世纪高职高专经管类系列规划教材”（第二批）中的一本。全书共设置6个学习情境，分别是劳动合同管理、特殊劳动关系管理、社会保险管理、职业健康安全管理、劳动争议管理、营造和谐的员工关系。教材内容适合开展项目载体、任务驱动式教学，具有实践性强的特点。各个学习情境由教学目标、任务描述、知识链接、工作示范、知识拓展、考证训练等内容构成。

本书适用于高职高专人力资源管理、工商企业管理等经济管理专业的教学，也可作为本科院校管理类专业的教材以及社会从业人士的参考资料。

图书在版编目（CIP）数据

员工关系管理/李旭穗，倪春丽主编．—广州：华南理工大学出版社，2011.8
（2019.6 重印）
21世纪高职高专经管类系列规划教材．第二批
ISBN 978-7-5623-3497-2

Ⅰ.①员…　Ⅱ.①李…　②倪…　Ⅲ.①企业管理：人事管理－高等职业教育－教材　Ⅳ.①F272.92

中国版本图书馆CIP数据核字（2011）第155649号

总 发 行：华南理工大学出版社（广州五山华南理工大学17号楼，邮编510640）
营销部电话：020－87113487　87110964　87111048（传真）
E-mail：scutc13@scut.edu.cn　http://www.scutpress.com.cn
项目策划：毛润政
策划编辑：毛润政　徐明媛
责任编辑：陈　超
印 刷 者：虎彩印艺股份有限公司
开　　本：787mm×1092mm　1/16　印张：22.5　字数：493千
版　　次：2011年8月第1版　2019年6月第3次印刷
定　　价：39.00元

“21世纪高职高专经管类系列规划教材”（第二批）

编写委员会

顾　　问（按姓氏笔画）：

劳汉生（中山火炬职业技术学院常务副院长）

蒋平生（清远职业技术学院副院长）

程忠国（广州城建职业学院副院长）

蔡　勇（江门职业技术学院副院长）

主　　任： 严中华

总 主 编： 李旭穗

副总主编： 牛汉钟　曲建国　朱　权

编　　委（按姓氏笔画）：

王跃德　代江华　关冬梅　刘　宇　刘炳延
许洪岩　祁　建　朱德泉　沈　靖　何志昂
肖凡平　吴东泰　吴　穷　李文生　李中原
李钢伟　李景河　陈卫中　陈文知　陈琴珍
杨明军　邱立军　张玉昆　张道军　罗建华
胡秦堡　俞　彤　徐幼岭　曾令香　曹立村
阚雅玲　綦桂芬　管仲华　黎妙嫦

序　一

自我国提出大力发展高等职业技术教育以来，高职教育已取得了前所未有的成就，占据了中国高等教育的半壁江山。特别是2006年教育部颁布了《关于全面提高高等职业教育教学质量的若干意见》（教高［2006］16号），指出高职教育是高等教育的一种“类型”以来，高职教育的发展更是一片欣欣向荣。通过示范性院校建设项目和精品课程项目的启动和实施，高职教育日益彰显其作为高等教育的一种“类型”的本质属性和特征。

高技能人才培养模式也正由传统封闭的学校教育转向现代开放的校企合作办学模式，工学结合已成为高职教育人才培养模式改革的重要切入点。但是，要实现这一培养模式，课程改革是关键。高职教育与普通高等教育的类别特征及与中等职业教育的层次区别，也集中反映在其课程体系与课程内容之中。正如姜大源先生所说，想实现工学结合，而又不对课程进行改革，那么只能是镜花水月。课程始终是职业教育和教学改革的核心。事实证明，没有课程改革的教育改革一定是一场不彻底的、没有深度的，因而也不可能有实质性突破的改革。

正因为如此，中国高职教育整体的改革步伐始终伴随着三次课程改革的浪潮。第一次浪潮为20世纪80年代中后期至90年代初期，课程改革重点强调建设学科体系和实践体系双轨制的课程体系；第二次浪潮为20世纪90年代中后期至21世纪初，课程改革重点强调建设能力本位的模块化高职教育的课程体系；第三次浪潮为2006年以后，开始探索构建基于工作过程系统化和项目化的行动导向的课程体系。国家示范性高职院校建设计划和国家精品课程建设项目以及国家高职名师的评选计划的实施，标志着我国高职教育发展正式转向内涵建设。

目前，高职教育课程模式由单一走向多元，从封闭走向开放，以产业、行业、企业、职业、实践要素以及其工作过程系统化为基础，以真实的工作任务或产品为载体来对课程进行整体设计，将行业、企业技术标准与通用权威的职业资格标准引进课程，初步形成了职业实践导向的高职教育课程体系。

伴随着三次课程改革浪潮，高职教材建设也开展得如火如荼。基于实践本位理念的、基于能力本位理念的以及基于工作过程导向理念的各种形式的高职教材相继而出。尽管如此，但整体而言，作为高职院校基本建设之一的教材建设，仍然滞后于高等职业教育发展的步伐，以至于许多高职院校的学生缺乏适用的教材。这种现象在高职经管教育领域更为严重。其原因在于，相对工科类专业课程改革红红火火的局面，经管类的课程改革总体而言还处在冰冻状态，这可以通过全国以及各省示范建设院校重点建设项目总数的90%以上属于工科专业的事实得到说明。还由于基于工作过程的课程改革在德国的探索首先开启于汽车、数控等工科类专业，随之产生的大量改革成果被我国高职院校借鉴和参考。而经管类专业，由于其职业和岗位（群）工作过程边界的模糊性，以及输入与输出和劳动工具与对象的无形性，使得经管类专业基于工作过程的课程改革实施难度较大，因而我国各高职院校选择工科类专业作为课改的首先对象就不足为奇了。其深层原因在于，职业技术教育作为一种类型的本质属性在理工科专业课程建设中更容易凸显。正是由于高职经管类课程改革的缓慢，才导致了其教材建设也不甚理想。目前我国高职经管类学生在人数上占据了高职学生总数的很大比例，如果继续忽视这一类课程及其教材的改革，将直接影响到经管类高职教育的健康发展和高职教学整体水平的提高。

值得欣慰的是，华南理工大学出版社肩负历史使命，受高度社会责任感的驱使，组织广东20多所高职高专院校编写了本套“21世纪高职高专经管类系列规划教材”，这是应高职改革之势、之需的新作为。本套教材以先进的高职理念为指导，在一定程度上突破了学科式的内容选择和排序方法，力求采取行动导向的教材建设思想，实施“理论课程实务化、实务课程实践化、实践课程整合化”以及“教学方法项目化”的教材建设思路。我们期望所有奋斗在经管类高职课程改革第一线的教师们能及时分享这一成果，以解除想上好高职经管类课程却无好高职经管类教材之尴尬和困境，并能利用这一成果充分展示高职项目教学法和情境教学的独特魅力。

我相信华南理工大学出版社组织编写的本套“21世纪高职高专经管类系列规划教材”的出版，宛如高职经管类课程开发及其教材建设之星星之火，可以燎原！

编委会主任：严中华

2009年6月28日于广州

序 二

当新世纪伴随着我国经济转型和经济高速发展的步伐到来之际，大学生就业难的问题就悄然摆在社会面前。2003 年是中国高校扩招后本科学生毕业的第一年，全国共有高校毕业生 212. 2 万人，比 2002 年增加 64 万人，增幅达 43. 2%；此后，每年均以超过 20% 的幅度在增长；2009 年毕业生更高达 560 万人，加上往届累积的 480 万人，全国未就业毕业生超过 1 000 万人，加上金融危机的影响，大学生就业难的问题更引起了全社会的广泛关注。

然而，在另一方面，却是企业对合格人才的呼唤和渴求以及企业对部分不合格大学生的“退货”，这一切令社会反思，令教育界反思，更令有责任心的教师们深思……

那么，职业院校应如何针对经济转型、发展需要和企业需求，培养出具有良好职业人文素质和精湛职业技能的应用型、职业型人才，使学生顺利地从“学生角色”过渡到“职业人”的问题，已是我们每个职业教育工作者刻不容缓的责任，也是我们职业教育内涵建设的关键。要实现这一人才培养目标，我们必须根据企业的需求，调整专业结构，更新课程内容，着重培养学生的就业能力，认真研究职业院校的学生应该“学什么，怎么学”；从以往完全按学科体系的模式，转变为根据各工作岗位对基本素质、基本技能和拓展技能的要求，按工作过程、工作内容进行设计，以项目为载体、以任务驱动设计教材内容。

为此，在华南理工大学出版社的大力支持下，广东省 20 多所高职院校联合起来并邀请部分企业参与，共同编写出适合目前高职院校教学需要、有广东地域特色、符合教育部《关于全面提高高等职业教育教学质量的若干意见》（教高［2006］16 号）要求的教材。本次参编人员达 260 余人，第一批出版教材近 30 种，这不仅是出版社的一件了不起的大事，甚至可以说是出版界的一件足以回味和借鉴的有意义的大事，同时也是广东高职高专经管类教育界的一件盛事。而且，通过各院校之间的相互交流和学习，相互研究和探讨，对高职高专的教学改革无疑将起着非常重要的积极作用。

本套教材的创新之处在于：

第一，教材内容根据职业岗位的工作过程、工作内容要求进行设计。

教材内容主要包括引导学生对工作岗位、工作内容有一个整体的认知，指导学生对其应该具备的职业人文素质和职业技能进行学习和训练。

第二，教学方法根据经管类专业的特点，按情景式教学法、体验式教学法、项目教学法和案例教学法进行设计。

教材尽量按模块进行编写，每个模块里包含若干个项目，每个项目又由若干个任务组成，真正体现“以项目为载体、以任务为驱动”的教学理念。力求体现企业要求和行业标准，又能适合高职高专学生的特点。

第三，重实务，体现时代要求。

我们侧重于对实务知识的介绍，突出教材实践性强的特点，让学生掌握更多的实操知识。

另外，考虑到网络已经成为现代人工作不可或缺的一部分，善于使用网络获取资源是现代人应该掌握的技能之一。因此，我们在教材的编写中一般都考虑到了“网上练习”这一环节，要求学生进行相关资料的收集或进行在线的测试。这也体现了本系列教材满足时代要求的设计思路。

第四，由企业专业人士和高职院校一线教师，结合企业人才需求和突出学生“教、学、做一体化”和“学以致用”的目的进行编写。

第五，对理论基础知识把握“必需”、“够用”的原则。

各书参编人员和主审大部分具有多年企业工作经验和多年的教学经历，在编写过程中还不断征求企业管理人员的意见，力求编写出符合企业人才需求和适合高职学生特点的教材。

总而言之，本系列教材整体框架和具体内容设计体现了“教、学、做”一体化原则，通过多样化的训练任务，应用“必需”的理论基础知识，把课堂交给学生去施展和体验，使学生由被动的学习者转变为主动的实践者。我们希望学生在这种“做中学”、“学中做”的教学模式中，能够真正获得知识、掌握技能、提升素质，成为善学习、常动手、会做人、能适应和快发展的实用型人才。

本系列教材凝聚了广东省20多所高职院校260多名教师和华南理工大学出版社编辑人员的智慧和辛劳。同时，侨鑫集团培训总监杨明军先生、仲衡保险公估公司总经理管仲华先生、豪森威市场调查公司总经理廖东升先生等多次参与本系列教材编写工作的研讨，提出了许多指导性意见，在此深表感谢。

编委会总主编：李旭穗

2009年7月20日

前　言

在中国经济蓬勃发展的今天，越来越多的企业认识到构建发展和谐稳定的员工关系（劳动关系）已成为企业组织各级各部门管理人员必须履行的责任和义务。作为一名管理者，必须熟悉人力资源管理的有关法律法规，知晓构建和谐员工关系的各种方式和途径，能够熟练、高效地开展员工关系管理活动。因而，员工关系管理理念和技能已经成为管理类专业教学和培训的核心内容之一。

然而，目前的高校人力资源管理教学还不能充分地满足社会经济发展需要和企业需求，高校培养出的学生实际操作能力还比较薄弱，不能解决实际问题。为此，高等教育特别是高职教育正在积极推进教学改革。教学改革的核心是课程改革，而课程改革的重点和难点是实践教学体系的探索和建立。我们编写的这本实务性教材体现了高职教育改革的方向，即：以项目为载体、以任务为驱动，基于工作过程进行设计。

本教材的创新之处在于：

第一，基于工作过程系统化进行设计。

本教材编写团队在企业调研后，在对企业人力资源经理、助理、劳动关系专员的岗位说明书进行梳理，深入研读人力资源管理师、劳动关系协调员等职业资格考证相关要求的工作基础上，确定教学目标和设计教学内容。本教材共设置了6个学习情境，分别是劳动合同管理、特殊劳动关系管理、社会保险管理、职业健康安全管理、劳动争议管理、营造和谐的员工关系，各学习情境下设1～3个工作任务，充分体现员工关系管理的职业内容和岗位要求。

第二，情景式教学，体验式操练。

“学习情境”和“任务”是本教材最主要的结构要素，构建出一个员工关系管理的职业情境。各个任务包括“任务名称”、“任务情境”、“任务要求”、“知识链接”、“工作示范”、“知识拓展”等项目。各项任务的具体情境主要来自于企业；任务开展方式以案例分析、案例讨论为主，结合企业调研、参观、辩论、知识竞赛、模拟仲裁等多种方式，将职业情境融入教学，构成“学习情境”。“知识链接”中穿插大量最新的企业员工关系管理案例，让学生在体验企业鲜活实例的过程中进行知识的学习。“工作示范”部分则提供与训练任务相似的任务处理示范，为学生开展情境任务、举一反三提供参照。因此，本教材具有“情境式教学，体验式操练”特点，改变了传统教材职业情境缺失，重知识传授、轻技能训练的不足。

第三，重实务，实践性强。

本教材遴选、梳理、设计的训练任务均是企业经常发生的员工关系管理工作任务，“知识链接”所选取的知识侧重于实务，“考证训练”则选取历年助理企业人力资源管理师、人力资源管理员、劳动关系协调员、劳动安全管理员等职业资格考证的试题，加强学生的职业技能训练。这些都突出教材重实务、实践性强的特点。

第四，体现时代要求，兼具国际视野。

本教材选取的案例基本上都是近3年的最新案例，尤其是2008年1月1日新《劳动合同法》颁布之后的最新案例。教材关注最新员工关系管理法律法规的变化并在知识链接和案例分析中加以解读。另外，本教材“职业健康安全管理”学习情境将最新的职业健康安全法律法规体系进行系统的整理，并且引入了国际标准，体现了全球化人才的培养要求。

第五，校企合作共同编写。

本教材邀请了资深的企业人力资源管理专家和高校优秀教师共同编写。本书主编李旭穗女士和主审黄少斋先生分别具有大型外资企业人力资源总监和证券公司人力资源部总经理，以及多年教师的经历，在编写过程中还不断征求企业管理人员的意见，力求编写出符合企业人才需求和适合学生对该专业学习需要的优秀教材。另外，侨鑫集团外商大酒店人力资源总监罗为群女士、真功夫餐饮服务有限公司石军辉先生等均参与了教材的编写，教材的部分“任务”及部分“案例”均是企业专家从他们的管理实践中整理出来的典型素材。

总而言之，本书整体框架和具体内容设计体现了“教、学、做”一体化原则，通过多样化的训练任务，结合“必需”、“够用”的实务知识，引领学生积极主动参与实训活动，以期成长为高级应用型人才。

本书由岭南职业技术学院的李旭穗、倪春丽担任主编，黄少斋担任主审，岭南职业技术学院的代春花、广州工商职业技术学院的王春鸽担任副主编，广州工商职业技术学院的陈军义，广东科技干部职业学院的罗国柱，广东岭南职业技术学院的钟卫民、熊薇、卿青参与编写。在本书的编写过程中，还得到了华南理工大学出版社的大力支持，在此深表感谢。

限于水平，书中难免有错误和不足之处，敬请各位同行、专家、读者批评指正。

编　者

2010年3月

目　录

学习情境一 劳动合同管理

能力目标

☆ 树立劳动合同观念，能够运用法律手段维护劳动者自身的利益；
☆ 作为企业管理者或者个人能够建立完善的劳动合同；
☆ 学会编制解除劳动合同通知书、劳动合同终止协议、劳动合同续订书；
☆ 能够编制专项协议书。

知识目标

☆ 能够准确辨析劳动关系与事实劳动关系、劳动关系与劳务关系、劳动关系与人力资源管理之间的联系与区别；
☆ 掌握劳动合同实施细则、劳动合同文本；
☆ 掌握劳动合同解除、终止与续订的含义和基本要求；
☆ 了解劳动合同各专项协议书的内容和编写要求。

任务1 辨识劳动关系

【任务名称】

辨识劳动关系。

【任务情境】

案例1：一个农民在农忙时节雇用几个人来为自己劳动，其中有一人在劳动中突发脑溢血死亡。

案例2：一个个体工商户在经营过程中雇用几个雇工协助自己生产，有一个人刚来第一天，因裁玻璃不慎，被玻璃屑扎伤了眼睛。

案例3：一个家庭保姆给雇主在户外带孩子，孩子六岁，非常顽皮，乘保姆不备到湖边玩水，不慎掉进湖中。保姆不会游泳，仍然奋不顾身，下水救人，孩子被救起，但保姆溺水身亡。保姆家人要求按照工伤待遇给予赔偿。

【任务要求】

1. 分小组，小组成员讨论案例中是否存在劳动关系；
2. 各小组派代表介绍讨论结果；
3. 要求引用相关法律知识进行分析。

知识链接

一、劳动关系的概念

劳动关系又称为劳资关系，《中华人民共和国劳动法》（下称《劳动法》）规定，劳动关系是指劳动者与用人单位在实现劳动过程中建立的社会经济关系，具体是指在实现劳动过程发生的，一方有偿提供劳动力，另一方提供生产资料，并由两者结合进行生产而形成的社会关系。

劳动关系当事人包含了劳动者和用人单位两方面，劳动者和用人单位统称为劳动关系主体。法律意义上劳动关系中的劳动者只能是自然人，而且必须是符合劳动年龄条件，且具有履行劳动合同义务能力的自然人，另一方应是符合法定条件的用人单位，包括中华人民共和国境内的企业、个体经济组织、国家机关、事业单位、社会团体以及劳务派遣单位等。

劳动关系具有以下特征：首先，劳动是劳动力与生产资料的结合关系，劳动者规定为劳动力所有者和支出者，用人单位（或雇主）规定为生产资料所有者和劳动力使用者，劳动关系的本质是强调劳动者将其所有的劳动力与用人单位的生产资料相结合；其次，劳动关系具有显著从属性，用人单位要安排劳动者在组织内和生产资料结合，而劳动者则要完成各项生产任务，并遵守单位内部的规章制度，两者是隶属主体间的指挥和服从为特征的管理关系；最后，劳动关系是人身关系，由于劳动力的存在和支出与劳动者人身不可分离，劳动者向用人单位提供劳动力，实际上就是劳动者将人身在一定限度内交给用人单位，作为补偿，用人单位要向劳动者支付工资等物质待遇。

案例 1.1　　赵某与公司的劳动关系存在吗？

案例展示：赵某与某公司签订3年劳动合同，合同期满后双方没有续签，赵某离开公司，由于赵某尚有债务没有结清，公司没有为其转移档案。两年后赵某回到公司，以档案关系没有转移，自己和公司仍存在劳动关系为由，要求公司补发两年多的基本生活费，并补缴各项社会保险费。请问赵某离开公司的两年内，其与原公司的劳动关系仍然存在吗？其要求合理吗？请说明你的理由。

分析提示：本案在处理中遇到的法律问题是赵某与该公司有无劳动关系，赵某的档案在该公司是否就与该公司保持着事实劳动关系，这是本案的关键。对于劳动关系的认定，目前有劳动合同确立的劳动关系和事实上形成的劳动关系两种情况。赵某上一个劳动合同期满并未续签，其与该公司在劳动合同基础上确立的劳动关系不存在。而确定事实劳动关系的依据是劳动者的劳动力是否被用人单位所使用，劳动者是否为用人单位提供了劳动。本案中，赵某在劳动合同终止后已离开公司两年，这两年中赵某没有向该公司履行一天劳动义务，没有形成劳动力的使用和被使用关系，因此，赵某与该公司根本不存在事实劳动关系。简单地说，劳动关系的认定，必须以劳动者为用人单位提供劳动作为前提。

二、劳动关系与事实劳动关系

我国《劳动法》、《劳动合同法》规定，建立劳动关系应当订立劳动合同，但现实生活中，由于种种原因，劳动者与用人单位不签订劳动合同而发生事实劳动关系的情形大量存在。解决事实劳动关系的认定问题，对劳动争议案件的准确处理具有非常重要的意义。

（一）事实劳动关系的定义及类型

事实劳动关系是指在建立劳动关系时，劳动关系双方当事人没有按法律要求订立书面的劳动合同，但双方在实际工作中存在劳动关系的状态。事实劳动关系缺少的只是劳动合同这一法定外在文件，但具备了确立劳动关系的基本特征。

事实劳动关系主要指，第一，未签订书面形式的劳动合同而形成的事实劳动关系。这种情况主要表现：自始至终未订立书面劳动合同；未及时签订劳动合同；原劳动合同期满，用人单位和劳动者未以书面形式续订劳动合同，但劳动者仍在原单位工作等。第二，“双重劳动关系”而形成的事实劳动关系。“双重劳动关系”是指劳动者与两个或两个以上的用人单位建立的劳动关系，如下岗或停薪留职到另一单位工作、或同时从事几份兼职工作等。对于“双重劳动关系”中的第二个劳动关系应认定为劳务关系，劳动者只能要求劳动报酬而不能要求劳动法给予的其他权益，如统筹的缴纳等。

政策法规

关于确立劳动关系有关事项的通知

劳社部发〔2005〕12号

各省、自治区、直辖市劳动和社会保障厅（局）：

近一个时期，一些地方反映部分用人单位招用劳动者不签订劳动合同，发生劳动争议时因双方劳动关系难以确定，致使劳动者合法权益难以维护，对劳动关系的和谐稳定带来不利影响。为规范用人单位用工行为，保护劳动者合法权益，促进社会稳定，现就用人单位与劳动者确立劳动关系的有关事项通知如下：

一、用人单位招用劳动者未订立书面劳动合同，但同时具备下列情形的，劳动关系成立。

（一）用人单位和劳动者符合法律、法规规定的主体资格；

（二）用人单位依法制定的各项劳动规章制度适用于劳动者，劳动者受用人单位的劳动管理，从事用人单位安排的有报酬的劳动；

（三）劳动者提供的劳动是用人单位业务的组成部分。

二、用人单位未与劳动者签订劳动合同，认定双方存在劳动关系时可参照下列凭证：

（一）工资支付凭证或记录（职工工资发放花名册）、缴纳各项社会保险费的记录；

（二）用人单位向劳动者发放的“工作证”、“服务证”等能够证明身份的证件；

（三）劳动者填写的用人单位招工招聘“登记表”、“报名表”等招用记录；

（四）考勤记录；

（五）其他劳动者的证言等。

其中，（一）、（三）、（四）项的有关凭证由用人单位负举证责任。

三、用人单位招用劳动者符合第一条规定的情形的，用人单位应当与劳动者补签劳动合同，劳动合同期限由双方协商确定。协商不一致的，任何一方均可提出终止劳动关系，但对符合签订无固定期限劳动合同条件的劳动者，如果劳动者提出订立无固定期限劳动合同，用人单位应当订立。

用人单位提出终止劳动关系的，应当依法按照劳动者在本单位工作年限每满一年支付一个月工资的经济补偿金。

四、建筑施工、矿山企业等用人单位将工程（业务）或经营权发包给不具备用工主体资格的组织或自然人，对该组织或自然人招用的劳动者，由具备用工主体资格的发包方承担用工主体责任。

五、劳动者与用人单位就是否存在劳动关系引发争议的，可以向有管辖权的劳动争议仲裁委员会申请仲裁。

（二）事实劳动关系的特殊性

事实劳动关系定义是指劳动者没有签署劳动合同，但与用工单位形成实际用工的关系。所以与正常的劳动合同关系相比，事实劳动关系自身具有一些特殊性。

第一，违法且具惩戒性，劳动法规明确规定建立劳动关系应当签订书面劳动合同，《劳动合同法》明确规定有对不签订书面劳动合同的具体罚则；第二，复杂性，事实劳动关系是一个复杂的劳动关系，用人单位为了回避劳动风险或疏忽，劳动者因为疏忽或其他原因没有签订书面的劳动合同，事后无任何凭据；第三，易起争议性，由于双方的权利义务没有相应的书面协议证明，所以，在履“约”过程中，客观或主观条件一旦发生变化，劳资双方很容易产生劳动争议。

（三）确定事实劳动关系的标准

根据《关于确立劳动关系有关事项的通知》（劳社部发〔2005〕12号）第1条规定，用人单位招用劳动者未订立书面劳动合同，但同时具备以下情形的，劳动关系成立。

1. 用人单位和劳动者符合法律、法规规定的主体资格

《劳动法》规定的劳动者必须年满16周岁，用人单位则指中华人民共和国境内的企业、个体经济组织，企业广义上指实行劳动合同制度的以及按规定应实行劳动合同制度的国家机关、事业组织、社会团体，实行企业化管理的事业组织，个体经济组织是指一般雇工在七人以下的个体工商户。

2. 用人单位制定规章制度并管理劳动者

用人单位的规章制度必须依法制定，劳动者受用人单位的管理和指挥。

3. 从事用人单位安排的有报酬的劳动

《劳动法》意义上的劳动关系，劳动主体双方的地位是平等的，劳动者为单位提供了劳动，用人单位必须支付工资报酬。否则就不成其为劳动关系，如果发生纠纷，就属于民法调整的范围。

4. 劳动者提供的劳动是用人单位业务的组成部分

这里体现了用人单位与劳动者之间的长久合作关系，即劳动者在用人单位工作必须达到一定的期限，否则就是一般的雇佣关系。

案例1.2　　**事实劳动关系的认定**

案例展示：2007年7月底，经河北德成有限公司职工徐某的介绍，刘伟到该公司从事高空安装作业，刘伟与工地负责人任某就各种待遇进行商谈，并约定工资为每日60元，双方之间只作了简单的口头约定，没有签订正式书面的劳动合同，后刘伟被德成公司工地负责人安排正式施工作业。8月1日下午4时因施工的支架脱钩致使刘伟从三楼作业的梁上摔下，刘伟受伤后，德成公司支付了相应的医疗费用。请思考刘伟与德成公司是否存在事实劳动关系，若是，刘伟受伤应认定为工伤，德成公司应继续支付相关费用。

分析提示：事实劳动关系的认定应具备下列条件：(1) 用人单位向劳动者支付报酬。没有支付报酬的，其性质只能形成帮工关系。(2) 劳动者付出的劳动是用人单位业务组成部分或劳动者实际接受用人单位的管理约束。(3) 发放“工作证”或“服务证”等身份证明或填写“登记表”“报名表”。(4) 劳动者在用人单位的服务时间必须达到一定期限，没有在一定期限形成固定劳动雇佣关系的，也只能形成劳务关系。本案原、被告之间虽未签订劳动合同，但德成公司已为刘伟安排了工作，且刘伟也已经进入工地投入了工作，刘伟工作时间短，没有支取报酬是由于上班的当日即发生了事故，刘伟为德成公司提供了劳动是确定的、不争的事实，提供劳动期限的长短不能作为认定劳动关系是否存在的法律依据。事实劳动关系的认定应以劳动者为用人单位提供有偿的劳动为前提，提供的劳动时间的长短，用人单位是否已经给劳动者发放报酬，并不影响事实劳动关系的认定。

三、劳动关系与劳务关系

在司法实践中，劳动关系的认定经常要和劳务关系相区分，尤其当劳务关系的平等主体是两个，而且一方是用人单位，另一方是自然人时，它的情形与劳动关系很相近。另外，在出现派遣劳务人员或借用人员的情形时，两个单位之间的劳务关系与派出单位与劳动者之间的劳动关系紧密地交叉在一起，在判别此类案件时，很容易发生混淆，所以弄清两者的区别，对于做好劳动人事工作，正确适用法律、妥善处理各类纠纷，显得特别重要。

（一）劳务关系的定义

劳务关系是指提供劳务的一方为需要的一方以劳动形式提供劳动活动，而需要方支付约定的报酬的社会关系。劳务关系由《中华人民共和国民法通则》和《中华人民共和国合同法》进行规范和调整，建立和存在劳务关系的当事人之间是否签订书面劳务合同，由当事人双方协商确定。

劳务关系是由两个或两个以上的平等主体，通过劳务合同建立的一种民事权利义务关系。该合同可以是书面形式，也可以是口头形式或其他形式，劳务关系、劳务合同是一种顾名思义的通俗称呼，在《合同法》中是没有这类名词的，属于承包劳务情形的劳务合同，可归属法定的“承揽合同”，属于劳务人员输出情形的劳务合同，可归属法定的“租赁合同”。劳务合同与劳动合同不同，没有固定的格式、必备的条款，其内容可依照《合同法》第十二条规定，由当事人根据具体情况自主随机选择条款，具体约定。

小贴士 **常见劳务关系的类型**

(1) 用人单位将某项工程发包给某个人员或某几个人员，或者将某项临时性或一次性工作交给某个人或某几个人，双方订立劳务合同，形成劳务关系。这类从事劳务的人员，一般是自由职业者，身兼数职，自己通过中介机构存放档案，缴纳保险。

(2) 用人单位向劳务输出公司提出所需人员的条件，由劳务输出公司向用人单位派遣劳务人员，双方订立劳务派遣合同，形成较为复杂的劳务关系。具体来说，用人单位与劳务输出公司是一种劳务关系，劳动者与劳务输出公司是一种劳动关系，而与其所服务的用人单位也是一种劳务关系。这种劳务关系的情形，有人称之为“租赁劳动力”。

(3) 用人单位中的待岗、下岗、内退、停薪留职人员，在外从事一些临时性有酬工作而与另外的用人单位建立的劳务关系。由于这些人员与原单位劳动关系依然存在，所以与新的用人单位只能签订劳务合同，建立劳务关系。

(4) 已经办理退休手续的离退休人员，又被用人单位聘用，双方签订聘用合同。这种聘用关系类似于劳务关系，但又不完全是劳务关系。有人又称之为特殊劳动关系。

(5) 一般来讲，常年性岗位上的劳动者，用人单位必须与之建立劳动关系，签订劳动合同。一次性或临时性的非常年性工作，或可发包的劳务事项，用人单位可使用劳务人员，并与之签订劳务合同。

(二) 劳动关系与劳务关系的区别

1. 主体不同

劳动关系的主体是确定的，即一方是用人单位，不能是自然人，另一方是劳动者，即自然人。而劳务关系的主体是不确定的，可能是两个平等主体，也可能是两个以上的平等主体；可能是法人之间的关系，也可能是自然人之间的关系，还可能是法人与自然人之间的关系。

2. 适用法律不同

劳动关系由《中华人民共和国劳动法》规范和调整，而且建立劳动关系必须签订书面劳动合同。劳务关系由《中华人民共和国民法通则》和《中华人民共和国合同法》进行规范和调整，建立和存在劳务关系的当事人之间是否签订书面劳务合同，由当事人双方协商确定。

3. 当事人之间隶属关系不同

处于劳动关系中的用人单位与当事人之间存在着隶属关系是劳动关系的主要特

征。隶属关系的含义是指劳动者成为用人单位中的一员，即当事人成为该用人单位的职工或员工（以下统称职工）。而劳务关系中，不存在一方当事人是另一方当事人的职工这种隶属关系。如某一居民使用一名按小时计酬的家政服务员，家政服务员不可能是该户居民家的职工，与该居民也不可能存在劳动关系。

4．当事人之间在承担义务方面的区别

劳动关系中的用人单位必须按照法律法规和地方规章等为职工承担社会保险义务，且用人单位承担其职工的社会保险义务是法律的确定性规范；而劳务关系中的一方当事人不存在必须承担另一方当事人社会保险的义务。如居民不必为其雇用的家政服务员承担缴纳社会保险的义务。

5．争议处理方式不同

劳务合同作为一种民事合同，发生争议，当事人可以直接向人民法院提出起诉，如果劳务合同中设有仲裁条款，应向双方选定的仲裁委员会申请仲裁。劳动合同发生的争议，当事人要向人民法院提出起诉，必须先向有管辖权的劳动争议仲裁委员会申请仲裁，对仲裁裁决不服的才可以向人民法院提出起诉，当事人不能就是否仲裁和对仲裁机构进行选择。

案例 1.3　劳务关系还是劳动关系

案例展示：龙红梅是福建省三明市梅列区梅城运输队的经营者，2009 年 11 月 12 日，龙红梅雇佣长期为运输队装卸的林木德、张毓鸣卸水泥电线杆。次日晚，林木德与龙红梅通过电话后，邀请了与龙红梅素不相识的邻居钟金贵一起参加。19 日下午，在卸车过程中，钟金贵被水泥电线杆压死。2010 年 1 月 9 日，钟金贵家属向尤溪县劳动局申请，要求对钟金贵死亡作出工伤事故认定。后来尤溪县劳动局作出“钟金贵为因公死亡，其事故单位是个体运输户龙红梅”的认定，龙红梅不服并提起行政诉讼，请思考钟金贵与梅列区梅城运输队之间是劳务关系还是劳动关系，并说明理论依据。

分析提示：辨认劳动关系和劳务关系，关键是认准当事人双方是否平等，有无从属关系。在劳动关系中，劳动者是用人单位的成员，接受用人单位的管理，从事用人单位指定的工作，并获取劳动报酬和劳动保护，用人单位的固定工、合同工、临时工与用人单位之间的关系，均属于劳动关系。劳务关系是指劳动者为被服务对象提供特定的劳动服务，被服务方依约支付报酬所产生的法律关系。其特点是双方为平等主体，提供的劳动内容具有特定性，一般不存在从属关系，例如家庭的钟点工，病人的临时护理工，单位或个人因特定需要雇请的搬运、装卸、挖掘、装修工等。本案中，钟金贵并非龙红梅个体经济组织的成员，平时不接受龙红梅的管理，无须遵守龙红梅制定的劳动纪律；其与龙红梅以前互不相识，尚未形成固定的雇佣关系；其参与卸电线杆的行为仅仅是提供劳务获取劳动报酬的一次性的劳务行为。故其在提供劳务活动中死亡，不能认定为工伤。但其家属可以根据民法通则的有关规定，按照民事伤害赔偿的标准，要求受益人龙红梅适当给予补偿。

四、劳动关系管理

作为人力资源管理的子模块，劳动关系管理同其他模块一起，共同保障了人力资源管理目标的实现，其主要目的是实现企业和员工的和谐共赢。

劳动关系管理是以国家相关法规及公司制度为依据，在发生劳动关系之初，明确劳动者和用人单位的权利和义务，在合同期限之内，按照合同约定处理劳动者与用人单位之间权利和义务关系。对于劳动者来说，需要借助劳动合同来确保自己的利益得到实现，同时对企业尽到应尽的义务。对于用人单位来说，劳动合同法规更多地在于规范其用工行为，维护劳动者的基本利益。但是另一方面也保障了用人单位的利益，包括对劳动者供职期限的约定，依据适用条款解雇不能胜任岗位工作的劳动者，以及合法规避劳动法规政策，为企业节约人力资本支出等。总之，员工关系管理的目的在于明确双方权利和义务，为企业业务开展提供一个稳定和谐的环境，并通过公司战略目标的达成最终实现企业和员工的共赢。

然而在人力资源管理实践中，企业一方面采用先进的理念与成熟的技术，另一方面利用人力资源管理手段规避法律，尽力降低劳动成本，致使劳动者法定权益普遍受到侵害，劳资冲突不断加剧。不和谐的劳动关系，已经影响了经济的发展和企业效益的提高和发展。

小贴士　　**用人单位应当正确理解劳动关系中的“五期”**

在实践中，用人单位和劳动者往往对劳动关系中的合同期、试用期、实习期(见习期)、学徒期与服务期理解不准确，因而不利于用人单位的用工管理，不利于劳动者维护自身的合法权益。为此，要正确地把握和熟知上述五个期限的含义。

合同期，即是劳动合同期限的简称。这是用人单位与劳动者协商，在劳动关系中约定双方建立劳动关系的具体期限。《劳动合同法》规定了固定期限、无固定期限和以完成一定的工作为期限的三种类型。用人单位和劳动者可以根据各自的实际情况协商确定合同期限的长短。合同期是每个劳动者与用人单位建立劳动关系时必须明确的内容，是劳动合同的必备条款。

试用期，即是用人单位和劳动者为了相互了解，相互选择而约定的考察期。试用期与合同期有一定的联系。首先，试用期是包括在合同期内，与合同期的起标时间是相同的，用人单位不能从合同期中剥离试用期。其次，试用期的长短是根据合同期的长短来确定的，并受法律的限制。《劳动合同法》规定合同期3个月以上不满1年的，试用期不得超过1个月；1年以上不满3年的，试用期不得超过2个月；3年以上和无固定期限的，试用期不得超过6个月；以完成一定的工作为期限或合同期不满3个月的，不得约定试用期。同一用人单位与同一劳动者只能约定1次试用期。

实习期（见习期），即是针对大中专学生到用人单位，需要进行业务适应及考核的实践期限。一般分两种情况：一种是针对未毕业的大中专毕业生到用人单位进行教学实践，不与用人单位建立劳动关系，双方按协议约定责任、权利和义务；另一种是大中专毕业生的实习期（见习期），它本质上是一种试用期，必须签订劳动合同，支付劳动报酬且不得低于当地最低工资标准。

根据相关规定，用人单位招收应届毕业生后，原则上都会安排一定时间的实习期（见习期）。期满合格者则办理转正手续、评定专业职称、聘任相应职务、确定工作岗位。如果实习期（见习期）满而达不到要求者，可延长或降低工资标准。表现特别不好者可以根据劳动合同予以辞退。

学徒期，即是让新招收的工人熟悉业务、提高工作技能的培训、学习期限。学徒期的长短一般根据工作岗位、技术等级要求确定。在学徒期内，用人单位应当按照劳动合同的约定，安排工作岗位并支付劳动报酬，为学徒工缴纳社会保险费。

服务期，即是劳动者因接受用人单位给予的特殊待遇而承诺必须为用人单位服务的期限。《劳动合同法》规定用人单位为劳动者提供专项培训费用，对其进行专业技术培训的，可以与劳动者约定服务期，劳动者违反服务期约定的，应当按照约定向用人单位支付违约金，违约金的数额不得超过用人单位提供的培训费用。服务期限通常根据培训费用以及其他具体情况书面约定，形成“服务协议”等。

1. 劳动关系管理的概念

劳动关系管理是指通过规范化、制度化的管理，使劳动关系双方（企业与员工）的行为得到规范，权益得到保障，维护稳定和谐的劳动关系，促使企业经营稳定运行。企业劳动关系主要指企业所有者、经营管理者、普通员工和工会组织之间在企业的生产经营活动中形成的各种责、权、利关系。劳动关系管理的内容包括：劳动合同文本的签订与解除；集体合同的协商与履行；劳动争议处理；员工沟通系统；职业安全卫生管理、拟订劳动关系管理制度等几个方面。

2. 劳动法律关系

从表层看，劳动关系仅指在劳动过程当中雇员与雇主之间的关系，实际上，它还有法律层面的含义，叫做劳动法律关系。所谓劳动法律关系是指，依照劳动法律规范，在调整劳动关系过程中所发生的雇员与雇主之间的权利义务关系，劳动法律关系要求建立劳动合同，具有国家强制性。

劳动法律关系的三要素：主体、内容、客体。劳动法律关系主体是指，劳动法律关系的参与者，即劳动者、劳动者组织（工会、职工代表委员会）和用人单位。劳动法律关系管理的主要内容包括，企业人力资源管理工作中的员工招收、录用、企业内部人力资源的配置与协调等各项事务。在劳动关系管理中表现为：劳动合同的订立、履行、变更、解除和终止的劳动法律行为，具体地说就是保障与实现主体双方各自依法享有的权利和承担的义务。劳动法律关系的客体是指，主体的劳动权力和劳动义务共同指向的事物，例如：劳动时间、劳动报酬、劳动纪律、安全卫生、福利保险、教育培训、劳动环境等。

案例 1.4　用扣留档案等办法制裁员工违约跳槽

案例展示：一年前，上海某机械厂与应届毕业生小周（非沪籍）签订了劳动合同。厂方向小周所在高校支付了教育资助费，并将小周的户口落入该厂集体户。双方在劳动合同中约定：小周必须为企业服务 5 年，如果小周提前解除劳动合同，应赔偿违约金。半年后，小周提出辞职。机械厂批准了小周的辞职，但要求支付违约金。小周不肯，于是机械厂就不为小周办理退工手续，并且扣留了他的人事档案。又过了三个月，小周提起劳动争议仲裁，要求机械厂办理退工手续，转移人事档案。厂方则提起反诉，要求小周支付违约金。结果仲裁庭只支持了小周的请求，却对厂方的请求不予支持。

分析提示：办理退工手续，是用人单位的法定义务。小周提出辞职后，厂方既予批准，即应及时为小周办理退工手续。对于侵犯劳动者就业权的行为，应当予以纠正。机械厂的反诉则不同，它体现的是一种财产关系，在法律上一般受到时效期限的制约。由于机械厂没有在小周拒付违约金后的六十日内提起劳动争议仲裁，放弃了主张自己权利的机会。同理，如果不是受时效影响，机械厂还应承担民事赔偿责任，赔偿小周由于延迟退工造成的相应损失。用人单位与劳动者终止或解除劳动关系后，应在 7 日内办妥退工登记备案手续，并做好人事档案的转移工作。如果员工违约离职，务必在有效期内向劳动争议仲裁委员会提起仲裁申请。

3. 劳动关系的调整

劳动关系的调整方式按照调节手段的不同，主要分为 6 种，即通过劳动法律、法规对劳动关系调整；劳动合同规范的调整；集体合同规范的调整；民主管理制度

（职工代表大会、职工大会）的调整；劳动争议处理制度的调整和国家劳动监督检查制度。

工作示范

案例展示：A公司主要从事床上用品的生产、销售，生产的季节性较强，每年7月至9月是生产旺季。朱某自2007年以来，每逢生产旺季，自带其本人的小货车至该公司从事运输等工作。双方约定A公司每月支付朱某报酬2 000元，油费、过路费、违章罚款等费用均由A公司支付。期间，朱某日常生活起居均在公司内。某日，朱某受A公司指派在购买发动机途中发生交通事故死亡。朱某之妻向当地劳动保障部门申请工伤认定，劳动保障部门认为该案属于劳务关系，不归其管辖，将其申请驳回，后朱某之妻又上诉到法院，获得支持。

案例分析：本案争议焦点是朱某与A公司之间究竟是劳动关系还是劳务关系。如果确认朱某与A公司之间存在劳动关系，朱某之死应被认定为工伤；如果确认朱某与A公司之间是劳务关系，朱某之妻只能寻求民事赔偿。当事人双方的对抗意见主要表现在：朱某自备劳动工具是否影响劳动关系的成立？朱某与A公司之间的关系是否具有临时性、短期性的特点？A公司与朱某之间是否存在管理与被管理关系？法院审理认为，工伤认定的前提是劳动者与用人单位成立具有管理性质的劳动关系。本案中，第三人A公司业务主要集中在每年7月至9月，其特殊性使得劳动者不可能长期不间断地为其提供劳动力。朱某自备生产工具在该公司从事运输等工作期间，有固定的月收入，车辆的相关费用也由公司承担，显然双方具有一定的管理与被管理关系。朱某工作之余较为自由，也未与公司签订书面的劳动合同，这是该公司自身尚未健全内部管理及劳动保障制度的结果，不影响双方事实劳动关系的成立。

在本案中，朱某与A公司似乎形成劳务关系，因为：①朱某自备车辆为A公司提供运输。一般劳动关系中，生产工具是用人单位提供的，而劳务关系里，生产工具通常是服务方自己提供的。②朱某只在每年7月至9月的生产旺季阶段进入A公司工作，似乎符合劳务关系"临时性、短期性"的特点。③A公司对朱某上下班的时间没有明确规定，用车以外的时间自由支配度较大，与一般劳动关系中用人单位与劳动者之间严格的管理与被管理关系有一定程度的差异。

律师提示：近年来，我国劳动关系的内涵发生重大变化、劳动关系与劳务关系的客观特征正逐步模糊，人民法院应从保护劳动者合法权益的立法精神出发，突破现行法律的狭隘界定和传统观念的惯性影响，对劳动关系作合理的扩大解释，从实质上灵活地把握劳动关系与劳务关系的界限。人民法院对该案的审理即充分地体现了这一点。

知识拓展

劳动关系的两个误区

误区一：试用期可以随时让员工走人。

2010 年 5 月，广州某科技有限公司因科研开发需要，决定从社会上招收一批技术人员，从事公司新技术的研发工作。小周等 4 人经过层层面试，过关斩将，最终被公司聘用。经双方协商，公司与小周等人签订了为期 3 年的劳动合同，其中约定试用期为 3 个月。

然而，合同履行后不到两个月，公司因经营战略调整，决定撤销该技术研发项目，包括小周在内的 4 名研发人员都被列入了裁员范围。当身为公司人力资源部经理的刘先生将这一决定逐一通知小周等 4 人时，其他 3 人都表示理解，并顺利地办理了离职手续。但是小周却要求单位补偿两个月的工资，理由是：公司先提出解除合同又没有提前 30 日通知。对这一“无理要求”，刘先生当场予以拒绝，并说：“公司是在试用期内辞退你，根据《劳动法》规定，是不需要提前通知并支付经济补偿金的！”

孰料，小周在办理完离职手续后不到两周就将公司告到了当地劳动争议仲裁委员会。仲裁委员会审理后认为：某科技有限公司因客观情况发生重大变化致使劳动合同无法履行，应当首先与小周就合同变更问题进行协商，协商不一致的，在提前 30 日书面通知后，才能解除劳动合同，并需支付经济补偿金。据此，仲裁委裁决该科技有限公司向小周支付一个月的工资作为未提前 30 日通知的经济补偿金。

分析与解决：试用期不是单位的“生杀权”。

本案中，公司解聘小周不是因为他在试用期内被证明不符合单位录用条件，而是因为公司经营战略调整而解除劳动合同，根据有关规定，自然要提前 30 日通知小周，并支付相应的经济补偿金。刘先生之所以对仲裁部门的裁决不理解，就是因为他错误地将试用看成了单位对员工去留的“生杀权”，认为员工一旦在试用期内，单位可以无条件地将其辞退。

实践中，很多人力资源管理人员对试用期的理解和运用还有很多偏差，比如试用期不签劳动合同，只签试用期协议；试用期与大中专学生的实习期混淆；试用期内不给员工缴纳社会保险费；试用期过长，与劳动合同期限不对应；试用期随意延长或重复试用等。

误区二：资金周转困难不构成无故拖欠。

小杨早就有辞职的念头了！可是，苦于自己与公司的劳动合同中约定了高额违约金，小杨又不想“出血”，只好等待时机，最好是公司能首先提出解除劳动合同，这样的话，自己还可以获得一笔经济补偿金。

2010年5月份，小杨所在的网络公司因资金周转困难，经公司董事会研究后，决定推迟工资的发放。因此，原本每月5日发放的工资，被推迟到当月的15日。小杨领取工资的当天，就将一份辞职报告交到了公司人力资源部，理由是公司未按照合同约定的日期向自己支付劳动报酬，根据《劳动法》第三十二条之规定，他可以行使绝对辞职权。由于未得到公司的准许，小杨遂申诉到劳动争议仲裁委员会，要求依法解除劳动合同，并支付拖欠工资的25%的经济补偿金。

对于小杨的申诉，公司在答辩状中提出三点意见：①公司迟发工资确实因为资金周转困难，对此公司还提供了财务报表予以证明；②迟发工资事先经过董事会讨论，有会议记录和推迟工资发放的决议；③小杨提出解除劳动合同，构成了违约，应当承担违约赔偿责任。在其没有履行违约赔偿责任前，公司有权拒绝办理劳动合同解除手续。

分析与解决：拖欠工资要征得工会或职工同意方可

仲裁委员会不会支持公司的意见呢？显然不会。《劳动法》规定：工资应当以货币形式按月支付给劳动者本人，不得克扣或者无故拖欠劳动者的工资。无故拖欠是指用人单位无正当理由超过规定付薪时间未支付劳动者工资。不包括：①用人单位遇到非人力所能的自然灾害、战争等原因，无法按时支付工资；②用人单位确因生产经营困难、资金周转受到影响，在征得本单位工会同意后，可暂时延期支付劳动者工资，其他情况下拖欠工资均属无故拖欠。

该网络公司虽然是因为资金周转困难无法按期支付劳动者的工资，由董事会研究通过，但是由于其延期支付工资这一决定并没有征得本单位工会同意，如果公司没有工会组织，应当通过职工大会讨论延期支付工资，在超过1/2的职工同意后，可以决定延期支付工资。企业还可以通过发通知的方式，由员工确认，如果员工在规定的时间内没有提出异议，就视为同意延期支付工资。因为网络公司并没有上述做法，已构成无故拖欠，在企业无故拖欠工资的情况下，劳动者不但有权据此解除劳动合同，还可以要求公司支付拖欠工资部分25%的经济补偿金。

任务2　劳动合同的订立

【任务名称】

拟订劳动合同。

【任务情境】

近年来，随着“80、90后”逐步加入劳动者队伍，劳动争议纠纷的涉案劳动者趋于年轻化，劳动关系稳定性下降。据统计，2009年劳动争议涉案劳动者的平均年龄为37岁，低于2008年的39岁，其中35岁以下的劳动者已达到42.3%。

相对而言，“80、90后”更容易与用人单位发生劳动争议，其原因在于：第一，“80、90后”劳动者从事的行业主要集中在房地产、餐饮、服装百货等行业，这些行业本身具有受市场走势影响大、稳定性相对较差的特点；第二，“80、90后”劳动者受雇的企业有很多是小型民营企业、个体工商户等，相对于大型国企、外企，这些用人单位存在人事管理制度不完善、工会及其他形式的劳动者维权组织缺位等问题；第三，“80、90后”劳动者由于年龄较小、工作时间较短，很容易有跳槽行为，频繁换工作的现象在这个群体中十分常见。鉴于以上原因，“80、90后”劳动者应该在入职时就与用人单位签订书面劳动合同。

王玲出生于1988年，是一个“80后”。2008年8月，王玲到一个服装公司工作，岗位是服装导购员。为了确保双方权利和义务的实现，王玲决定要跟公司签订劳动合同，以防止在工作中可能出现的纠纷。合同暂约定王玲的月工资是1200元，合同期限是2009年1月1日到2010年12月31日，请你站在公正的立场上，拟定一份详细的劳动合同。需要说明的是，因为工作特点，王玲需要经常在周末加班。

【任务要求】

1. 分成多个团队，每个团队再分为2个小组，一组代表服装公司，一组代表王玲，请团队小组双方协商，共同拟定合同细则；

2. 各团队派代表介绍拟定的合同，团队之间欢迎批评、指正对方合同的不完善之处；

3. 要求引用相关法律知识进行分析。

知识链接

一、劳动合同

为保障员工与用人单位双方的利益，员工入职前，要先与用人单位签订劳动合同。因为劳动关系是指在运用劳动能力、实现劳动过程中，劳动者与用人单位之间的社会劳动关系，发生工伤、因工死亡等劳动关系纠纷适用劳动法律，待遇较高，赔偿数额较多；劳务关系（如装空调、雇保姆、学生打工）适用《民法通则》区分过错责任，按民事赔偿处理。

（一）劳动合同的概念

劳动合同就是劳动者与用人单位之间就劳动的权利和义务方面所达成的协议。从这个定义中可以看到：劳动合同的当事人，一方是劳动者，即工人、职员等；另一方是用人单位，即企事业单位、国家机关等。前者是自然人，后者一般是法人。劳动合同双方当事人的关系就是劳动关系。劳动合同经过法律的规定或确认，就具有法律上的约束力，劳动者作为用人单位的成员，承担一定工种或职务的工作，遵守用人单位的劳动规则；用人单位则根据一定的标准付给劳动报酬，并提供法律规定和双方议定的劳动条件。

（二）劳动合同的内容

劳动合同的内容一般包括法定条款和约定条款两部分。法定条款是劳动法要求劳动合同必须具备的条款，约定条款是根据工种、岗位的不同特点，由双方共同协商确定的具体条款。

1．法定条款

具体包括：①劳动合同期限；②工作内容；③劳动保护和劳动条件；④劳动报酬；⑤劳动纪律；⑥劳动合同终止的条件；⑦违反劳动合同的责任。

2．约定条款

具体包括：①试用期条款；②保守商业秘密和有技术秘密条款；③禁止同业竞争条款；④其他可备条款，例如第二职业条款，违约金和赔偿金条款、补充保险、福利条款等。

除以上必备条款和可备条款外，我国劳动法还规定了禁止双方当事人约定的条款，即用人单位在与劳动者订立劳动合同时，不得以任何形式向劳动者收取定金、保证金（物）或抵押金（物）。对违反规定的，由公安部门和劳动保障行政部门责令用人单位立即退还给劳动者本人，并按劳动合同法的规定作出相应的处罚。

（三）劳动合同的种类

劳动合同按照其订立有效时间的长短，分为固定期限劳动合同、无固定期限劳动合同和以完成一定工作任务为期限的劳动合同。

1．固定期限劳动合同

经用人单位与劳动者协商一致，可以订立固定期限劳动合同。其中，劳动合同期限三个月以上不满一年的，试用期不得超过一个月；劳动合同期限一年以上不满三年的，试用期不得超过二个月；三年以上固定期限和无固定期限的劳动合同，试用期不得超过六个月。

同一用人单位与同一劳动者只能约定一次试用期，试用期包含在劳动合同期限内。劳动合同仅约定试用期的，试用期不成立，该期限为劳动合同期限。如果不是临时的工作，通常都是三个月以上的期限。

2．无固定期限劳动合同

经用人单位与劳动者协商一致，可以订立无固定期限劳动合同。有下列情形之一，如果劳动者提出或者同意续订、订立劳动合同的，除劳动者提出订立固定期限劳动合同外，应当订立无固定期限劳动合同。

第一，劳动者在该用人单位连续工作满十年的；

第二，用人单位初次实行劳动合同制度或者国有企业改制重新订立劳动合同时，劳动者在该用人单位连续工作满十年且距法定退休年龄不足十年的；

第三，连续订立两次固定期限劳动合同，且劳动者没有《劳动合同法》第三十九条和第四十条第一项、第二项规定的情形，续订劳动合同的。

第四，用人单位自用工之日起满一年不与劳动者订立书面劳动合同的，视为用人单位与劳动者已订立无固定期限劳动合同。

案例 1.5　劳动者签订无固定期限合同是否必须和用人单位协商一致

案例展示：2010 年 7 月 1 日，某合资公司一批员工劳动合同到期，人力资源部经理高昆向员工薛明发出了续签两年的意向通知书，但薛明却要求与单位签订无固定期限的劳动合同，因为他在合资公司已经工作了 12 年。高经理坚持认为，签不签无固定期限合同，要经过双方协商，双方交涉无果，高昆向薛明发出了劳动合同终止通知书，薛明当天就申诉到劳动争议仲裁委员会，要求公司依法与自己签订无固定期限的劳动合同。仲裁委员会支持薛明的申诉，但鉴于薛明不便再回到原公司工作，建议其另谋他职，而该合资公司则需在薛明离职时向其支付 6 个月的工资作为补偿。

分析提示：《劳动法》第二十条第二款规定：劳动者在同一用人单位连续工作满 10 年以上，当事人双方同意续延劳动合同的，如果劳动者提出订立无固定期限的劳动合同，应当订立无固定期限的劳动合同。据此，劳动者提出续订无固定期限的劳动合同应当具备三个条件：一是劳动者在该单位已经连续工作满 10 年（间断累计不包括在内）；二是劳动者和用人单位都愿意续订合同；三是劳动者在续订合同时明确提出续订无固定期限的劳动合同。只要具备了上述三个条件，用人单位就应当与劳动者签订无固定期限的劳动合同。本案中，薛明已经在某合资公司工作 10 年以上，在薛明的劳动合同即将到期时，公司向其发出续订合同意向通知书，这表明公司愿意与薛明“续延劳动合同”，因此在薛明同意续延劳动合同并提出签订无固定期限的劳动合同的要求时，尽管原续订意向是两年期合同，单位也应当与其签订无固定期限的劳动合同。合资公司之所以败诉，是因为高经理将一般合同签订的“协商一致”原则，错误运用到了特定合同签订之中。

3. 以完成一定工作任务为期限的合同

经用人单位与劳动者协商一致，可以订立以完成一定工作任务为期限的劳动合同，该类劳动合同期限不满三个月的，不得约定试用期。

（四）无效劳动合同

如劳动合同中有下列因素则劳动合同属于无效或者部分无效：一是违反法律、行政法规的劳动合同；二是采取欺诈、威胁等手段订立的劳动合同。劳动合同是否无效或者部分无效，由劳动争议仲裁机构或者人民法院确认。无效的劳动合同，从订立的时候起，就没有法律约束力，不受国家法律的承认和保护。

政策法规　　**无效劳动合同常见的13种情形**

无效劳动合同是指所订立的劳动合同不符合法定条件，不能发生当事人预期法律后果的劳动合同。常见的无效劳动合同有以下13种。

1. 内容违反法律、行政法规的劳动合同。如约定试用期超过6个月，不购买社会保险等。

2. 采用胁迫、乘人之危的手段，以损害生命、健康、荣誉、名誉、财产等强迫对方签订的劳动合同。如合同期满后强迫续订劳动合同。

3. 采用欺诈的手段，故意隐瞒事实，使对方在违背真实意思的情况下订立的合同。如虚假承诺优厚的工作条件。

4. 订立程序形式不合法的劳动合同。如双方当事人未经协商，或者未经批准采取特殊工时制度等。

5. 违反劳动安全保护制度。如约定劳动者自行负责工伤、职业病，免除用人单位的法律责任等。

6. 违反规定收取各种费用的劳动合同。如强制收取培训费、保证金、抵押金、风险金、股金等。

7. 主体不合格的劳动合同。如招用童工、冒签合同等。

8. 劳动者伪造学历、履历或者提供其他虚假情况签订的劳动合同。

9. 侵犯婚姻权利的劳动合同。如规定合同期内职工不准恋爱、结婚、生育。

10. 侵犯健康权利的劳动合同。如约定工作时间超过法律规定，损害劳动者正常休息休假。

11. 侵犯报酬权利的劳动合同。如加班不支付加班工资，支付低于最低工资标准的工资等。

12. 侵犯自主择业权利的劳动合同。如设定巨额违约金、培训费，限制职工流动。

13. 权利义务显失公平的劳动合同。如设定无偿或不对价的竞业禁止条件等。

二、劳动合同的订立

建立劳动关系应当订立劳动合同，它是确立劳动关系的法律形式。建立劳动关系要签订劳动合同不仅是《劳动法》所规定的，也是劳动关系稳定存续、用人单位强化劳动管理、处理双方争议必需的重要依据。

（一）订立劳动合同的原则

订立劳动合同必须遵循合法原则、公平原则、平等自愿原则、协商一致原则、诚实信用原则。合法原则要求劳动合同的形式合法和内容合法，按照《劳动合同法》的规定，除全日制用工外，其余用工形式都应当以书面形式订立劳动合同。劳动合同内容必须具备必备条款，且内容不得违反法律规定；公平原则要求劳动合同内容公平合理，用人单位不得以强势地位压制劳动者而制定显失公平的合同条款；平等自愿原则指劳动者和用人单位在订立劳动合同时法律地位平等，订立劳动合同完全是出于劳动者和用人单位双方的真实意思的表示，出于自愿而签订；协商一致原则是指合同条款是经双方协商一致达成的，任何一方不得把自己的意志强加给另一方，不得强迫订立劳动合同；诚实信用原则是一项社会基本道德原则，为人处世均应当遵循该原则。用人单位和劳动者在订立劳动合同时要诚实，讲信用，不得欺诈对方。根据《劳动合同法》的规定，用人单位招用劳动者时，应当如实告知劳动者工作内容、工作条件、工作地点、职业危害、安全生产状况、劳动报酬，以及劳动者要求了解的其他情况。用人单位有权了解劳动者与劳动合同直接相关的基本情况，劳动者应当如实说明。

案例 1.6　劳动合同中，用人单位规定违约金 20 万？

案例展示：小王新入职深圳一高科技公司，公司发给了小王两份空白劳动合同，要求小王填写好后交给公司，小王仔细看了劳动合同的条款，发现公司制定的劳动合同中有一项违约金条款，条款约定：如乙方小王提前解除劳动合同或因违反甲方规章制度被解除劳动合同的，需向甲方公司支付违约金 20 万元。请讨论该条款违背了劳动合同订立的哪些原则。

分析提示：本案中用人单位设置违约金高达 20 万元，违反公平原则、诚信原则，该违约金条款对劳动者无约束力。《广东省高级人民法院关于审理劳动争议案件若干问题的指导意见》粤高法发［2002］21 号认为，用人单位违反诚信原则，在劳动合同中设定高额违约金条款来限制劳动者解除劳动合同的权利的，可确认违约金条款无效。

（二）劳动合同的订立程序

劳动合同订立的程序必须符合法律规定，未经双方协商一致、强迫订立的劳动合同无效。其程序步骤如下。

（1）劳动合同草案一般由用人单位提出、征求应招工人的意见；也可以由被招工人与企业行政的代表，如厂长、经理，人事处、科长等直接协商，共同起草。

（2）用人单位招用劳动者时，应当如实告知劳动者工作内容、工作条件、工作地点、职业危害、安全生产状况、劳动报酬，以及劳动者要求了解的其他情况；用人单位有权了解劳动者与劳动合同直接相关的基本情况，劳动者应当如实说明。用人单位招用劳动者，不得扣押劳动者的居民身份证和其他证件，不得要求劳动者提供担保或者以其他名义向劳动者收取财物。

（3）用人单位自用工之日起即与劳动者建立劳动关系，用人单位应当建立职工名册备查。已建立劳动关系，未同时订立书面劳动合同的，应当自用工之日起一个月内订立书面劳动合同。用人单位与劳动者在用工前订立劳动合同的，劳动关系自用工之日起建立。

（4）劳动合同由用人单位与劳动者协商一致，并经用人单位与劳动者在劳动合同文本上签字或者盖章生效。

（5）劳动合同文本由用人单位和劳动者各执一份，劳动合同签订后，应到当地劳动行政机关申请鉴证，并向其主管部门和当地劳动部门备案。

案例 1.7　只有试用期合同，没有劳动合同，怎么办？

案例展示：小吕应聘到上海一家公司，公司与他签订了一份“试用期合同”，约定试用期为三个月，月工资为 1 200 元；试用合格转正后再签订正式劳动合同，月工资为 2 000 元，并缴纳社会保险费；在试用期间，双方都可随时解除劳动关系，对方不得提出异议。两个月以后，公司以小吕试用期间不符合录用条件为由，提出解除劳动关系。小吕不服，提请劳动争议仲裁。请问小吕能获得仲裁支持吗？仲裁将给出什么裁判结果？说明你的理由。

分析提示：订立劳动合同是约定试用期的前提条件，不允许只签订“试用期合同”，不签订劳动合同；或者在劳动合同中只约定试用期，不约定合同期。《上海市劳动合同条例》规定：“劳动合同当事人仅约定试用期的，试用期不成立，该期限即为劳动合同期限。”据此，小吕的“试用期合同”不成立，三个月“试用期”应视为合同期。在合同期而非试用期内，用人单位不能以不符合录用条件为由，提出解除劳动关系。另外，由于双方约定了转正后的工资为 2 000 元，小吕可要求用人单位在“试用期”内支付相当于转正后的工资。但是各地规定略有差异。如果用人单位想试用员工三至六个月，然后再决定是否签订长期劳动合同，可以先签订三至六个月期的劳动合同，以后再根据业务需求、员工的工作表现等因素，决定是否续签。

工作示范

广东省职工劳动合同

使用说明：

一、双方在签订本合同前，应认真阅读本合同书。本合同一经签订，即具有法律效力，双方必须严格履行。

二、本合同必须由用人单位（甲方）的法定代表人（或者委托代理人）和职工（乙方）亲自签章，并加盖用人单位公章（或者劳动合同专用章）方为有效。

三、本合同中的空栏，由双方协商确定后填写，并不得违反法律、法规和相关规定；不需填写的空栏，划上“/”。

四、工时制度分为标准工时、不定时、综合计算工时三种。

实行不定时、综合计算工时工作制的，应经劳动保障部门批准。

五、本合同的未尽事宜，可另行签订补充协议，作为本合同的附件，与本合同一并履行。

六、本合同必须认真填写，字迹清楚、文字简练、准确，并不得擅自涂改。

七、本合同（含附件）签订后，甲乙双方各保管一份备查。

甲方（用人单位）： 乙方（职工）：

名称： 姓名：

法定代表人： 身份证号码：

地址： 现住址：

经济类型：

联系电话： 联系电话：

根据《中华人民共和国劳动法》和国家及省的有关规定，甲乙双方按照平等自愿、协商一致的原则订立本合同。

一、合同期限

（一）合同期限

双方同意按以下第________种方式确定本合同期限：

1．有固定期限：从________年________月________日起至________年________月________日止。

2．无固定期限：从________年________月________日起至本合同约定的终止条件出现时止（不得将法定解除条件约定为终止条件）。

3．以完成一定的工作为期限：从________年________月________日起至__________工作任务完成时止。

（二）试用期限

双方同意按以下第________种方式确定试用期期限（试用期包括在合同期内）：

1．无试用期。

2．试用期从________年________月________日起至________年__________月________日止。

（试用期最长不超过六个月。其中合同期限在六个月以下的，试用期不得超过十五日；合同期限在六个月以上一年以下的。试用期不得超过三十日；合同期限在一年以上两年以下的，试用期不得超过六十日。）

二、工作内容

（一）乙方的工作岗位（工作地点、部门、工种或职务）为____。

（二）乙方的工作任务或职责是____。

（三）甲方因生产经营需要调整乙方的工作岗位，按变更本合同办理，双方签章确认的协议或通知书作为本合同的附件。

（四）如甲方派乙方到外单位工作，应签订补充协议。

三、工作时间

（一）甲乙双方同意按以下第________种方式确定乙方的工作时间：

1. 标准工时制，即每日工作________小时，每周工作________天，每周至少休息一天。

2. 不定时工作制，即经劳动保障部门审批，乙方所在岗位实行不定时工作制。

3. 综合计算工时工作制，即经劳动保障部门审批，乙方所在岗位实行以__________为周期，总工时________小时的综合计算工时工作制。

（二）甲方因生产（工作）需要，经与工会和乙方协商后可以延长工作时间。除（《劳动法》）第四十二条规定的情形外，一般每日不得超过1小时，因特殊原因最长每日不得超过3小时，每月不得超过36小时。

四、工资待遇

（一）乙方正常工作时间的工资按下列第（　　）种形式执行，不得低于当地最低工资标准。

1. 乙方试用期工资________元/月；试用期满工资________元/月（________元/日）。

2. 其他形式：

（二）工资必须以法定货币支付，不得以实物及有价证券替代货币支付。

（三）甲方根据企业的经营状况和依法制定的工资分配办法调整乙方工资，乙方在六十日内未提出异议的视为同意。

（四）甲方每月________日发放工资。如遇节假日或休息日，则提前到最近的工作日支付。

（五）甲方依法安排乙方延长工作时间的，应按（《劳动法》）第四十四条的规定支付延长工作时间的工资报酬。

五、劳动保护和劳动条件

（一）甲方按国家和省有关劳动保护规定提供符合国家劳动卫生标准的劳动作业场所，切实保护乙方在生产工作中的安全和健康。如乙方工作过程中可能产生职业病危害，甲方应按《职业病防治法》的规定保护乙方的健康及其相关权益。

（二）甲方根据乙方从事的工作岗位，按国家有关规定，发给乙方必要的劳动保护用品，并按劳动保护规定每________（年/季/月）免费安排乙方进行体检。

（三）乙方有权拒绝甲方的违章指挥、强令冒险作业，对甲方及其管理人员漠视乙方安全和健康的行为，有权要求改正并向有关部门检举、控告。

六、社会保险和福利待遇

（一）合同期内，甲方应依法为乙方办理参加养老、医疗、失业、工伤、生育等社会保险的手续，社会保险费按规定的比例，由甲乙双方负责。

（二）乙方患病或非因工负伤，甲方应按国家和地方的规定给予医疗期和医疗待遇，按医疗保险及其他相关规定报销医疗费用，并在规定的医疗期内支付病假工资或疾病救济费。

（三）乙方患职业病、因工负伤或者因工死亡的，甲方应按（《工伤保险条例》）的规定办理。

（四）甲方按规定给予乙方享受节日假、年休假、婚假、丧假、探亲假、产假、看护假等带薪假期，并按本合同约定的工资标准支付工资。

七、劳动纪律

（一）甲方根据国家和省的有关法律、法规通过民主程序制定的各项规章制度，应向乙方公示；乙方应自觉遵守国家和省规定的有关劳动纪律、法规和企业依法制定的各项规章制度，严格遵守安全操作规程，服从管理，按时完成工作任务。

（二）甲方有权对乙方履行制度的情况进行检查、督促、考核和奖惩。

（三）如乙方掌握甲方的商业秘密，乙方有义务为甲方保守商业秘密，并作如下约定：________________________

八、本合同的变更

（一）任何一方要求变更本合同的有关内容，都应以书面形式通知对方。

（二）甲乙双方经协商一致，可以变更本合同，并办理变更本合同的手续。

九、本合同的解除

（一）经甲乙双方协商一致，本合同可以解除。由甲方解除本合同的，应按规定支付经济补偿金。

（二）属下列情形之一的，甲方可以单方解除本合同：

1. 试用期内证明乙方不符合录用条件的；

2. 乙方严重违反劳动纪律或甲方规章制度的；

3. 严重失职、营私舞弊，对甲方利益造成重大损害的；

4. 乙方被依法追究刑事责任的；

5. 甲方歇业、停业、濒临破产处于法定整顿期间或者生产经营状况发生严重困难的；

6. 乙方患病或非因工负伤，医疗期满后不能从事本合同约定的工作，也不能从事由甲方另行安排的工作的；

7. 乙方不能胜任工作，经过培训或者调整工作岗位，仍不能胜任工作的；

8．本合同订立时所依据的客观情况发生重大变化，致使本合同无法履行，经当事人协商不能就变更本合同达成协议的；

9．本合同约定的解除条件出现的。

甲方按照第5、6、7、8、9项规定解除本合同的，需提前三十日书面通知乙方，并按规定向乙方支付经济补偿金，其中按第6项解除本合同并符合有关规定的还需支付乙方医疗补助费。

（三）乙方解除本合同，应当提前三十日以书面形式通知甲方。但属下列情形之一的，乙方可以随时解除本合同：

1．在试用期内的；

2．甲方以暴力、威胁或者非法限制人身自由的手段强迫劳动的；

3．甲方不按本合同规定支付劳动报酬，克扣或无故拖欠工资的；

4．经国家有关部门确认，甲方劳动安全卫生条件恶劣，严重危害乙方身体健康的。

（四）有下列情形之一的，甲方不得解除本合同：

1．乙方患病或非因工负伤，在规定的医疗期内的；

2．乙方患有职业病或因工负伤，并经劳动能力鉴定委员会确认，丧失或部分丧失劳动能力的；

3．女职工在孕期、产期、哺乳期内的；

4．法律、法规规定的其他情形。

（五）解除本合同后，甲乙双方在七日内办理解除劳动合同有关手续。

十、本合同的终止

本合同期满或甲乙双方约定的本合同终止条件出现，本合同即行终止。

本合同期满前一个月，甲方应向乙方提出终止或续订劳动合同的书面意向，并及时办理有关手续。

十一、违约情形及责任

（一）甲方的违约情形及违约责任：

____

____

（二）乙方的违约情形及违约责任：

____

____

十二、调解及仲裁

双方履行本合同如发生争议，可先协商解决；不愿协商或协商不成的，可以向本单位劳动争议调解委员会申请调解；调解无效，可在争论发生之日起六十日内向当地劳动争议仲裁委员会申请仲裁；也可以直接向劳动争议仲裁委员会申请仲裁。对仲裁裁决不服的，可在十一日内向人民法院提起诉讼。

十三、其他

（一）本合同未尽事宜，按国家和地方有关政策规定办理。在合同期内，如本合同条款与国家、省有关劳动管理新规定相抵触的，按新规定执行。

（二）下列文件规定为本合同附件，与本合同具有同等效力：

1. ______________________________

2. ______________________________

3. ______________________________

（三）双方约定（内容不得违反法律及相关规定，可另加双方签名或盖章的附页）：

____

____

甲方：（盖章）　　　　　　　　乙方：（签名或盖章）

法定代表人：

（或委托代理人）

20　　年　　月　　日　　　　　20　　年　　月　　日

鉴证机构（盖章）：

鉴证人：

鉴证日期：20　　年　　月　　日

知识拓展

招聘广告中的承诺具有法律效力吗？

案例展示：研究生毕业后，小田进了一家国有企业，听说单位领导有意将自己送往国外培训深造，小田工作积极主动，经常自觉加班，后来出国之事搁浅。2009年2月，小田突然看到某外资企业的一则招聘广告，广告中写道：“本单位录用的员工将被送到国外培训半年至一年”。小田前去应聘，并被录用，于是小田辞去国企的工作，加入新单位以寻求出国的机会。但是2年过去了，小田也找单位负责人争取过，却始终未能如愿。小田觉得明明招聘广告写好的条件，单位却没有给予兑现，严重侵犯了自己的合法利益，遂将单位告到某区劳动争议仲裁委员会，请求公司履行“招聘广告”中规定的义务。

案例分析：该案争议的焦点主要有两点，一是招聘广告的性质及效力；二是招聘广告与随后签订的劳动合同的关系。某区劳动仲裁委员会裁决如下：小田与该外资企业的劳动合同并没有规定公司应当送小田出国培训，因此公司没有此项义务。招聘广告中的承诺，因为没有写进劳动合同中去，因此不具备法律效力，驳回小毕提出单位应当履行“招聘广告”中规定的义务的请求。

律师提示：现实生活中，许多企业为了能够找到本单位所需要的优秀人才，往往在招聘广告中或者面试中开出许多优惠条件，许多人便慕名而来，有的不惜辞职、承担一定的违约金、赔偿金等。至于用人单位在招聘广告中的承诺能否兑现，是个未知数。因此，受聘的劳动者如果要想使用人单位受招聘广告的约束，就必须在与单位签订劳动合同时，要求将广告的内容写入合同条款中，变为合同的内容。这样用人单位就会受合同约束，如果单位不履行，受聘者可以要求单位实际履行。

任务3　劳动合同的履行和变更

【任务名称】

辨析“加班”。

【任务情境】

小黄是专职电脑工程师，2010年10月3日，小黄中学同学聚会，因在单位加班来晚了。同学调侃他：“挣了多少加班费？多到让你觉得比同学情谊更加重要啊？”不提也罢，一说小黄就来气：“什么加班工资，老板说了，这是值班，每天100元值班补贴。要是算加班，我的加班工资是这值班补贴的好几倍呢，3天的加班费够我好好请大家再聚一次了。”

没想到他的话音刚落，同学小张也深有同感，她的叔叔是某企业的门卫，工作性质决定了他在国庆期间要坚守岗位，公司支付每人每天50元的值班费，就是不肯按基本工资的三倍支付其加班工资。当他的叔叔鼓起勇气向单位交涉时，单位的理由也是“算值班不算加班”。他的叔叔就是想不通：“这加班和值班不就是叫法不一样吗？我国庆节到单位上班，做的还是原来一样的活，凭什么就不能拿加班工资？”

听到他们争得挺激烈，同学小李就出来劝：“算了算了，我就比较想得开。在我们单位，每逢法定节假日，也要安排我们这些中层干部轮流到门卫室和门卫一起值班。说实话，单位给我们发放每天100元值班津贴，比起小张叔叔的50元来要高，但也只相当于我本人一天的基本工资，和所谓劳动法规定的‘三薪’标准就相距甚远了。但我想，值班时大多只是接接电话或处理点突发事情，和平常工作比较起来清闲得多，也就没啥好计较了。”

【任务要求】

1. 分小组讨论上述案例中三位当事人是属于“值班”还是“加班”，说明原因和处理方式的差异；

2. 各小组派代表介绍讨论结果，若有不同意见可以相互质询；

3. 要求引用相关法律知识进行分析。

知识链接

一、劳动合同的履行

劳动合同的履行是指劳动合同的双方当事人按照合同规定，履行各自应承担义务的行为。劳动合同依法订立即具有法律约束力，当事人必须履行合同规定的义务，任何第三方不得非法干预劳动合同的履行。

（一）用人单位在劳动合同履行中的义务

1. 用人单位应当按照劳动合同约定和国家规定向劳动者支付劳动报酬

（1）劳动报酬内容。劳动报酬一般包括：一是计时工资、计件工资、奖金、津贴和补贴、延长工作时间的工资报酬以及特殊情况下支付的工资等；二是实物报酬，即用人单位以免费或低于成本价提供给劳动者的各种物品和服务等；三是社会保险，指用人单位为劳动者直接向政府和保险部门支付的失业、养老、工伤、医疗、生育等保险金。结合各种灵活多变的用工形式，用人单位和劳动者双方可以在法律允许的范围内对劳动报酬的金额、支付时间、支付方式等进行平等协商，同时，用人单位向劳动者发放劳动报酬还要遵守国家有关规定。

（2）最低工资制度。用人单位支付劳动者的工资不得低于当地的最低工资标准，最低工资是指劳动者在法定工作时间提供正常劳动所得的报酬。所谓正常劳动，是指劳动者按依法签订的劳动合同约定，在法定工作时间或劳动合同约定的工作时间内从事的劳动，其中延时加班工资、各种特殊作业津贴、国家规定的福利待遇不属于最低工资的范畴。此外，劳动者还依法享受带薪年休假、探亲假、婚丧假、生育（产）假、节育手术假等国家规定的假期，假期期间视为提供了正常劳动。

（3）工资应当以货币形式发放。工资应当以货币形式支付，应当以法定货币支付，经批准可以外币支付的除外，不得以发放实物或有价证券等形式代替货币支付。

（4）劳动者的加班费也是其劳动报酬的一个重要组成部分。用人单位要严格按照劳动法的有关规定支付劳动者加班费，不得强迫或者变相强迫劳动者加班，劳动者每日正常工作时间不超过8小时、平均每周工作时间不超过40小时，用人单位应当保证劳动者每周至少休息1日。用人单位由于生产经营需要，经与工会和劳动者协商后可以延长工作时间，一般每日不超过3小时，每月不超过36小时。平时加班支付不低于工资的150%的工资报酬；休息日加班又不能安排补休的，支付不低于工资的200%的工资报酬；法定休假日加班的，支付不低于工资的300%的工资报酬。

2. 提供劳动安全卫生保护

在劳动生产过程中，存在着各种不安全、不卫生因素，如不采取措施对劳动者加以保护，就会危害劳动者的生命安全和身体健康，例如在锅炉和压力容器的安全设施、建筑工程的安全技术条件、矿山安全技术条件等方面我国都制定了法律法规，用人单位必须遵照执行，切实保护劳动者的安全卫生权利。劳动者对用人单位管理人员违章指挥、强令冒险作业有权拒绝执行，在危及生命安全时，劳动者有权紧急撤离现场。用人单位不得因为劳动者行使了上述权利，对劳动者进行打击报复，否则将依法承担法律责任。

（二）劳动合同的履行原则

为了更好地履行劳动合同，保障双方利益，减少纠纷，劳动合同的履行应该遵循全面履行、亲自履行和协作履行原则。

全面履行原则：劳动合同的当事人双方必须按照合同约定的时间、期限、地点、用约定的方式，按质、按量全部履行自己承担的义务。用人单位的义务已做陈述，对于劳动者而言，必须遵守用人单位的规章制度和劳动纪律，忠于职守，维护单位利益，认真履行自己的劳动职责。

亲自履行原则：劳动合同是特定主体间的合同，其履行要求主体双方必须亲自履行劳动合同。劳动关系确立后劳动者不允许将应由自己完成的工作交由第三方代办，用人单位也不能将应由自己对劳动者承担的义务转嫁给其他第三方承担，未经劳动者同意不能随意变更劳动者的工作性质、岗位，更不能擅自将劳动者调到其他用人单位工作。

协作履行原则：指双方当事人在合同的履行过程中要发扬协作精神，要互相帮助，共同完成合同规定的义务，共同实现合同规定的权利。对于不可抗拒或者未明确规定的事项，双方应从大局出发，本着法律和合同精神，共同协商解决，避免相互指责，仲裁和诉讼。

案例 1.8 劳动合同的履行原则

案例展示：2004 年，张某与某软件公司签订了劳动合同，合同期限为 3 年。在合同履行期间，张某另谋他职，由于合同未到期，违约要付高额违约金。张某就叫他的双胞胎弟弟到某软件公司替他继续履行劳动合同，结果导致公司效益不断下降。公司经调查发现了这个情况，要与张某解除劳动合同并要求其赔偿公司的损失和违约金。张某不服，向当地劳动争议仲裁委员会提出诉讼。请问劳动争议委员会会支持张某吗？他违反了履行劳动合同的哪条原则？

分析提示：劳动关系的履行具有人身属性，具有不可替代性，具有履行主体的唯一性，劳动合同是特定主体间的合同。劳动者选择用人单位，是基于自身经济、个人发展等各方面利益关系的需要；而用人单位之所以选择该劳动者，也是由于其具备用人单位所需要的基本素质和要求。张某让其同胞兄弟代替自己工作的做法本身是违约行为，违反了劳动关系履行主体唯一性的要求。而且《劳动合同法》第三十九条规定：劳动者同时与其他用人单位建立劳动关系，对完成本单位工作任务造成严重影响，或者经用人单位提出拒不改正的，用人单位可以解除劳动合同。本案中，张某的行为导致公司效益下降，对完成本单位的工作任务造成严重影响，因此公司可以与其解除劳动合同。《劳动合同法》第九十条规定：因劳动者违反本法规定解除劳动合同，给用人单位造成损失的，应当承担赔偿责任。本案中张某的行为违反了双方劳动合同的约定，给公司造成了很大损失，导致被解除劳动合同，因此应当赔偿公司的损失费和违约金。

（三）劳动合同履行的分类

根据对劳动合同履行情况的不同，可以将劳动合同履行分为完全履行、不完全履行、延迟履行和不履行四种情况。完全履行是指劳动合同当事人双方按照劳动合同约定的标的及其数量、种类、质量、时间、地点、方式等，全面完成自己所承担的全部义务。不完全履行指当事人只完成了合同规定的一部分内容，或当事人履行了劳动合同，但是履行不符合合同约定的条件。延迟履行是指劳动合同履行期已到，而合同的当事人却没能按约定的时间履行义务。不履行是指合同到了履行期，一方当事人有能力履行而故意不履行。划分劳动合同履行行为，不仅可以使双方的权利义务关系更加明确，促进劳动合同的全面、正确履行，而且对确定违约责任的性质、程度和追究违约责任具有重要意义。

二、劳动合同的变更

劳动合同在履行的过程当中，由于社会生活和市场条件的不断变化，订立劳动合同所依据的客观情况发生变化，使得劳动合同难以履行或者难以全面履行，或者合同的履行会造成当事人之间权利义务的不平衡，这就需要用人单位和劳动者双方对劳动合同的部分内容进行变更。劳动合同的变更是指当事人双方对尚未履行或尚未完全履行的劳动合同，依照法律规定的条件和程序，对原劳动合同进行协商、修改或增删的法律行为。劳动合同的变更是在原合同的基础上对原合同内容作部分修改、补充或者删除，而不是签订新的劳动合同。原劳动合同未变更的部分仍然有效，变更后的内容就取代了原合同的相关内容，新达成的变更协议条款与原合同中其他条款具有同等的法律效力，对双方当事人都有约束力。

政策法规

劳动合同的履行和变更

第二十九条　用人单位与劳动者应当按照劳动合同的约定，全面履行各自的义务。

第三十条　用人单位应当按照劳动合同约定和国家规定，向劳动者及时足额支付劳动报酬。

用人单位拖欠或者未足额支付劳动报酬的，劳动者可以依法向当地人民法院申请支付令，人民法院应当依法发出支付令。

第三十一条　用人单位应当严格执行劳动定额标准，不得强迫或者变相强迫劳动者加班。用人单位安排加班的，应当按照国家有关规定向劳动者支付加班费。

第三十二条　劳动者拒绝用人单位管理人员违章指挥、强令冒险作业的，不视为违反劳动合同。

劳动者对危害生命安全和身体健康的劳动条件，有权对用人单位提出批评、检举和控告。

第三十三条　用人单位变更名称、法定代表人、主要负责人或者投资人等事项，不影响劳动合同的履行。

第三十四条　用人单位发生合并或者分立等情况，原劳动合同继续有效，劳动合同由承继其权利和义务的用人单位继续履行。

第三十五条　用人单位与劳动者协商一致，可以变更劳动合同约定的内容。变更劳动合同，应当采用书面形式。

变更后的劳动合同文本由用人单位和劳动者各执一份。

（一）劳动合同变更的条件

劳动合同一经订立，就具有法律效力，但是在实际执行过程中，合同内容与实际情况会出现脱节，若继续履行，可能会对当事人的正当利益造成损害，因此法律允许在一定的条件下可以变更劳动合同。有下列情形之一的，可以认为具备了变更劳动合同的条件：①在不损害国家、集体和他人利益的情况下，双方协商一致的；②劳动合同订立时所依据的客观情况发生了重大变化，如企业经上级部门批准转产或者改变生产任务，或者企业经营不善，企业严重亏损等，原劳动合同无法履行，经合同双方协商一致的；③由于不可抗力的因素致使劳动合同无法完全履行的。不可抗力是指当事人所不能预见、不能避免并不能克服的客观情况，如自然灾害、意外事故、战争等；④劳动合同订立时所依据的法律、法规已修改，致使原劳动合同无法全面履行，需要作出修改；⑤劳动者的身体健康状况发生变化、劳动能力丧失或部分丧失、所在岗位与其职业技能不相适应，原劳动合同不能履行。

案例1.9　　经济补偿金

案例展示：某IT公司调整战略部署，裁减研发中心技术人员，成立售后服务部，欲将部分技术人员转为售后服务人员。洪某原是研发人员，对公司的调整产生反感，不愿到售后服务部上班。人力资源部经理告诉洪某："你与公司签订了劳动合同，公司就可以根据经营需要调整你的工作岗位，你应当服从，这是企业的用人自主权"。洪某觉得很委屈，不服从调动，公司以洪某不服从管理，构成严重违纪为由解除了与洪某的劳动合同，不支付任何经济补偿。请问该IT公司解除劳动合同的做法对吗？不支付经济补偿对吗？

分析提示：公司经营战略调整，与劳动者劳动合同订立时的客观情况发生了变化，研发岗位人员富余，具体到洪某，其劳动合同无法再履行下去，存在着变更劳动合同的法定理由。因此，公司依照法律有关规定解除与洪某的劳动合同也不违法。洪某不服从公司的岗位调整，公司与洪某就劳动合同变更问题没有达成一致，公司以此为由解除劳动合同的行为是符合法律规定的。根据有关规定，公司应当向洪某支付经济补偿金。

（二）劳动合同变更的程序

首先由用人单位或劳动者提出变更劳动合同的要求，说明变更合同的理由、变更的内容以及变更的条件，请求对方在一定期限内给予答复。《北京市劳动合同规定》规定：当事人一方要求变更其相关内容的，应当将变更要求以书面形式送交另一方，另一方应当在15日内答复，逾期不答复的，视为不同意变更劳动合同。劳动合同变更失败，原内容继续履行。

如果当事人双方经过平等协商，就变更劳动合同的内容取得一致意见，需要签订书面变更协议，协议应载明变更的具体内容、生效日期，经双方签字盖章后生效。变更后的劳动合同文本由用人单位和劳动者各执一份。应当注意的是，劳动合同变更必须是在劳动合同有效期内进行，不能拖到劳动合同期满后进行，这一点也很容易产生争议。

（三）劳动合同变更的效力

劳动合同变更是对劳动合同内容的局部的更改，一般来讲，劳动合同的变更主要反映在五个方面：一是生产工作任务的增加或减少；二是生产工作任务的变化；三是合同期限长短的变动；四是劳动工种或岗位的变动；五是劳动报酬的增加或减少，一般说来都不是对劳动合同主体的变更。变更后的内容对于已经履行的部分往往不发生作用，仅对将来发生作用，同时，劳动合同未变更的部分，劳动合同双方还应继续履行。劳动合同变更与劳动合同解除不同，劳动合同变更并不涉及到经济补偿金等方面的问题。但是，由于劳动合同的变更而对对方造成损失的，提出变更的一方应当承担损害赔偿责任。

（四）关于支付令问题

支付令本质上相当于民法上的督促程序，根据《劳动合同法》的规定，用人单位应当向劳动者及时足额支付劳动报酬。当出现工资拖欠时，劳动者可以依法向当地人民法院申请支付令，人民法院根据债权人的申请，向债务人发出支付令，催促债务人限期履行义务。这一规定，有利于劳动者在付出较低成本的情况下，快速解决用人单位拖欠工资纠纷。另一方面，法律还规定了支付令的异议程序，即用人单位只要在法定期间内向管辖法院提出书面异议，督促程序便会终结，且人民法院无须审查异议是否有理由。

小贴士

劳动合同变更协议范本

甲方：________

乙方：________（员工工号：__________）

经甲、乙双方协商一致，就双方对________年________月________日签订/续订的劳动合同的变更事项达成如下协议：

一、劳动合同变更内容：

1. ______________________________

2. ______________________________

二、本协议生效后，原劳动合同仍继续履行，但变更条款按照本协议执行。

三、本协议经甲、乙双方签字（盖章）并加盖甲方劳动合同专用章后生效。

四、本协议一式两份，甲、乙双方各执一份。

甲方：________　　　　乙方（签字）：________

法定代表人或委托代理人：

________年________月________日　　　　________年________月________日

工作示范

案例展示：设计师小敏自2010年底进入某装饰公司工作后，每周都工作6天，每天工作8小时，已超过《劳动法》所规定的每周工作40个小时的规定。小敏与公司的劳动合同到期后不与公司续签合同。离职时，小敏要求公司支付他在职期间的加班工资，公司拒绝支付。小敏遂提起劳动争议仲裁。劳动仲裁委员会受理后，在仲裁时公司认为，在公司与小敏签订的劳动合同中，双方约定小敏周六需值班，且每月工资中已包含周六值班的工资，所以公司并不存在还须额外支付小敏的加班费。

案例分析：上述案例是关于加班与值班争议的典型案例。加班是指劳动者根据用人单位的要求，在8小时之外、休息日、法定节日等时间从事生产或工作；而值班是指劳动者根据用人单位的要求，在正常工作日之外担负一定的非生产性的责任，主要是因单位安全、消防、假日等需要担任单位临时安排或制度安排的与劳动者本职工作无关的值班。在案例中，小敏的工作应当认定为加班，而非值班。虽然小敏与公司签订的劳动合同中约定，小敏周六上班属值班，但是小敏在每周六所从事的工作内容是完成一定的生产任务，而并不是公司所称的值班，所以，公司应当支付小敏在职期间每周六的加班费。

律师提示：认定是加班还是值班，主要看劳动者是否继续在原来的岗位上工作，或者是否有具体的生产或经营任务。如果劳动者继续在原来的岗位上工作或者有具体的生产或经营任务，则应当认定为加班，而如果不是继续在原来的工作岗位也没有具体的生产或经营任务，则应当认定为值班。加班工资是法定的，而值班待遇比加班待遇低很多。

知识拓展

劳动合同履行与用工单位所在地不一致时管辖权的界定

案例展示：袁女士是北京某国有控股公司驻天津办事处的员工，双方签订了为期5年的劳动合同。2011年2月份，袁女士与公司的合同期满，公司决定不再与其续订劳动合同。袁女士提出：根据天津市的有关规定，单位应当向自己支付终止合同的生活补助费。对此，公司人事部经理郭冬明确答复袁女士：根据北京市的规定，合同期满终止不需支付生活补助费。由于双方各执己见，袁女士就向办事处所在的天津某区劳动争议仲裁委员会提出了申诉。答辩中，某国有控股公司提出管辖异议，称袁女士虽然在天津办事处工作，但其工资一直由北京总部发放，袁女士应当在北京申诉。

案例分析：本案争论的焦点是劳动关系管辖权问题，法律规定劳动争议案件由用人单位所在地或者劳动合同履行地的基层人民法院管辖。本案中，袁女士的工资关系所在地虽然在北京，但是其劳动合同履行地却在天津，因此袁女士可以选择在天津申诉，天津劳动争议仲裁委员会和人民法院有权受理袁女士的申诉。

律师提示：人力资源和社会保障部起先规定，发生劳动争议的企业与职工不在同一个仲裁委员会管辖区的，由职工当事人工资关系所在地的仲裁委员会处理，但是这种管辖原则不方便职工诉讼、切实维护职工的权益。随后，人力资源和社会保障部又规定，根据方便职工的原则，劳动争议可由劳动合同履行地的劳动争议仲裁委员会管辖。

任务4　劳动合同的解除

【任务名称】

判断劳动合同能否解除。

【任务情景】

案例1：魏某，女，23岁，高中毕业后未曾工作过。2006年5月25日被招收为某百货商场的卫生清洁工，单位在与其签订的劳动合同中写明："试用期三个月，在试用期内不符合录用条件的，单位可解除劳动合同"。其实，魏某被招工之前已被市精神病医院诊断为精神分裂症，但她对招工单位隐瞒了这一病史。在试用期的第一个月，她的精神分裂症发作。单位认为她不符合录用条件，因此，解除了她的劳动合同，但魏某的父母不服，认为她有病，单位应予治疗而不应解除劳动合同。双方就此争执不下。

案例2：某食品公司系一家中外合资企业，职工田某是该公司饼干车间的操作工。2003年10月被该公司招录为劳动合同制工人并签订了3年期限的劳动合同。2004年12月公司组织职工到医院进行体检，田某被查出患有乙型肝炎。公司认为，国家卫生部门明文规定，患有传染性疾病人员，不能从事食品行业工作。田某患有肝炎，属于传染性疾病，因而决定与田某解除劳动合同。

案例3：李某系一国有企业职工，与企业签有三年期限的劳动合同。在劳动合同期限内，李某听说在某外商投资企业工作每月月薪1800元，相比之下原企业每月只有800元的工资太低，遂向原企业口头提出解除劳动合同。原企业未马上作出答复。15日后，李某离开原企业，到了外资企业上班。李某的离开，给原企业的生产造成了影响，原企业要求李某回厂上班，但李某以已向企业提出解除劳动合同为由而拒不回厂。李某的做法合法吗？

（资料来源：法律快车 http：//www. lawtime. cn）

【任务要求】

1. 分小组，小组成员讨论案例中的劳动合同能不能解除；
2. 各小组选一个案例，编排成情景剧进行表演；
3. 总结劳动合同解除的各种条件。

知识链接

一、劳动合同解除的概念

劳动合同的解除，是指当事人双方提前终止劳动合同的法律效力，解除双方的权利义务关系。劳动合同的解除分为协商解除、法定解除和约定解除三种，根据《劳动法》的规定，劳动合同既可以由单方依法解除，也可以双方协商解除；法定解除是指出现国家法律、法规或合同规定的可以解除劳动合同的情况时，不需双方当事人一致同意，合同效力可以自然或单方提前终止；约定解除是指合同双方当事人因某种原因，在完全自愿的情况下，互相协商，在彼此达成一致的基础上提前终止劳动合同的效力。对于企业劳动合同的解除，多数国家都有自己的立法规定，并有各种严格的限制条件和程序。

二、劳动合同解除的类别

（一）劳动者可解除劳动合同的情形

1. 协商一致解除劳动合同

劳动者首先提出的，用人单位可不支付经济补偿。

2. 提前通知解除劳动合同

劳动者提前30日以书面形式通知用人单位，可以解除劳动合同。劳动者在试用期内提前3日通知用人单位，可以解除劳动合同。注意这里劳动者解除劳动合同，用人单位是不能附加条件的，通知期满后，即使用人单位不批准劳动者也可以离职。

3. 被迫解除劳动合同

用人单位有下列情形之一的，劳动者可以解除劳动合同：

（1）未按照劳动合同约定提供劳动保护或者劳动条件的；

（2）未及时足额支付劳动报酬的；

（3）未依法为劳动者缴纳社会保险费的；

（4）用人单位的规章制度违反法律、法规的规定，损害劳动者权益的；

（5）因《劳动合同法》第二十六条第一款规定的情形致使劳动合同无效的；

（6）法律、行政法规规定劳动者可以解除劳动合同的其他情形。

用人单位以暴力、威胁或者非法限制人身自由的手段强迫劳动者劳动的，或者用人单位违章指挥、强令冒险作业危及劳动者人身安全的，劳动者可以立即解除劳动合同，不需事先告知用人单位。

劳动者被迫解除劳动合同的，用人单位需支付补偿金。

（二）用人单位可解除劳动合同的情形

1．协商一致解除劳动合同，需支付经济补偿金。

2．过失性辞退，无需支付经济补偿金。

根据《劳动合同法》第三十九条，劳动者有下列情形之一的，用人单位可以解除劳动合同：

（1）在试用期间被证明不符合录用条件的；

（2）严重违反用人单位的规章制度的；

（3）严重失职，营私舞弊，给用人单位造成重大损害的；

（4）劳动者同时与其他用人单位建立劳动关系，对完成本单位的工作任务造成严重影响，或者经用人单位提出，拒不改正的；

（5）因《劳动合同法》第二十六条第一款第一项规定的情形致使劳动合同无效的；

（6）被依法追究刑事责任的。

案例 1.10　用人单位是否可以解除劳动合同？

案例展示：朱某是某公司的项目经理，在与公司签订的劳动合同中约定，如严重违反劳动纪律或公司规章制度，公司可以立即解除劳动合同。2007 年 6 月 12 日，朱某接到公司的辞职通知书，理由是朱某违反了公司的规章制度，至少 3 次对客户不礼貌，严重影响公司声誉；因醉酒擅离职守，致使在客户发生事故时不能及时到位，给公司造成重大的名誉损失；至少 1 次散布谣言损害同事名誉，以致该同事要求辞职，给公司项目运营造成极大的负面影响。朱某认为，公司辞退他没有正当理由，双方发生争议，朱某向当地劳动争议仲裁委员会提出申请，要求公司支付他解除合同经济补偿金、因没有提前 30 日通知解除劳动合同而造成的损失等。问题：劳动者严重违反用人单位的规章制度，用人单位是否可以解除劳动合同？为什么？（资料来源：法律常识网）

分析提示：公司解除与朱某的劳动合同符合《劳动法》第二十五条的规定。《劳动法》第二十五条规定：劳动者有下列情形之一的，用人单位可以解除劳动合同：①在试用期间被证明不符合录用条件的；②严重违反劳动纪律或者用人单位规章制度的；③严重失职，营私舞弊，对用人单位利益造成重大损害的；④被依法追究刑事责任的。

3．非过失辞退，需提前 30 天或支付代通知金。

根据《劳动合同法》第四十条，有下列情形之一的，用人单位提前三十日以书面形式通知劳动者本人或者额外支付劳动者一个月工资后，可以解除劳动合同。

（1）劳动者患病或者非因工负伤，在规定的医疗期满后不能从事原工作，也不能从事由用人单位另行安排的工作的；

关于医疗期的法律规定是：①实际工作年限十年以下的，在本单位工作年限五年以下的为三个月，五年以上的为六个月；②实际工作年限十年以上的，在本单位工作年限五年以下的为六个月；五年以上十年以下的为九个月；十年以上十五年以下的为十二个月；十五年以上二十年以下的为十八个月；二十年以上的为二十四个月。

（2）劳动者不能胜任工作，经过培训或者调整工作岗位，仍不能胜任工作的；

（3）劳动合同订立时所依据的客观情况发生重大变化，致使劳动合同无法履行，经用人单位与劳动者协商，未能就变更劳动合同内容达成协议的。

4. 经济性裁员

有下列情形之一，需要裁减人员二十人以上或者裁减不足二十人但占企业职工总数10%以上的，用人单位提前三十日向工会或者全体职工说明情况，听取工会或者职工的意见后，裁减人员方案经向劳动行政部门报告，可以裁减人员。

（1）依照企业破产法规定进行重整的；

（2）生产经营发生严重困难的；

（3）企业转产、重大技术革新或者经营方式调整，经变更劳动合同后，仍需裁减人员的；

（4）其他因劳动合同订立时所依据的客观经济情况发生重大变化，致使劳动合同无法履行的。

裁减人员时，应当优先留用下列人员：

（1）与本单位订立较长期限的固定期限劳动合同的；

（2）与本单位订立无固定期限劳动合同的；

（3）家庭无其他就业人员，有需要扶养的老人或者未成年人的。

用人单位依照本条第一款规定裁减人员，在六个月内重新招用人员的，应当通知被裁减的人员，并在同等条件下优先招用被裁减的人员。

实践中用人单位90%以上是以劳动者严重违反劳动纪律或用人单位规章制度解除劳动合同，也是劳动纠纷的多发地带，所以有必要对此进行深入的分析。

案例1.11　　经济性裁员

案例展示：王某等26名职工与某商场签订了劳动合同，在劳动合同履行中，该商场以经营亏损为由，于2010年5月辞退王某等26名职工。王某等人遂向当地劳动保障局的劳动保障监察机构举报，请示纠正该商场的错误行为，维护自己的权益。劳动保障监察机构在接到王某等人的举报后，经多次深入调查取证，查明该商场不具备企业经济性裁减人员法定条件，又违反了企业经济性裁减人员法定程序，在此前提下，单方解除王某等26名职工的劳动合同，属违约行为，并责令该商场限期改正。该商场在劳动保障监察机构规定的期限内撤销了辞退王某等26名职工的决定，恢复了王某等人的工作，补发王某等人的工资并为其补缴了社会保险费。（资料来源：法律常识网）

分析提示：《劳动法》第二十七条规定“用人单位濒临破产进行法定整顿期间或者生产状况发生严重困难，确需裁减人员的，应当提前30日向工会或全体职工说明情况，听取工会或者职工的意见，经向劳动行政部门报告后，可以裁减人员。”

（三）用人单位解除劳动合同的限制

劳动者有下列情形之一的，用人单位不得依照《劳动合同法》第四十条、第四十一条的规定解除劳动合同。

1．从事接触职业病危害作业的劳动者未进行离岗前职业健康检查，或者疑似职业病病人在诊断或者医学观察期间的；

2．在本单位患职业病或者因工负伤并被确认丧失或者部分丧失劳动能力的；

3．患病或者非因工负伤，在规定的医疗期内的；

4．女职工在孕期、产期、哺乳期的；

5．在本单位连续工作满十五年，且距法定退休年龄不足五年的；

6．法律、行政法规规定的其他情形。

三、劳动合同解除中注意的问题

（一）如何解雇严重违纪员工

1．解雇依据

严重违反用人单位的规章制度的；严重失职，营私舞弊，给用人单位造成重大损害的；劳动者同时与其他用人单位建立劳动关系，对完成本单位的工作任务造成严重影响，或者经用人单位提出，拒不改正的。

2．关于“严重违反”以及“重大损害”的标准问题

法律上并无明确的规定，因此，企业规章制度中应当对这两个概念进行量化，比如，合同期内累计5次违反规章制度或劳动纪律的视为严重违纪；严重失职，营私舞弊导致经济损失10 000元以上的，以利于解雇员工时有充分依据。双重劳动关系是任何一个用人单位都无法忍受的事情，法律规定对完成本单位的工作任务造

成严重影响的可解雇，但是怎样算“严重影响”，这个操作难度较大，需要在企业规章制度中尽量加以规定。另外，在解雇前先提出改正要求更保险，限令员工在三日内提供与其他单位解除劳动合同的书面证明，如果拒不提供的，予以解雇。

3．程序要求

必须收集员工严重违纪的证据，且必须以书面形式通知员工，否则败诉风险极大，增加企业的用工成本。

4．举证要求

司法实践中由于解雇案件实行举证责任倒置，通俗地说就是企业要举证证明自己的解雇理由是充分的，是有确凿证据的，所以在解雇严重违纪员工之前必须收集充分的证据。如何收集员工违纪证据呢？因为现实生活中此类案件情况千差万别，因此违纪证据也各不相同，不可能公式般的套用。通常，在该类纠纷中，下列形式的资料可以作为证据：

（1）违纪员工的“检讨书”、“求情书”、“申辩书”、违纪情况说明等。

（2）有违纪员工本人签字的违纪记录、处罚通知书等。

（3）其他员工及知情者的证词。

（4）有关事件涉及的物证（如被损坏的生产设备，如物证不方便保留，则拍摄清楚的照片，同时照片上还应当显示时间年月日时）。

（5）有关视听资料（如当事人陈述事件的录音、录像）。

（6）政府有关部门的处理意见、处理记录及证明等。书面证据是最有力的证据，尤其是有违纪员工签字的书面证据，应尽量收集和保留。

5．搜集证据的方法

（1）建立日常书面行文制度和档案保管制度。

（2）对于“大错不犯，小错不断”的员工的违纪行为，应注意平时记录在案。每次违纪时，企业都作出相应的书面处理材料，要求员工签字。如员工不愿在处理材料上签字，则可以扣罚工资的处罚方式，在工资单上注明处罚内容，由员工在领取工资时一并签字，并在工资单上注明对工资数额有异议的，应当在7日内提出。

（3）对于有违法行为（如赌博、盗窃、打架、吸毒等）的员工，可以要求政府有关部门处理，政府有关部门的处理结论或者记录，就可能是有力的证据。

（二）如何制作解雇书（解除劳动合同通知书）

司法实践中很多企业在劳动争议案件中败诉往往是由于解雇书制作原因造成，如何制作一份有利于用人单位在应诉时更好的举证的解雇书？制作解雇书时有何技巧？

（1）关于用词：很多企业习惯用“开除”一词，建议不要使用该说法，而尽量用《劳动法》的规范说法“解除劳动合同”或“解除劳动关系”。“开除”是《企业职工奖惩条例》规定的对员工进行行政处分的方式，其对事实的认定、处理的程序要求都十分严格，按照该条例规定，对职工给予开除处分，须经厂长（经理）提出，由职工代表大会或职工大会讨论决定，并报告企业主管部门和企业所在地的劳动或者人事部门备案。如果没有按照上述程序处理，极有可能被法院判定为违法解雇行为，需支付员工经济补偿金。

（2）应当正确填写解雇书：解雇书的正确填写非常非常重要。一旦打起官司来，法院只会审查企业的解雇理由是否成立，与解雇理由无关的违纪事实法官一概不管，如果解雇理由不能成立，按照劳动合同法的规定，将向员工支付相当于经济补偿金2倍的赔偿金。根据实践经验，建议填写解雇理由的原则是“宜粗不宜细”。

（三）用人单位解除劳动合同的程序

用人单位单方解除劳动合同，应当事先将理由通知工会。用人单位违反法律、行政法规规定或者劳动合同约定的，工会有权要求用人单位纠正。用人单位应当研究工会的意见，并将处理结果书面通知工会。

（四）违反解除劳动合同的法律后果

（1）用人单位违法解除劳动合同的，如果劳动者要求继续履行劳动合同的，用人单位应当继续履行；

（2）劳动者不要求继续履行劳动合同或者劳动合同已经不能继续履行的，用人单位应当支付赔偿金，赔偿金的标准为经济补偿金的两倍。

（五）解除劳动关系必须书面送达

解除和终止劳动关系必须出具书面通知且送达员工，否则，解除和终止劳动关系决定不生效，但是，实践中很多情况是企业给员工出具书面通知时，员工却拒不签收，这时候很多企业束手无策，一方面法律要求企业必须证明已经书面送达员工，一方面是员工不签收，企业又没办法强迫员工签收，怎么办？

应对方法1：制作员工入职登记表时，增加一栏，内容为：“公司有关书面文件、通知无法直接送达给本人时，本人确认本表中所填写的家庭住址为邮寄送达地址。”

应对方法2：《劳动合同》中增加一个条款：甲方有关书面文件、通知无法直接送达给乙方时，乙方确认劳动合同中所填写的家庭住址为邮寄送达地址。

（六）经济补偿问题

1. 劳动者可获得经济补偿的情形

（1）劳动者单方解除劳动合同，用人单位有下列情形之一的，需支付经济补偿：

①未按照劳动合同约定提供劳动保护或者劳动条件的；②未及时足额支付劳动报酬的；③未依法为劳动者缴纳社会保险费的；④用人单位的规章制度违反法律、法规的规定，损害劳动者权益的；⑤因下列情形致使劳动合同无效的：第一，以欺诈、胁迫的手段或者乘人之危，使对方在违背真实意思的情况下订立或者变更劳动合同的；第二，用人单位免除自己的法定责任、排除劳动者权利的；第三，违反法律、行政法规强制性规定的。⑥法律、行政法规规定劳动者可以解除劳动合同的其他情形。

（2）用人单位提出解除劳动合同，并与劳动者协商一致解除的。

（3）有下列情形之一的，用人单位提前30日以书面形式通知劳动者本人或者额外支付劳动者一个月工资后，解除劳动合同的：第一，劳动者患病或者非因工负伤，在规定的医疗期满后不能从事原工作，也不能从事由用人单位另行安排的工作的；第二，劳动者不能胜任工作，经过培训或者调整工作岗位，仍不能胜任工作的；第三，劳动合同订立时所依据的客观情况发生重大变化，致使劳动合同无法履行，经用人单位与劳动者协商，未能就变更劳动合同内容达成协议的。

（4）有下列情形之一，需要裁减人员20人以上或者裁减不足20人但占企业职工总数10%以上的，用人单位提前30日向工会或者全体职工说明情况，听取工会或者职工的意见后，裁减人员方案经向劳动行政部门报告，可以裁减人员：第一，依照企业破产法规规定进行重整的；第二，生产经营发生严重困难的；第三，企业转产、重大技术革新或者经营方式调整，经变更劳动合同后，仍需裁减人员的；第四，其他因劳动合同订立时所依据的客观经济情况发生重大变化，致使劳动合同无法履行的。

（5）除用人单位维持或者提高劳动合同约定条件续订劳动合同，劳动者不同意续订的情形外，因合同期满，用人单位终止固定期限劳动合同的。

（6）用人单位被依法宣告破产的。

（7）用人单位被吊销营业执照、责令关闭、撤销或者用人单位决定提前解散的。

（8）法律法规规定的其他情形。

2. 补偿标准

（1）一般补偿标准：经济补偿按劳动者在本单位工作的年限，每满一年支付一个月工资的标准向劳动者支付。六个月以上不满一年的，按一年计算；不满六个月的，向劳动者支付半个月工资的经济补偿。劳动者月工资高于用人单位所在直辖市、设区的市级人民政府公布的本地区上年度职工月平均工资三倍的，向其支付经济补偿的标准按职工月平均工资三倍的数额支付，向其支付经济补偿的年限最高不超过十二年。月工资是指劳动者在劳动合同解除或者终止前十二个月的平均工资。

（2）双倍赔偿标准：用人单位违反本法规定解除或者终止劳动合同的，应当依照一般补偿标准的两倍向劳动者支付赔偿金。

以下是用人单位依法解除或终止劳动合同的情形，除此之外，应可视为违法解除或终止劳动合同，需向劳动者双倍赔偿：

第一，用人单位与劳动者协商一致的；

第二，劳动者在试用期间被证明不符合录用条件的；

第三，劳动者严重违反用人单位的规章制度的；

第四，劳动者严重失职，营私舞弊，给用人单位造成重大损害的；

第五，劳动者同时与其他用人单位建立劳动关系，对完成本单位的工作任务造成严重影响，或者经用人单位提出，拒不改正的；

第六，劳动者以欺诈、胁迫的手段或者乘人之危，使用人单位在违背真实意思的情况下订立或者变更劳动合同的；

第七，劳动者被依法追究刑事责任的；

第八，劳动者患病或者非因工负伤，在规定的医疗期满后不能从事原工作，也不能从事由用人单位另行安排的工作的；

第九，劳动者不能胜任工作，经过培训或者调整工作岗位，仍不能胜任工作的；

第十，劳动合同订立时所依据的客观情况发生重大变化，致使劳动合同无法履行，经用人单位与劳动者协商，未能就变更劳动合同内容达成协议的；

第十一，用人单位依照企业破产法规定进行重整的；

第十二，用人单位生产经营发生严重困难的；

第十三，企业转产、重大技术革新或者经营方式调整，经变更劳动合同后，仍需裁减人员的；

第十四，其他因劳动合同订立时所依据的客观经济情况发生重大变化，致使劳动合同无法履行的。

工作示范

案例分析：公司的解聘劳动合同通知书合法么？

一天早上，某私营公司员工魏某突然发高烧，体温高达39.5度，其哥哥搀扶着他赶紧来到附近医院的急诊室。医生对其治疗后，为他开具了病休三天的诊断证明。魏某在哥哥的护送下，回到家中遵医嘱卧床休息。猛然间，想起还要跟公司请病假，遂以传真形式将医生开具的病假证明传到公司，向公司请假。当时，公司对此做法并没有明确答复。三天过后，当魏某病愈回公司上班时，却意外地收到了公司向他发出的解除劳动合同通知书。通知书中以魏某未向公司提供有效的病假证明，无正当理由缺勤旷工三天为理由，根据公司“劳动规则”中“职工无正当理由不请假，连续缺勤三天以上（含三天），属于严重违纪，公司可以立即解除劳动合同。”的规定，通知魏某，公司已决定与其解除劳动合同。

（资料来源：网络资源）

评析：

据《劳动法》的规定，劳动者因患病或非因工负伤有权享受医疗期，在医疗期内用人单位不得解除劳动合同。案例中的魏某因高烧需要就治，在获得医院开具的病休证明后，可以享受医疗期。

《劳动法》还规定，用人单位应当依法建立和完善规章制度。用人单位未建立规章制度，未在劳动合同中明确劳动纪律的，是违反《劳动法》的过错行为，应由用人单位承担劳动者不知具体纪律而违纪的后果。该公司“劳动规则”中“职工无正当理由不请假，连续缺勤三天以上（含三天），属于严重违纪，公司可以立即解除劳动合同。”的规定对魏某无约束力；魏某确因病不便到单位递交病情证明，而向公司及时传真了相关的病情证明单，申请病假，应视为履行了劳动者请病假的一般手续。至于魏某以传真方式向公司请病假，公司未作明确答复。魏某在得不到明确答复的情况下，未到公司上班，虽略有不当，但因双方未约定哪些情况属于可以解除劳动合同的违纪行为，加之公司未告知魏某哪些行为属严重违纪，故认定魏某休病假的行为不能构成严重违纪。公司以违反劳动纪律和规章制度为由，解除与魏某的劳动合同，依据不足，应予撤销。

知识拓展

范文一

解除劳动合同通知书

________（先生、女士）：

________年________月________日与甲方签订的________年期限的劳动合同，现因劳动合同期满（或者由于________原因）终止（解除）劳动合同。

根据有关规定，符合（或者不符合）发给经济补偿，发给相当于本人________月工资________元人民币整。

甲方：（签字盖章）　　　　乙方：（签字盖章）____________

________年________月________日

注：变更劳动合同书一式三份，甲乙双方、失业职工管理机构各一份。

范文二

劳动合同解除协议书

甲方：××××××公司

乙方：________　　电话：________

鉴于甲方因经营策略调整，签订劳动合同时情形发生变化，甲方已经于________年________月________日通知乙方解除劳动合同，乙方同意双方自本协议签订之日起解除劳动关系，现就相关补偿事宜达成如下协议：

1．甲方应当支付给乙方的经济补偿金________元、经济赔偿金________元、未签订劳动合同双倍工资________元，乙方同意接受__________元，放弃________元。

2．甲方对于乙方________月工资及当月销售提成________元，应当在甲方正常发放工资时，按照公司规定打入乙方账户。

3．甲方应当为乙方交纳的保险，按照国家法律规定予以补交。

……

本协议签订后，双方劳动合同予以解除，在结清上述费用后，双方关于劳动关系的所有费用予以结清，均互不追究。

甲方：　　　　　　　　乙方：

年　　月　　日　　　　年　　月　　日

任务5　劳动合同的终止与续订

【任务名称】

分析劳动合同到期后的续订问题。

【任务情景】

案例1：小李是某外企员工，进公司时与公司签订了一年期劳动合同。转眼间，一年合同期满，小李仍在该公司工作，但公司人事并未与小李重新订立劳动合同。对此，小李只是认为是公司一时疏忽所致，并未在意。未曾想，过了四个月，当小李完成了手中的项目，公司即提出与小李终止劳动合同，除了按月支付其工资，未给付其他任何补偿，小李叫苦不迭，后悔自己当初为何没有提出订立书面劳动合同。

案例2：老周是一家国企员工，2009年3月5日，与公司之间的劳动合同到期。到期时，老周已在公司连续工作十一年。由于受金融风暴的冲击，企业欲精简企业人员，即对即将到期的劳动合同全部采取不再订立的方式，老周因此失业。

案例3：孙师傅是某国有企业职工，已经有30年工龄了。由于市场发展和行业调整，孙师傅所在的企业亏损，后因各种原因而资不抵债，经法院审理清算，不得不宣告破产。孙师傅由此失去了工作。但他认为当时与企业签订的是无固定期限的劳动合同，现在企业虽然破产了，但不能就此"抛弃"他，而应当由破产企业的上级主管部门负责另行安排工作。于是，孙师傅就向企业上级主管部门提出另行安排工作的要求，上级主管部门对孙师傅的要求未予同意，双方由此发生争议。

（资料来源：110法律咨询 http：//www.110.com）

【任务要求】

1. 分小组，小组成员讨论案例中的劳动关系该如何处理；
2. 各小组派代表介绍讨论结果；
3. 总结劳动合同终止或续订的各种条件。

知识链接

一、劳动合同终止与续订的概念

劳动合同的终止是指劳动合同关系的消灭，即劳动关系双方权利、义务的失效。劳动合同终止分为两类：自然终止和因故终止。

劳动合同的续订，是指当事人双方经协商达成协议，使原签订的期限届满的劳动合同延长有限期限的法律行为。

二、劳动合同终止情形

有下列情形之一的，劳动合同终止：

第一，劳动合同期满的。劳动合同期满终止的，主要适用于固定期限劳动合同和以完成一定工作任务为期限的劳动合同两种情形。劳动合同终止时间，以劳动合同期限最后一日的24时为准。

但是，劳动合同期满，如果劳动者具有前述用人单位禁止单方解除劳动合同情形的，劳动合同应当延续至相应的情形消失时终止。劳动者在本单位患职业病或者因公负伤并被确认丧失或者部分丧失劳动能力的，劳动合同的终止按照工伤保险条例的规定处理：①劳动者丧失劳动能力的（构成1～4级伤残），保留劳动关系，退出工作岗位，劳动者享受工伤待遇，用人单位不得终止劳动合同；②大部分丧失劳动能力的（构成5～6级伤残），经劳动者本人提出，可以与用人单位解除或者终止劳动关系；③部分丧失劳动能力的（构成7～10级伤残），劳动合同期满终止。

第二，劳动者开始依法享受基本养老保险待遇的。根据法律、法规的规定，劳动者开始依法享受基本养老保险待遇的条件主要有两个：一是劳动者已退休；二是劳动者个人缴费年限累计满15年或者个人缴费和视同缴费年限累计满15年。

第三，劳动者死亡，或者被法院宣告死亡或者宣告失踪的。

第四，用人单位被依法宣告破产的。

第五，用人单位被吊销营业执照、责令关闭、撤销或者用人单位决定提前解散的。

第六，法律、行政法规规定的其他情形。

劳动合同依法解除或终止时，用人单位应同时一次付清劳动者工资；依法办理相关保险手续；用人单位依法破产时，应将劳动者工资列入破产清偿顺序，首先支付劳动者工资。

案例1.12　　**是否应得到经济补偿？**

原告欧某出生于1966年，原是大余县某选冶厂的女职工，1986年以来一直从事化验工作。1998年12月27日，被告某钨业公司成立后，租赁该选冶厂的厂房、生产设备，选冶厂职工大部分转入被告公司工作。2000年6月16日，选冶厂与原告解除劳动关系，并对原告进行了经济补偿（即买断工龄）。原告继续在被告公司上班，期间签订了2003年10月至2003年12月31日、2006年1月1日至2006年12月31日、2007年1月1日至2007年12月31日的书面劳动合同。2007年12月31日劳动合同期满后，被告既未通知原告终止又未与原告续签劳动合同。原告遂以被告违反《劳动合同法》为由，向大余县劳动争议仲裁委员会申请仲裁，要求被告给予十年工龄的经济补偿。2008年4月14日，大余县劳动争议仲裁委员会作出仲裁裁决书，裁决驳回原告的申诉请求。原告不服大余县劳动争议仲裁委员会的裁决，于2008年5月4日向大余法院起诉，要求判决被告给予经济补偿。

分析提示：

原告的诉请无法得到支持，应驳回原告的诉请。理由是：用人单位对劳动者进行经济补偿，是基于用人单位与劳动者协商解除劳动合同、用人单位单方解除劳动合同或经济性裁员三种法定情形。本案中，虽然原告在被告公司从业已满十年，但《劳动合同法》是2008年1月1日开始实施，故本案不宜适用《劳动合同法》，应按《劳动法》进行调整。原告与被告之间劳动关系的终止，既不是用人单位与劳动者协商解除劳动合同，也不是用人单位单方解除劳动合同，更不是用人单位经济性裁员，而是原告劳动合同期满而终止。而劳动关系因劳动合同期满终止不属于用人单位对劳动者进行经济补偿的范围。因此，原告要求被告给予经济补偿的诉讼请求于法无据，法院无法支持。

三、劳动合同解除与劳动合同终止的区别

劳动合同解除和终止作为劳动关系消灭的两种情形，从法律效果上来看，其结果都是导致用人单位与劳动者之间的法律关系归于消灭，具有一定相同性，但劳动合同解除与终止毕竟是两种使劳动关系归于消灭的不同方式，二者在成就条件、程序、法律后果等诸多方面存在很大差异，并直接导致劳动者在遇到这两种情形时的权利义务关系的差别，采取维权手段的差别。

（一）当事人作出意思表示不同

劳动合同解除是指在劳动合同订立后，劳动合同期限届满之前，因出现法定的情形或用人单位与劳动者约定的情形，一方单方通知或双方协商提前终止劳动关系的法律行为。作为一种法律行为，劳动合同解除一定会涉及用人单位或劳动者的意思表示，要么是单方的意思表示的结果，要么是双方的意思表示一致的结果。并可以依此将劳动合同解除分为法定解除和意定解除，法定解除又分为用人单位的单方解除和劳动者的单方解除。因此，劳动者与用人单位解除劳动合同时，必须做出相应的意思表示即通知对方，意思表示到达对方时，解除生效。

劳动合同终止则是指劳动合同订立后，因出现某种法定的事实，导致用人单位与劳动者之间形成的劳动关系自动归于消灭，或导致双方劳动关系的继续履行成为不可能而不得不消灭的情形。劳动合同终止主要是基于某种法定事实的出现，其一般不涉及用人单位与劳动者的意思表示，只要法定事实出现，一般情况下，都会导致双方劳动关系的消灭。

（二）劳动合同解除与劳动合同终止情形不同

1. 劳动合同解除情形

根据《中华人民共和国劳动合同法》的规定，劳动合同解除分为：意定解除（三十六条）、劳动者提前通知单方解除即劳动者主动辞职（三十七条）、劳动者随时单方解除即被迫解除（三十八条）、用人单位单方通知解除（三十九条）、用人单位提前通知单方解除（四十条、四十一条），前述各种解除的成就条件是不同的，下面分别进行分析：

（1）意定解除：只要用人单位与劳动者解除劳动合同的意思表示一致，解除

条件即成就。

（2）劳动者提前30日通知解除：为了保障劳动者全面自由发展的权利，我国《劳动法》和《劳动合同法》均规定了劳动者的辞职权，即劳动者单方无条件提出辞职的权利，但为了达到用人单位与劳动者的利益平衡，法律规定，此种劳动合同解除条件只有在劳动者履行一定法定程序（应提前30日书面通知）后才能成就。

（3）劳动者单方被迫随时通知解除：此种劳动合同解除是在用人单位存在严重违反劳动合同的行为或者劳动者的人身受到威胁、迫害的情形下，劳动者有随时通知解除劳动合同的权利。

（4）用人单位单方随时通知解除：此种劳动关系的解除主要是指在劳动者存在严重违反用人单位规章制度，或存在其他严重损害用人单位合同利益的情形下，用人单位有权单方随时通知劳动者解除劳动合同。

（5）用人单位提前30日通知解除：此种劳动合同解除，主要是指存在非因用人单位与劳动者的主观原因，致使劳动合同无法继续履行的，用人单位提前30日通知劳动者或支付劳动者一个月工资的代通知金，解除劳动合同的情形。

此外，用人单位在出现经营困难等情形，需要裁减人员，解除与劳动者劳动关系时，用人单位也需要提前30日通知全体劳动者或工会。

（三）需要履行法定程序不同

劳动合同解除根据不同情形，需要履行不同的法律程序，如果未履行必要的法定程序，可能会导致劳动合同解除违法，从而不能出现当事人预想达到的解除效果，甚至事与愿违地要承担相应的损害赔偿责任。在劳动合同解除的诸多情形中，除了意定解除以及劳动者在人身受到威胁，被强迫劳动情形下解除劳动合同，不需要履行相应的法定程序外，其他均需履行相应的程序：

（1）劳动者单方辞职的需要提前30日通知用人单位；

（2）用人单位因劳动者严重违反规章制度解除劳动合同时，需要通知劳动者，并出具解除劳动合同的书面文件；

（3）劳动者被迫解除劳动合同的，需要履行通知义务，尽管该通知义务既可以是口头的，也可以是书面的，但劳动者在其人身受到威胁的情形下，无需通知；

（4）用人单位因劳动者不能胜任工作等情形解除劳动合同的，应提前30日书面通知劳动者或支付一个月的代通知金作为补偿。

而对于劳动合同终止是否履行相应的法定程序，以及未履行法定程序的法律后果，我国《劳动法》和《劳动合同法》均没有作出明确规定，从而导致实践中对于劳动合同终止时用人单位是否需要履行提前通知义务，以及需要提前多长时间通知，各地掌握的尺度不尽一致，相对比较混乱。为了解决该问题，许多地方性法规或规章，对劳动合同终止的程序作出了规定。比如《北京市劳动合同规定》第四十条规定："劳动合同期限届满前，用人单位应当提前30日将终止或者续订劳动合同意向以书面形式通知劳动者，经协商办理终止或者续订劳动合同手续。"并在该规定第四十七条规定了未履行该终止劳动合同程序的法律后果："用人单位违反本规定第四十条规定，终止劳动合同未提前30日通知劳动者的，以劳动者上月日平均工资为标准，每延迟1日支付劳动者1日工资的赔偿金。"

（四）经济补偿金的计算起点不同

2008年1月1日《劳动合同法》实施之前，我国《劳动法》及相关司法解释除了对用人单位未依法为劳动者缴纳社会保险，劳动者有权解除劳动合同，并要求支付经济补偿金的情形未做明确规定外，对于劳动合同的其他解除情形，对用人单位需要向劳动者支付经济补偿金的情况，都作出了明确规定。因此，根据《劳动合同法》规定的经济补偿金以2008年1月1日为分界点分段计算的原则，除了劳动者以用人单位未依法为劳动者缴纳社会保险为由，要求解除劳动合同，并支付经济补偿金时，经济补偿金的计算年限应自2008年1月1日起计算经济补偿金的年限外，其他解除劳动合同的情形，经济补偿金的计算年限均应自双方建立劳动关系起计算，即应按工作年限计算，只是2008年1月1日前后，经济补偿金计算的数额略有不同。

对于劳动合同终止经济补偿金的问题，《劳动合同法》之前的法律、法规规定，劳动合同自动终止的，用人单位是无需向劳动者支付经济补偿金的。而《劳动合同法》对于此问题作出了新的规定，《劳动合同法》第四十六条第五款规定：劳动合同期满后，若用人单位不同意按照维持或高于原劳动合同约定条件，与劳动者续订劳动合同的，用人单位应当向劳动者支付经济补偿金。但根据《劳动合同法》规定的经济补偿金以2008年1月1日为分界点分段计算的原则，对于2008年1月1日后，因劳动合同终止需要支付经济补偿金的，经济补偿金的计算年限，应自2008年1月1日开始计算，2008年1月1日之前的工作年限，不属于经济补偿金计算范畴。

四、劳动合同续订的程序

第一，劳动合同期限届满或其他的法定、约定终止条件出现，任何一方要求续订劳动合同，应当提前30日向对方发出"续订劳动合同通知书"，并及时与对方进行协商，依法续订劳动合同；

第二，续订劳动合同，如原劳动合同的主要条款已有较大改变，双方应重新协商签订新的劳动合同；如原劳动合同的条款变动不大，双方可以签订"延续劳动合同协议书"，并明确劳动合同延续的期限及其他需重新确定的合同条款；

第三，续订劳动合同后，用人单位应将双方重新签订的劳动合同或"延续劳动合同协议书"（附原劳动合同）一式两份，送有管辖权的劳动鉴证机构进行鉴证，并到社会保险经办机构办理社会保险延续手续。

五、未续约劳动合同的不同情景

劳动合同期满以后，在不同的未续约阶段，用人单位和劳动者所承担的责任是不同的。

第一阶段，自劳动合同期满起一个月内未续订。

用人单位：首先，用人单位应书面通知劳动者订立劳动合同。如经用人单位书面通知后，劳动者不与用人单位订立书面劳动合同的，用人单位应当书面通知劳动者终止劳动关系，并无须向劳动者支付经济补偿。在此期间，用人单位应当依法向劳动者支付其实际工作时间的劳动报酬。

劳动者的权利：如经用人单位书面通知后，劳动者不与用人单位订立书面劳动合同，在用人单位经书面通知劳动者终止劳动关系后，劳动者有权要求用人单位依法支付实际工作时间的劳动报酬。

第二阶段，自劳动合同期满起超过一个月不满一年。

用人单位：首先，用人单位有义务与劳动者补订书面劳动合同，并依法向劳动者每月支付两倍的工资。如劳动者不与用人单位订立书面劳动合同的，用人单位应当书面通知劳动者终止劳动关系，并需依法向劳动者支付经济补偿金。此外，根据有关劳动合同法若干问题的意见规定，如用人单位已尽到诚信义务，因不可抗力、意外情况或劳动者拒绝签订等用人单位以外的原因，造成劳动合同未签订的，不属于用人单位“未与劳动者订立书面劳动合同”的情况。

劳动者的权利：在此期间，劳动者有权依法向用人单位要求每月支付两倍的工资。（注：两倍工资的起算时间为用工之日起满一个月的次日；截止时间为补订书面劳动合同的前一日。）如果劳动者不与用人单位订立书面劳动合同，经用人单位书面通知劳动者终止劳动关系后，劳动者有权要求用人单位依法支付经济补偿金。

第三阶段，自劳动合同期满起满一年以后。

用人单位：应当立即与劳动者补订书面劳动合同。

劳动者的权利：自用工之日起满一年的当日用人单位与劳动者视为已订立无固定期限劳动合同。

小贴士　　**“铁饭碗”无固定期限劳动合同的形成**

一、劳动者在该用人单位连续工作满十年的。

［注Ⅰ］：在《劳动合同法》施行之前签订劳动合同，《劳动合同法》施行之后发生原合同约定的终止事由，但劳动者在用人单位连续工作已满十年亦属于该情形。

[注Ⅱ]：劳动合同期满，有符合应当续延合同期限的法定情形时，劳动合同延续至相应的情形消失时终止。但若因法定顺延事由，使得劳动者在同一单位工作时间超过十年的，不属于该情形。

二、用人单位初次实行劳动合同制度或者国有企业改制重新订立劳动合同时，劳动者在该用人单位连续工作满十年且距法定退休年龄不足十年的。

三、连续订立二次固定期限劳动合同，且没有劳动合同法第三十九条和第四十条第一项、第二项规定的情形，需续订劳动合同的。

[注Ⅰ]：劳动者已与用人单位连续订立二次固定期限劳动合同后，与劳动者第三次续订合同时，劳动者提出签订固定期限劳动合同的情形。

[注Ⅱ]：《劳动合同法》第三十九条和第四十条第一项、第二项规定的八种情形：

(1) 在试用期间被证明不符合录用条件的；

(2) 严重违反用人单位的规章制度的；

(3) 严重失职，营私舞弊，给用人单位造成重大损害的；

(4) 劳动者同时与其他用人单位建立劳动关系，对完成本单位的工作任务造成严重影响，或者经用人单位提出，拒不改正的；

(5) 以欺诈、胁迫的手段或者乘人之危，使用人单位在违背真实意思的情况下订立或者变更劳动合同，致使劳动合同无效的；

(6) 被依法追究刑事责任的；

(7) 患病或者非因工负伤，在规定的医疗期满后不能从事原工作，也不能从事由用人单位另行安排的工作的；

(8) 不能胜任工作，经过培训或者调整工作岗位，仍不能胜任工作的。

对一些政府有关部门为安置就业困难人员提供的给予岗位补贴和社会保险补贴的公益性岗位，其劳动合同不适用有关无固定期限劳动合同的规定以及支付经济补偿的规定。

工作示范

双方的劳动合同关系是否继续存在？

李某于1977年开始参加工作，自1994年起就在北京某出租汽车有限公司工作。2000年1月，李某与出租汽车公司再次签订劳动合同，合同期限自2000年1月1日起至2002年12月31日止。2002年8月1日至2002年12月1日，李某患重病住院治疗，同年12月1日出院。出院后，李某遵照医生的嘱咐定期复查、治疗，一直处在病休期间，未再上班。2002 年 12 月 25 日，出租汽车公司作出了“终止李某劳动合同的通知”并送达了李某，李某不同意终止劳动合同，双方发生争议。出租汽车公司认为，李某长期不工作，而且据其病情，以后长期无法从事相关工作，因此其有权在合同将要到期前终止劳动合同，即使自己提前作出终止劳动合同的做法不对，依据劳动合同约定的期限，即在 2002 年 12 月 31 日那天劳动合同也自行终止。李某不同意出租汽车公司的看法，他认为自己不能进行劳动是处在病假期，并非故意不参加工作，且出租汽车公司在合同没有到期前就解除劳动合同，这是违约的，也不符合法律的规定；另外，由于自己已经在该公司工作已经达 8 年之久，有权要求与出租汽车公司签订无固定期限的劳动合同，因此要求公司收回终止的通知书，并且要求与出租汽车公司签订无固定期限的劳动合同。

双方不能协商解决，李某向劳动争议仲裁委员会申请仲裁，请求支付病休工资、医疗费等，并要求签订无固定期劳动合同。仲裁委员会裁决出租汽车公司支付病假工资一次性支付医药费等。双方不服，于 2003 年 8 月起诉到法院。（资料来源：中国法律网）

评析：

双方争议的焦点有二：一是出租汽车公司单方面终止劳动合同的行为的理由是否成立；二是双方的劳动合同关系是否继续存在。

一审法院经审理认为，当事人签订的劳动合同为有效合同；李某在履行劳动合同期间患病的医疗期满时间为 2003 年 5 月；出租汽车公司在李某医疗期届满前作出与李某终止劳动合同的决定不当，应予撤销，而且认为双方的劳动关系仍然存续；并依此作出了判决。

后出租汽车公司上诉。二审法院经审理认为，出租汽车公司与李某签订的劳动合同履行期限虽然至 2002 年 12 月 31 日届满，但李某尚处在病休期间，应确定其医疗期，劳动合同的期限应当顺延至李某的医疗期期满，出租汽车公司《终止李某劳动合同的通知》应予撤销。但一审判决认定李某与出租汽车公司的劳动关系仍然存续不当，二审法院将予以纠正，并作出了判决。

知识拓展

范文一

劳动合同终止协议

上海×××有限公司（以下简称甲方）与×××（以下简称乙方）根据双方签订的劳动合同，经友好协商后，基于乙方个人生涯规划发展原因决定当双方于2007年10月31日合同期限届满，不再续订新的劳动合同。为顺利完成工作交接，甲乙方同意如下条款：

（1）基于对工作的责任，乙方同意基于善良管理人的注意，于2007年11月15日之前仍积极协助甲方办理工作交接，完成工作移交纪录。乙方在交接期间仍愿意遵守甲方的各项管理制度；

（2）甲方于乙方办理工作交接期间，同意仍按双方原签订劳动合同的标准支付乙方报酬；

（3）针对双方劳动合同的不再续签，甲方同意按乙方原薪资标准支付相当于乙方一个月薪资作为工作交接奖金，本奖金连同乙方交接期间之报酬，甲方将于12月5日汇入乙方指定的银行账户中；

（4）若有未尽事宜，双方同意另以书面形式订定。

甲方：上海×××有限公司　　　　　　　　乙方：×××

签字：　　　　　　　　　　　　　　　　签字：

________年________月________日

范文二

劳动合同续订书

本次续订劳动合同期限类型为____________期限合同，续订后本合同期限为________年________月________日至________年________月________日。

甲方（公　章）　　　　　　　　　　乙方（签字或盖章）

法定代表人（主要负责人）

或委托代理人（签字或盖章）

________年______月______日

本次续订劳动合同期限类型为____________期限合同，续订后本合同期限为________年________月________日至________年________月________日。

甲方（公　章）　　　　　　　　　　乙方（签字或盖章）

法定代表人（主要负责人）

或委托代理人（签字或盖章）

________年______月______日

任务6　专项协议编制

【任务名称】

专项协议的签订与履行。

【任务情景】

案例1：凌云2003年10月应聘进入一家制造厂，与工厂签订了5年期的劳动合同，并约定了6个月的试用期。2003年12月，该制造厂为了提高产品的生产质量，决定从日本引进一套新型加工设备，同时派员工去日本接受为期3个月的技术培训。凌云感到幸运的是，他被选中了。

出国之前，制造厂与凌云签订了一份培训协议，约定凌云在培训结束之后，必须为企业服务5年。在服务期内，凌云与厂里解除劳动合同，须向企业赔偿培训费用5万元，凌云实际服务时间每满一年可以递减培训费20%。

2004年2月，凌云完成培训回到厂里，负责新设备的运行。但是一家外企通过猎头公司找到凌云，表示愿出高薪聘请他。尽管厂领导一再挽留，但是去意已决的凌云还是辞职了，并表示自己在试用期内提出辞职符合法律规定。厂领导见事情已无法挽回，就要凌云按培训协议赔偿厂里培训费。但是凌云不愿意赔偿。无奈之下制造厂向区劳动争议仲裁委员会提出仲裁申请，要求凌云赔偿培训费。

案例2：1998年下半年，曾在原告厂从事技术开发的被告A君离开原告厂，受雇于与原告工厂同行业机械制造的另一机械厂，从事技术开发工作。不久，原告接到举报，称被告A君将原告自行研制开发的CAD软件技术泄露给该机械厂。随后，原告又发现其利用该技术生产的产品在某地区的销售额突然下降，经调查发现，这一地区的市场上出现了与其产品相同的被告A君所在厂的产品。结合上述情况，原告认为被告泄露了其CAD软件技术，遂以被告A君侵犯其商业秘密为由，向法院提起诉讼，要求被告A君赔偿损失10万元。

案例3：王先生与甲公司于2006年2月1日签订了两年的劳动合同，由于《劳动合同法》在2008年1月开始实施，公司为了规范管理，对于业绩不理想的人员准备合同到期就不再与其续签劳动合同。在2007年12月10日，人力资源部在与市场部沟通后，遂通知王先生，公司将在合同到期后不再与王先生续签劳动合同；并同王先生协商，工资照常给他发，但他可以离开公司，（协议只是口头形式而没采取书面形式）。王先生同意，于12月25日就不再到公司上班，公司也照常给其发放工资。在此期间，公司也将退工单办好，但王先生一直没有到公司取退工单。2008年1月20日，王先生给公司邮寄过来一张病假单，病假单上写着因病建议休养六个月。那么作为公司将如何处理此事呢？

【任务要求】

1. 分小组，小组成员讨论上述案例公司要求是否合理；
2. 各小组派代表介绍讨论结果；
3. 要求引用相关法律知识进行分析。

知识链接

一、培训协议

（一）培训协议的概念

21 世纪是知识经济的时代，人才竞争日益激烈，培训也因此受到了企业的重视，与此同时，由于受到薪酬等一些因素的诱惑，受训后的员工跳槽率也比较高。为了避免这种现象的发生，并减少由此给企业带来的损失，培训协议的签订受到了前所未有的重视。

培训协议是协商约定条款，是劳动者和用人单位之间在法定条款之外，根据双方的具体情况，协商规定的权利、义务条款。培训协议是指约定培训的项目、时间，期间的工资待遇，培训费用的支付，培训结束后的服务期限及更详细的内容。

（二）签订培训协议的注意事项

服务期与劳动合同期限的区别

所谓服务期，是劳动合同当事人在劳动合同或者其他协议中约定的劳动者应当为用人单位服务的期限。服务期限条款不是劳动合同的必备条款，而是用人单位在招收或使用劳动者的过程中提供了特殊待遇后，与劳动者协商确定的一个附属期限。劳动合同的期限，是指劳动个体规定的双方当事人权利、义务的有效时间，是《劳动法》第十九条规定的必备条款之一。《劳动法》第二十条规定：“劳动合同的期限分为有固定期限、无固定期限和以完成一定的工作为期限。”

劳动合同期满企业要求劳动者继续履行服务期，双方当事人应当续订劳动合同，企业不得强迫劳动者继续为企业服务，除非对服务期的履行方式双方另有约定。

因此，企业一定要注意：劳动合同在处理劳动关系争议时处于核心地位，签订培训协议时约定的服务期限如与劳动合同中的服务期限不一致，应及时变更劳动合同或在培训协议的服务期限协议里作相应的文字说明，如：如果劳动合同服务到期，劳动合同中关于劳动合同服务期限的条款自动失效。

（三）培训协议中如何约定培训费的赔偿问题

首先，企业应当明确，企业用于劳动者职业技能培训费用的支付和劳动者违约时培训费的赔偿可以在劳动合同中约定，但约定劳动者违约时负担的培训费和赔偿金的标准不得违反劳动部《违反〈劳动法〉有关劳动合同规定的赔偿办法》等有关规定。因此，按照法律规定和合同约定，违约者应当承担违约责任，赔偿受害者一方一定的经济损失。但是，由于员工接受培训的受益者不仅是被培训者，用人单位也是受益者之一，所以不分服务年限的“一口价”是不合理的。

其次，要明确培训费的赔偿方式。依据劳动部《违反〈劳动法〉有关劳动合同规定的赔偿办法》的有关规定，如果试用期满，在合同期内，企业要求劳动者支付该项培训费用，具体支付办法是：约定服务期的，按服务期等分出资金额，以职工已履行的服务期限递减支付；没有约定服务期的，按劳动合同期等分出资金额，以职工已履行的服务期限递减支付；没有约定合同期的，按 5 年服务期等分出资金额，以职工已履行的服务期限递减支付。

小贴士　　培训费用的计算

刘某与企业在培训协议中约定如下：服务期限是三年，企业支付的培训费是 9000 元，如果李某违约解除劳动合同，赔偿方式按刘某已履行的服务期限递减支付。即：将培训费按服务期限等分，刘某每服务一年递减 3000 元。刘某经培训结业后，在单位工作了一年，提出与企业解除劳动合同，那么刘某应当赔偿企业两年的培训费，即 6000 元。

赔偿方式的确定为企业在应对因培训费用引发的培训争议时，提供了很好的法律依据，避免了很多不必要的麻烦。

（四）企业培训注意事项

（1）对试用期员工一次培训费不要太大，只进行一些入职培训即可。虽然试用期也属于劳动合同期限，但由于试用期是一个比较特殊的时期，加之用人单位对员工的性格、情况等还不甚了解，如果急着送其出去培训，并且费用很高，那么一旦该员工在试用期内离开企业，甚至不辞而别，那将会给企业带来很大的损失。

（2）员工违反本规定或者劳动合同约定解除劳动合同，对企业造成损失的要进行赔偿，其中包括企业为员工支付的培训费用。需要注意的是，企业应树立保存好原始凭证的意识，作为证据，企业可在劳动合同中约定的某些内容中明确。

小贴士　　企业要注意保存原始凭证

徐某于 1996 年 3 月进入某管理顾问有限公司，合同期从 1996 年 3 月至 2000 年 12 月 30 日。合同约定了员工解除合同的培训费赔偿方式。1999 年 8 月 18 日，徐某提出辞职，公司同意其辞职，但要求徐某支付培训赔偿费9378元，徐某认为赔偿费太多，申请劳动争议。在庭审中，公司出示了徐某参加DNV的ISO9000内审员培训费、主任审核员培训、ISO14001推行实务讲座等7项培训费用，日期、金额清清楚楚，且有徐某本人的亲笔签名。故仲裁委判决顾问有限公司胜诉。

这里所称的培训费应当是企业有付费凭证的实际支出，其主要包括单位支付的学杂费，若公费出国培训或异地培训的，还可以酌情收取一定比例的往返交通费和在外期间的生活补贴费用。有些企业在培训尚未进行、培训费尚未有实际支出时，就在劳动合同中“预定”培训费的数额和赔偿方法，这种做法是违反有关规定的，不正确的。

（3）企业委派员工出国培训，应尽可能让员工到投资方的外商方总部受训，以便管理。若条件不成熟，企业与国际培训机构签订的委托培训协议中要约定保证受训人员回国、回委托企业的有关事宜。如培训合格证书、职称证书等应交企业，由企业发给经委派培训的员工。尽量避免受训人员在培训期间发生跳槽、出逃等事件。

二、保密协议

（一）商业秘密的概念

商业秘密是指不为公众所知悉，能为权利人带来经济效益，具有实用性并经权利人采取保密措施的技术信息和经营信息。对于企业来说，商业秘密是一种可以带来巨大经济效益的无形资产，更是某些高科技企业赖以生存发展的资本，因此保护商业秘密有极大的意义。

实践中，用人单位通过与职工订立保密协议来保护商业秘密是最常见的有效方法。由于商业秘密本身的经济价值，签订保密协议对企业的重要性不言而喻；但对职工而言，签订保密协议意味着加重自身义务，也可能因此限制了择业自由和发展空间，所以说两者之间是一种矛盾对立的关系，其签订和履行都存在一定难度。目前，劳动法领域对保密协议还没有作出明确的规定，用人单位和职工因签订和履行保密协议很容易引发纠纷。

（二）签订保密协议应当注意的问题

在签订保密协议时，双方既可在劳动合同中约定保密条款，也可以订立专门的保密协议。但不管采用哪种方式，都应当采取法定的书面形式，并做到条款清晰明白，语言没有歧义。具体包括以下几点：

（1）应当遵循公平原则，兼顾双方的利益。我国《劳动合同法》第二十三条规定：用人单位与劳动者可以在劳动合同中约定保守用人单位的商业秘密和与知识产权相关的保密事项。这是劳动领域中关于订立保密协议的法律依据。同时，本条款确定了各方的权利和义务：对负有保密义务的劳动者，用人单位可以在劳动合同或者保密协议中与劳动者约定竞业限制条款，并约定在解除或者终止劳动合同后，在竞业限制期限内按月给予劳动者经济补偿。劳动者违反竞业限制约定的，应当按照约定向用人单位支付违约金。

（2）应当明确保密范围。不同的企业和同一企业的不同时期，所持的商业秘密是不一样的，因而保密范围、内容也有所变化。在约定保密内容时，务必把需要保密的对象、范围、内容和期限等明确下来，清晰当事人的义务和责任。此外，当商业秘密具有企业无形资产和职工个人劳动成果双重性质时，例如广告公司策划人员完成的创意工作、IT 公司技术人员完成编程、数据库等，应当特别注意明确其性质是属于个人的著作权还是属于公司的商业秘密，当事人是否要承担保密义务。保密范围是协议的重要部分，因此有必要在协议中写清楚。

（3）应当明确保密主体和保密义务。商业秘密的保密主体一般仅限于职工。对于保密岗位和技术岗位，要求其不得披露、公开、出借、赠与、出租、转让、处分或者协助第三人侵犯公司的商业秘密。除上述涉密岗位以外，一般员工（包括不承担保密义务的人员）在工作中有意或无意获悉公司的商业秘密时，也应该列入保密主体的范围，承担保密责任。此外，那些掌握了商业秘密的职工的家属、朋友，对保守商业秘密也应该负有同等义务。

保密义务还应该明确期限。虽然按照法律的规定，不得侵犯公司商业秘密的义务不因劳动合同的解除、终止而免除，但由于商业秘密存在过期、被公开或被淘汰的情况，因此最好还是约定保密义务的起止时间，以免引起不必要的纠纷。此外，保密主体在用人单位授权、司法调查或用于个人学习研究等特殊情况下使用商业秘密的，均可不视为违约。

（4）采取竞业限制、脱密期保护等特殊方式操作时应当规范。竞业限制是保护商业秘密的一种特殊方式，一般要求在职职工不得到同类企业兼职；离职后未经同意不得到企业竞争对手任职；不得自行组建同类企业参与竞争；不得唆使原单位的其他员工接受外界聘用；不为企业竞争对手提供咨询、建议等服务等。但这种方式有时间上的限制，参照劳动部《关于企业职工流动若干问题的通知》、国家科委《关于加强科技人员流动中技术秘密管理的若干意见》等文件，竞业限制的时间一般不得超过 3 年。此外，用人单位还必须支付一定数额的经济补偿，一般按年计算不得少于该员工离开企业前最后一个年度从该企业获得的报酬总额的 2/3。如果违反以上有关规定，则竞业限制协议的效力带有瑕疵。

约定脱密期也是一种特殊的保护方式。它的适用对象一般只限于掌握企业重要商业秘密的技术人员和管理人员。用人单位可采取调换岗位、变更劳动合同内容等措施，对有关人员做脱密处理。但在脱密期的时间问题上，应当参照劳动部《关于企业职工流动若干问题的通知》和《北京市劳动合同规定》等规定，一般不得超过劳动合同解除或终止前的 6 个月。

（5）应当明确违约的情形及法律责任。违约责任可按照《合同法》的规定处理，即约定一定数额或比例的违约金，违约金不足弥补实际损失的，可按实际损失赔偿。需要注意的是，违约金数额不得过高，一般不超过职工所知悉的公司商业秘密的许可使用价格；职工违反竞业限制条款的，违约金一般不超过补偿费的 1 至 2 倍。

案例 1.13　未签订保密协议泄露商业秘密

2008 年曾在甲公司从事技术开发的赵某离开甲公司，受雇于与甲公司从事同类行业的乙公司，也从事技术开发。不久，甲公司接到举报，称赵某将甲公司自行研究的某软件技术泄露给乙公司。随后甲公司发现其利用该技术生产的产品在某地区的销售额突然下降，经调查发现，这一地区的市场出现了与其产品相同的产品，并且由乙公司生产。结合这种情况，甲公司认为赵某泄露其软件技术，遂以被告侵犯其商业秘密为由，向法院提出诉讼，要求被告赔偿损失 10 万元。但赵某在甲公司工作期间，并未签订过任何形式的保密协议。请分析本案。

分析提示：甲公司控告赵某侵犯其商业秘密，必须证明其自行研究的软件技术属于商业秘密，即证明软件技术具有秘密性、经济性、实用性、保护性。因为软件技术是甲公司自行研究的，要证明其具有秘密性、经济性、实用性并不难，关键是要证明其保护性。甲公司虽然与赵某没有签订保密协议，但只要能够证明已经采取了有效的保护商业秘密措施，例如：公司有完善的保密制度、在岗位职责中有保密条款、项目任务书中有保密条款、对开发的软件技术有商业秘密属性标记和访问控制要求、有保密意识和要求培训记录等，即可证明甲公司对软件技术采取了商业秘密保护措施，软件技术具有保护性，从而证明开放的软件技术属于商业秘密。公司与雇佣的员工签订保密协议不是商业秘密保护的必要条件，只要公司采取了有效的保护措施，证明商业秘密的存在，即便没有保密协议，无论是在职或离职，员工也必须承担保守公司商业秘密的义务，否则就是违法侵权。

（三）履行保密协议应当注意的几个问题

签订一份合法、完善的保密协议不容易，保密协议的履行更加不是一件简单的事，为避免纠纷，至少应当做到以下几点：

（1）双方共同做好保密工作。首先，用人单位自身应当注重技术秘密和经营信息的安全。凡涉及商业秘密的一切资料包括合同、协议、计划书、客户名单、技术图纸、软件程序、数据库源码、磁盘、备忘录、书信、传真、笔记等文字资料及有关物品，都必须进行严格的管理及保护，防止资料丢失、被盗或被篡改。作为职工一方，则应当自觉遵守公司的各项规章制度，认真履行保密协议的义务，避免侵犯他人的商业秘密而承担相应的法律责任。只有双方共同切实做好保密工作，才能使保密协议得以顺利执行，大大减少商业秘密泄露、披露的渠道，从而减少商业秘密纠纷。

（2）按约定支付保密费或竞业限制补偿金。现实中涉及商业秘密的劳动争议案件中，很多纠纷是由于用人单位没有按约定支付保密费或竞业限制补偿费引起的。这种行为已经构成了违约，守约方可以用来对抗保密义务，结果必然导致保密协议的目的无法实现。因此，如果保密协议中约定了保密费或竞业限制补偿费的，用人单位应当按照约定的数额、时间和方式支付。

（3）侵犯商业秘密的法律救济。

① 劳动法上的救济。原劳动部规定，职工违反保密协议造成用人单位损失的，应当按《中华人民共和国反不正当竞争法》第二十条的规定支付用人单位赔偿费用。以上规定适用于保密协议没有明确违约责任的情况，如果保密协议对违约责任的承担方式已作明确约定，应按双方的意思表示处理。此外，对于其他用人单位招用尚未解除劳动合同的职工，构成共同侵权，对原用人单位造成损失的，除职工承担赔偿责任外，可同时要求该单位承担连带赔偿责任，其份额一般不低于赔偿总额的70%。

② 民法上的救济。侵犯他人商业秘密实质上属于民事侵权行为，按照《民法通则》、《民事诉讼法》的规定，被侵害人可以直接提起诉讼追究其民事责任。《最高人民法院关于审理劳动争议案件适用法律若干问题的解释》第十一条也作出规定："原用人单位以新的用人单位和劳动者共同侵权为由向人民法院起诉的，新的用人单位和劳动者列为共同被告。"因此，除了劳动仲裁方式以外，用人单位还可采用民事诉讼途径维权。用人单位在索赔时，如果被造成的损失难以确定时，可参照《反不正当竞争法》的规定将赔偿额计算为侵权人在侵权期间因侵权所获得的利润。

③ 刑法上的救济。违反保密协议侵犯他人商业秘密性质严重的，可以构成刑事犯罪。按照《刑法》第二百一十九条的规定，侵犯商业秘密给权利人（企业）造成重大损失的，处3年以下有期徒刑，并处罚金和单处罚金，造成特别严重后果的，处3年以上7年以下有期徒刑并处罚金。在追究侵权人的刑事责任，用人单位还可同时根据《中华人民共和国刑事诉讼法》第七章的规定，提起附带民事诉讼，要求侵权人承担民事赔偿责任。

三、竞业限制协议

（一）竞业限制协议的概念

竞业限制协议是双务有偿协议，离职员工承担保守原企业商业秘密、不与原企业竞争的义务，应享有获取一定经济报酬的权利，目的是平衡双方的利益，合理设置双方权利义务是关键。

商业秘密作为企业的重要无形资产，越来越得到企业的重视。而今，企业的人员流动也日趋频繁，这给企业保护自身商业秘密、保持竞争优势带来重大挑战。许多企业开始重视通过竞业限制保护其商业秘密，但有些企业由于对竞业限制了解甚少，其签订的竞业限制合同在发生争议诉诸法院后被法院判为无效，这是很可惜的。2008 年 1 月 1 日施行的《劳动合同法》对签订有关竞业限制的条款作了明确的规定。

《劳动合同法》第二十三条："用人单位与劳动者可以在劳动合同中约定保守用人单位的商业秘密和与知识产权相关的保密事项。"

对负有保密义务的劳动者，用人单位可以在劳动合同或者保密协议中与劳动者约定竞业限制条款，并约定在解除或者终止劳动合同后，在竞业限制期限内按月给予劳动者经济补偿。劳动者违反竞业限制约定的，应当按照约定向用人单位支付违约金。

第二十四条：竞业限制的人员限于用人单位的高级管理人员、高级技术人员和其他负有保密义务的人员，竞业限制的范围、地域、期限由用人单位与劳动者约定，竞业限制的约定不得违反法律、法规的规定。

在解除或者终止劳动合同后，前款规定的人员到与本单位生产或者经营同类产品、从事同类业务的有竞争关系的其他用人单位，或者自己开业生产或者经营同类产品、从事同类业务的竞业限制期限，不得超过两年。

案例 1.14　　**竞业限制协议**

李某于 2008 年 4 月 1 日进入蒙阴县某公司从事技术设计工作，同时双方签订了为期两年的劳动合同。2010 年 3 月，劳动合同将要到期时，与该公司有竞争的另一家公司以高薪聘请李某。合同到期后，李某遂向原公司提出不再续签劳动合同，可是原公司拒绝了李某的要求。李某认为原公司无权干涉他的自由择业，于是便到了高薪聘请他的另一家公司上班。原公司向当地劳动争议仲裁委员会提出申请，要求李某支付违约金，并履行一定期限的竞业限制义务。

分析提示：根据《劳动合同法》第二十三条规定，用人单位与劳动者可以在劳动合同中约定保守用人单位的商业秘密和与知识产权相关的保密事项。对负有保密义务的劳动者，用人单位可以在劳动合同或者保密协议中与劳动者约定竞业限制条款，并约定在解除或者终止劳动合同后，在竞业限制期限内按月给予劳动者经济补偿。劳动者违反竞业限制约定的，应当按照约定向用人单位支付违约金。本案中，李某原来所在的公司与李某签订的劳动合同中未订立竞业限制条款，双方也未签订竞业限制协议，劳动合同到期后又未签订相关协议，所以李某不负有竞业限制义务，李某原来所在的公司不能限制李某到与之有竞争的公司任职。

（二）竞业限制协议编制要求

1. 合理确定竞业限制对象

有些企业为了保护商业秘密，与所有员工均签订竞业限制合同，认为这样才能全面地保护商业秘密，实际上，这是对竞业限制的误解。竞业限制的对象不是没有限制的，竞业限制的对象必须是企业中高级管理人员、高级技术人员和其他负有保密义务的人员，因此，与其他一般员工签订的竞业限制合同本身是无效的。那么，是否所有高级管理人员、高级技术人员和其他负有保密义务的人员都要与其签订竞业限制合同呢？其实不然，因为，对于企业，特别是商业秘密数量多、知悉人数多的企业，若全部与员工签订竞业限制合同，企业为此要承担的竞业限制补偿金也将是巨大的，因此，企业应首先确定知悉商业秘密的范围，并对知悉商业秘密的员工分成两类即关键员工与非关键员工。关键员工往往掌握企业的核心商业秘密，若其自营或为他人经营与企业同类业务，将严重削弱企业自身的竞争力，对此类关键员工，宜与之签订竞业限制合同。对于其他非关键员工，企业可以不与之签订竞业限制合同，因为其自营或为他人经营与企业同类业务，不会对企业构成实质性威胁，这样，企业不需要支付高额的补偿金。

2．选择恰当的签订时间

有些企业在劳动合同期限届满时，才想到要与员工签订竞业限制合同，这是不妥当的。因为知悉商业秘密的员工离职的原因多半不是简单的合同到期而终止劳动关系，而是因不满其所获得的待遇或受其他企业的高薪诱惑或与企业产生矛盾等，出现上述情况后，企业要求与之签订竞业限制合同，往往会被对方明示或默示拒绝，这样，企业就无法与员工签订竞业限制合同。因此，企业应选择恰当的时间与员工签订竞业限制合同，其具体时间应为员工知悉商业秘密或不可避免知悉商业秘密时与员工协商签订竞业限制合同，此时，由于企业处于比较有利的、主动的地位，一般容易达成协议。

3．确定竞业限制年限

竞业限制的期限不是无限期的，《劳动合同法》中限定最长不得超过两年，因此，企业在签订竞业限制合同时一般不得超过两年。那么，是否与员工签订竞业限制合同一律约定两年为宜呢？由于企业必须对竞业限制主体给予经济补偿，因此，企业在保护商业秘密的前提下，也需要考虑最大限度地节约成本。企业应对员工知悉的商业秘密更新速度等进行综合考虑确定竞业限制年限。如有些技术秘密半年左右将全部被更新，这样，对此类的员工约定的竞业限制的期限为一年就够了。

4．确定补偿金

由于竞业限制合同限制了公民劳动的权利，因此，根据公平原则，企业必须给员工相应经济补偿。近些年，发生了不少竞业限制纠纷，大多因企业没有支付竞业限制补偿金而被法院判决该竞业限制合同无效。因此，企业必须清楚，竞业限制并不是无偿的，是有代价的。那么究竟应支付多少经济补偿金为宜呢？《劳动合同法》对经济补偿金并未强制规定具体标准，但深圳、珠海、宁波等地对竞业限制均作了强制性规定，即竞业限制补偿金不得低于员工年工资的1/2。因此，企业宜在员工年工资的1/2以上与员工协商约定竞业限制补偿金。

5. 补偿金的支付时间和支付方式

现在许多企业将竞业限制的条款约定在劳动合同里，将每月工资中的一部分约定为经济补偿费，用这样的方式达到逃避支付经济补偿金的义务。《劳动合同法》明确规定补偿费在解除或者终止劳动合同后，在竞业限制期限内按月给予劳动者。也就是说企业与员工终止劳动关系后，才开始发放补偿金，双方劳动关系的存续期间不予发放。因此企业上述做法肯定是不合法的。

6. 确定单方解除权

由于我国有关法规与司法实践中，均要求企业必须支付竞业限制经济补偿金，因此，竞业限制经济补偿金将会给企业带来沉重的负担。有些企业中，高级管理人员的年薪高达几百万甚至更高，企业若全部支付竞业限制补偿金，则企业可能无法承受；同时，也不排除有些员工为获取高额竞业限制补偿金而恶意离职，因此，企业宜在竞业限制合同中约定单方解除权，这样，企业根据实际需要，确定是否需要选择竞业限制保护商业秘密。有些企业可能会有疑问，若其解除竞业限制合同，是否对方就可以公开或使用商业秘密了？知悉商业秘密的员工保守商业秘密，不得擅自公开、使用或允许他人使用仍是其法定义务，若违反属违法行为，严重的将构成刑事犯罪，因此，企业应对竞业限制有充分、正确的认识。

总之，企业应在注意上述六个方面的基础上，与员工签订竞业限制合同，这样，才能最大限度地利用竞业限制保护自身的商业秘密。

工作示范

案例分析——培训协议

王某2004年2月应聘进入某外国电子有限公司。进入公司后即与公司签订了3年期的劳动合同，其中包括6个月的试用期。由于王某应聘职位的特殊性，其开展工作，需至公司在新加坡的基地进行培训。鉴于公司项目运营的需要并考虑到王某工作的特性，公司决定派王某至新加坡培训。2004年3月，公司与王某在平等自愿的基础上签订了一份培训协议。协议约定王某在培训结束之后，必须为公司服务5年（服务期起始时间与劳动合同相同）；如在服务期内辞职，须根据履行服务的期限按比例赔偿培训费用及违约金10万元。2004年7月，王某完成培训回到公司，月底即向公司提出辞职。公司依据培训协议要求王某赔偿公司相应的费用，王某拒绝履行相关承诺。

多次协商未果情况下，公司向劳动争议仲裁委员会申请仲裁，要求王某赔偿相关费用。仲裁委员会裁决因王某是在试用期内提出辞职，不必承担赔偿责任，所以

对公司的申诉请求不予支持。(资料来源：网络资源)

评析：公司与王某签订的培训协议难道无效吗？王某为什么不用赔偿培训费？答案在于王某是在试用期内提出解除劳动合同的（王某的试用期2004年8月届满，王某在此前即提出解除劳动合同)。

法律法规及相关解释

一、关于培训及赔偿的相关规定

劳动部《关于发布<违反劳动法有关劳动合同规定的赔偿办法>的通知》（劳动部〔1995〕223号）第四条规定："劳动者违反规定或劳动合同的约定解除劳动合同，对用人单位造成损失的，劳动者应赔偿用人单位的下列损失：（一）用人单位招收录用其所支付的费用；（二）用人单位为其支付的培训费用，双方另有约定的按约定办理；（三）对生产、经营和工作造成的直接经济损失；（四）劳动合同约定的其他赔偿费用。"这里的培训费用是指单位有支付凭证的、与培训有直接关系的费用，包括培训期间的车旅费、住宿费、培训课程费及其他相关费用。

《北京市劳动合同规定》第四十九条规定："劳动者违反本规定或者劳动合同约定解除劳动合同，对用人单位造成损失的，应当赔偿下列损失：（一）用人单位为录用劳动者直接支付的费用；（二）用人单位为劳动者支付的培训费用；（三）对生产、经营和工作造成的直接经济损失。"

上海市人事局修订的《上海市人才流动涉及培训费处理暂行办法》中确定，"单位出资培训是指单位为提高人员文化素质及技能所采用的各种形式的培训和训练。培训范围包括：学历培训（含大中专院校的代培生)、外语培训、劳动技能培训、出国业务培训、职称晋级培训等，不包括为调整人员和岗位结构而对人员进行的转岗培训。"

由此可见，国家及地方政府是认可用人单位与员工在平等自愿基础上就培训及其赔偿签订相关的协议的。实践中该协议通常作为劳动协议的附件，形成劳动合同不可分割的一部分。劳动者接受用人单位一定范围的出资培训后，当劳动者违反约定，用人单位可依据与劳动者签订协议中的相关约定要求劳动者支付相关费用。但并不是所有的培训费都需要劳动者赔偿。《劳动法》总则和第六十八条中明确规定，单位对职工进行的安全卫生培训、技术工种的上岗前培训以及提高职工岗位素质培训是用人单位应尽的义务，这部分培训不应当再收取赔偿费。

二、关于试用期赔偿的相关法律规定

劳动部办公厅《关于试用期内解除劳动合同处理依据问题的复函》（以下简称《复函》，劳办发〔1995〕264号）中规定，用人单位出资对职工进行各类技术培训，职工提出与单位解除劳动关系的，如果在试用期内，则用人单位不得要求劳动者支付该项培训费用。

公司与王某签订的培训协议服务期包含了6个月的试用期，在试用期内，王某有权随时解除劳动合同并且不必赔偿培训费用。公司在安排王某培训时应该先缩短他的试用期，让他提前转正，再派往国外参加培训。由于公司在这一点上考虑不充分或未曾了解相关法律法规，遇到了人财两失的结果。

关于培训费如何赔偿的问题，《复函》规定："用人单位出资（指有支付货币凭证的情况）对职工进行各类技术培训，职工提出与单位解除劳动关系的，如果在试用期内，则用人单位不得要求劳动者支付该项培训费用。如果试用期满，在合同期内，则用人单位可以要求劳动者支付该项培训费用，具体支付办法是：约定服务期的，按服务期等分出资金额，以职工已履行的服务期限递减支付；没约定服务期的，按劳动合同期等分出资金额，以职工已履行的合同期限递减支付；没有约定合同期的，按5年服务期等分出资金额，以职工已履行的服务期限递减支付；双方对递减计算方式有约定的，从其约定。"

所以，用人单位出资对员工进行培训确实存在一定的风险，但用人单位不能因噎废食而放弃对员工的培训。用人单位要持续长久发展，就必须为员工个人制订培训发展计划。在员工自我发展的同时，帮助公司增强市场竞争力。同时，能够考虑员工职业发展的用人单位对很多优秀的员工都具有巨大的吸引力。

针对此类案例，建议公司：①了解相关法律法规。这样与员工签订协议时，才能保证有的放矢，有有效性及可执行力。②慎重对待员工试用期。选择培训对象，最好不选处在试用期内的人员。因为在试用期内，员工有权随时解除劳动合同。处在试用期内的员工接受培训后离职，公司是不能索赔的。③认真选择出资培训的员工。有责任心、忠诚度高的员工会换位思维，了解公司的困难及未来。④与员工签订书面培训协议约定双方的权利义务及违约责任，以便双方遵照执行。在协议中约定为公司服务的年限、违约赔偿及竞业避止等条款，可减少公司的经济损失。但约定的服务期和违约赔偿额度要合理。

知识拓展

员工培训协议

甲方：________　　　　　　　　　　乙方：________

为了甲方的不断发展壮大，为了不断地提高乙方的业务素质，为了明确乙方在参加甲方推荐的业务学习期间甲、乙双方的权利义务关系，为了保证甲方培养的技术人员不致流失。经甲、乙双方协商达成如下协议：

一、甲方为员工自身发展，并进一步加强业务素质的提高，安排乙方到________

参加业务培训。在业务培训期间，甲方负责乙方培训费。同时，甲方为乙方提供必要的学习时间。

二、乙方应珍惜此次培训机会努力学习，并保证按照此次培训的时间、地点、内容认真参加培训。培训结束后，即应在合理的时间内返回甲方报到，不得随意在外逗留不归。否则，因此产生的费用自理，同时按逾期报到的天数做旷工处理。

三、乙方在参加培训后，应能够达到此次培训的目的。如乙方不认真学习，未能掌握培训中所传授的知识和技术，则甲方有权扣除为乙方提供的所有培训期间支出的费用及工资（具体执行可由乙方直接返还给甲方或由甲方在乙方的工资中扣除）。

四、乙方的权利：乙方在遵守本合同的前提下，享有培训期间工资照发、福利不变的权利。

五、乙方离开甲方时，关于培训费用的处理：

乙方在甲方期间的培训费用低于________元的（包括甲方获赠的免费培训），乙方在甲方工作时间超过_____年的，劳动合同到期乙方离开甲方时，甲方不再要求乙方返还培训费用；乙方在甲方工作不足_____年的或因乙方违反劳动合同被提前解除劳动合同的，乙方应返还甲方所有培训费用。

乙方在甲方期间的培训费用低于________元的（包括甲方获赠的免费培训），乙方在甲方工作时间超过_____年的，劳动合同到期乙方离开甲方时，甲方不再要求乙方返还培训费用；乙方在甲方工作不足_____年的或因乙方违反劳动合同被提前解除劳动合同的，乙方应返还甲方所有培训费用。

乙方在甲方期间的培训费用低于________元的（包括甲方获赠的免费培训），乙方在甲方工作时间超过_____年的，劳动合同到期乙方离开甲方时，甲方不再要求乙方返还培训费用；乙方在甲方工作不足_____年的或因乙方违反劳动合同被提前解除劳动合同的，乙方应返还甲方所有培训费用。

乙方在甲方期间的培训费用超过________元的，属于数额较大，甲、乙双方另行签订培训合同。

六、甲、乙双方在履行本合同时，如发生争议应本着协商的原则解决，协商不成任何一方均可向劳动争议仲裁部门提起仲裁或向人民法院提起诉讼。

七、本合同作为劳动合同的一部分，与劳动合同具有同等法律效力。

八、合同一式两份，甲、乙双方各执一份，双方签字盖章生效。

甲方：________　　　　　　　　乙方：________

________年______月______日　　　　________年______月______日

考证训练

一、单项选择题

1. 小张与某单位签订了5年期的劳动合同，其试用期最长不超过（　　）。

A. 1个月　　B. 3个月　　C. 6个月　　D. 1年

2. （　　）指劳动法律规范在调整劳动关系过程中所形成的雇员与雇主之间的权利义务关系。

A. 劳动关系　　B. 劳动法律关系

C. 劳动合同　　D. 劳动法律制度

3. 根据相关法律规定，我国的工资应以（　　）进行支付。

A. 实物　　B. 有价证券　　C. 期权　　D. 法定货币

4. （　　）指用人单位与劳动者之间没有签订劳动合同，但劳动者在事实上为用人单位提供有偿劳动的一种劳动关系。

A. 专项协议　　B. 劳动合同　　C. 要式合同　　D. 事实劳动关系

5. 劳动合同中，法定条款不包括（　　）。

A. 合同期限　　B. 工作内容　　C. 保密事项　　D. 劳动报酬

6. 劳动法规定试用期最长不得超过（　　）。

A. 1个月　　B. 3个月　　C. 6个月　　D. 1年

7. 劳动者提前（　　）以书面形式通知用人单位，可以解除劳动合同。

A. 15日　　B. 20日　　C. 30日　　D. 60日

8. 劳动者患病，（　　）不能从事原工作也不能从事用人单位另行安排工作的，用人单位可以解除劳动合同。

A. 病愈后　　B. 休假3个月后

C. 休假6个月后　　D. 医疗期满后

9. 依据劳动法的规定，经（　　），劳动合同可以解除。

A. 用人单位行政决定　　B. 当事人协商一致

C. 劳动者自行决定　　D. 当地行政机关决定

二、多项选择题

1. 根据合同期限，劳动合同可以分为（　　）。

A. 无限劳动合同　　B. 有限劳动合同

C. 有固定期限的劳动合同　　D. 无固定期限的劳动合同

E. 以完成一定工作为期限的劳动合同

2. 劳动合同的履行情况包括（　　）。

A. 提前履行　　B. 不履行　　C. 完全履行

D. 不完全履行　　E. 延迟履行

3. 按照劳动法的规定，劳动合同无效的情形包括（　　）。

A. 劳动合同主体不合法　　B. 劳动合同内容不合法

C. 劳动合同形式不合法　　D. 采取欺诈手段订立

E. 劳动合同由他人代签

4. 下列（　　）条件下，用人单位可单方随时提出解除劳动合同并不承担经济补偿条件。

A. 劳动者经过培训或者调整工作岗位仍不能胜任工作

B. 劳动者被追究刑事责任

C. 劳动者严重失职而对用人单位利益造成重大损失

D. 劳动者严重违反劳动纪律

E. 劳动者在试用期间被证明不符合录用条件

5. 解除劳动合同应符合法律规定，下面（　　）符合规定。

A. 小张患职业病并被确认丧失部分劳动能力

B. 小王不能胜任目前工作，经培训后仍不能胜任工作

C. 小玲生育后，一直在家哺乳孩子

D. 小沈感冒引发肺炎，连续一周没上班，但在医疗期内

三、简答题

1. 何谓劳动关系？它有哪些特征？

2. 劳动合同的法定条款、约定条款分别包含哪些内容？

3. 订立劳动合同应遵循哪些原则？

4. 劳动合同变更的条件有哪些？

四、综合题

1. 魏某于2007年3月1日看到某印刷厂的招工简章：本厂招用劳动合同制排版工人10人，男女不限，年龄在23周岁以下，双眼裸眼视力5.0以上。魏某患视神经萎缩，裸眼视力只能达到4.6，而且不能矫正。为了找工作，魏某利用不正当手段获得视力为5.0的虚假证明。印刷厂误认为该证明是真实的，与魏某于2007年3月5日签订了为期5年的劳动合同，合同中明确规定试用期为5个月。魏某入厂后由于其视力达不到工作要求，经其排版的清样错误多而且魏某工作的速度和质量与同期进厂的工人差距很大。经说服教育，魏某不得不到医院复查。经查证，魏某视力在招工以前即为4.6，与招工简章中要求的视力不符。2007年5月4日，印刷厂通知魏某解除合同，限5月10日前离开工厂。魏某认为印刷厂与自己签订了劳动合同，在劳动合同履行过程中用人单位单方解除劳动合同，属于违法行为，本人不同意解除劳动合同。同时魏某向当地劳动争议仲裁委员会提出申诉。

如果你是当地劳动争议仲裁委员会的委员，你会如何判决？为什么？

2. 康某1995年9月职业高中毕业后被某服装厂招收，与该厂签订了8年期限的劳动合同。1997年6月，厂里见康某工作认真，选送其与另外两名女工在一家

培训机构学习服装裁剪三个月，学习结束后，康某在该厂承担服装裁剪工作。由于康某学习时间短，该厂服装品牌又多，所裁剪的服装有时出现尺寸不准确，缝制后出现不合格等技术问题。1998 年 9 月，该厂以康某不胜任工作，给厂里造成经济损失为由解除其劳动合同。康某向厂里说，自己已怀孕 5 个多月，厂里不能解除合同。该厂认为不胜任工作可以解除合同，坚持原决定不变。康某不服，向当地劳动争议仲裁委员会提出申诉，请求撤销该厂解除其劳动合同的决定。

请问康某与服装厂的合同能不能解除？为什么？

学习情境二　特殊劳动关系管理

能力目标

☆ 能够进行集体合同的订立、变更、解除、终止等手续办理；

☆ 能够根据员工不同情况，签订合法有效的劳务派遣合同及非全日制用工合同；

☆ 能够进行特殊劳动关系争议的处理。

知识目标

☆ 理解集体合同、劳务派遣及非全日制用工的含义；

☆ 掌握集体合同与劳动合同的区别；

☆ 掌握劳务派遣与相关法律概念的区别；

☆ 掌握非全日制用工与全日制用工的区别。

任务1　集体合同管理

【任务名称】

辨识案例中集体合同的效力。

【任务情境】

商场每逢节日与周末，客流量会一下子增大。明光商场的集体合同中有这样一条规定：在周末与节日时的商场经营活动中，员工需要延长1小时工作时间，商场向员工支付加班费。

眼看到了中秋节，如果按平常正常倒班，小孙的下班时间应该是下午5点。小孙提前几天就约好女朋友，5点钟一起去参加中秋电影晚会。可是5点钟时，商场领导不让下班，要求员工加班1小时。这下急坏了小孙，他心想：女朋友一定会因自己的失约而生气的。

小孙转念又一想：为什么非得加1个小时的班呢？加班自愿，自己不愿意，那当然可以不加。这么想着，就去找经理谈。

“这是集体合同的规定，你作为商场一名员工，是应该遵守的。”经理回答他道，“即便你请假的话，也不能是今天，今天又是周末，又是中秋节，加班都忙不过来，不能请假。”

“谁说我要请假？”小孙不服气，“加班自愿嘛，集体合同又不是我签的，为什么非得我遵守？”

这时领班也插了进来，“小孙，你说集体合同不是你签的，你不遵守，那集体合同里说了，全体职工享有国家规定的奖金、津贴、劳动保护用品、其他一切福利待遇，你都享受没有？”

“……”

（资料来源：《劳动合同与集体合同》，左祥琦，北京，中国劳动社会保障出版社，2002）

【任务要求】

（1）分小组，小组成员讨论案例中的各人的说法是否正确？请引用相关法律条文说明理由。

（2）各小组派代表介绍讨论结果。

知识链接

一、集体合同概述

（一）集体合同的概念

集体合同又称团体协议、集体协议，是指工会代表劳动者与企业根据法律、法规的规定就劳动报酬、工作时间、休息休假、劳动安全卫生、保险福利等事项在平等自愿、协商一致基础上签订的书面协议。

集体合同根据协商、签约代表所代表的范围的不同，分为基层集体合同、行业集体合同、地区集体合同等。我国集体合同体制以基层集体合同为主导体制，即集体合同由基层工会组织与企业签订，只对签订单位具有法律效力。

（二）集体合同的特征

（1）集体合同是当事人之间的劳动协议。首先，从集体合同的内容看，主要反映生产过程中的劳动关系。集体合同所规定的标准条件，主要是劳动条件，如工资标准、安全卫生、生活福利等。集体合同所规定的义务，不论是当事人双方共同承担的一般性义务，还是各自承担的特别义务，都具有劳动性质。其次，从当事人订立集体合同的目的看，企业订立集体合同的目的是为了改善劳动组织，巩固劳动纪律，减少劳动纠纷，发挥职工的劳动积极性，提高劳动效率。工会与职工订立集体合同的目的，主要是为了在发展生产的基础上，改善职工的劳动条件和生活条件。可见，集体合同是劳动关系的准则。

（2）集体合同有特定的当事人，当事人中至少有一方是由多数人组成的团体。集体合同的当事人一方是企业，另一方当事人不能是劳动者个人或劳动者中的其他团体或组织，而只能是代表劳动者的工会组织，没有建立工会组织的，则由劳动者按照一定的程序推举的代表为其代表。

（3）集体合同的签订既受国家劳动法律、法规的调整，又受国家宏观调控计划的制约。

（4）当事人双方义务性质不同，是集体合同区别于其他类型的合同的重要特征之一。从集体合同双方当事人义务的关联性看，集体合同是双方当事人相互承担义务的合同。集体合同规定由企业承担的义务都具有法律性质，企业不履行义务，责任人就要负法律责任。而企业工会代表全体职工所承担的义务，则具有道义和社会的性质，履行这些义务的保证是职工的觉悟程度和舆论的力量。

（5）集体合同是要式合同。集体合同是定期的书面合同，其生效须经特定程序。只有制成书面形式，并依法报劳动行政部门，在劳动行政部门收到合同文本之日起 15 天内未提出异议的，才具有法律效力。

（三）集体合同与劳动合同的区别

集体合同与劳动合同虽然都是建立劳动法律关系的形式，但有明显的区别。

（1）调整对象不同。劳动合同调整的是个别劳动关系，即单个劳动者与用人单位之间的特定的劳动关系，这种劳动关系具有个性化特征，存在着因人而异的多样性特点；而集体合同调整的是集体劳动关系，即用人单位与其本单位全体劳动者之间的一般劳动关系，这种劳动关系具有普遍性特征，反映的是集体劳动关系的整体性、共同性、一般性的特点。

（2）主体不同。劳动合同的主体是劳动者个人和用人单位；而集体合同的主体则是劳动者团体与用人单位或用人单位方面的团体。一般情况下，集体合同的主体一方是由工会代表劳动者团体行使当事人的权利，没有工会的由依法产生的职工代表代表其单位的全体劳动者行使当事人的权利。集体合同主体的另一方是用人单位或是某行业、某地区的用人单位团体。

（3）目的不同。劳动合同订立的目的旨在在劳动者与用人单位之间建立劳动关系；而集体合同订立的目的在于为建立劳动关系设定具体标准，并在其效力范围内规范劳动者与用人单位之间的劳动关系。

（4）形式不同。劳动合同的订立形式，有的为要式合同，有的为非要式合同。如在非全日制用工的劳动合同中，可以为口头协议。而集体合同则为要式合同，在工会代表全体职工或经职工选举产生的代表与用人单位订立集体合同后，还须经过劳动行政主管部门的审查，未经审查通过，集体合同不发生相应的法律效力。

（5）内容方面不同。劳动合同是以单个劳动者的权利义务为内容，涉及劳动关系的各个方面；而集体合同则是以全体劳动者的共同权利和义务为内容，可能涉及劳动关系的各个方面，也可能仅涉及劳动关系的某一个方面，如专项集体合同可能只涉及劳动关系中的工资、劳动条件、社会福利等其中的某一个方面。

（6）效力方面不同。劳动合同仅对单个劳动者与用人单位具有法律效力；而集体合同则对工会或职工选举出来的职工代表所代表的全体劳动者，以及对用人单位或用人单位团体均具有法律效力。需要注意的是，集体合同的效力一般高于劳动合同的效力，如果劳动合同确立的劳动报酬、劳动条件等标准低于集体合同确立的标准，则应当按照集体合同确立的标准执行。

二、集体合同的订立

（一）集体合同的内容

集体协商双方可以就下列多项或某项内容进行集体协商，签订集体合同或专项集体合同：

（1）劳动报酬。主要包括：用人单位工资水平、工资分配制度、工资标准和工资分配形式；工资支付办法；加班、加点工资及津贴、补贴标准和奖金分配办法；工资调整办法；试用期及病、事假等期间的工资待遇；特殊情况下职工工资（生活费）支付办法；其他劳动报酬分配办法。

（2）工作时间。主要包括：工时制度；加班加点办法；特殊工种的工作时间；劳动定额标准。

（3）休息休假。主要包括：日休息时间、周休息日安排、年休假办法；不能实行标准工时职工的休息休假；其他假期。

（4）劳动安全卫生。主要包括：劳动安全卫生责任制；劳动条件和安全技术措施；安全操作规程；劳保用品发放标准；定期健康检查和职业健康体检。

（5）补充保险和福利。主要包括：补充保险的种类、范围；基本福利制度和福利设施；医疗期延长及其待遇；职工亲属福利制度。

（6）女职工和未成年工的特殊保护。主要包括：女职工和未成年工禁忌从事的劳动；女职工的经期、孕期、产期和哺乳期的劳动保护；女职工、未成年工定期健康检查；未成年工的使用和登记制度。

（7）职业技能培训。主要包括：职业技能培训项目规划及年度计划；职业技能培训费用的提取和使用；保障和改善职业技能培训的措施。

（8）劳动合同管理。主要包括：劳动合同签订时间；确定劳动合同期限的条件；劳动合同变更、解除、续订的一般原则及无固定期限劳动合同的终止条件；试用期的条件和期限。

（9）奖惩。主要包括：劳动纪律；考核奖惩制度；奖惩程序。

（10）裁员。主要包括：裁员的方案；裁员的程序；裁员的实施办法和补偿标准。

（11）集体合同期限。《集体合同规定》第三十八条规定了集体合同或专项集体合同期限一般为 1 ～ 3 年，期满或双方约定的终止条件出现，即行终止。集体合同或专项集体合同期满前 3 个月内，任何一方均可向对方提出重新签订或续订的要求。

（12）双方认为应当协商的其他内容。例如，变更、解除集体合同的程序；履行集体合同发生争议的协商处理办法；违反集体合同的责任。

工作示范

深圳市集体合同范本

编号：________________

甲方：________________

乙方：________________

签订日期：________年______月______日

深圳市劳动和社会保障局编制

甲方（员工方）____________	乙方（企业方）____________
涉及员工人数：________人	涉及企业数：________家
协商首席代表：____________	协商首席代表：____________
姓名：____________	姓名：____________
职务：____________	职务：____________
身份证号码：____________	身份证号码：____________
协商代表人数：____________	协商代表人数：____________
代表产生方式：____________	代表产生方式：____________
联系电话：____________	联系电话：____________

第一章　总则

第一条　为维护区域内企业和员工的合法权益，构建和发展和谐稳定的劳动关系工业园区（社区），根据《中华人民共和国劳动法》（以下简称《劳动法》）、《中华人民共和国工会法》和《集体合同规定》及深圳市有关法规、规章，经协商一致，签订本合同。

第二条　本合同的甲方，是指本区域内企业的全体员工。甲方由园区或社区工会（或员工代表）代表员工与企业通过集体协商订立区域性集体合同。

第三条　本合同的乙方，是指本区域内所有企业。乙方由企业代表代表企业与员工通过集体协商订立区域性集体合同。

第四条　进行集体协商，签订集体合同，应当遵循下列原则：

（一）遵守法律、法规、规章及国家有关规定；

（二）相互尊重，平等合作；

（三）兼顾双方合法权益；

（四）不得采取过激行为。

第五条 本合同对本区域内企业和全体员工具有约束力。企业与员工签订的劳动合同中劳动报酬和劳动条件等标准不得低于本合同规定的标准。

第二章 劳动报酬

第六条 本区域内员工月工资不低于_________元（不得低于深圳市政府公布的当年度最低工资）。

第七条 企业以货币形式支付员工工资，每月按约定的工资发放日足额发放。工资发放日遇法定节假日或休息日的，应当在之前的工作日发放。

第八条 企业应按《劳动法》及有关法律法规规定支付员工加班工资。加班工资以员工本人标准工资或以计件工资为基数，按正常工作时间以外、休息日、法定休假日加班分别支付150%、200%、300%工资报酬。

第九条 本区域内企业根据政府公布的年度工资指导线、工资指导价位和本企业员工工资水平及经济效益，确定本年度本企业员工工资增（减）幅度。

第三章 工作时间和休息休假

第十条 企业应根据生产经营方式依法建立工时制度，合理安排员工工作时间和休息休假。

第十一条 企业因生产经营需要安排员工加班加点的，严格按《劳动法》有关规定执行。并依下列要求处理相关事宜：

（一）企业事先提出加班加点理由，确定工作量和加班人数；

（二）与企业工会或参与加班的员工协商；

（三）企业安排员工延长工作时间，加班加点时间不超过《劳动法》第四十一条规定的，企业工会和员工应当给予支持。

第四章 保险福利

第十二条 企业和员工依法参加社会保险，社会保险费的负担按社会保险法律、法规和规章的规定执行。员工依法享有社会保险待遇。

第十三条 企业根据经济效益情况，建立企业年金制度。企业年金所需费用由企业和个人共同缴纳，费用负担按国家有关规定执行。

第十四条 企业根据实际情况，逐步发展并改善员工的文娱设施、膳食、交通、住房等条件。

第五章 劳动安全卫生

第十五条 企业依照法律、法规及规章，建立健全劳动安全卫生责任制。

第十六条 企业应当提供符合国家职业卫生标准和卫生要求的工作环境和条件，并采取措施保障员工获得职业卫生保护。

第十七条 企业必须采用有效的职业病防护设施，并为员工提供个人使用的职业病防护用品。

第十八条　员工在劳动过程中，必须严格执行各项劳动安全卫生规程。

第十九条　对于危害员工身体健康和人身安全的工作，工会有权代表或支持员工予以抵制。

第二十条　发生员工伤亡事故，或出现危及员工身体健康和劳动安全的重大事故，企业应当及时处理，并在24小时以内向有关部门报告。

第六章　集体合同的期限、履行及争议处理

第二十一条　本合同从依法生效之日起，至________年________月________日止。

第二十二条　本合同一经生效，双方应严格遵守认真履行。合同履行期间，双方同意变更修改条款内容的，应按照《集体合同规定》的程序重新协商，并将变更修改后的内容报劳动保障行政部门审查。

第二十三条　因履行本合同发生争议，经协商解决不成的，可以依法申请仲裁、提起诉讼。

第七章　附则

第二十四条　本合同未尽事宜，法律、法规和规章有规定的，依规定执行。无规定的双方应进行集体协商，签订补充条款，并送劳动保障行政部门审核登记。

第二十五条　本合同期限届满前3个月，双方应举行集体协商，重新订立本区域内的集体合同。

第二十六条　本合同送劳动保障行政部门审查登记，自登记完成之日起生效。送达15日内审查登记机构未提出异议的，本集体合同即行生效。

第二十七条　本合同一式三份。双方各执一份，另一份由劳动保障行政部门存档。

甲方首席代表	乙方首席代表
（签字盖章）	（签字盖章）
年　月　日	年　月　日

（二）集体合同的签订原则

（1）合法原则。订立集体合同的主体、内容和程序必须符合国家法律、法规的规定。在内容上，集体合同的内容不得与法律法规相抵触，只有在此原则下订立集体合同，才能为国家承认，受国家法律保护。在程序上，集体合同当事人要依照法律规定进行协商、谈判、审议、签字、报送、审查与公布，只有履行了上述程序，所订立的集体合同才具有法律效力。在格式上，国家有关部门规定了标准格式的，要采用标准格式。

（2）平等协商原则。所谓平等协商即平等自愿、协商一致，是指在签订集体合同过程中，劳动关系双方法律地位平等，协商中双方应互相尊重，不能强迫，更不能采取威胁、引诱等不正当手段，强迫对方接受自己的条件和要求。集体合同双方当事人在签订协议过程中，处于平等的法律地位，不考虑工会或职工代表与企业之间在行政上的隶属关系。双方当事人法律地位平等，都以平等的身份进行协商，提出自己的主张和要求，双方均根据自己的意愿，达成一致意见后，才能签订。任何一方不得强迫对方服从自己的意见。另外，双方当事人在订立集体合同的过程中，应当本着合作的原则，讨论解决问题，任何一方都不得以任何方式压制或威胁对方。集体协商应遵守法律、法规的规定和平等、合作原则。任何一方不得有过激行为。

（3）权利义务对等原则。各种合同关系都是民事法律关系，权利义务一致原则是设立和处理民事法律关系时必须遵循的重要原则，订立各种合同（当然也包括订立集体合同）时都必须无条件地遵守这一原则。比如，职工一方欲从企业一方获得改善劳动条件、领取一定水平工资的权利，就必须为企业一方履行一定的义务。如果职工一方从整体上不能完成集体合同中确定的或企业根据需要和可能合理确定的生产任务，也就不应从企业一方获得一定水平的工资报酬。

三、集体合同的签订程序

集体合同应由工会代表职工与企业签订，没有建立工会的企业，由职工推举的代表与企业签订。签订集体合同一般需经过以下程序。

（一）协商

协商也称谈判，是签订集体合同的必经程序。一般是由企业法定代表人及有关人员与工会主席及职工代表进行协商谈判。双方代表就拟订的集体合同草案进行平等协商。在我国，集体协商任何一方均可就签订集体合同或专项集体合同以及相关事宜，以书面形式向对方提出进行集体协商的要求。一方提出进行集体协商要求的，另一方应当在收到集体协商要求之日起20日内以书面形式予以回应，无正当理由不得拒绝进行集体协商。对于不同看法，应由企业行政领导与企业工会进行协商，以补充或修改集体合同草案。在这个过程中应遵循平等、公平、自愿原则。

（二）审议

将在集体协商谈判基础上形成的集体合同文本提交职工代表大会或全体职工大会审议，作出审议决议。用人单位应当组织全体职工认真讨论集体合同草案。这是签订集体合同的必经法定程序。召开职工代表大会讨论集体合同草案，会议工作程序一般有以下几项。

（1）清点代表出席人数。参加职工代表大会的代表有2/3以上出席会议方为有效。

（2）把印刷好的集体合同草案发给代表人手一份。

（3）宣读集体合同草案，宣读人可由工会和企业双方共同议定。

（4）作出说明。由工会主席或企业法定代表人就集体合同的产生过程、主要劳动标准确定的法律依据，以及职工和管理者各自应承担的主要义务作出说明。

（5）分组讨论。以职工代表团分组为一个讨论单位，各代表团应认真做好记录。

（6）大会主席团听取各职工代表团的意见并进行必要的说明，取得大多数职工代表的认可。

（7）大会表决。可以采取投票表决方式，须经全体职工代表半数以上或者全体职工半数以上同意，集体合同草案或专项集体合同草案方获通过。

（8）宣读表决结果。根据职工代表表决情况，由大会主席团执行主席宣读表决结果。

（三）签字

集体合同草案经职工代表大会或全体职工审议通过后，由企业法定代表人与企业工会主席签字后即告成立。签字后的集体合同不得因双方代表变更而解除。签字是集体合同订立过程中的一个必要手续，也是集体合同的形式要件，不得轻视或不履行签字手续。

签字一般应按照下面的程序进行：先确定签约人。员工方签约人为代表员工利益的工会组织，没有工会组织的企业，由员工推选代表签字。用人单位方签约人为用人单位的机关。然后是双方签字，订立集体合同。根据其订立过程是否包括集体谈判，一般又可分为谈判模式和非谈判模式：（1）谈判模式的订立程序。主要包括谈判准备阶段和谈判进行阶段。双方经过谈判，就集体合同内容达成协议以后，由双方代表签字，并加盖签约人印章。（2）非谈判模式的订立程序。首先，由签约双方选取代表共同组成一个合同起草小组，起草、拟定集体合同草案；其次，双方代表在草案的基础上对草案进一步协商，然后，经双方代表通过以后，即提交职代会或工会讨论；最后，讨论意见经职代会或全体员工通过后，双方代表在合同上分别签字、盖章。

（四）报送审查登记

集体合同签字后，企业应将集体合同文本及其附件一式三份报送劳动行政部门登记备案。《劳动合同法》第五十四条规定：“集体合同订立后，应当报送劳动行政部门；劳动行政部门自收到集体合同文本之日起十五日内未提出异议的，集体合同即行生效。”具体来说就是：集体合同正式通过以后，应由厂长或经理和工会主席签字，并报送劳动行政部门备案。劳动行政部门有审查集体合同内容是否违法的责任，如果发现集体合同中的项目与条款有违法事实的情况，可不予登记或延缓登记，发回企业对集体合同进行修正，如果劳动行政部门在收到集体合同文本之日起15日内，没有提出意见，集体合同即发生法律效力，企业行政、工会组织和职工均应履行。

（五）公布

集体合同登记生效后，双方应及时以适当形式向各自代表的全体成员公布。

四、集体合同的变更、解除和终止

（一）集体合同的变更

企业集体合同的变更是指合同当事人依法对尚未履行或尚未完全履行的企业集体合同的有关条款和内容进行修改和补充的行为。一般来说，企业集体合同的变更只有在原订合同所依据的主观和客观条件发生变化的情况下才能获得法律的许可；否则，合同当事人和关系人只能按照合同的规定全面履行合同的内容和条款，不得提出变更合同的要求。

作为变更企业集体合同的条件，合同所依据的主客观条件的变化主要包括：

（1）企业破产、停产或转产，导致企业集体合同无法履行；

（2）国家的有关政策法规发生变化，使得合同原规定的有关标准低于现行法规的要求；

（3）发生不可抗事件如水灾、火灾或地震等，致使集体合同的部分或全部条款无法履行；

（4）合同双方当事人和关系人的某些主观条件发生变化，致使合同的部分甚至全部条款无法履行等。

企业集体合同的变更一般按照法定程序进行，法定程序一般为：首先，一方当事人就变更合同向另一方提出请求，另一方应给予答复，并在规定的期限内由双方进行协商；然后，经双方协商一致后，对合同的有关条款和内容进行修改和补充；最后，合同变更后，要在规定的期限内上报劳动行政部门或企业主管部门审查。

（二）集体合同的解除

集体合同的解除就是提前终止集体合同关系。根据我国《集体合同规定》，经集体合同双方协商一致，可以解除集体合同，但应在7日内向审查该集体合同的劳动行政部门提交书面说明。

企业集体合同的解除主要包括以下几种：

（1）协商解除。双方当事人经过协商，一致同意解除合同，则企业集体合同解除。

（2）无条件单方解除。企业集体合同的无条件单方解除适用于不定期合同的解除。

（3）有条件单方解除。对于定期企业集体合同、未履行一定期限的不定期企业集体合同，一般要求在一定条件下方可解除。这些条件限定要有法定事由，如企业破产、停产或转产，发生不可抗力，当事人双方团体解散等。当企业集体合同解除的这些法定事由成立后，解除方当事人应在规定的期限内书面通知另一方当事人，并书面说明解除合同的理由，同时，要提交有关证明材料。

（4）裁决或判决解除。当企业集体合同的履行发生争议时，双方当事人要提请仲裁或提起诉讼。仲裁部门或法院要根据实际情况做出解除合同的裁决或判决。

（三）集体合同的终止

根据《集体合同规定》，集体合同期限届满或双方约定的终止条件出现，或是作为集体合同当事人一方的企业因破产或被取缔而不复存在，集体合同终止。

因此，在我国集体合同的终止分为两种情况，一是正常终止，即当集体合同期限届满或双方当事人约定的终止条件出现时，集体合同自行终止；二是非正常终止，这也可称为合同的解除，即在合同的有效期内提前结束集体合同关系。

五、集体合同争议的处理

集体合同争议是指由工会组织代表职工与本单位签订或履行集体合同时所发生的争议。根据我国《劳动法》的规定，我国集体合同争议可以分为因签订集体合同发生的争议和因履行集体合同发生的争议两类。与此对应，集体合同争议处理的两大内容也就是因签订集体合同发生的争议的处理和因履行集体合同发生的争议的处理。这两种集体合同争议处理的方式，其处理程序、处理机构都有所不同。

（一）因签订集体合同发生的争议的处理

我国《劳动法》第八十四条第一款的规定："因签订集体合同发生争议，当事人协商解决不成的，当地人民政府劳动行政部门可以组织有关各方协调处理。"这一规定明确了因订立集体合同发生的争议的处理有两个途径或者说是两条渠道，争议双方首先要协商解决，如果双方经过充分协商还不能达成一致意见、结束争执时，当地人民政府劳动行政部门要组织有关各方协调处理。可以说，我国处理因订立集体合同发生的争议是以行政调解为基本手段。

根据劳动和社会保障部 2004 年 5 月所发的《集体合同规定》，因订立集体合同而发生争议的处理程序包括：

1. 因订立集体合同发生争议，双方当事人不能自行协商解决的，当事人一方或双方可向劳动行政部门的劳动争议协调处理机构提出协调处理申请；未提出申请的，劳动行政部门认为必要时可视情况进行协调处理。

2. 协商处理因订立集体合同发生的争议，双方当事人应各选派代表 3 ～ 10 名，并指定 1 名首席代表参加。

3. 劳动行政部门协调处理因订立集体合同发生的争议时，应组织同级工会代表、企业方面的代表以及其他有关方面的代表共同进行。

4. 劳动行政部门处理因订立集体合同发生的争议，应自决定受理之日起 30 日内结束。争议复杂或遇影响处理的其他客观原因需要延期时，延期最长不得超过 15 日。

案例 2.1　订立集体合同争议处理

案例展示：某汽车修理公司是某市一家大型国有企业，主要从事汽车修理等业务。2007年1月，公司法定代表人王某因某种原因离开公司，新的法人代表上任后，由于经营管理不善，致使企业效益直线下滑。为鼓励员工的劳动积极性，改善企业经营管理水平，公司决定与全体职工签订集体合同。企业工会即与企业有关管理人员进行集体协商。经双方多次协商，在承包的时间、期限及承包金额等方面双方达成一致，约定承包期为1年，自2007年5月至2008年4月；职工一方每年上缴公司承包费用100万元。但在对剩余利润的分配问题上双方争执不下，职工一方提出利润的40%应用于发放职工的奖金，60%应用于职工福利基金。而公司一方提出这样分配利润不合理，公司应有继续发展的基金，用于职工福利的60%应用于公司投资，扩大经营规模。由于意见不统一，双方在这一问题上始终达不成一致意见，而上级主管部门以企业是独立法人为由拒绝介入。由于该汽车修理公司在当地是一家较有影响的大型企业，当地的劳动和社会保障局得知上述情况后，主动出面进行行政协调。经协调后，双方在利润分配上达成一致意见，原用于职工奖金的部分不变，职工福利部分提出50%用于企业扩大再生产。至此，一起集体合同争议得到圆满解决，某汽车修理公司走上了正常经营轨道。

问题：此案件处理的程序是否正确？

（资料来源：肖传亮，童丽，王贵军．劳动关系管理．大连：东北财经大学出版社，2008）

分析提示：这是一起因签订集体合同发生的争议。此案处理程序正确。由于集体合同争议涉及面广，处理不好会影响社会安定和经济发展。我国对因订立集体合同发生的争议，规定只能通过协商或行政协调处理，而不能调解、仲裁或诉讼。规定不能调解，是因为我国企业劳动争议调解委员会是由工会主持的，再由其调解有其不当之处；规定不得仲裁或诉讼，是因为我国法律未规定职工有罢工、用人单位有闭厂的权利。

（二）因履行集体合同发生的争议的处理

我国《劳动法》第八十四条第二款规定：“因履行集体合同发生争议，当事人协商解决不成的，可以向劳动争议仲裁委员会申请仲裁；对仲裁裁决不服的，可以自收到仲裁裁决书之日起十五日内向人民法院提起诉讼。”可以说，处理因履行集体合同发生的争议，执行《中华人民共和国企业劳动争议处理条例》的规定即可。具体讲，集体合同双方当事人在履行集体合同过程中发生争议，任何一方当事人都可以向企业所在地的劳动争议仲裁委员会申请仲裁。仲裁委员会根据《劳动争议仲裁委员会办案规则》中的“特别审理”程序予以处理。当事人对仲裁委员会的裁决不服，可在规定的期限内向当地人民法院起诉。这类集体合同争议的处理程序与目前一般劳动争议处理的程序基本一致。

案例 2.2　　履行集体合同争议处理

案例展示：2008 年上半年，某零售企业所在地最低工资标准为月工资 950 元，该企业工会代表职工与企业签订的集体合同约定职工月最低工资 1300 元。2008 年下半年，因受国际金融危机影响，该企业未与工会或职工代表协商变更集体合同，便将大部分职工的最低工资降为 950 元。由于企业违反了集体合同的规定，侵犯了职工的合法权益，双方因此发生争议。职工该如何维护自己的合法权益？

（资料来源：http：//www. ldzc. com/html/case/）

分析提示：根据《劳动法》第八十四条第二款规定："因履行集体合同发生争议，当事人协商解决不成的，可以向劳动争议仲裁委员会申请仲裁；对仲裁裁决不服的，可以自收到仲裁裁决书之日起十五日内向人民法院提起诉讼。"上述案例中，零售企业违反了集体合同的规定，侵犯了职工的合法权益，与职工发生的争议即属于因履行集体合同发生的劳动争议。这种情况，可由工会代表职工与企业进行协商解决，协商不成的，工会可以代表职工依法申请仲裁、提起诉讼。

工作示范

案例展示：2008 年 1 月某化妆品公司工会代表全体职工与公司签订了集体合同，规定：职工工作时间为每日 8 小时，每周 40 小时，在上午和下午连续工作 4 小时安排工间操一次，时间为 15 分钟，职工工资报酬不低于每月 1000 元，合同有效期自 2008 年 2 月 1 日至 2011 年 2 月 1 日。该合同于 2008 年 2 月底被劳动行政管理部门确认。2008 年 3 月，化妆品公司新引进一批技术员工去分厂工作，每个员工也与化妆品公司签订了劳动合同，内容为：合同期限自 2008 年 3 月 1 日至 2009 年 3 月 1 日，工作时间为每日 10 小时，每周 50 小时，上、下午各 5 小时，期间无工间操，每人每月工资 1800 元，劳动中出现的伤亡由劳动者自行负责。技术工人上班后发现车间香味很浓，时间长了头昏脑涨，要求与总厂工人一样有工间休息。分厂答复：1. 总厂集体合同订立在先，对分厂无效；2. 分厂工人比总厂职工工资高许多，增加劳动强度也是合理的。

（资料来源：http：//www. fayii. com）

分析提示：根据《劳动合同法》第五十四条第二款规定，依法订立的集体合同对用人单位和劳动者具有约束力。在本案中，化妆品公司作为法人，其在整个公司层面上签订的集体合同约束整个公司和全体职工。化妆品公司分厂是其分支机构，是该法人实体的组成部分，因此公司集体合同对分厂同样具有约束力。

另外，根据《劳动合同法》第五十五条"用人单位与劳动者订立的劳动合同中劳动报酬和劳动条件等标准不得低于集体合同规定的标准”的规定，化妆品公司和技术工人签订的劳动合同中对劳动者权益的保护不能低于集体合同，所以化妆品公司和技术工人签订的劳动合同中的下列内容无效：

（1）没有工间休息。

（2）每天工作10小时，每周50小时。这一规定不但低于集体合同标准，且违反了《劳动法》第三十六条“国家实行劳动者每日工作时间不超过8小时，每周44小时”的规定。

（3）工作中发生伤亡的由劳动者自行负责。我国《劳动法》第六章规定了用人单位应当对劳动者进行劳动安全卫生教育，并采取措施预防事故的发生，对于劳动者在劳动过程中的人身财产伤害，应当承担赔偿或补偿责任。本案中合同约定的免责条款显然是违反了法律的规定，因而也是无效的。本案在个体劳动合同低于集体劳动合同的部分应以集体劳动合同为依据。分厂答复的理由不能成立。

知识拓展

集体劳动争议与团体劳动争议

一、集体劳动争议

（一）集体劳动争议的概念

集体劳动争议是指有共同理由、劳动者一方当事人在3人以上的劳动争议。

（二）集体劳动争议的处理

劳动者一方当事人在30人以上的集体劳动争议，适用劳动争议处理特别程序。特别程序与普通程序比较，具有以下特点：

（1）劳动争议仲裁庭为特别合议仲裁庭，由3人以上的单数仲裁员组成；

（2）劳动者一方当事人应当推举代表参加仲裁活动，代表人数由仲裁委员会确定；

（3）影响范围重大的集体劳动争议案件由省级劳动争议仲裁委员会管辖；

（4）集体劳动争议应自组成仲裁庭之日起的15日内结束，需要延期的，延长的期限不得超过15日；

（5）仲裁庭应按照就地、就近的原则进行处理，开庭场所可设在发生争议的企业或其他便于及时办案的地方；

（6）劳动争议仲裁委员会对受理的劳动争议及其处理结果应及时向当地政府汇报等。

二、团体劳动争议

（一）团体劳动争议的特点

团体劳动争议是指集体合同双方当事人因签订集体合同和履行集体合同所发生

的争议。与一般劳动争议比较，具有以下特点：

1．争议主体的团体性

劳动争议的主体一方是企业，另一方是劳动者团体，而不是劳动者个人。

2．争议内容的特定性

团体劳动争议的内容涉及企业的一般劳动条件等事项，内容具有广泛性和整体性，而其他劳动争议只涉及劳动者个人。这一特点使团体劳动争议和集体劳动争议区别开来：集体劳动争议是争议一方的劳动者人数在3人以上且具有共同理由的劳动争议。因有共同理由，为简化劳动争议处理程序，法律规定集体劳动争议劳动者应推举代表参加争议处理活动，其实质仍为个人劳动争议。

3．影响的广泛性

团体劳动争议主体的团体性及内容的特定性，决定了团体劳动争议影响的广泛性。若处理不及时或不当，极易导致矛盾的激化，发生罢工、游行、请愿或其他激化矛盾的行为。

（二）团体劳动争议的处理程序

1．因签订集体合同发生争议的处理方法

（1）当事人协商。

（2）由劳动争议协调处理机构协调处理。

① 申请和受理：当事人一方或双方可以向劳动行政部门的劳动争议协调处理机构书面提出协调处理申请；未提出申请的，劳动保障行政部门认为必要时，自动立案受理；

② 劳动争议协调处理机构在调查了解争议情况的基础上，拟订协调处理方案；

③ 协调处理：劳动争议协调处理机构组织同级工会代表、企业方面代表及其他代表、团体争议当事人各方首席代表共同进行协调；

④ 制作《协调处理协议书》。协调处理结束后，由劳动保障部门制作《协调处理协议书》，双方首席代表和协调处理负责人共同签字，并且成为集体合同的有效组成部分，对集体合同的双方当事人具有约束力；

⑤ 此类争议应自决定受理的30日内结束，争议复杂或其他客观因素影响需要延期的，延期最长不得超过15日。

2．当事人的和平义务

（1）发生团体劳动争议，当事人应当进行平等协商，以期取得一致意见；即使不能协商解决，也应当通过正常的程序向劳动保障部门协调处理，不得自行采取过激行为。

（2）在申请和协调处理期间，不得采取过激行为，同时企业不得解除职工代表的劳动关系。

3．因履行集体合同发生争议的处理

（1）当事人协商。

（2）劳动争议仲裁委员会仲裁。

（3）法院审理。对仲裁裁决不服的，当事人可以自收到裁决书之日起15日内向法院提起诉讼，通过法院审理使争议得以解决。

任务2　劳务派遣管理

【任务名称】

辨识劳务派遣的用工方式。

【任务情境】

张某是上海某大学2008届的高职毕业生，毕业后通过应聘进入了某银行上海分行工作，同其他进入该银行的同学不一样的是，他并不是同该银行签订劳动合同，而是同某人才中介公司签订劳动合同，作为该公司的派出人员在该银行上海分行工作。由该人才中介公司负责管理张某的人事档案，缴纳医疗、养老等社会统筹费用，并协调确定工资报酬。许多业内人士把这种新型的就业方式称为“人事代理”。这种看法正确吗？

【任务要求】

1．分小组，小组成员讨论案例中的看法是否正确；

2．各小组派代表介绍讨论结果；

3．各小组成员分派角色，分别代表张某、某银行上海分行、某人才中介公司，三方签订相关劳务派遣协议和劳务派遣劳动合同。

知识链接

一、劳务派遣概述

（一）劳务派遣的概念

劳务派遣最早产生于美国，然后在西欧和日本出现。我国的劳动派遣最早出现在20世纪80年代国务院关于外国企业常驻代表机构聘用中国雇员的规定中，该规定要求外国企业常驻代表机构聘用中国雇员必须经过外企服务单位办理，外企服务单位应当与中国雇员签订劳动合同。这是基于国家行政法规在特殊就业领域产生的劳务派遣。

劳务派遣是指由派遣单位通过与用工单位订立劳务派遣协议，将和自己签订劳动合同的劳动者派往用工单位从事劳动的一种用工方式。劳务派遣在世界范围被普遍使用，起初主要适用于保姆、保安、保洁人员的就业，后来因其机制灵活、用工效率高、便于管理、方便人才流动等诸多优点，其适用范围不断扩大，逐渐扩大到建筑、采矿、交通运输等行业。劳务派遣作为一种新型的用工模式，它能弥补传统用工模式的不足，是对传统劳动用工方式的有益补充，现已成为劳动力市场上用工方式的重要组成部分。

（二）劳务派遣的特征

劳务派遣作为一种新型的用工方式，与传统的劳动用工方式相比较，具有自身鲜明的特征，主要体现在：

1. 在劳务派遣的主体方面，呈现出多样性和复杂性的特征

这种多样性和复杂性体现在以下两个方面：其一，在主体的数量方面存在着不同。在传统的劳动用工方式中，其主体方面简单化，往往表现为一对一的特征，即直接体现为劳动者和用人单位之间单一的劳动合同关系或劳务合同关系等。而在劳务派遣主体方面，不再体现为简单的一对一特征，而趋于复杂化，即存在三个主体，分别是用人单位（劳务派遣单位）、被派遣劳动者和用工单位（要派单位），相互之间形成了具有不同性质的、错综复杂的法律关系，各主体之间依据不同的法律关系享有不同的权利和承担不同的义务。其二，在主体的资格方面存在着不同。在传统的劳动用工方式中，对用人单位的资格方面没有特定的要求，只要是依法建立的且有合法用工需求的单位，均可以用工。而在劳务派遣中，根据我国《劳动合同法》第五十七条的规定，要求用人单位在组织形式方面必须采取公司的形式，同时在注册资本方面有强制性要求，不得少于50万元，远远高于一般公司设立所需要的法定最低注册资本额。

2. 在劳务派遣的内容方面，体现为劳动者的雇用和使用相分离

用人单位招聘和雇用劳动者，承担着向劳动者支付劳动报酬等法定义务，但却不享有劳动力的使用权，而是将劳动力的使用权转移给第三方使用，因此用人单位和劳动者之间在劳动者的雇用和使用上发生了分离。

3. 在劳务派遣的程序方面，须遵循严格的法定程序

不论是用工单位先向用人单位提出用工需求后用人单位再招聘符合用工需求的劳动者，还是用人单位先招聘劳动者后用工单位再来进行挑选符合自己需求的劳动者，在派遣的程序方面需要履行严格的法定程序，即用人单位需要与被派遣的劳动者先订立劳动合同，然后用人单位还必须与用工单位签订劳务派遣协议。签订劳务派遣协议是用人单位和用工单位必须履行的法定的强制性的义务，并且劳务派遣协议的内容还受法律的特别限制。

（三）劳务派遣的分类

1．登录型派遣

如果劳动者想被派遣，就去劳务派遣单位进行登记，在他登记后被正式派遣之前，他与劳务派遣单位不存在任何劳动关系，直到劳动者被劳务派遣单位派遣时，此时方才与劳务派遣单位签订劳动合同，且该劳动合同的期限与劳动者被派遣的期限相同，这种派遣方式称之为登录型派遣。在登录型派遣模式下，劳务派遣单位对劳动者负有的义务相对较轻，不利于对劳动者合法权益的保护，这是因为劳务派遣单位是否承担对劳动者的义务取决于它是否真正派遣劳动者。如果它不派遣劳动者，则不需要与劳动者签订劳动合同，劳动者在劳务派遣单位的登记也仅仅是登记而已，对劳动派遣单位无任何的法律约束力。同时，即使劳务派遣单位派遣了劳动者，其与劳动者之间的劳动合同期限也仅仅和派遣的期限相同，一旦派遣结束，则它与劳动者之间的劳动合同关系也随之结束，劳动者又回到了被派遣之前的失业状态。

2．雇佣型派遣

所谓雇佣型派遣，是指被派遣劳动者与劳务派遣单位之间存在不以派遣期限为限的劳动合同关系，换言之，劳务派遣合同期限届满与否不影响劳动者与劳务派遣单位之间的劳动关系，也即在劳动者与劳务派遣单位的劳动关系存续期间，不论劳动者是否被派遣，劳务派遣单位均承担向劳动者支付劳动报酬、缴纳社会保险费用和提供福利待遇等义务。在雇佣型派遣模式下，劳务派遣单位对劳动者承担的义务较重，有利于对劳动者合法权益的保护，这是因为劳动派遣单位必须先与劳动者签订劳动合同，建立劳动关系。一旦建立劳动关系，劳务派遣单位就必须向劳动者承担应尽的义务，且这种义务的履行不以劳动者是否被派遣为必要。在此情况下，劳动者的就业稳定性相对较高，劳动者对劳务派遣单位依赖性相对较强，因此劳务派遣单位对劳动者承担的义务相对较重。

（四）劳务派遣的利弊

1．劳务派遣的益处

近年来，我国劳务派遣机构像雨后春笋般地发展起来，通过劳务派遣方式就业的员工数量也以惊人的速度在增长。总体来说，劳务派遣可以给用工企业带来如下益处：

（1）把用人单位从烦琐的劳动人事管理事务中解脱出来，使其将精力集中投入到市场开发、战略决策和产品更新换代的管理上来。

（2）减少用人单位在招聘、培训和日常管理等方面的成本，各类手续和相关管理工作均由派遣机构办理，极大地减轻了用人单位的负担。

（3）为用人单位在市场条件下机动灵活、便捷用工提供了可能，既保证了合理合法用工、降低了用工风险，又达到了员工能进能出、合理流动的目的。

（4）享有高效优质的专业化服务，降低了用人单位与员工直接发生劳动纠纷的几率。

2. 劳务派遣的弊端

当然，任何事情都是有利有弊的，对于用工单位来说，劳务派遣也存在下列问题：

（1）劳动关系不稳定性。派遣员工只是短期的或临时的受派员工，欠缺雇用的稳定性，对劳动关系的长久和稳定具有负面影响。

（2）派遣机构中间抽取利益问题。派遣机构以营利为目的，实际用工单位将派遣员工的薪金交与派遣公司，派遣公司扣除利润后，再支付工资给派遣员工，这中间有抽取利润部分。

（3）派遣员工与正式员工不公平待遇问题。派遣员工往往从事的是替代性的工作，实际用工单位给予派遣员工的劳动条件一般较正式员工的条件差，实际用工单位的一些福利，派遣员工往往也享受不到。一些实际用工单位也不愿意将派遣员工视为他们的一分子，不愿给予关怀和注意力。

（4）雇主责任不明问题。传统的劳动法及其相关法规都是以用人单位与劳动者订立劳动合同且由用人单位本身指挥监督劳动者为基础所构成的劳动关系。劳务派遣造成雇用劳动力与使用劳动力相分离，派遣员工在劳动过程中发生的事故与纠纷，有可能因当事人之间约定不明确，产生无人负责的后果，派遣员工的合法权益无法得到保障。

（五）劳务派遣与相关法律概念的比较

1. 劳务派遣与职业介绍

职业介绍是具有合法从业资格的职业介绍机构，依法为劳动者求职和用人单位招聘员工提供一种中介服务，旨在促成劳动者和用人单位订立劳动合同和建立劳动关系的行为。对于职业介绍的性质问题，我国《合同法》有明确的规定，第四百二十四条规定："居间是居间人向委托人报告订立合同的机会或者提供订立合同的媒介服务，委托人支付报酬的行为。"据此，职业介绍究其本质来说，属于一种居间行为，即职业介绍机构为了获取一定的居间劳动报酬，利用自身的一些便利条件，如固定的营业场所、灵活广泛的就业信息渠道等，向求职劳动者提供招聘单位的用工需求信息或者向用人单位推荐登记在册求职劳动者的应聘条件信息，旨在为求职的劳动者和用人单位之间搭起一座桥梁，提供就业居间服务，以促成求职劳动者和招聘用人单位之间订立劳动合同。职业介绍的法律结构如图 2－1 所示。

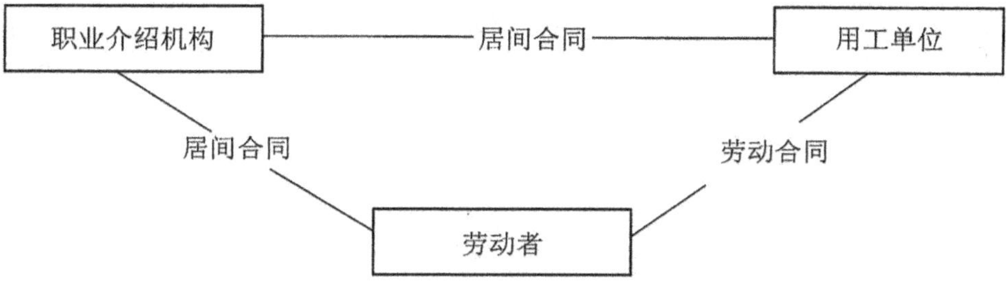

图2－1 职业介绍的法律结构

在实践中，职业介绍与劳务派遣非常相似，二者之间极其容易发生混淆，因此有必要对二者加以甄别。一般来说，二者之间的主要区别如下：

（1）在劳务派遣中，实际使用劳动力的用工单位是根据劳务派遣协议的约定来使用劳动者的，用工单位与提供劳务的劳动者之间无须订立劳动合同，因此二者之间不存在着劳动关系；而职业介绍中，使用劳动者的用人单位与提供劳务的劳动者之间则应当依法订立劳动合同，建立劳动关系。

（2）在劳务派遣中，用人单位与劳动者之间订立劳动合同、建立劳动关系。如果用人单位与劳动者之间发生劳动争议，那么应当按照《劳动法》、《劳动合同法》的有关规定进行处理；而在职业介绍中，职业介绍机构同劳动者之间不存在着劳动关系，二者之间若发生争议，因居间行为属于民事行为的一种，因此应当按照民法、合同法的有关规定进行处理。

（3）在劳务派遣中，负责招聘、培训劳动者的用人单位需要向劳动者支付劳动报酬，为劳动者办理社会保险；而在职业介绍中，负责提供居间服务的职业介绍机构不仅不向劳动者支付劳动报酬、办理社会保险，反而根据居间服务合同的约定，在其居间服务促成劳动者就业后，还需向劳动者收取一定的居间报酬。

2. 劳务派遣与承揽

承揽是指承揽人接受定做人的委托为定做人完成一定的工作，待其工作完成后，由定做人支付给承揽人劳动报酬的行为。在承揽关系中，法律规定的内容是承揽人与定做人之间权利义务关系，而至于定做人与承揽人所雇用的实际完成承揽工作的劳动者之间无任何权利义务关系。承揽人、定做人、劳动者三方法律关系如图2－2所示。

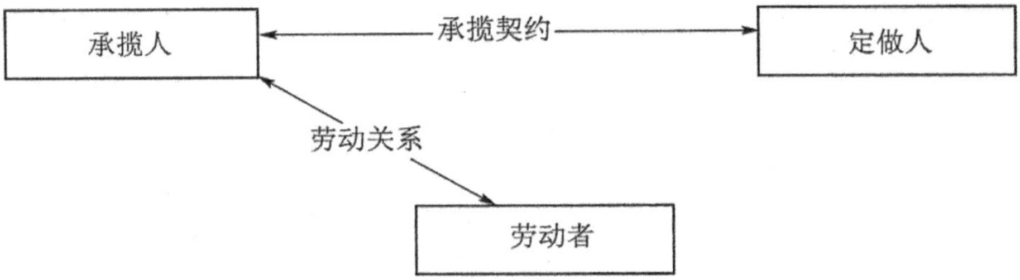

图 2－2　承揽人、定做人、劳动者三方法律关系

由此可见，承揽与劳务派遣具有一些相似性，因此有必要加以区别，二者之间的区别主要在于以下两点：

（1）在劳务派遣中，用人单位只需要根据用工单位的用工需求向用工单位派遣符合其需要的劳动者，即视为完成了相应的义务，对劳动者在用工单位的监督、管理和指挥下所完成的工作成果不负任何责任；而在承揽关系中，先是由承揽人出面接受定做人的委托、接受定做人的工作任务，然后由承揽人雇用劳动者并根据定做人的要求为其完成一定的工作，具体的实际工作是由承揽人所雇用的劳动者完成的，承揽人需要就劳动者完成的工作成果向定做人负责。

（2）在劳务派遣中，用工单位基于劳务派遣协议获得了对劳动者的劳务给付请求权，劳动者需要对用工单位提供劳务，并且需要在用工单位的监督、管理和指挥下为用工单位提供一定数量的劳务，据此在劳动者与用工单位之间形成了一种特殊的劳动关系，这种特殊的劳动关系相对比较复杂；而在承揽关系中，劳动者虽然完成的是定做人的工作，但是劳动者却是根据其与承揽人之间的劳动合同或劳务合同向承揽人提供劳务，因此劳动者与承揽人之间要么是民事法上的劳务关系，要么是劳动合同法上的劳动关系，这种劳务关系或劳动关系相对简单。

3．劳务派遣与人事代理

人事代理是指依法成立的人事代理机构，接受单位或个人的委托，为单位或个人处理有关人事方面的管理、服务等工作。人事代理是我国人事制度改革的产物，其目的在于降低用人单位的人力资源成本，实现人事关系管理与劳动者使用相分离，即用人单位只负责使用劳动者，而对于与劳动者相关的人事方面的工作如档案管理、职称评定等则委托给依法设立的人事代理机构进行处理。人事代理的运作模式如图 2－3 所示。

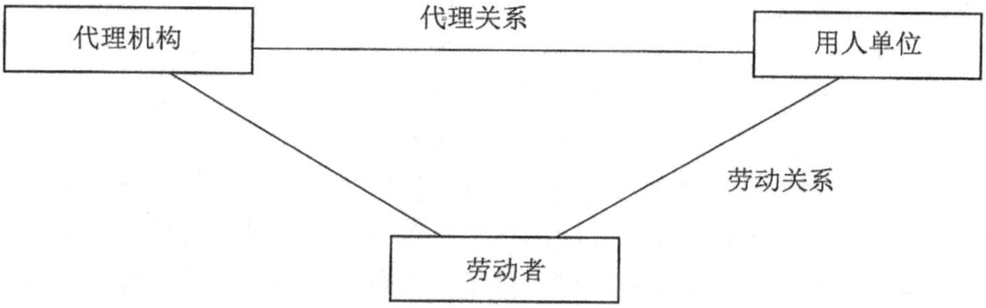

图 2-3　人事代理的运作模式

人事代理和劳务派遣相比，都涉及三个主体即用人单位、劳动者和第三方，二者之间有许多共同点，因此在实践中较易发生混淆，有必要加以区别。一般来说，二者之间的区别主要在于：

（1）在劳务派遣中，劳动者与第三方即用工单位之间不存在劳动法意义上的劳动关系，存在的只是一种特殊的劳动关系；而在人事代理中，劳动者与用人单位及第三方即人事代理机构之间的关系，则需要具体问题具体分析：如果是劳动者委托进行人事代理的，则劳动者与人事代理机构之间属于一般的民事代理关系；如果是用人单位委托进行人事代理的，则劳动者与人事代理机构之间不存在法律关系。

（2）在劳务派遣中，用人单位与劳动者之间订立劳动合同，且该劳动合同是劳务派遣协议订立和适用的前提和基础，其内容是劳动法上的权利义务关系，如果劳动者与用人单位就劳动合同的订立、执行发生争议，那么应当适用劳动法的有关规定进行处理；而在人事代理中，因人事代理而发生争议的，只能适用民法上的有关规定进行处理。

4．劳务派遣与借调

借调是指借调单位向被借调单位提出借调其单位特定劳动者的请求，被借调单位将该劳动者派遣到借调单位进行一定期间的工作，待借调期间届满，该劳动者仍返回被借调单位工作。借出单位、借入单位和劳动者三方法律关系如图 2-4 所示。

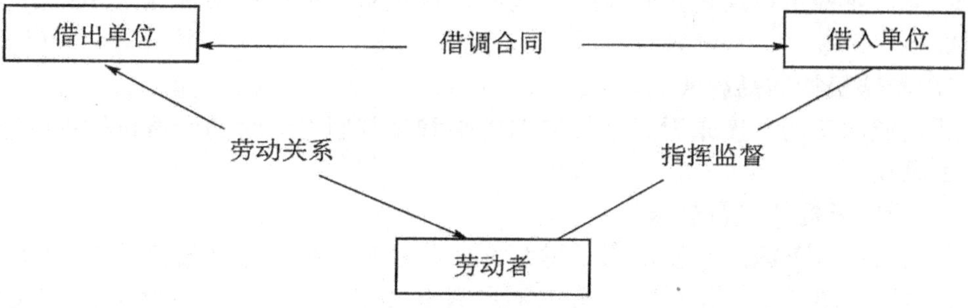

图 2-4　借出单位、借入单位与劳动者的三方法律关系

在借调劳动关系中，同劳务派遣相似，也存在着三个主体，即借调单位、被借调单位和劳动者，且劳动者与被借调单位不脱离劳动关系，只是在借调期间内为借调单位从事特定的工作，但须服从借调单位的管理指挥。由此可见，借调劳动关系同劳务派遣非常相似，但是二者之间也存在区别：

（1）在劳务派遣中，劳务派遣发生的原因是市场上的商业行为，双方需要支付合理的对价，方可从对方获得相应的报酬，如用工单位从用人单位处获得用人单位劳动者的劳务给付请求权是以向用人单位支付劳务费为代价的；而在借调劳动关系中，借调发生的原因多是因基于工作的需要而产生的行政性命令或是单位之间的请求，在这些情况下，借调一般是无偿的，即对于被借调劳动者的劳动报酬的支付、社会保险的缴纳，仍然由被借调单位负责。

（2）在劳务派遣中，从事劳务派遣的用人单位是以招聘、培训劳动者并对其进行派遣为职业，除此之外无其他专业职业，而劳动者在用人单位也是有具体的特定的工作岗位的；而在借调劳动关系中，被借调单位不是以派遣被借调劳动者为职业的，而是有自己的特定职业，借调只是偶然的行为，而且被借调劳动者在被借调单位是有具体的特定的工作岗位的。

二、劳务派遣管理

（一）派遣机构的选择

劳务派遣业务是一种新的用工方式，可跨地区、跨行业进行。用工单位可以根据自身工作和发展需要，通过正规劳务服务公司，接收所需要的各类派遣人员。实行劳务派遣后，实际用工单位与劳务派遣机构签订《劳务派遣协议》，劳务派遣机构与被派遣劳动者签订劳动合同。

对于采取劳务派遣用工形式的企业而言，选择优秀、专业的劳务派遣机构有助于降低企业管理成本、便捷企业人事管理、减少劳动纠纷等，企业在对劳务派遣机构进行选择时，至少需要考虑如下六个因素：

1．派遣机构的资质

对此，企业可以通过审查派遣供应商营业执照等资质证书来确认其是否有合法资质。

2．派遣机构的品牌实力

从企业用工的角度来看，选择知名度高和品牌影响力大的派遣机构更有利于转嫁用工风险。

3．派遣机构的经营规模

企业选择劳务派遣用工的目的除降低风险以外，另一个重要目的就是为了灵活用工。当用工单位在使用被派遣员工不足两年（根据《劳动合同法》的相关规定，劳务派遣单位应当与被派遣劳动者订立两年以上的固定期限劳动合同）就退还给派遣机构时，经营规模相对大的派遣机构由于人才需求数量大、类型丰富，更容易将这部分员工改派到其他企业，消化这部分风险或成本。

4. 派遣机构的“网络区域覆盖”

对于规模大、涉及在不同地域设有分支机构的用工单位，如果要实现跨地区的劳务派遣，可供选择的派遣机构就只能是自身分支机构同样健全的派遣机构，至少派遣机构的自有分支机构应当跟用工单位的分支机构所在地域相匹配。

5. 派遣机构的专业能力

“构建和谐稳定的劳动关系、预防劳动争议的发生”比“被动地应对劳动争议”更加重要。因此，预防和应对风险能力、法律问题专业程度和处理经验、专业人员的数量与能力都是企业在选择派遣机构时应该慎重考量的。

6. 派遣机构的服务意识

派遣机构的服务意识包括服务机构人员的职业化程度、对客户提出问题的响应速度和技术支持以及服务满意度等。

（二）劳务派遣合同

1. 劳动合同的订立

劳务派遣单位与被派遣劳动者订立劳动合同，建立劳动关系，但是实际上不用工。

劳务派遣单位与被派遣劳动者订立的劳动合同，其必备条款除《劳动合同法》第十七条规定的一般劳动合同的必备条款以外，还包括被派遣劳动者的用工单位以及派遣期限、工作岗位等。

从以上必备条款可以看出，劳务派遣单位要与用工单位协商确定被派遣劳动者的工作内容和工作地点、劳动保护和劳动条件、派遣期限、工作岗位等事项，并就用工单位履行这些事项的情况对劳动者负责，而不是仅仅为劳动者找一个用工单位并派遣出去就履行完了全部义务。

2. 劳务派遣中劳动合同的期限

《劳动合同法》第五十八条规定：劳务派遣单位应当与被派遣劳动者订立两年以上的固定期限劳动合同。

工作示范

劳务派遣协议范本

劳务输入单位（甲方）：__________	劳务派遣单位（乙方）：__________
电话：__________	电话：__________
地址：__________	地址：__________
户名：__________	

开户行：________________

账号：________________

甲乙双方经过平等协商，建立劳务派遣合作关系，乙方根据甲方要求向甲方派遣劳务人员，甲方根据生产工作需要安排劳务人员的工作。现就有关问题签订本合同：

一、劳务人员的数量、条件、派遣期、试用期和提供劳务的方式

乙方按照甲方要求从________年________月________日起派遣________名劳务人员到甲方工作，甲方安排劳务人员的具体工作，并向乙方支付劳务服务费用。派遣期________年，试用期________个月。

劳务人员须具备的条件：________________________

提供劳务的方式：按照用工单位的生产需要，派遣符合条件的劳务人员。

二、劳务人员的招录与变更

劳务人员由乙方负责按照合同条款条件组织招录，也可由甲方进行推荐，按照择优的原则确定派遣劳务人员。派遣的劳务人员一经确定，甲乙双方应拟定《劳务派遣人员清单》，并签字、盖章，作为本合同的附件。甲乙双方按照本合同约定对被派遣的劳务人员进行变更的，要相应修改《劳务派遣人员清单》，并须经双方签字、盖章认可。

三、劳务合同的期限

本合同自甲乙双方签字并盖章之日起生效，至________年________月________日终止。

四、费用的支付

（一）甲方向乙方支付的劳务费用包括：

1. 劳务人员的劳务报酬；

2. 甲方应承担劳务人员的相关社会保险费用；

3. 甲方应向乙方支付的劳务派遣服务费用；

4. 用于劳务人员的一次性费用：劳动合同鉴证费、劳务人员的体检费等。

（二）费用的标准：

1. 劳务人员的劳务报酬标准按国家和省的规定由甲方确定，并由甲方向乙方提供劳务报酬单；

2. 甲方应支付的相关社会保险费用数额按双方约定的标准由乙方书面通知甲方。

3. 劳务派遣服务费标准：甲乙双方经过协商，从以下两种标准中任选一种。（√×）

（1）乙方委托甲方代发劳务人员工资，乙方收取________元/人·月的劳务派遣服务费。（　　）

（2）若由乙方直接发放劳务人员工资，乙方收取________元/人·月的劳务派

遣服务费。(　　)

4. 一次性费用标准为：劳动合同书及鉴证费用由甲方按实际发生数支付；其他一次性费用经甲、乙双方协商后由甲方承担。

每月应支付的劳务派遣服务费＝当月实际使用的劳务人员数×派遣服务费标准/人·月×派遣月数

当月实际使用的劳务人员数以双方签字盖章的《劳务派遣人员清单》人数为准。

派遣期不超过半月的，派遣月数按半月计算，派遣期超过半月、不满一月的，派遣月数按一个月计算。

(三) 支付方式和支付时间：

1. 劳务人员的劳务报酬，由乙方以书面正式委托形式，委托甲方代为发放；(具体操作按委托书面条款执行) 或由乙方直接为派遣劳务人员发放。

2. 甲方应支付的相关社会保险费用，由乙方提供缴纳清单，缴纳期限经甲方确认后，支付给乙方按期缴纳。

3. 劳务派遣服务费按________(月、季) 支付，由甲方于________将当________(月、季) 费用以转账结算的方式支付给乙方。

4. 劳动合同书及鉴证费用，由乙方开具正式单据交给甲方确认后，甲方支付给乙方。其他一次性费用，支付时间根据实际情况经双方协商后确定。

5. 劳务人员个人需承担的费用，由甲方按月从劳务人员工资中扣除，并打入乙方账户。

五、甲方权利

(一) 安排劳务人员在甲方的具体工作岗位，监督、检查、考核劳务人员完成工作的情况，并负责日常管理；

(二) 劳务人员有以下情形之一的，甲方应提前3日通知乙方，并于3日后退回乙方，并有权要求乙方在________日内重新派遣符合条件的劳务人员：

1. 在试用期内不能胜任甲方工作要求；

2. 不服从甲方工作安排；

3. 严重违反甲方劳动纪律、规章制度和工作定额任务管理；

4. 工作失职，给甲方造成经济损失；

5. 派遣期未满，被派遣劳务人员提出停止派遣或擅自离岗。

(三) 确定和调整劳务人员的劳务报酬标准；

(四) 甲方出资对劳务人员进行业务、技能培训的，甲方有权与劳务人员签订培训服务合同，约定服务期及违约责任，并书面通知乙方；

(五) 对劳务人员给甲方造成的经济损失，甲方有权按有关规定向劳务人员索赔，乙方有责任给予协助；

(六) 对乙方不履行合同的，甲方有权追究违约责任；

（七）法律、法规规定的其他权利。

六、甲方义务和责任

（一）对劳务人员的职业道德规范、工作任务、技能培训、应达到的工作要求、应注意的安全事项、应遵守的各项纪律等履行告知、教育、管理督查的义务；

（二）为劳务人员提供必需的劳动条件、劳动工具和业务用品，以及符合国家规定的劳动安全卫生设施和必要的劳动防护用品；

（三）若乙方委托甲方代发工资，甲方应按乙方出具委托书要求代为发放劳务人员的劳务报酬和扣缴个人社会保险费用以及个人应承担的其他费用等；

（四）凡甲方要求在本合同第五条第二款情形之外停止派遣或更换劳务人员的，应提前________日书面向乙方提出，乙方同意后，方能停止派遣或更换劳务人员。

（五）劳务人员发生工伤事故时，甲方应立即通知乙方，并负责做好现场处理工作和协助乙方按《工伤保险条例》规定处理。

（六）按时足额支付乙方的劳务费用。

七、乙方的权利

（一）对甲方不履行合同的，有权追究违约责任；

（二）依法维护劳务人员的合法权益；

（三）法律法规规定的其他权利。

八、乙方的义务和责任

（一）与劳务人员建立劳动关系，签订劳动合同，并进行鉴证，并负责劳动合同的管理工作。

（二）按合同条款规定派遣符合条件的劳务人员到甲方工作。对于甲方按本合同第五条第二款要求停止派遣并退回乙方的劳务人员，乙方应予接收并负责处理与劳务人员之间的劳动关系，同时按照甲方要求及时派遣符合条件的劳务人员到甲方工作。

（三）负责劳务人员档案管理，负责建立、接转劳务人员档案。

（四）负责为被派遣劳务人员办理社会保险。

甲方应支付的相关社会保险费用标准由乙方按相关规定计算并书面通知甲方。乙方为劳务人员所缴纳的各项社会保险费用的有效单据应复印一份给甲方。

（五）劳务人员发生工伤事故的，乙方接到甲方通知后，按《工伤保险条例》妥善处理，并负责办理申报和理赔事宜。

（六）对劳务人员给甲方造成的经济损失，乙方应积极协助甲方对劳务人员进行索赔。

（七）乙方应定期或不定期到甲方，了解劳务人员的思想动态、工作表现、遵纪情况以及对乙方的合理要求，乙方尽力提供最佳服务。

九、合同的变更、解除、终止和续订

（一）甲乙双方应共同遵守本合同的各项条款。在合同履行期间，未经对方同意，任何一方不得变更或解除；若一方因国家重大政策改变或不可抗力等因素不能履行合同，应及时通知对方，双方通过协商，对合同进行变更或解除。

（二）本合同期满前________日，甲乙双方应就本合同是否终止或续订进行协商，并按协商结果办理终止和续订合同手续。如不及时办理终止或续订手续，合同终止后，甲方仍继续使用被派遣劳务人员，则视为续订同一期限的派遣协议，甲乙双方应当及时补办派遣协议手续。

十、其他

（一）未尽事宜，法律、法规有规定的，按照相关规定办理无规定的，由双方协商解决。经双方协商一致对本合同进行修改、补充达成的补充协议与本合同具有同等效力。

（二）双方在履行合同时发生争议，应本着实事求是的精神友好协商解决；协商不成，可向甲方属地仲裁机构提起仲裁或向甲方或乙方属地人民法院提起诉讼。

（三）本合同正本一式________份，甲乙方各执________份。

甲方：____________________　　乙方：____________________

法定代表人/授权人签字：________　　法定代表人/授权人签字：________

甲方盖章：____________________　　乙方盖章：____________________

日期：______年____月____日　　日期：______年____月____日

附件：

1. 双方营业执照（社团法人证书）、税务登记证、法定代表人身份证复印件，法定代表人委托授权书等资质证明资料。

2.《劳务派遣人员清单》。

3. 其他必要资料。

劳务派遣劳动合同范本（本合同仅适用劳务派遣劳动者）

甲方：____________________

乙方：____________________

签订日期：________年______月______日

甲方（用人单位）：____________________

用人单位名称：____________________

用人单位住所：____________________

乙方（劳动者）：____________________

姓名：____________　性别：____________　出生年月：____________

文化程度：____________　　　　联系方式：____________

户籍所在地：____________

实际居住地：____________

居民身份证号码：____________

甲、乙双方根据《中华人民共和国劳动合同法》和有关法律，法规规定，在遵循合法，公平，诚实信用原则的基础上，经平等自愿，协商一致签订本合同，并共同遵守本合同所列条款。

一、劳动合同期限

（一）本合同为两年以上（含两年）固定期限劳务派遣劳动合同，约定合同期自________年________月________日起至________年________月________日止。

（二）甲方派遣乙方到用工单位的派遣期限自________年________月________日起至________年________月________日止。

二、工作地点和工作内容

（一）甲方派遣乙方的用工单位名称。

（二）乙方同意根据工作需要，被派遣从事岗位（工种）工作。

（三）乙方的工作地点。

（四）乙方的被派遣从事工作岗位如发生变化，甲方应与乙方协商一致后变动乙方的工作岗位。

（五）乙方应按用工单位的要求按时完成规定的工作任务。

（六）甲方与用工单位派遣协议到期或提前解除时，本合同尚未到期的，甲方应及时安排乙方到其他用工单位工作，并协商变更本合同。

三、工作时间和休息休假

（一）甲、乙双方经协商确认执行下列条款，乙方工作时间平均每周不超过四十小时，并保证乙方每周至少休息一日。

A. 用工单位实行每天________小时工作制，每周工作________天，每周休息______天。

B. 用工单位实行轮班制，安排乙方实行______班运转工作制，每班工作时间为______小时。

（二）用工单位安排乙方的工作岗位，经批准属于实行不定时工作制岗位，双方依法执行不定时工作制规定。

（三）用工单位安排乙方的工作岗位，经批准属于实行综合计算工时工作制岗位，双方依法执行综合计算工时工作制规定。

（四）甲方应要求用工单位严格遵守法定的工作时间，控制加班加点，保证乙方的休息与身心健康，用工单位因工作需要必须安排乙方加班加点的，应与工会和乙方协商同意，并依法给予乙方补休或支付加班加点工资。

（五）甲方依法为乙方安排带薪年休假，具体休假时间双方协商决定。

四、劳动报酬

（一）甲方应当每月至少一次以货币形式支付乙方工资，不得克扣或者无故拖欠乙方的工资。

（二）甲方承诺每月______日为发薪日，月工资______元。

（三）按照同工同酬原则，甲方应督促用工单位向乙方依法支付加班费，绩效奖金和与工作岗位相关的福利待遇，用工单位未支付的，由甲方垫付。

（四）合同期内甲方未能安排乙方工作，甲方应按照不低于苏州市最低工资标准支付乙方报酬。

（五）甲方应按国家和地方有关规定为乙方缴纳住房公积金。

五、社会保险

（一）双方依法参加社会保险，按时足额缴纳各项社会保险费，其中依法应由乙方缴纳的部分，由甲方从乙方工资报酬中代扣代缴。

（二）乙方发生工伤事故或患职业病的，甲方应要求用工单位负责及时救治，或提供可能的帮助，并在规定时间内，由甲方向劳动保障行政部门提出工伤认定申请，为乙方依法办理劳动能力鉴定，并为享受工伤保险待遇履行必要的义务。

六、劳动保护，劳动条件和职业病危害防护

（一）甲方应要求用工单位向乙方履行如实告知可能产生职业病危害岗位的义务，并对乙方进行劳动安全卫生教育，防止劳动过程中的伤亡事故，减少职业危害。

（二）甲方应要求用工单位为乙方提供符合国家规定的劳动安全卫生条件和必要的劳动防护用品，安排乙方从事有职业危害作业的，应定期为乙方进行健康检查，并在乙方离岗前进行健康检查。

（三）因乙方从事的工作岗位有职业危害可能，在用工单位的监督下，乙方须采取以下防护措施：乙方在劳动过程中必须严格遵守安全操作规程。乙方对用工单位管理人员违章指挥，强令冒险作业，有权拒绝执行。

（四）甲方应要求用工单位按照国家关于女职工，未成年工的特殊保护规定，对乙方提供保护。

（五）乙方患病或非因工负伤，甲方按照国家关于医疗期的规定依法支付乙方医疗期内的病假工资。

七、甲乙双方约定的其他内容

____

____

八、劳动争议处理

（一）甲乙双方因履行本合同发生劳动争议，可以协商解决。不愿协商或者协商不成的，可以向本单位劳动争议调解委员会申请调解；调解不成的，可以向劳动争议仲裁委员会申请仲裁。甲乙双方也可以直接向劳动争议仲裁委员会申请仲裁。提出仲裁要求的一方应当自劳动争议发生之日起法定时效内向劳动争议仲裁委员会提出书面申请。对仲裁裁决不服且符合起诉条件的，可以自收到仲裁裁决书之日起十五日内向人民法院提起诉讼。

（二）甲方和用工单位违反劳动保障法律，法规和规章，损害乙方合法权益的，乙方有权向劳动保障行政部门和有关部门投诉，给乙方造成损害的，甲方和用工单位承担连带赔偿责任。

九、其他事项

（一）劳动合同期内，乙方户籍所在地，实际居住地，联系方式等发生变化，应当及时告知甲方和用工单位。

（二）本合同未尽事宜，按国家，省和市有关规定执行，没有规定的，通过双方平等协商解决。

（三）本合同不得涂改。

（四）本合同如需同时用中文，外文书写，内容不一致的，以中文文本为准。

（五）本合同一式两份，甲乙双方各执一份。

法定代表人或负责人签名：____________ 乙方签名：____________

甲方盖章：

签章日期：____________ 签名日期：____________

（三）被派遣员工的管理

1．劳务派遣单位对被派遣员工的管理

（1）劳动合同管理

劳务派遣机构与被派遣员工签订劳动合同，劳动合同的内容除了包括一般合同所规定的必备条款外，还需要注明所派遣到的企业的名称及岗位等内容。

（2）劳动报酬管理

一是工资发放。劳务派遣单位应向被派遣劳动者按时支付劳动报酬，另外，劳务派遣单位不得克扣用工单位按照劳务派遣协议支付给被派遣劳动者的劳动报酬。

二是被跨地区派遣的劳动者的劳动报酬。依据《劳动合同法》第六十一条规定，劳务派遣单位跨地区派遣劳动者的，被派遣劳动者享有的劳动报酬和劳动条件，按照用工单位所在地的标准执行。

2．用工单位对被派遣员工的管理

在劳务派遣用工形式下，用工单位行使对劳动力的使用权，在对其进行管理的过程中，需履行如下义务：

（1）执行国家劳动标准，提供相应的劳动条件和劳动保护。用工单位应当按照国家相关规定，为被派遣员工提供符合国家劳动标准要求的劳动条件和劳动保护。

（2）告知被派遣劳动者的工作要求和劳动报酬。

（3）支付加班费、绩效奖金，提供与工作岗位相关的福利待遇。

（4）对连续用工的，实行正常的工资调整机制。

另外，用工单位不得将被派遣的劳动者再派遣到其他用人单位。

3．企业使用劳务派遣的风险管理

企业选择优质的劳务派遣机构既可以有效降低管理成本，提高管理效率，也可以提升企业声誉和管理水平。由于企业内部多种人员关系的存在，也给企业人力资源管理带来了一系列问题。企业人力资源如何管理劳务派遣员工及派遣服务机构，如何规避由此带来的风险，企业至少应加强以下六方面的管理：

（1）应按照国家相关规定，合法规范用工，承担派遣员工的各项费用。

（2）为了确保劳务派遣相关业务的正常开展，应规范及完善各项派遣员工管理制度，负责对派遣员工进行岗位培训及相应的技能培训。

（3）加强对被派遣员工劳动合同管理。

（4）加强企业信息的管理。由于企业采取劳务派遣形式，企业部分相关信息会被派遣机构或派遣员工了解。如果这些信息是涉及保密的，应该在企业与派遣机构、企业与派遣员工、派遣机构与派遣员工之间进行约定。

（5）加强对劳务派遣机构的质量考核。企业在选择劳务派遣机构的同时，要建立对其的质量考核制度。通过质量考核，从中提取企业需要了解的信息。

（6）明确企业人力资源管理的定位和职责，做到合理参与监控。虽然企业采取劳务派遣方式有诸多优点，但是企业人力资源管理人员在劳务派遣过程中的参与和监控也是非常重要、不容忽视的。

企业选择劳务派遣，虽然在一定程度上减轻了企业管理的负担，但是要保证服务的效果并且规避服务过程中的风险，需要充分的计划和准备工作，并且在劳务派遣过程中承担起相应的责任，同时要时时关注国家相关法律法规的调整，与被派遣服务机构做好沟通，将有可能出现的矛盾及时化解，避免出现不必要的纠纷。

（四）劳务派遣员工退回

在劳务派遣中，用工单位作为被派遣劳动者的实际指挥和管理的单位，对被派遣劳动者的工作能力、工作业绩及工作表现都有直接的认识，但用工单位不能直接辞退被派遣员工，而是根据《劳动合同法》的相关规定将被派遣员工退回劳务派遣单位。同时，用工单位也不能接受被派遣员工辞职，即使该员工在退回派遣公司的同时与劳务派遣公司解除劳动合同，也应注意是从劳务派遣公司辞职，而不是从用工单位辞职。

三、劳务派遣争议的处理

引起劳务派遣争议的原因很多，在实践中，主要有劳动合同问题和工伤问题等争议，下面通过几个典型的案例来说明如何处理劳务派遣争议。

（一）劳动合同问题

案例2.3　劳动合同争议处理

案例展示：2008年5月22日，陈某与上海一家派遣公司（以下简称“派遣公司”）签订期限自2008年5月22日起至2011年5月31日止为期三年的劳动合同，其中试用期为三个月。陈某实际于2008年5月23日被派遣公司派遣至上海的一家餐饮管理有限公司，担任会计一职，每月工资2000元。

餐饮管理公司于2008年8月20日电话告知陈某试用期考核不合格予以辞退。2008年8月22日，餐饮管理公司又向陈某发出书面辞退通知，内载：“陈某：公司已于2008年8月20日通知你试用期内考核不合格，予以辞退，并通知你2008年8月22日进行工作移交、办理离职手续。现你在工作移交后对公司办理离职手续不予理睬。现公司再次告之，请于2008年8月25日上午10点至公司财务部办理离职手续并结清工资……”

收到该通知后，当日陈某即与餐饮管理公司办理工作移交手续。派遣公司于2008年8月25日收到餐饮管理公司出具的辞退陈某的通知，随后，派遣公司为陈某开具了用工期限自2008年5月22日至2008年8月20日的上海市单位退工证明。2008年9月2日，陈某收到派遣公司开具的退工证明和劳动手册。

陈某不服辞退决定，于2008年8月26日向劳动争议仲裁委员会申请劳动仲裁，要求派遣公司支付未提前30天通知解除劳动合同的工资2000元。

（资料来源：人力资源管理师培训网 http：//ww. bjchrp. cn/）

分析提示：本案是一起关于劳务派遣用工中劳动合同解除的典型案例。在劳务派遣用工中，派遣单位和劳动者是劳动关系的双方当事人，派遣单位与劳动者签订劳动合同后，派遣单位根据与实际用工单位之间的劳务派遣协议将劳动者被派遣至用工单位处工作，而用工单位并非劳动合同的当事人之一，用工单位与派遣劳动者之间形成的是一种劳务使用关系。在劳务派遣中，由于是派遣单位与劳动者签订劳动合同，因此，解除与劳动和劳动合同的主体只可能是派遣单位。

劳动合同的解除需要劳动合同的一方当事人向另外一方发出解除劳动合同的意思表示。在本案中，餐饮管理公司是实际用工单位，餐饮管理公司于2008年8月20日电话通知辞退及2008年8月22日书面辞退，在法律上并无实质意义，并不能构成派遣单位对陈某的辞退。实际上，2008年8月25日收到餐饮管理公司出具的辞退陈某的通知并对其进行了辞退，才是真正劳动法意义上的劳动合同解除。而在派遣公司解除与陈某劳动合同时已经超出了试用期，因此，可以认定派遣公司的解除行为是一种违法解除。只是由于陈某对劳动法知识的欠缺，导致提出了不当的诉讼请求。实际上，在本案中，陈某完全可以提出要求派遣公司支付违法解除劳动合同的赔偿金，并要求餐饮管理公司承担连带责任。

（二）工伤问题

案例2.4　**劳务派遣工伤争议处理**

案例展示：2006年4月4日，年仅18岁的陕西女工范某与江苏省苏州市鼎诚人力资源有限公司（以下简称鼎诚公司，系人力资源中介公司）签订了一份劳动合同，双方约定：由鼎诚公司安排范某到巴拉斯塑胶（苏州）有限公司（以下简称巴拉斯公司）工作，工资为每月690元。合同签订后，范某即按约被派遣至巴拉斯公司工作。4月28日，巴拉斯公司作为甲方、鼎诚公司作为乙方签订了劳务派遣协议一份，双方约定："乙方根据甲方要求和条件，向甲方提供合格的劳务人员；乙方委托甲方向劳务人员代为发放工资，并按照国家规定为劳务人员缴纳当地的农村基本养老保险；甲方向乙方支付劳务人员的工资、意外伤害保险费、农保费用和管理费；乙方劳务人员在甲方工作期间，因工伤事故造成劳务人员受伤时，甲方应及时采取救助措施并通知乙方，由乙方按国家、当地劳动部门的政策规定，办理申报工伤、劳动鉴定申报以及办理工伤待遇的申请手续，甲方提供协助，超出保险理赔范围的经济补偿，甲方应予相应适当补偿。"

2006年8月24日，范某在工作中发生机械伤害事故，造成其左手受伤，住院治疗26天，巴拉斯公司为范某支付了医疗费15 000元。2006年12月31日，苏州市劳动和社会保障局向鼎诚公司作出《工伤认定决定书》，认定范某所受伤害为工伤。2007年3月31日，苏州市劳动鉴定委员会向鼎诚公司作出《苏州市劳动鉴定结论通知书》，认定范某符合《职工工伤与职业病致残程度鉴定标准》七级。由于三方未能就工伤赔偿达成一致，范某于2007年5月14日向苏州市高新区、虎丘区劳动争议仲裁委员会提出仲裁申请，要求鼎诚公司和巴拉斯公司赔偿其住院伙食补助费、护理费、一次性伤残补助金、一次性工伤医疗补助金等，共计183 933.42元。2007年7月，劳动争议仲裁委员会裁决鼎诚公司支付范某住院伙食补助费、停工期间工资、一次性伤残就业补助金等共计65 794元。巴拉斯公司支付范某一次性工伤医疗补助金120 419元。巴拉斯公司对此不服，遂将范某与鼎诚公司一同告上法庭。

问题：谁该对工伤负责？

（资料来源：http：//www. 0951job. com/display/article/12946. htm）

双方争议：巴拉斯公司认为，范某是与鼎诚公司签订的劳动合同，由鼎诚公司劳务派遣至己方公司的，范某并没有与巴拉斯公司签订劳动合同，所以不属于公司的员工，在发生工伤事故后公司无须承担工伤赔偿责任。要求法院判令巴拉斯公司与范某之间不存在劳动合同关系，不承担对范某工伤赔偿的责任。

而鼎诚公司则认为，范某虽与鼎诚公司有劳动合同，但鼎诚公司不是实际用人单位，对范某的使用、支配和收益都属于巴拉斯公司。鼎诚公司的主要责任是为企业介绍劳动人员，代为缴纳劳动者一定费用。巴拉斯公司只缴纳给鼎诚公司每人每月 60 元，不足以支付公司的成本，根据权利与义务相一致的原则，理应由巴拉斯公司承担工伤赔偿费用。劳动保障部门的合同范本都规定了由实际用工单位承担工伤事故责任，该合同范本是对劳务工作的经验总结，具有借鉴意义。而巴拉斯公司在与鼎诚公司签订的合同中对工伤的约定进行了修改，只约定其承担"相应适当补偿"，逃避了对工伤事故的赔偿责任，违反了合同法中的公平原则。工伤事故是在巴拉斯公司单位发生的，其有不可推脱的责任，巴拉斯公司向鼎诚公司支付的费用中包含了工伤保险，既然已缴纳了保险，所以应当由巴拉斯公司承担全部工伤赔偿。

审理结果：苏州市虎丘区法院经过审理认为，鼎诚公司与巴拉斯公司在签订劳务派遣协议时对工伤事故的承担已经做了约定，即"鼎诚公司按照国家、当地劳动部门的政策规定，办理申报工伤、劳动鉴定申报以及办理工伤待遇的申请手续，巴拉斯公司提供协助，超出保险理赔范围的经济补偿，巴拉斯公司应予相应适当补偿。"根据此约定，巴拉斯公司只需在范某发生工伤后提供相应的协助，并在超出保险理赔范围时给予适当的经济补偿即可，这样本该由巴拉斯公司承担的工伤赔偿责任就转嫁到了鼎诚公司身上。

然而鼎诚公司作为劳动者的派遣企业，其注册资本仅有 10 万元，实际上只从用工企业巴拉斯公司收取每人每月 60 元的管理费用，其本身缺乏足够的注册资本和履约能力。由范某劳动所产生的经济收益全部归巴拉斯公司享有，而范某在巴拉斯公司内发生工伤事故后的赔偿责任却要鼎诚公司来承担，若如此，让鼎诚公司作为工伤责任事故的主体、承担所有的工伤赔偿费用也显失公平。同时，作为用工企业，巴拉斯公司应当对劳动者负有安全生产保障义务，主要包括：提供安全生产设施的义务、设置安全生产管理机构或者配备专职安全生产管理人员的义务以及安全教育与培训的义务等。范某在巴拉斯公司发生了工伤事故，公司没有尽到这些义务，因此应承担连带赔偿责任。

据此，如果法院根据现行的法律规定，作出由鼎诚公司承担工伤赔偿的判决，不仅鼎诚公司不服要提出上诉，而且范某也很有可能因为诉讼时间的延长而不能得到及时的全部工伤赔偿，不利于维护其合法权益。法院通过调解，根据公平责任原则，由派遣企业和实际用工企业协商各自负担的工伤赔偿比例，共同向劳动者进行赔偿，就把劳动者和派遣企业之间涉及工伤赔偿的劳动合同纠纷、派遣企业和实际用工企业之间涉及各自赔偿范围、比例的派遣合同纠纷一并解决。这样，既有利于化解鼎诚公司与巴拉斯公司之间的矛盾，更利于劳动者得到及时、充分的工伤赔偿。

最终，法院的判决结果是：范某与鼎诚公司之间签订的劳动合同合法有效。鼎诚公司作为人力资源中介单位，将范某派遣至巴拉斯公司工作，现范某在工作中受伤，已经由劳动部门确认为工伤及七级伤残，鼎诚公司应当按照相关规定给予范某工伤待遇。巴拉斯公司作为实际用工单位，应当为劳动者提供足以保障其人身安全的工作环境和条件，巴拉斯公司应对范某所受到的损害，承担连带赔偿责任。巴拉斯公司与鼎诚公司之间签订的劳务派遣协议中关于工伤事故处理的约定不得对抗第三人。最后在法院的调解之下，三方就赔偿事宜达成协议。由巴拉斯公司支付范某工伤赔偿款61 500元，鼎诚公司支付范某工伤赔偿款98 500元，合计160 000元。

工作示范

案例展示：苗人杰和凤向阳乃是大学同班同学。大学生毕业后，两人同去美尔美孚投资公司应聘（由日本人和德国人共同在华投资的一家外资企业），后两人同时被录取，在该公司的同一理财岗位工作，两人每月所获得的劳动报酬也是相同的，而且他们同公司签订劳动合同时有第三方介入。两人之间所不同的是：苗人杰是和美尔美孚投资公司、沟通无限人才服务公司签订的三方协议，根据该协议，苗人杰同沟通无限人才服务公司签订劳动合同，再由沟通无限人才服务公司将其委派至美尔美孚投资公司工作，沟通无限人才服务公司负责苗人杰的人事档案管理工作，并向其支付工资，为其缴纳养老、医疗、失业等社会保险。而凤向阳是和美尔美孚投资公司、当地人才交流中心签订三方协议，根据该协议，由当地人才交流中心负责凤向阳的档案管理、人事管理，并为其缴纳养老、医疗、失业等社会保险。对此，两人不解美尔美孚投资公司与他们签订劳动合同时为什么要第三方介入？第三方又存在着不同，这又是为什么？

分析提示：在本案中苗人杰与美尔美孚投资公司、沟通无限人才服务公司属于劳务派遣关系，在此情况下，苗人杰的用人单位是沟通无限人才服务公司，而美尔美孚投资公司只是苗人杰的用工单位，与苗人杰之间不存在劳动法上的法律关系，不需要向苗人杰承担劳动法上规定的法定义务。而凤向阳与美尔美尔美孚投资公司、当地人才交流中心属于人事代理关系，在此情况下，凤向阳的用人单位是美尔美孚投资公司，凤向阳与美尔美孚投资公司之间存在着劳动法意义上的劳动关系，美尔美孚投资公司对凤向阳要承担劳动法上规定的法定义务，而当地人才交流中心仅接受的委托对凤向阳的人事、档案等进行管理。

美尔美孚投资公司为什么与苗人杰、凤向阳之间分别签订三方协议，而且第三方又是不同的，主要是因为企业的管理出发点不同。一般而言，对于企业自身短期、临时、稀缺职位的用工需求，可采用劳务派遣方式，而为了减少实务性的人事管理工作，则会引入第三方人事代理机构。

任务3　非全日制用工

【任务名称】

辨识非全日制劳动关系。

【任务情境】

某餐饮店，因为业务性质需要，在就餐高峰期需要大量的临时兼职人员来补充营业高峰的人手问题，故该店雇用了5名兼职人员，有三名学生，一名物业保安，一名45岁的阿姨（本地无业人员），三类兼职人员相关情况如下：

学生：有与该店签订勤工助学协议，工作时间每周三至四天，工作时间每天8小时，有时还会加班一两个小时；

保安：口头约定送餐业务，按每小时7元的工资给付；

阿姨：与正式合同工的工作时间与薪资一样，8元/小时，正常工作时间为每周五天八小时。

当地最低工作标准为1100元/月，每小时最低工资为10.6元。

请思考，学生、保安与阿姨用工是否符合法规要求，存在哪些问题？如果你是该店人力资源主管，如何管理这三类人员？

（案例作者：真功夫餐饮服务有限公司人力资源经理石军辉）

【任务要求】

1. 分小组讨论案例中的劳动关系属于哪种用工形式？存在哪些问题点？如果你是该企业的人力资源经理，你将从哪些方面对问题进行整改。

2. 请起草一份餐饮店与学生的勤工助学协议。

知识链接

一、非全日制用工概述

（一）非全日制用工的概念

非全日制用工是指劳动者在同一单位的日工作时间少于标准的全日制工作时间且劳动者同时可以与数个用人单位建立劳动关系的一种用工方式。在实践中，多称这种用工形式为小时工。

在我国，非全日制用工形式出现的较晚，是随着社会主义市场经济的不断发展而出现的，目前非全日制用工形式广泛存在于餐饮、超市、社区服务等领域。因为有用工形式灵活、便捷，能够同时适应用人单位灵活用工和劳动者自主择业的实际需要的特点，非全日制用工已成为促进就业的重要途径。

（二）非全日制用工的特征

非全日制用工作为一种新型的用工形式，是对传统全日制用工形式的一种突破。一般来说，非全日制用工主要包括以下法律特征：

（1）在非全日制用工的计酬方式上，与传统的全日制用工按月支付劳动报酬不同，非全日制用工主要是以小时为单位进行计酬，需要注意的是，如果劳动者和用人单位协商达成一致，也可以按日或周为单位进行计酬。

（2）在非全日制用工的工作时间上，与全日制用工的工作时间相比，非全日制用工的工作时间相对少得多。全日制用工的工作时间每日不超过八小时，平均每周工作时间不超过四十四小时。而非全日制用工的工作时间平均每日不超过四小时，每周工作时间累计不超过二十四小时。

（3）在非全日制用工的劳动关系上，可能存在着双重甚至多重劳动关系。一般来说，我国劳动法律法规对于全日制用工只承担一重劳动关系，即劳动者只能与一个用人单位建立正式的劳动关系，如果劳动者在正式的工作之外还为其他单位工作的，不能认定建立劳动关系，一般视作劳务关系来处理。但是，在非全日制用工中，劳动者可以同时与两个及两个以上的用人单位建立劳动关系。因此，如果双重或多重劳动关系之间出现冲突，则应当按照《劳动合同法》第六十九条第二款的规定进行处理：“从事非全日制用工的劳动者可以与一个或一个以上用人单位订立劳动合同；但是，后订立的劳动合同不得影响先订立的劳动合同的履行。”

案例 2.5　全日制劳动合同是否合法

案例展示：肖某是某中日合资电子公司（以下简称合资公司）的年轻工程师，去年被公司派往日本进行了三个月的技术培训。培训结束回国后，由于其技术比以前有了很大的提高，于是，开始对现在的工作职位和薪水产生了不满足感。为此，他偷偷向一些企业寄发了求职信，希望能找到一份满意的新工作。一家日本独资公司（以下简称独资公司），看了肖某寄来的个人简历后，非常满意，决定录用他。

当时，肖某本想向合资公司提出辞职后，马上就到独资公司去工作。但合资公司听到肖某要辞职的消息后，拿出了肖某在出国培训前签署的培训协议，要求肖某先按协议中违约条款的规定，向合资公司支付4万元的培训费后，再办理辞职手续。

肖某一时拿不出这4万元，但又实在不愿放弃独资公司那份新工作，就毅然地采取了不辞而别的方式，离开合资公司，投奔到了独资公司。

独资公司得知肖某与原单位的劳动合同还没有解除的情况后，为了避免招惹麻烦，决定暂时与肖某签订一份非全日制劳动合同，该合同中约定，肖某每天在独资公司工作6小时，每周工作30小时，工资为每小时50元，奖金根据绩效考核结果确定。

由于肖某在合资公司的不辞而别，给合资公司造成了3万元的经济损失。合资公司便委派一名律师与独资公司进行交涉："你们公司录用了尚未与我公司解除劳动合同的员工肖某，按《劳动法》的规定，你们公司应当与他一起向我公司承担赔偿3万元损失的责任。"

"我公司虽然录用了肖某，但我们跟他签订的是非全日制劳动合同，是《劳动合同法》允许的，并没有造成对你们公司的侵权。因此，我公司不负赔偿责任。"独资公司人事经理辩解道。

独资公司与肖某签订的这种非全日制劳动合同是否合法？

分析提示：本案中肖某与独资公司签订的非全日制劳动合同关于工作时间和工资的约定不符合法律规定，二者签订的所谓"非全日制劳动合同"应当认定为全日制用工合同。根据《劳动法》第九十九条："用人单位招用尚未解除劳动合同的劳动者，对原用人单位造成经济损失的，该用人单位依法承担连带赔偿责任。"因此独资公司需要承担连带赔偿责任。

二、非全日制用工管理

（一）非全日制用工的形式

我国劳动法律法规规定的非全日制用工合同的形式与全日制用工合同的形式有所不同。对于全日制用工合同的形式，我国《劳动合同法》第十条规定："建立劳动关系，应当订立书面劳动合同。已建立劳动关系，未同时订立书面劳动合同的，应当自用工之日起一个月内订立书面劳动合同。用人单位与劳动者在用工前订立劳动合同的，劳动关系自用工之日起建立。"对于非全日制用工形式，《劳动合同法》第六十九条第一款在充分考虑到非全日制用工的短期性、灵活性、便捷性特点的基础上，作了更为宽松的规定："非全日制用工双方当事人可以订立口头协议。"据此，非全日制用工合同双方当事人可以订立书面合同，也可以订立口头协议。

（二）非全日制用工合同的内容

对于非全日制用工合同的内容，《劳动合同法》没有进行明确规定，但是《关于非全日制用工若干问题的意见》（劳社发〔2003〕12号）曾提出相应的要求，即非全日制劳动合同的内容由双方协商确定，应当包括工作时间和期限、工作内容、劳动报酬、劳动保护和劳动条件5项必备条款。对此，我们认为上述规定值得借鉴，非全日制用工合同的双方当事人可以参照上述规定来订立劳动合同。

我国《劳动合同法》对非全日制用工合同的部分内容也进行了相应的规定，主要体现在以下几个方面。

1. 工作时间

在非全日制用工的工作时间问题上，应当把握两点：

（1）在工作时间的长短上，应当符合《劳动合同法》规定的上限要求。《关于非全日制用工若干问题的意见》（劳社发〔2003〕12号）对非全日制用工的工作时间的上限规定，即该意见第一条中规定："非全日制用工是指以小时计酬、劳动者在同一用人单位平均每日工作时间不超过5小时累计每周工作时间不超过30小时的用工形式。"而《劳动合同法》第六十九条对此作了不同的规定："非全日制用工，是指以小时计酬为主，劳动者在同一用人单位一般平均每日工作时间不超过4小时，每周工作时间累计不超过24小时的用工形式。"据此，非全日制用工的工作时间的上限为日平均4小时以内，周平均工作时间累计在24小时以内。超过法律限制的时间规定的，用人单位应当与劳动者签订书面全日制劳动合同。

（2）在具体的工作时段的安排上，应当由非全日制用工合同的双方当事人进行协商确定具体的工作时段。

2. 劳动报酬

我国《劳动合同法》第七十二条第一款规定，非全日制用工小时计酬标准不得低于用人单位所在地人民政府规定的最低小时工资标准。据此，用人单位应当按时足额支付非全日制劳动者的工资，并且用人单位支付非全日制劳动者的小时工资不得低于当地政府规定的小时最低工资标准。

在劳动报酬的具体支付问题上，一般由劳动者与用人单位进行协商予以确定，对此法律不进行过多的干涉。但是，对非全日制用工劳动报酬的支付周期作了强制性的规定，如《劳动合同法》第七十二条第二款规定："非全日制用工劳动报酬结算支付周期最长不得超过15日。"

案例2.6　需要支付未签订劳动合同的经济补偿金吗？

案例展示：某季节商品是销售高峰期，商店与刘某口头约定为临时的商品促销员，工作时间为繁忙时间的16:00－20:00，每周工作五天，45元/天（当地非全日制用工最低工资为10.6元/小时）。后刘某向劳动争议仲裁委员会提出申诉，以商店未签订劳动合同为由，提出商店要支付经济补偿金。

分析提示：刘某的工作时间、工资均符合法律关于非全日制用工的规定，而非全日制用工双方当事人可以订立口头协议。因此商店无需支付经济补偿金。

（案例作者：真功夫餐饮服务有限公司人力资源经理石军辉）

3. 合同期限

考虑到非全日制用工的短期性、灵活性的特点，《劳动合同法》对非全日制用工合同的期限问题没有明确规定。一般来说，非全日制用工合同的期限应当由非全日制用工合同的双方当事人通过自由协商予以确定，没有约定的，视为不定期。同时，即使双方当事人在合同中约定了合同期限，非全日制用工双方当事人任何一方都可以随时通知对方终止用工。此外，《劳动合同法》第七十条规定："非全日制用工双方当事人不得约定试用期。"一般来说，非全日制用工的劳动者大多从事辅助性、临时性的工作，这些工作相对简单，同时在实践中，如果用人单位不认可非全日制用工的劳动者的工作，可以依照法律的规定，随时通知对方终止用工劳动合同，因此无需设立试用期来考察劳动者是否能胜任工作。

4. 社会保险

关于非全日制用工的社会保险问题，我国《劳动合同法》对此没有进行规定。可以参照《关于非全日制用工若干问题的意见》（劳社发〔2003〕12 号）中的相关规定执行。一般来说，在养老保险方面，从事非全日制工作的劳动者应当参加基本养老保险，原则上参照个体工商户的参保办法执行。符合退休条件时，按国家规定计发基本养老金。在基本医疗保险方面，从事非全日制工作的劳动者可以以个人身份参加基本医疗保险，并按照待遇水平与缴费水平相挂钩的原则，享受相应的基本医疗保险待遇。参加基本医疗保险的具体办法由各地劳动保障部门研究制定。在工伤保险方面，用人单位应当按照国家有关规定为建立劳动关系的非全日制劳动者缴纳工伤保险费。从事非全日制工作的劳动者发生工伤，依法享受工伤保险待遇；被鉴定为伤残 5 ～ 10 级的，经劳动者与用人单位协商一致，可以一次性结算伤残待遇及有关费用。

案例 2.7　该公司非全日制用工合法吗？

案例展示：广州某连锁公司属下分店，因业务性质需要，雇用了几名兼职人员，该店与员工签订的有些是劳动合同，有些是一份兼职协议，有些就口头约定。排班基本和其他正式员工一样，工资标准也与其他员工一致，时薪为 8 元/小时（当地非全日制用工最低工资为 10.6 元/小时），只是没有相关的保险，这些条件也是与当事员工协商双方都认可的。

分析提示：该公司兼职人员的排班时间以及工资标准与其他员工一样，因此应视为全日制用工，应签订劳动合同，并购买社保。

（案例作者：真功夫餐饮服务有限公司人力资源经理石军辉）

（三）非全日制用工的终止

我国《劳动合同法》第七十一条规定："非全日制用工双方当事人任何一方都可以随时通知对方终止用工。终止用工，用人单位不向劳动者支付经济补偿。"据此，在非全日制用工合同终止时，无论是双方协商一致终止合同的，或一方随时通知对方终止合同的，也不论是用人单位率先提出终止合同的，用人单位均不需向劳动者支付经济补偿金。

（四）非全日制用工的管理

非全日制用工是劳动用工制度的一种重要形式，是灵活就业的主要方式。各级劳动保障部门要高度重视，从有利于维护非全日制劳动者的权益、有利于促进灵活就业、有利于规范非全日制用工的劳动关系出发，结合本地实际，制定相应的政策措施。要在劳动关系建立、工资支付、劳动争议处理等方面为非全日制用工提供政策指导和服务。

各级劳动保障部门要切实加强劳动保障监察执法工作，对用人单位不按照本意见要求订立劳动合同、低于最低小时工资标准支付工资以及拖欠克扣工资的行为，应当严肃查处，维护从事非全日制工作劳动者的合法权益。各级社会保险经办机构要为非全日制劳动者参保缴费提供便利条件，开设专门窗口，可以采取按月、季或半年缴费的办法，及时为非全日制劳动者办理社会保险关系及个人账户的接续和转移手续；按规定发放社会保险缴费对账单，及时支付各项社会保险待遇，维护他们的社会保险权益。

工作示范

非全日制用工劳动合同范本

甲方（用人单位）名称：________ 乙方（劳动者）姓名：________

地址：____________ 性别：____________

性质：____________ 出生年月：____________

法定代表人（委托代理人）：______ 家庭住址：______

通讯地址：____________ 居民身份证号码：____________

甲乙双方在平等自愿、协商一致的基础上，同意订立本劳动合同，共同遵守本合同所列条款。

一、劳动合同期限和工作内容

第一条　本合同自________年______月______日起至______年______月______日止。期限为________年（月）。

第二条　根据甲方工作需要，乙方同意担任____________岗位（工种）工作。经甲、乙双方协商同意，可以变更工作岗位（工种）。

第三条　乙方应按照甲方的要求，按时完成规定的工作数量，达到规定的质量标准。

二、工作时间

第四条　乙方累计每周工作时间不超过24个小时，具体日工作时间由甲乙双方约定。

三、劳动保护和劳动条件

第五条　甲方要严格执行国家和省有关劳动保护的法律、法规和规章制度，为乙方提供必要的劳动条件和劳动工具及劳动保护用品，制定操作规程、工作规范和劳动安全卫生制度及其标准。

第六条　甲方有义务负责对乙方进行政治思想、职业道德、业务技术、劳动安全卫生及有关规章制度的教育和培训。

第七条　甲方安排乙方从事技术工作岗位的，乙方应持证上岗。

第八条　乙方有权拒绝甲方的违章指挥，对甲方漠视乙方安全健康和不道德的行为，有权提出批评并向有关部门检举控告。

四、劳动报酬

第九条　乙方的小时工资标准为________元（不得低于当地政府颁布的小时最低工资标准）。

第十条　甲方每周星期________以法定货币形式足额支付乙方工资。

第十一条　甲方安排乙方在法定休假日安排乙方工作的，支付不低于乙方小时工资标准300%的工资报酬。

五、社会保险待遇

第十二条　甲方支付的小时工资中已包含其应缴纳的基本养老保险、基本医疗保险费用。乙方可依照国家和地方有关规定自主参加基本养老、基本医疗保险。

第十三条　甲方依照国家和地方规定，为乙方办理工伤保险和缴纳工伤保险费，乙方在合同期内因工负伤享受工伤保险待遇。

第十四条　乙方患职业病或因工负伤的相关待遇按国家和地方有关规定执行。

六、劳动纪律

第十五条　甲方依法制定的各项规章制度应向乙方公示。

第十六条　乙方应遵守甲方制定的规章制度；严格遵守劳动安全卫生、生产工艺、操作规程和工作规范；爱护甲方的财产，遵守职业道德；积极参加甲方组织的培训，提高思想觉悟和职业技能。

第十七条　乙方违反劳动纪律，甲方可以解除本合同。

七、劳动合同的变更、解除、终止、续订

第十八条　甲乙双方在任何情况下可以解除劳动合同，但必须提前________天以书面形式通知对方。

第十九条　本合同期满，劳动合同即终止。甲乙双方经协商同意，可以续订劳动合同。

第二十条　本合同期满后，未办理终止劳动合同手续仍存在劳动关系，双方应及时办理劳动合同终止或延续手续。

八、经济补偿与赔偿

第二十一条　甲方克扣或者无故拖欠乙方工资的，以及拒不支付乙方延长工作时间工资报酬的，除在规定的时间内全额支付乙方工资报酬外，还需加发相当于工资报酬百分之二十五的经济补偿金。

第二十二条　甲方支付乙方的工资报酬低于当地最低小时工资标准的，要在补足低于标准部分的同时，另外支付相当于低于部分百分之二十五的经济补偿金。

第二十三条　乙方违反规定或本合同的约定解除本合同，给对甲方造成直接经济损失的，乙方应按国家和省有关规定给予赔偿。

第二十四条　因甲乙任何一方的过错造成合同不能完全履行，由过错方承担违约责任，向对方支付违约金或损失赔偿金________元。

九、违反劳动合同的责任

____

____

十、双方约定的其他事项

____

____

十一、劳动争议处理

第二十七条　因履行本合同发生的劳动争议，当事人一方要求仲裁的，应当自劳动争议发生之日起六十日内向劳动争议仲裁委员会申请仲裁。当事人一方也可以直接向劳动争议仲裁委员会申请仲裁，对仲裁裁决不服的，可以向人民法院提起诉讼。

第二十八条　本合同未尽事宜，双方可另协商解决；与今后国家法律、行政法规有关规定相悖的，按有关规定执行。

第二十九条　本合同一式两份，甲乙双方各执一份。

（特别提示：以上条款内容甲乙双方在签署本合同前，均应事先仔细阅读，并详细了解本合同以及附件内容，双方签字后即行生效。）

甲方：（盖章）　　　　　　　　　　　　　　乙方：（签名）
法定代表人或
（委托代理人）：（签名）
年　　月　　日　　　　　　　　　　　　　　年　　月　　日

三、非全日制用工争议的处理

从事非全日制工作的劳动者与用人单位因履行劳动合同引发的劳动争议，可以按照国家劳动争议处理规定执行。但是，需要注意的是劳动者直接向其他家庭或个人提供非全日制劳动的，当事人双方发生的争议不适用劳动争议处理规定。下面通过案例介绍如何处理常见的非全日制用工争议。

（一）劳动合同问题

案例2.8　非全日制用工劳动合同的订立

案例展示：晓玲是一位20岁的女孩，高中毕业后，通过各种途径一直在找工作，至今也没找到一份正式的工作。几天前，晓玲在一家餐厅找到了一份非全日制的工作。

晓玲与餐厅协商后，双方口头约定：晓玲每天的工作时间为三个小时：上午10：00至下午1：00；工资为每小时六元；工作内容为打扫餐桌及地面的卫生。餐厅经理还答应晓玲，如果表现出色，她还可以每月另外拿到奖金。

半个月后的一个晚上，晓玲的母亲在家里向晓玲询问她在餐厅的工作情况时，想看一看晓玲与餐厅签订的劳动合同。“餐厅没跟我签订书面劳动合同，我们只是口头达成了一个协议。”晓玲解释道。“这怎么行呀，《劳动法》规定，单位必须与劳动者签订书面劳动合同，餐厅没跟你签订书面劳动合同是违法的。”母亲严肃地说道，“你明天赶紧要求餐厅跟你补签书面劳动合同。”

晓玲母亲的说法正确吗？

（资料来源：学好用好《劳动合同法》，左祥琦，北京，北京大学出版社，2008）

分析提示：根据《劳动合同法》第六十九条规定：“非全日制用工双方当事人可以订立口头协议。”也就是说，订立非全日制劳动合同可以采用书面形式，也可以采用口头形式。案例中的餐厅与晓玲之间建立的是非全日制劳动合同关系，双方采用口头形式订立劳动合同是合法的。晓玲的母亲将非全日制劳动合同混同为全日制劳动合同，要求餐厅必须与晓玲签订书面劳动合同的说法是错误的。

（二）劳动报酬问题

案例2.9　非全日制用工劳动报酬的规定

案例展示：郭某来到某食品加工公司从事非全日制工作，签订的非全日制合同中规定，每天的工作时间为3小时，每小时的工资为6元。郭某工作三个多星期后，因有另一用人单位承诺把他录用为全日制员工，郭某十分高兴，马上向食品加工公司提出辞职，准备终止与该公司的非全日制劳动合同后，前往新的用工单位报到，成为该单位的一名全日制员工。

郭某在食品加工公司办完了所有离职手续，并提出让公司给自己结清这三个星期的工资。经理对郭某说：“你在我们这里工作都不满一个月，还要什么工资呀？

按公司规定，凡工作不满一个月的员工，一律不能享受任何工资待遇。”

“你们这规定太不合理了！”听了经理的话，郭某气愤地说道，“我的工资是按小时计算的，别说我已经干了三个多星期，就是只干一个小时，你们也得支付我一小时的工资，否则，我就去劳动监察大队告你们。”

经理一看郭某动真格的了，赶紧让财务人员给他结清了工资。郭某拿到工作后，愤怒的情绪得到了平息。但在回家的路上，郭某碰到一位律师朋友，郭某把自己的遭遇跟律师说了一下。律师告诉他，食品加工公司虽然向他支付了工资，但由于当地政府规定的小时最低工资标准是7.9元，比公司给郭某的每小时6元高1.9元，因此公司支付给他的工资标准是违法的，同时公司支付工资的周期也违反了《劳动合同法》的有关规定。听了律师的这番话后，郭某真动怒了：“他们简直欺人太甚，我马上就去劳动监察大队告他们去！”

（资料来源：学好用好《劳动合同法》，左祥琦，北京，北京大学出版社，2008）

分析提示：根据《劳动合同法》第七十二条规定：“非全日制用工小时计酬标准不得低于用人单位所在地人民政府规定的最低小时工资标准。”本案中食品加工公司由于向郭某支付的小时工资6元低于当地政府规定的小时最低工资标准是7.9元。违反国家的《最低工资规定》，因此劳动监察大队应责令其限期补发所欠郭某的工资差额，并可责令其按所欠工资的1至5倍支付劳动者赔偿金。

另外，根据《劳动合同法》关于“非全日制用工劳动报酬结算周期最长不得超过十五日”的规定，公司在郭某已经为其工作三个多星期后，还没发过一次工资的行为也是违法的。劳动保障行政部门责令其整改并给予相应的处罚是很有必要的。

（三）工伤问题

案例2.10　非全日制用工工伤处理

高某于2009年5月到苍山县某公司应聘非全日制用工，双方达成口头协议，高某担任该公司投递员，负责报纸的征订及投递工作。2009年12月10日，高某在一次投递过程中发生交通事故，伤后，高某要求该公司承担工伤保险责任，该公司却以双方没有书面合同，故不存在劳动关系为由予以拒绝。高某不服，遂到当地劳动争议仲裁委员会提起申诉。

（资料来源：http：//www. labour－daily. cn）

分析提示：根据《劳动合同法》第六十九条规定：“非全日制用工双方当事人可以订立口头协议”。另外，根据《关于非全日制用工若干问题的意见》（劳社发［2003］12号）中的相关规定：“用人单位应当按照国家有关规定为建立劳动关系的非全日制劳动者缴纳工伤保险费。从事非全日制工作的劳动者发生工伤，依法享受工伤保险待遇；被鉴定为伤残5～10级的，经劳动者与用人单位协商一致，可以一次性结算伤残待遇及有关费用。”本案中，高某作为公司的职工，提供了劳动，双方已形成事实劳动关系，其在工作中发生交通事故，属于工伤，故高某应享受工伤保险待遇。经仲裁委调解，该公司一次性支付给高某工伤待遇4万元。

（四）多重劳动关系发生冲突

案例2.11 多重劳动关系冲突

袁恒是理工大学电子计算机专业的硕士研究生。2008年4月研究生毕业后，袁恒与霞飞公司签订为期3年的劳动合同，担任公司的网络游戏设计师，每天至少到公司工作3小时，其他时间可以自由安排，每月工资2 000元，但是袁恒每年至少要为公司设计两套游戏，并能投入运用。如袁恒不能完成上述工作任务，需要向公司承担违约责任。此后不久，袁恒又与茂源商务公司签订一份劳动合同，袁恒受聘担任茂源商务公司网络产品开发部的副主任，每月须到公司对其员工进行业务指导20小时，对公司的网络产品进行审查、检验并提出修改意见等。但不需要每天都来公司报到上班。为此，茂源商务公司按月向袁恒支付报酬，每月报酬3000元。后因茂源商务公司网络产品出现了问题，袁恒只得全力以赴进行处理，导致其不能按照劳动合同的约定到霞飞公司上班，年底时也仅仅开发出一套游戏。对此，霞飞公司以袁恒和茂源商公司为被申请人，向当地劳动争议仲裁委员会提出仲裁，要求其赔偿自己的损失。请问霞飞公司的请求是否合法？为什么？

（资料来源：《劳动合同法最新理论与实务》，邹杨　丁玉梅，大连：东北财经大学出版社，2009）

分析提示：《劳动合同法》第六十八条规定：“非全日制用工，是指以小时为计酬为主，劳动者在同一用人单位一般平均每日工作时间不超过四小时，每周工作时间累计不超过二十四小时的用工形式。”本案中袁恒与霞飞公司和茂源商务公司签订的两份劳动合同都属于非全日制用工劳动合同，两份劳动合同在订立的条件、程序、内容等方面均无违法行为，因此具有相应的法律效力。但是，《劳动合同法》第六十九条第二款规定：“从事非全日制用工的劳动者可以与一个或一个以上用人单位订立劳动合同；但是，后订立的劳动合同不得影响先订立的劳动合同的履行。”据此，虽然劳动者可以与两个或两个以上用人单位订立劳动合同，但在劳动合同的履行方面，不得有任何冲突。本案中，袁恒与茂源商务公司之间后订立的劳动合同的履行已经实际影响到袁恒与霞飞公司先订立的劳动合同的履行，显然损害了霞飞公司的利益。在此情况下，霞飞公司为了维护自己的合法权益，有权要求袁恒承担损害赔偿责任，茂源商务公司对此也应当承担连带责任。

工作示范

方维生在一家老牌肥皂厂工作近20年，因该肥皂厂生产经营技术落后，再加上管理人员思想僵硬，最后终究难逃破产的命运。方维生也自然而然地下岗失业在家，正愁生活无着落时，方维生所在的街道办事处获知方维生的处境后，积极对外联系，给方维生介绍工作，最后联系了当地一家装潢公司。2009年，方维生与这家装潢公司签订了一份非全日制用工合同，其大致内容为：公司聘方维生为保洁员，每天工作5小时，1小时10元，一周工作6天，合同期为1年，试用期为1个月，工资每月20日发放。试问：本案中非全日制用工合同是否合法？为什么？该如何处理？

案例点评：本案中非全日制用工合同的内容存在着诸多不合法的地方，这主要体现在：(1) 工作时间不符合法律的规定。根据《劳动合同法》第六十八条规定："非全日制用工是指以小时计酬为主，劳动者在同一用人单位一般平均每日工作时间不超过4小时，每周工作时间累计不超过24小时的用工形式。"本案中所谓的"非全日制用工劳动合同"约定了方维生每天工作5小时，每周工作30小时，已经远远超过法律规定的非全日制工人的工作时间上限。(2) 试用期的约定违法。《劳动合同法》第七十条规定："非全日制用工双方当事人不得约定试用期。"据此，本案中关于试用期的约定是违法的。(3) 工资发放不符合规定。根据《劳动合同法》第七十二条第二款规定："非全日制用工劳动报酬结算支付周期最长不得超过15日。"本案中装潢公司与方维生约定工资发放固定为每月20日，已经超过非全日制用工的劳动报酬结算支付周期最长不得超过15日的规定。综上所述，本案中装潢公司与方维生之间签订的所谓"非全日制用工劳动合同"已经名存实亡了，应当认定为全日制用工合同。

考证训练

一、单项选择题

1. 集体合同在履行过程中，(　　) 应承担更多的监督检查责任，也可以与企业协商，建立集体合同履行的联合监督检查制度。

A. 企业上级主管部门　　B. 企业工会

C. 企业各级领导　　D. 企业法定代表人

2. (　　) 是集体合同与劳动合同的重要区别之一。

A. 功能不同　　B. 维护职工合法权益

C. 协调劳动关系　　D. 加强企业民主管理

3. (　　) 是劳动关系双方就企业生产经营与职工利益的事务进行商讨、沟通，相互理解和合作，并达成一定协议的活动。

A. 集体协商制度　　B. 集体协商
C. 劳动争议处理　　D. 平等协商

4. 根据劳动法的规定，(　　) 由工会代表职工与企业签订，没有成立工会组织的，由职工代表与企业签订。

A. 劳动合同　　B. 专项协议
C. 集体协议　　D. 集体合同

5. 以下关于集体合同的说法不正确的是（　　）。

A. 集体合同规定了企业的最低劳动标准
B. 集体合同文本须提交政府劳动行政部门审核
C. 集体合同的目的是确立劳动者和企业的劳动关系
D. 集体合同以全体劳动者共同权利和义务作为内容

二、多项选择题

1. 订立集体合同应遵循的原则包括（　　）。

A. 平等自愿　　B. 平等合作
C. 协商一致　　D. 内容合法
E. 兼顾所有者、经营者和劳动者利益原则

2. 雇员参与民主管理的形式包括（　　）。

A. 职工大会　　B. 岗位参与
C. 质量小组　　D. 政策参与
E. 合理化建议

3. 集体合同与劳动合同的区别体现在（　　）。

A. 功能不同　　B. 主体不同
C. 内容不同　　D. 法律效力不同
E. 集体合同必须采用书面形式，劳动合同可以不采用书面形式

4. 集体合同在协调劳动关系中的重要作用包括（　　）。

A. 有利于企业约束员工　　B. 加强企业的民主管理
C. 有利于协调劳动关系　　D. 维护职工的合法权益
E. 弥补劳动法律法规的不足

5. 下列关于集体合同的说法正确的有（　　）。

A. 集体合同为法定要式合同
B. 集体合同应以书面形式订立
C. 集体合同可以分为主体和附件
D. 口头形式的集体合同也具有法律效力
E. 我国法定集体合同的附件主要是工资协议

三、案例分析题

2006 年 3 月 10 日振兴公司与公司工会推选出的协商代表经过集体协商，签订了一份集体合同草案，双方首席代表签字后，该草案经 80% 的职工代表通过。其中，关于工资和劳动时间条款规定：公司所有员工每月工资不得低于 1 300 元，每天工作 8 小时。同年 3 月 17 日振兴公司将集体合同文本及说明材料报送当地劳动和社会保障局登记、审查、备案，劳动和社会保障局在 15 日内未提出异议。所以，2006 年 4 月 2 日，振兴公司和工会以适当的方式向各自代表的成员公布了集体合同。

2006 年 5 月，刘某应聘于振兴公司，公司于当年 5 月 18 日与刘某签订了为期 2 年的劳动合同，合同规定其每月工资 1 000 元，每天只需工作 6 小时。1 个多月后，刘某在与同事聊天时偶然得知公司与工会签订了集体合同，约定员工每月工资不得低于 1 300 元。刘某认为自己的工资标准低于集体合同的约定，于是与公司交涉，要求提高工资，但公司始终不同意，刘某不服，于 2006 年 7 月中旬，向当地劳动争议仲裁委员会提起申诉，要求振兴公司按照集体合同规定的月工资标准 1 300元履行劳动合同，并补足 2006 年 5 月至 2006 年 7 月低于集体合同约定的月工资标准部分的劳动报酬。

如果您是当地劳动争议仲裁人员，您如何进行裁决？

学习情境三　社会保险管理

能力目标

☆ 能够进行社会保险日常业务的办理；
☆ 熟练掌握社会保险缴费的计算；
☆ 具备核算社会保险待遇的能力；
☆ 具备熟练解释社会保险政策的能力。

知识目标

☆ 熟悉社会保险日常业务的办理流程与注意事项；
☆ 掌握社会保险五险一金的缴费费率与计算方法；
☆ 熟悉社会保险待遇的结算标准。

任务1　社会保险日常业务的办理

【任务名称】

办理社会保险日常业务。

【任务情境】

广州天河区××公司是一个新成立不久的网络科技有限责任公司，公司正向正规化方向发展。小李是公司人力资源部门的一名职员，一天人事经理出差，经理交代等他回来将进行公司参保登记，叫小李准备好参保登记的全部材料。小李摸不着头脑到底要准备哪些材料。于是小李便到“广州市社会保险基金管理中心”的网站 http：//www. gzlm. net/sbjjzx/guide10. htm 上了解需要准备的材料，认真阅读需要准备的事项，并作好了笔记。

××公司有关信息如下：广州××网络科技有限责任公司；组织机构代码：696901××－×；登记证编码：2009 17338××；电话 020－82311××；单位地址：广州市天河区中山大道中路××号；邮编：510660；执照类型：企业法人营业执照；执照号码：4401060000766××；发照日期：2009年10月20日；有效期限：

2019年10月29日；法定代表人：倪××；法定代表人身份证号：3526011977082000××；电话：020－823111××；缴费负责人：郑××；所在部门：财务部；电话：823111××；单位类型：有限责任公司；开户银行与行号：中国工商银行广州花城支行；户名：广州××网络科技有限公司；银行账号：360202850920076××××；经营范围：计算机技术开发、技术咨询、技术服务、技术转让；计算机网络设计；计算机系统集成技术服务（计算机信息系统集成除外）；计算机软硬件的开发、销售（电子出版物除外）；所有制性质：私有的有限责任公司；缴费中心：天河区社保中心。

【任务要求】

1. 如果你是小李，请按照他的方法查询所需要准备的材料，列明清单，并记下办理流程；

2. 请根据任务信息填写“知识链接”部分的社会保险登记表；

3. 小李本人还未向社保经办机构办理社保手续，如果你是小李，应该准备哪些材料和提供哪些信息？

4. 请讨论公司将来可能需要前往社保经办机构办理哪些业务。

知识链接

凡是依法参加社会保险，缴纳社会保险费的单位都应该按照《社会保险费征缴暂行条例》（以下简称《征缴条例》），在规定的期限内到所在地社会保险经办机构进行社会保险登记。社会保险登记包括参保登记、变更登记、注销登记等内容。

实行社会保险登记，为确保应参保单位参加社会保险、扩大社会保险覆盖面提供了有利的手段。在办理社会保险登记时，用人单位要提供必需的证件资料，以便社会保险经办机构能够正确记录参保单位和个人的缴费情况，为个人建立基本养老保险和基本医疗保险的个人账户，并定期向个人发放个人账户对账单。通过社会保险登记，社会保险经办机构可以与工商、税务部门核查没有参保的单位和个人。社会保险登记也是维护职工社会保险权益的重要手段。参加社会保险的单位应向职工告知本单位已参加社会保险的各项情况。

案例3.1　高薪不能代替保险

案例展示：某一从事计算机软件开发的外商独资公司，高薪聘用了一位博士毕业生赵某，担任副总经理。当时，公司董事长在谈到工资待遇时，对赵博士说：“董事会给你定的月薪为一万两千元。不过，我们是一家外资公司，之所以工资定得这么高，是因为除了工资以外，再没有其他福利待遇了。像什么医药费报销、养老等问题都得自己解决，公司概不负责。”听了董事长这番话，赵博士心里盘算开了：“这个公司给我的工资的确是够多的，可就是将来万一得了什么大病，或者老了怎么办呢?”但他转念又一想：“我刚 30 多岁，一般也不会有什么大病，至于养老问题，现在考虑还为时过早。倒不如趁年轻多挣些钱，实惠。”

工作以后，赵博士为了解除自己的后顾之忧，每月从工资中拿出一千元，向保险公司投了一份养老保险。这样一来，他在这家公司工作，倒也觉得踏实多了。

几个月后，由于赵博士与董事长在公司的经营管理等重大问题上，产生了分歧，被董事长“炒了鱿鱼”。赵博士不服，双方为此吵到了劳动争议仲裁委员会。

在劳动争议仲裁委员会，赵博士同时又提出了公司未给他缴纳养老保险的问题，他认为，这也是侵犯他合法权益的行为。但公司董事长抗辩道：“不为你缴纳养老保险，是事先跟你讲好的。你要是不同意，当时可以不干嘛。你既然干了，就说明咱们的协议已经达成，你现在无权反悔。再说，你不是自己已经向保险公司投了养老保险了吗?”

请问：公司是否有权不为赵博士缴纳养老保险?

分析提示：养老保险是国家为了保障职工退休后的基本生活，而建立的一种社会保障制度，也是社会保险的一种。《劳动法》规定：“国家发展社会保险事业，建立社会保险制度，设立社会保险基金，使劳动者在年老等情况下获得帮助和补偿。”劳动法规定的这种社会保险，不同于保险公司的商业保险，主要区别在于：①前者是在与用人单位发生劳动关系时，劳动者应享有的权利，但后者却不是；②前者是强制性的，即企业和劳动者必须依法参加，而后者是自愿性的，即是否参加，完全凭企业或劳动者自愿。所以，赵博士自己向保险公司投保的养老保险，不能代替社会保险中的养老保险。

本案中，能否因为赵博士当初默许同意公司不参加养老保险，就可以免除公司的责任了呢？不能。因为《劳动法》第七十二条中规定：“用人单位和劳动者必须依法参加社会保险，缴纳社会保险费。”这说明，参加社会保险、缴纳社会保险费不光是用人单位的义务，也是劳动者的义务。它是用人单位和劳动者的共同义务。对于劳动者的权利，劳动者当然可以放弃，但是对于义务，就必须履行，他无权放弃。因此，即使劳动者不想参加社会保险也是不行的。

综上，可以看出，该外资公司以高薪来取代职工的养老保险，是违反法律规定的。它不光应该依法为职工缴纳养老保险，还应该同时缴纳失业、大病医疗等政府规定的社会保险。只有这样，才能保障职工的合法权益，并免受因违法而带来的制裁。

一、社会保险登记

（一）社会保险登记对象

国家法律法规规定的参保对象即为社会保险登记的对象。根据《征缴条例》的规定，应参加社会保险的单位，无论参加一项保险，还是参加多项保险，都必须办理社会保险登记，领取社会保险登记证。参保对象具体包括：

（1）基本养老保险登记对象。国有企业、城镇集体企业、外商投资企业、城镇私营企业、其他城镇企业以及实行企业化管理的事业单位，都是应缴纳基本养老保险费的单位，都应办理社会保险登记。省、自治区、直辖市人民政府根据当地实际情况将城镇个体工商户纳入基本养老保险范围的，城镇个体工商户也应办理参加登记。

（2）基本医疗保险登记对象。国有企业、外商投资企业、城镇私营企业和其他城镇企业、国家机关、事业单位、民办非企业单位、社会团体等都应参加基本医疗保险，办理社会保险登记。按照省、自治区、直辖市人民政府规定，应参加基本医疗保险的城镇个体工商户也应办理社会保险登记。

（3）失业保险登记对象。国有企业、城镇集体企业、外商投资企业、城镇私营企业和其他城镇企业均应参加失业保险，办理社会保险登记。省、自治区、直辖市人民政府根据当地情况，将社会团体及其专职人员、民办非企业类单位及其职工以及有雇工的城镇个体工商户及其雇工纳入失业保险范围的应当参保单位也应办理失业保险登记。

（4）工伤保险登记对象。《工伤保险条例》规定，各类企业、有雇工的个体工商户都应参加工伤保险。因此也要办理社会保险登记。

（5）生育保险登记对象。《企业职工生育保险试行办法》规定，城镇各类企业都应参加生育保险，也应办理社会保险登记。

参保单位只在一个社会保险经办机构办理社会保险登记，几项保险只进行一次登记。登记后又参加某项社会保险的，只在原登记中说明，不必另外办理登记。

案例 3.2　　身份证重号无法办保险员工有责

2008 年 6 月，来自外省的任小姐来到上海某科技公司工作，次月公司来到外来从业人员综合保险部门准备为她办理综合保险。不料，奇怪的一幕发生了，当工作人员输入任小姐×××02419790901××××的身份证号时，竟然显示有两张同号的身份证号，只是姓名不同而已。

身份证同号，任小姐的信息无法录入，公司于是没有为她缴纳综合保险。并于 4 个月后，告知任小姐，她的身份证号码与一名姓方的小姐的身份证号码相同。该身份证号已由方小姐所在单位缴纳了综合保险。

为什么会有两张同号身份证？任小姐恍然大悟，印象中自己确实有这么个老乡，但她不信竟然那么巧。一番辗转后，她找到了方小姐，原来，两人是同村人，出生年月一样，只是方小姐比她小了6天。

原来10年前，她们先后在当地办理身份证，由于方小姐的出生证字迹潦草，办证人员把“7”日看成了“1”日。

遇车祸公司拒付款

2008年年底的一天，任小姐骑车上班途中被一辆摩托车刮倒受伤、骨折，肇事司机逃逸。任小姐住院治疗3个多月共花费医疗费2.1万余元，按照规定，其中5400余元应当由公司支付。

然而，公司却认为，自己本来准备为其进行综合保险登记，但因两张身份证号码相同而无法缴纳。事后公司也通知了任小姐处理同号身份证，但迟迟没有办理，因此赔偿责任与公司无关，任小姐应负全责。

但是，任小姐却不认同这种说法，她认为公司在4个多月后才告知这样的结果，导致时间拖延无法享受综合保险，应当由公司承担全部补偿。

2009年3月任小姐申请仲裁，经劳动仲裁委裁决，公司需支付任小姐医疗费5400余元。公司不服，诉至法院。

法院判各担责50%

法院认为，由于公司没有替任小姐缴纳外来从业人员保险，致使任小姐无法享受其应有的住院医疗待遇，这部分损失理应由公司承担。但根据事实，未能缴纳系案外人与任小姐同一身份证号码所致，双方对综合保险未能缴纳这一结果的产生均无过错，由于任小姐确实产生了实际经济损失，根据公平原则，法院确定由公司酌情承担50%的赔偿责任。

在任小姐发生事故后的1个月以后，方小姐也回到了家乡当地派出所开具了公民身份证号码出错更正证明。

次月，外地劳动力管理所将方小姐原身份证号码名下的综合保险，划入到新的身份证号码名下。

（案例来源：http：//www. ldzc. com）

（二）社会保险登记主管部门

社会保险登记是维护社会保险的严肃性、强制性的有力手段，是社会保险经办机构掌握参保单位和个人有关基础信息的主要途径。通过社会保险登记，社会保险经办机构可以建立参保单位和参保个人的基础数据档案，为参保单位和参保个人建立缴费记录，记录相关保险的个人账户的缴费年限等工作做好准备。县级以上劳动保险行政部门的社会保险经办机构主管本行政区域内的社会保险登记事宜。

（三）社会保险登记程序

1. 用人单位办理社会保险登记的一般要经过以下程序。

（1）用人单位提供依法设立时取得的成立资格证书或证明文件。各类企业要经过工商登记领取工商营业执照；机关、事业单位和社会团体要取得有关机关的批准成立文件。

（2）填写社会保险登记表，申请办理社会保险登记。社会保险登记表的样式和事项由人力资源和社会保障部统一规定，由各地印制。

（3）用人单位办理社会保险登记除填写社会保险登记表外，还要出示以下证件和资料：

① 营业执照、批准成立证件或其他核准的执业证件。经工商行政管理部门注册登记设立或准予经营的参保单位，要出示和提供工商执照；其他参保单位，如政府机关、事业单位、社会团体等，要出示和提供有关机关批准成立的文件、证件和资料。

② 组织机构统一代码证书。

③ 省、自治区、直辖市社会保险经办机构规定的其他证件和资料。

2. 以个人身份参加社会保险的人员，要填写参加社会保险人员情况表，并提供身份证件和户口簿等相关证件和资料。

3. 社会保险经办机构受理社会保险登记申请。对准确、完整、无误地填写社会保险登记表并能提供相关证件和资料的申请，社会保险经办机构要及时予以受理。

4. 社会保险经办机构审核参保单位和参保人员填写的社会保险登记表、有关证件和资料。

5. 社会保险经办机构颁发社会保险登记证和参保证明。社保经办机构在受理之日起10个工作日内审核完毕；审核通过的为其确定社会保险登记证编码，建立社会保险登记档案和参保人员基本信息。向单位核发社会保险登记证，向个体参保人员核发参保证明。

（四）社会保险登记的属地原则

用人单位登记地点的确定一般以其住所（地址）所在地为原则，到其住所（地址）所在地的社会保险经办机构办理社会保险登记。

用人单位具有异地分支机构的，分支机构原则上应作为独立的参保单位，向其所在地的社会保险经办机构单独申请办理社会保险登记。之所以这样要求，是考虑到目前各地区的统筹层次不一，不同统筹地区之间社会保险缴费比例和待遇标准也不同。因此，异地分支机构一般只能作为独立的参保单位参加当地的社会保险。

（五）社会保险登记表的主要内容

社会保险登记表的主要内容包括：单位名称和单位地址、工商登记信息或批准成立信息、法定代表人或负责人信息、开户银行及账号、参加险种及时间等，具体内容参考“知识拓展”部分《社会保险登记表》。

二、变更登记

办理变更登记是为了经办机构及时掌握和更新参保单位的有关信息。

（一）变更事由

参保单位可能发生变更的事项包括：①单位名称；②住所或地址；③法定代表人或负责人；④单位类型；⑤组织机构统一代码；⑥主管部门；⑦隶属关系；⑧开户银行及账号；⑨省、自治区、直辖市社会保险经办机构规定的其他事项。

参保单位在以上任一社会保险登记事项发生变更时，都应依法向原社会保险经办机构申请办理变更社会保险登记。

（二）办理时限

需要办理工商变更登记的生产、经营性单位，如各类企业、企业分支机构等，自工商行政管理部门办理变更登记之日起30日内，其他单位，如机关、事业单位、社会团体等，自有关部门批准或宣布变更之日起30日内，持相关证件和资料到原社会保险登记机构办理变更社会保险登记。

（三）所需证件和资料

（1）变更社会保险登记申请书；

（2）营业执照和工商变更登记或有关机关批准或宣布变更证明；

（3）社会保险登记证；

（4）省、自治区、直辖市社会保险经办机构规定的其他资料。

（四）填写变更登记表

申请变更登记的单位提交材料齐全的，由社会保险经办机构发给社会保险变更登记表，并由申请变更登记的单位依法如实填写，经社会保险经办机构审核后，归入参保单位社会保险登记档案。

（五）换发登记证

社会保险登记证实行定期换证制度。当登记证的有效期结束后，参保单位应在规定的期限内办理换证手续。

在社会保险登记证上的登记事项发生变更时，也需要换发新的登记证。具体来说需要换发登记证的变更事项有：（1）单位名称；（2）住所（或地址）；（3）单位类型；（4）法定代表人或负责人；（5）组织机构统一代码。

换发新登记证时，要收回原社会保险登记证。

（六）参保单位合并、分立的变更登记

单位合并，是指两个或两个以上的单位合并为一个单位，分为新设合并和吸收合并。新设合并是指两个或两个以上的单位解散，同时组成一个新的单位。吸收合并是指一个单位存续，另一个或几个单位解散，存续的单位吸收解散的单位。因新

设合并而组建的单位，应办理注销登记。

单位分立是指某个单位分开设立成两个或两个以上的单位，分为两种情况，一种是将原单位解散，在此基础上设立几个单位；另一种是原单位的一部分分立出来，设立另一个单位。因分立而保留的单位，如涉及原登记事项发生变更的，应当办理变更登记；因分立而终止的单位，应当办理注销登记。

三、注销登记

（一）注销事由

参保单位发生解散、破产、撤销、合并以及其他情形，依法终止社会保险缴费义务时，应及时向原社会保险经办机构申请办理注销社会保险登记。

（二）办理时限

（1）需要办理工商注销登记的各类企业及其分支机构等，应当自工商行政管理机关办理注销登记之日起30日内，向原社会保险经办机构申请办理注销社会保险登记。

（2）按照规定不需要在工商行政管理机关办理注销登记的参保单位，如党政机关、社会团体、事业单位等，应当自有关机关批准或宣告终止之日起30天内，向原社会保险经办机构申请办理注销社会保险登记。

（3）被工商行政管理机关吊销营业执照的参保单位，应当自营业执照被吊销之日起30日内，向原社会保险经办机构申请办理注销社会保险登记。

（4）参保单位因生产、经营场所变动或办公地点变动而涉及改变社会保险经办机构的，应当自上述变动发生之日起30日内，向原社会保险经办机构办理注销社会保险登记，并向迁达地社会保险经办机构办理社会保险登记。

（三）所需证件和资料

（1）有关已结清应缴纳的社会保险费、滞纳金、罚款等的证明。

（2）工商注销登记证明、有关法律文书（如人民法院的判决书、裁定书）或其他有关注销文件（如主管机关审查同意的文件、审批机关的批准文件）等。

（3）注销社会保险登记申请。单位办理注销登记时，要填报社会保险注销登记表，经社会保险经办机构核准注销社会保险登记的，要缴销原社会保险登记证件。

工作示范

新成立一公司，具体信息如下，若要参保，应该如何进行信息登记？

北京×××贸易有限责任公司；组织机构代码：800229××－×；登记证编码：1101050151××；电话010－649999××；单位地址：北京市朝阳区××街道

10号；邮编：100009；执照类型：企业法人营业执照；执照号码：11010522512××；发照日期：2009年05月18日；有效期限：2019年05月18日；法定代表人：伍××；法定代表人身份证号：11011051965022132××；电话：010－649999××；缴费负责人：马×；所在部门：财务部；电话：010－649999××；单位类型：有限责任公司；开户银行与行号：工行朝阳区××街道分理处068；户名：北京××贸易有限责任公司；银行账号：805－2481－××；经营范围：销售百货；所有制性质：私有的有限责任公司；缴费中心：朝阳区××社保中心。

任务分析：

1．参保范围的思考：企业和其员工需要参加哪些社会保险？

2．业务关系的思考：企业、个人与社保中心的业务关系是企业与个人要缴纳保险费给社保经办机构，并按照规定享受社保经办机构给予的待遇，它们之间存在着经济上的往来。

3．登记信息的要求：有关企业与员工的基本信息的材料或证明，二者建立经济往来的渠道。

4．登记流程的基本步骤。

5．政策思考：依据北京市养老、失业、医疗、生育和工伤保险的规定，该企业应该参加五险，需要办理社会保险登记证。

6．相关资料的收集与审核：

①企业法人营业执照（副本）；

②组织机构代码证书；

③银行委托书。

知识拓展

资料一：

广州市参保登记、日常业务的办理

一、社会保险业务受理部门

市属以上单位的社会保险业务在广州市社会保险基金管理中心办理，区属单位、自由职业者的社会保险业务在所属区社会保险基金管理中心办理。以下全部统称为“社保经办机构”。

说明：

1．用人单位《工商营业执照》上工商登记注册号对应社保经办机构办理社保业务，详见表3－1：

表3-1 广州市工商登记注册号对应社保经办机构表

工商登记注册号（前六位）	所属社保经办机构
440000、440100、440101、440113、440114、440115	市社保中心
440102、440104	越秀区社保中心
440103、440107	荔湾区社保中心
440105	海珠区社保中心
440111	白云区社保中心
440106	天河区社保中心
440112	黄埔区社保中心
440108	萝岗区社保中心
440117	南沙区社保中心

2. 机关、事业、民办非企业等没有工商营业执照的单位，到所属行政区划对应的社保经办机构办理业务（中央、部队、省属单位的业务到市社保中心办理）。

二、单位社会保险日常业务的办理

（一）新参保单位办理社会保险参保登记手续

用人单位在领取营业执照或获准成立后30天内，先到地税部门办理缴费登记，并在次日起30天内到社保经办机构办理参保登记，核发“社会保险登记证”办理手续时请提供以下资料：

（1）地税部门盖章的“税务（社保缴费）登记表”；

（2）营业执照副本（或批准成立文件）复印件；

（3）“基本存款账户许可证”原件及复印件，或开户银行出具的“核准通知书”原件及复印件；

（4）组织机构统一代码证副本复印件；

（5）地方税务登记证副本复印件；

（6）填写“社会保险登记表”。

（二）单位终止社会保险关系的办理

用人单位发生注销、停业、解散、破产、撤销或其他情形时，须在当月先到地税部门办理注销缴费登记，然后到社会保险经办机构办理注销参保登记手续。需要携带的材料有：

（1）社会保险登记证原件；

（2）地税部门盖章的“注销社会保险缴费登记表”；

（3）办理当月的社会保险费银行托收凭证原件、复印件；

（4）如有欠款，需缴清欠款，并提供“中华人民共和国税收通用缴款书”原件、复印件。

（三）单位参保登记资料变更的办理

用人单位所登记的资料发生变更时，需在当月申报修改，其中，属于地税部门登记的资料发生变更时，到地税部门办理；其他属社保经办机构登记的资料（见表3－2）发生变更时，到社保部门办理。

表3－2　单位参保登记资料变更事项资料表

变更事项	携带材料	备注
账户名称	新开户银行的“核准通知书”原件及复印件	银行账号信息供社保待遇发放所使用
开户银行		
行号		
银行账号		

除上述资料外，单位还需填写“参保单位基本资料变更登记表”一式两份。

（四）建筑施工企业工伤保险期限的变更

如果建设工程项目当月修改工程期限且无追加工程造价的，须于当月月底前，前往所属社保经办机构办理工伤保险期限的变更手续。办理时需提供以下资料：

（1）社会保险登记证原件；

（2）修改工程期限的凭证原件及复印件一份；

（3）单位申请报告一份；

（4）由单位盖章确认的“建筑施工企业基本资料变更登记表”一式两份。

说明：对于建设工程项目工程期限变更且有追加工程造价的，请参保单位到地税部门进行变更修改。

（五）社会保险登记证有关业务

1．新参保单位领取社会保险登记证

新参保单位办理好社会保险登记手续后，将由社会保险经办机构发放社会保险登记证。参保单位今后办理所有社会保险业务，均需携带社会保险登记证原件。

2．社会保险登记证的遗失补领、到期重发

遗失社会保险登记证的，单位需提供书面申请，陈述遗失经过，向所属的社会保险经办机构申请补发。

社会保险登记证到期需要换领新证的，单位需持原证，在办理社会保险登记证年审的同时提出申请，由办理年审机构予以换发。当年年审结束后才到期的，可以继续使用，至下一次社保年审时换发新的社会保险登记证。

3．社会保险登记证的年审

在市社保中心参保的单位在广州市劳动保障监察支队办理；各区社保中心参保的单位在对应的区社保中心或区劳动保障监察支队办理。

年审的具体时间、所需材料以广州市劳动和社会保障局发布的通告为准。

4．社会保险登记证的注销

单位终止社会保险关系的，在办理完终止业务后，由社会保险经办机构收回单位的社会保险登记证，作注销处理。

三、单位人员社会保险日常业务的办理

（一）单位人员增减变动的办理

已参保单位每月人员有变动的，需在每月月底前办理有关手续，并提供以下资料：

1．“广州市劳动用工和社会保险增减员表”电子版及已办理用工备案的打印简化版一式两份。

省属单位退休人员在省社保局核定批准退休后，应及时填写“省属单位参加广州市医疗保险新增退休人员名单”（单位加盖公章），携带省社保局盖章确认的退休人员“养老保险待遇核定表”原件复印件后，前往所属社会保险经办机构办理本单位退休人员的医疗保险增员手续（不需办理用工备案）。

（二）参保人员年度缴费工资的申报

每年的3～5月，用人单位应根据本单位全部参保职工上年度月平均工资收入情况，向社会保险经办机构申报新一年度缴费工资（原则上要求用电子文档方式申报、自助服务区申报和网上申报）。

（三）参保人员个人资料变更的办理

表3－3　广州市参保个人资料变更事项资料表

变更事项	携带材料
姓名	身份证、户口本（原件及复印件一份）
身份证号	身份证、户口本（原件及复印件一份）
出生年月	档案（原件及记录出生年月最早记录的复印件一份），职工个人的申请书及单位审核意见
职工身份	劳动合同（原件及复印件一份），如改变股东身份需股权变更证明（原件及复印件一份）
户口性质	户口本（原件及复印件一份，需复印户口首页及其本人资料所在页）
参加工作日期	“广州市职工连续工龄审核表”原件、复印件
法定退休日期	提前或延迟退休的批文及其复印件一份

除上述资料外，单位还需填写“参保人员个人基本资料变更申请表”一式两份。

（四）参保人员社会保险关系转移的办理

1. 转入

转入广州的基本条件：

（1）具有广州市城镇户籍；

（2）最后在广州市参加养老保险，其中：

① 原为外地户籍现为本市户籍的人员，必须与用人单位建立劳动关系并以用人单位名义参加养老保险。

② 原来就是本市城镇户籍的人员则不论以何种形式在本市参保。

（3）省、市之间，市与番禺、花都、增城、从化之间的社保关系转移按90号文件执行（可在退休前一年内办理）。

① 办理养老或失业保险关系转入，需提供以下资料：

A. 转出地养老保险手册或对账单（如与广州参保重复，请先处理异地重复参保时段的养老保险关系后再行转入）；

B. 本人户口簿、身份证原件及复印件各一份（户口簿复印件需复印首页及本人页）；

C. 转入养老保险关系含1994年1月至1995年12月缴费记录但无缴费基数的，请按穗劳社函〔2007〕885号文的规定须补充：

第一，省外转入本市的，提供转出地所在省统计部门公布的相应时期的在岗职工月平均工资；

第二，省内转入本市的，提供转出地所在市统计部门公布的相应时期的在岗职工月平均工资。

备注：原劳动部办公厅《关于印发（职工基本养老保险个人账户管理暂行办法）的通知》（劳办发〔1997〕116号）已明确养老保险关系转移的内容和要求，若转入养老保险关系中1996年1月1日后的缴费记录无缴费基数或缴费金额，转出地社保经办机构又确实无法提供实际缴费基数的，属转出地不按国家规定办理业务，本市将退回养老保险关系，请转出地按国家规定完善后再行转出。

② 办理广州市行政区内医疗保险关系转入的，需提供以下资料办理：

A. 本人户口簿、身份证原件及复印件一份，户口簿需复印首页与本人页；

B. 转出地（只限于番禺区、花都区、增城市、从化市、广铁集团）开具的“接收参保人医疗保险关系的函”；

C. 转出地提供的“医疗保险缴费历史转出明细表”。

2. 转出

提供以下资料办理：

（1）办理养老或失业保险关系转出，需提供以下资料办理：

A. 接收地劳动和社会保障部门的接收函件；

B. 接收地社会保险机构全称、开户银行、账号；

C. 有“广州市基本养老保险个人账户手册”或“广州市职工劳动手册”的一并提供。

（2）办理广州市行政区内医疗保险关系转出的，需提供以下资料办理：

A. 本人户口簿、身份证原件及复印件一份，户口簿需复印首页与本人页；

B. 接收地（只限于番禺区、花都区、增城市、从化市、广铁集团）社会保险经办机构同意接收医疗保险关系的意见函。

（五）参保人员补缴社会保险费的申办

1. 申报流程

由单位出具书面申请，陈述补缴的事实及理由，填写一式三份的“广州市社会保险费补缴申请表”、“广州市劳动用工和社会保险增减员表”一式两份，连同相关的原始资料，向所属社会保险经办机构申请办理。

2. 相关的原始资料

（1）属原固定工及合同制职工的，应提供职工本人的档案、录用（招工）审批表、历年广州市职工劳动手册等原始资料；

（2）属其他用工形式的，应提供合同书、录用（招工）审批表（或招工表）、历年广州市职工劳动手册（外地户口职工可不提供）等原始资料；

（3）未办理招用工手续，但存在事实劳动关系的，应提供存在事实劳动关系的有效证明材料（如原始工资发放表、考勤表等）

（4）如果要求补缴1998年7月之前的社保费，还应提供户口簿及复印件。

（六）参保人员延长缴费年限的申办

1. 申报流程

单位应在职工达到法定退休年龄前60天内，向所属的社会保险经办机构提出申请。自由职业者由本人向户口所在地社会保险经办机构提出申请。

2. 所需材料

高级专家申办的，须提供专业技术资格证书的原件及复印件，“延续缴费年限申请表”一式三份。

市管干部申办的，须提供市委组织部的任命书原件及复印件，退休时应提供市委组织部的批准退休的文件原件及复印件，“延续缴费年限申请表”一式三份。

自由职业者申办的，须本人提供书面申请，提供户口本原件及复印件，填报“延续缴费年限申请表”一式三份。

（七）参保人员视同缴费年限的录入

需提供广州市职工劳动手册、“广州市职工连续工龄审核表”原件及复印件。

档案在各级劳动保障部门托管而无法提供“广州市职工连续工龄审核表”原件的人员，需提供复印件，复印件需由托管部门加盖公章，注明“与原件相符”，并经托管部门的主管人及经手人签名，用信封密封后加盖骑缝章。

注明：社会保险全部业务所需提供的资料复印件请统一用A4纸。

（资料来源：“广州市社会保险基金管理中心”网站 http：//www. gzlm. net/sbjjzx/guide_ canbaodengji. html）

资料二：

社会保险登记表

单位名称：（公章）________________

组织机构统一代码：________________

原编号（单位代码）：________________

登记证编号：________________

填报日期 ______年______月______日

社会保险登记表填表说明

1. 单位名称和住所（地址），需与工商登记或有关机关批准文件上的单位名称和住所（地址）一致。

2. 需经工商登记、领取工商执照的单位（如各类企业）填写“工商登记执照信息”栏；不经工商登记设立的单位（如机关、事业单位、社会团体等）填写“批准成立信息”栏。

3. 具有法人资格的单位，填写法定代表人有关信息；不具有法人资格的分支机构，填写单位负责人有关信息。

4. 单位类型分四大类：1—企业，2—机关，3—事业单位，4—社会团体。企业要填写详细的企业类型，并与工商营业执照上的填写内容一致；事业单位要填写事业单位类别（如企业化管理的事业单位、非企业化管理的事业单位等）。

5. 隶属关系指企业的所属关系，如中央企业、省属企业等。

6. 有上级主管部门或是分支机构的单位，应填写“主管部门或总机构”栏。

7. 登记证编码由社会保险经办机构填写。缴费单位的社会保险登记申请经审核同意后，由社会保险经办机构赋予登记证编码。

8. “参加险种及日期”栏目，在拟参加险种前打“√”。

缴费单位名称		电话
单位住所（地址）		邮编
工商登记执照信息	执照种类	
	执照号码	
	发照日期	
	有效期限	
批准成立信息	批准单位	
	批准日期	
	批准文号	
法定代表人或负责人	姓名	
	身份证号	
	电话	
缴费单位专管员	姓名	
	所在部门	
	电话	
单位类型		隶属关系
主管部门或总机构		
开户银行		户名
银行基本账号		
组织机构代码		
地税纳税人编码		

参加险种及日期	参加险种（√）		参加日期
		社会养老保险	
		社会失业保险	
		社会工伤保险	
		社会生育保险	
		城镇职工基本医疗保险	
		住院和特殊门诊医疗保险	
		外来从业人员医疗保险	
		补充医疗保险	

备　注	
社会保险经办机构审核意见	经办人（章）　　单位负责人（章）　　社保机构（章）
社会保险登记证编码	

任务2　社会保险缴费

【任务名称】

社会保险费用的征缴。

【任务情境】

即将毕业的你，假如将于2012年在广州参加工作，月工资3 000元，按照目前的缴费标准，你知道参加工作后由单位为你代扣代缴的每月“五险”缴费（即基本养老保险、基本医疗保险、失业保险、工伤保险和生育保险）是多少吗？你自己也应该为这全部五个险种缴费吗?. 分别要缴多少？

【任务要求】

分小组，小组成员完成以下工作：

（1）请查阅广州市社保“五险”缴费（即基本养老保险、基本医疗保险、失业保险、工伤保险和生育保险）缴费费率；

（2）认真阅读缴费费率表并理解各险种的含义，计算每月由单位为你代扣代缴的“五险”缴费和你本人应该分别为这几个险种缴费的数额；

（3）各小组把计算出来的结果向全班同学汇报，看看每个小组计算出来的结果是不是相同？如果不同，是哪个组计算或理解出了问题？哪里出了问题？你对计算出来的结果有什么想法和体会？

知识链接

社会保险的经办主体是国家，社会保险费用是由国家、企业和个人共同承担。

社会保险强调个人缴费，社会保险的缴费完全建立在自助自保和互助互济的基础上，参加社会保险制度的劳动者通过缴费，获得成员资格，有“先尽义务，后享权利”的说法。

按照《劳动法》等有关法规的规定，用人单位为劳动者缴纳社会保险费是法定义务，不能以任何借口停止缴费。缴费单位的缴费个人应当以货币形式全额缴纳社会保险费，缴费个人应当缴纳的社会保险费，由所在单位从其本人工资中代扣代缴。

《社会保险费征缴暂行条例》明确规定：“社会保险费的费基、费率依照有关法律、行政法规和国务院的规定执行。”原则上，缴费单位以国家规定的职工工资总额作为缴费基数。所谓职工工资总额，是指国家统计局规定的各单位在一定时期内直接支付给本单位全部职工的劳动报酬总额，包括计时工资、计件工资、奖金、津贴和补贴、加班加点工资、特殊情况下支付的工资。职工一般以上一年度本人月平均工资为缴费基数（以个人身份参保的，可以根据当地规定，选择上一年度职工平均工资为缴费基数）。职工工资收入高于当地职工平均工资300%的，以当地职工平均工资的300%作为缴费基数；低于当地职工平均工资60%的，以当地职工平均工资60%作为缴费基数。

一、基本养老保险

基本养老保险是国家通过立法，保障劳动者在法定退休年龄后，从政府和社会获得一定经济补偿、物质帮助和服务，以保证其晚年基本生活的一项社会保险制度。我国基本养老保险制度实行社会统筹与个人账户相结合的模式。

基本养老保险缴费由用人单位和劳动者个人共同承担。1997年7月国务院发布的《国务院关于建立统一的企业职工基本养老保险制度的决定》提出：企业缴纳的基本养老保险比例一般不得超过企业职工工资总额的20%（具体比例由各省、自治区、直辖市人民政府确定）；劳动者个人缴费比例不低于本人工资的4%，1998年起每两年提高一个百分点，最终达到缴费工资的8%。

1997年7月至2006年初，基本养老保险规定统一个人账户，按劳动者个人缴费工资的11%为每个职工建立基本养老个人账户，个人缴费部分全部计入，其余部分从企业缴费中划入；但2005年颁布的《国务院关于完善企业职工基本养老保险制度的决定》规定，2006年1月1日起，个人账户的规模统一由本人缴费工资的11%调整为8%，全部由个人缴费形成，单位缴费不再划入个人账户。

案例 3.3　公司少缴养老保险费被判赔偿

吴女士参加工作整整20年后第一次申请调动，于1989年6月调到某橡胶厂工作。起初，她干劲十足，为报答单位对她的照顾，经常加班加点干工作，却从不提任何报酬。1994年，因身体健康原因，她与厂里签订了“厂内内退职工协议”，开始离岗休息。2005年12月，按照国家有毒有害企业职工提前退休政策，她办理了正式退休手续。

退休后，吴女士每月领取828.72元退休养老金。2007年6月，她意外地发现自己比同行业同工种同时退休的人员少领200多元养老金。她了解的原因是，该厂1994年全年没给她缴纳养老保险费，1995年至1997年连续三年为她缴纳的养老保险没有达到下限标准，共计少缴3 000多元。

吴女士要求橡胶厂予以补缴，厂里置之不理。吴女士一时不知该怎么办。经工会法律援助中心介绍，律师代她撰写起诉书，并请求法院判决该厂为她补缴养老保险费及滞纳金，同时提出：如果橡胶厂不能履行该请求，应赔偿她20年的退休金差额，数额为5万元。

橡胶厂应诉时辩称，1994年吴女士在企业吃劳保（过去所谓的吃劳保，是因为身体不好，不能坚持上班，连续六个月不能工作的即按照吃劳保对待。吃劳保期间工龄不受影响），根据北京市劳发93（73）号文件规定，职工吃劳保期间企业不为职工上缴养老保险，故该年未为吴女士缴纳这一笔保险费。经比对相关资料发现，厂里在1995年和1996年为吴女士缴纳的养老保险费，分别比国家规定的下限标准少60.6元和12元，社会保障中心答复说少缴这些费用对吴女士退休金额度的核定影响甚微。而1997年企业已经按国家规定的下限标准如数上缴。企业认为，吴女士退休金偏低的主要和直接原因是2002年4月与企业解除劳动关系后，三年多的时间，吴女士没有上缴养老保险金。

法院立案后认真核对了吴女士的工作情况。经核实，吴女士于1994年全年吃劳保，2002年5月至2004年4月领取失业救济金，2006年1月开始享受退休待遇。从其工作经历看，有23年9个月视同缴纳养老保险费，实际缴费8年7个月，全部缴费年限32年4个月。从养老保险各年度缴费情况看，1995年、1996年缴费基数未达下限。吴女士按月领取退休基本养老金总额真实、客观地反映了其工作情况、缴费年限和缴费金额。

依据社会保险机构提供的资料，按照吴女士的养老保险个人账户退休清算单、养老保险各年度缴费情况明细数据，经测算，如果橡胶厂在1995年、1996年缴费基数达到国家规定的下限标准，吴女士应领取的养老金总额应为903.98元。由于橡胶厂未按国家规定缴纳相关费用，对此负有法律责任。因此，吴女士要求橡胶厂在不能补缴养老保险费的情况下赔偿其损失的请求，法院应予支持。

参考吴女士的退休年龄、每月差额、北京市平均寿命及司法惯例，法院酌定橡胶厂赔偿年限为20年，赔偿总额为1 8062.4元，并且一次性支付完毕。

（案例来源：http：//www. ldzc. com）

二、失业保险

失业保险是由国家通过立法强制实行，由社会集中建立基金，对非因本人意愿中断就业而失去工作的劳动者提供一定时期的物质帮助和就业服务。

目前我国失业保险的缴费基数是该单位的工资总额，缴费单位的工资总额按照国家有关工资政策认定其构成和计算方式，主要是指单位在一定时期内直接支付给本单位全部职工的劳动报酬总额。职工个人的缴费基数是本人工资。按照《失业保险条例》的规定，参保单位按其工资总额的2%缴费，参保个人本人工资的1%缴费，农民合同制工人本人不缴费失业保险费。

三、基本医疗保险

基本医疗保险是为了抵御疾病风险而建立的一种保险，通常以法律或合同的形式，向参保人预先收取保费，建立医疗保险基金，当保险人患病就诊发生费用后，由医疗保险机构对其给予一定的经济补偿。医疗保险具有风险转移和补偿转移功能，即将集中在个体身上的由疾病风险所致的经济损失分摊给所有参加保险的社会成员，并用集中起来的医疗保险资金补偿由疾病带来的经济损失。

基本医疗保险费由用人单位和个人共同缴纳。用人单位缴费水平按照当地工资总额的6%左右确定，具体到各个统筹地区，则由当地政府根据各方面的实际负担能力、经济发展水平以及医疗消费的水平来确定。按照“统账结合”的制度模式，基本医疗保险基金分为统筹基金和个人账户两个部分。个人账户的资金来源有两个部分：一部分是个人缴纳本人工资的2%全部计入个人账户；另一部分是单位缴费的30%左右划入个人账户，单位缴费划入个人账户具体比例要考虑年龄因素，一般年龄越大，划入比例越高。单位缴费扣除划入个人账户的资金就是统筹基金。因为基本医疗保险缴费与统筹地区经济发展水平相关，各统筹地区存在一定的差异，以广州市为例，基本医疗保险缴费具体情况为：

（一）缴费基数

在职职工的缴费基数为本人上年度月平均工资。本人上年度月平均数超过上年度本市职工月平均工资300%的，超过部分不计入缴费基数；低于上年度本市职工月平均工资60%的，以上年度本市职工月平均工资的60%为缴费基数。

用人单位为本单位的每个退休人员一次性缴交标准为上年度本市职工年平均工资75%的过渡性基本医疗保险金，视同缴交10年基本医疗保险费。

用人单位的缴费基数为本单位在职职工缴费基数之和。

（二）缴费比例

在职职工个人应当按其缴费基数的2%缴纳基本医疗保险费，用人单位应当按其缴费基数的8%缴纳基本医疗保险费。职工个人应当缴纳的基本医疗保险费，由用人单位按月从其本人工资中代扣代缴。

（三）“统账结合”模式

1. 个人账户

个人账户具体包括三部分：在职职工个人缴费的全部；从用人单位缴纳的基本医疗保险费和过渡性基本医疗保险中，划入的基础金和按规定比例及基数划入该参保人员个人医疗账户的部分；个人医疗账户的利息。

参保人员个人医疗账户基础金为每人每年100元。个人医疗账户划入比例为：①35周岁以下为1%；②满35周岁至45周岁以下为2%；③满45周岁至退休前为2.8%；④退休人员为5.1%。

个人医疗账户划入基数为：在职职工为本年度本人基本医疗保险月缴费基数，退休人员为上年度本市职工月平均工资。

2. 统筹基金

单位缴费扣除划入个人账户后的资金就是统筹基金。

四、工伤保险

工伤保险又称职业伤害保险，是指职工在工作过程中因工伤原因受到事故伤害或者患职业病，由社会保险经办机构对其本人或供养亲属给予物质帮助和经济补偿的一项社会保险制度。

我国目前工伤保险费的收缴根据以支定收、收支平衡原则，实行行业差别费率和行业内费率档次。国家根据不同行业的工伤风险程度确定行业的差别费率，并根据工伤保险费用使用、工伤发生率等情况在每个行业内确定若干费率档次。用人单位按本单位职工工资总额的一定费率缴纳工伤保险费，职工个人不缴纳工伤保险费。各统筹地区根据用人单位工伤保险费使用、工伤发生率等情况，使用所属行业内相应的费率档次确定单位缴费费率。

五、生育保险

生育保险是指国家通过社会保险立法，对生育职工给予经济、物质等方面帮助的一项政策。生育保险向法定范围内的劳动者，尤其是妇女部分或是全部提供怀孕、生产、哺乳期间的医护费用，保证产假和哺乳假期间的经济来源，使其不至于因生育而基本生活需求没有保障的社会保险项目。

生育保险费的提取比例由当地人民政府根据计划内生育人数和生育津贴、生育医疗费等项目确定，并可根据费用支出情况适时调整，但最高不得超过工资总额的1%。在各地的实际操作中，生育保险缴费一般在1%以下，大部分地区基金提取控制在0.6%～0.8%之间。生育保险费全部由企业缴纳，职工个人不缴纳生育保险费。

案例3.4　劳动者无权放弃社会保险

李先生于2008年3月1日到沂水县某房地产开发有限公司上班，双方签订了为期1年的劳动合同。在工作期间，公司没有给李先生办理社会保险手续和缴纳社会保险费。2009年3月24日，李先生离开房地产开发有限公司后诉至当地劳动争议仲裁委员会，要求公司为其补缴工作期间的社会保险费。

该公司表示，2008年3月5日，李先生书面声明自愿放弃用人单位为其办理社会保险的权利，公司因此将应缴的社会保险费折算成补贴，随工资一同发放给了李先生。

仲裁委经审理后认为，李先生虽然作出书面声明，但根据法律规定，参加社会保险既是劳动者和用人单位的权利，也是双方的义务，是国家的强制性规定，李先生的书面声明违反了法律强制性规定，不具有法律效力。公司应为李先生办理社保手续，补缴社会保险费。如果公司将应缴的社会保险费折算成补贴，随工资一同发放给了李先生，那么，李先生就应当返还用人单位发放的社会保险费补贴。但是，该公司的工资发放表上并没有社保补贴记录，且用人单位也不能提供相关证据。因此，仲裁委对用人单位的主张不予支持。依照有关法律规定，仲裁委裁决房地产开发有限公司为李先生办理社保手续，补缴社会保险费。

劳动仲裁部门有关人士表示，不少用人单位为逃避社会保险义务，让劳动者作出书面承诺，表示自愿放弃办理社保。殊不知，这种做法属无效行为，劳动者仍有权要求用人单位为其补办社会保险。

（案例来源：http：//www. ldzc. com)

工作示范

北京×××贸易有限责任公司，2009年5月份成立后，招用了10名员工，员工具体情况如表3－4所示，现要为这10名员工缴纳社会保险。

表 3－4　北京×××贸易有限责任公司新入职 10 名员工的基本情况

序号	性别	公民身份证号	姓名	缴费人员类别	第一个月工资	在京是否已经参保过
1	男	11010519801210××××	A	本市城镇职工	9 000	否
2	男	12310519820410××××	B	外埠城镇职工	6 000	是
3	女	11011119680722××××	C	本市城镇职工	4 000	是
4	男	11011194700524××××	D	本市城镇职工	2 500	是
5	女	41011119460152××××	E	外埠城镇职工	3 000	是
6	女	43211119560206××××	F	外埠城镇职工	3 000	否
7	男	44232419570922××××	G	外埠城镇职工	3 000	是
8	女	11011119781108××××	H	本市城镇职工	4 500	是
9	女	13210119520924××××	I	外埠农民工	900	否
10	男	11030319780304××××	J	本市农民工	1 200	是

任务分析：

（1）参保范围的思考：企业和其员工都需要参加哪些险种？

（2）业务关系的思考：企业、个人与社保中心的业务关系是企业与个人要缴纳保险费给社保经办机构，社保经办机构负责收缴企业和个人的社会保险费用。

（3）险种、基数、比例和费用总额的确定：确定和计算 10 名员工企业和个人各需要缴纳的险种、基数、比例和费用总额，见表 3－5。

（4）现给北京×××贸易有限责任公司的 10 名员工办理社会保险业务，依据社保经办机构的要求，需要提交一些证明材料和填写相应的表格。具体内容如下。

（5）提交的材料：未在本市参加社会保险的本市城镇、外埠农村、本市农村人员提供身份证；外埠城镇职工提供身份证和户口簿。

（6）填写的表格为表 3－6。

表3-5 10名员工社会保险费的确定

姓名		A	B	C	D	E	F	G	H	I	J	合计
人员类别		本市城镇职工	外埠城镇职工	本市城镇职工	本市城镇职工	外埠城镇职工	外埠城镇职工	外埠城镇职工	本市城镇职工	外埠农民工	本市农民工	
缴费基数	养老	9 000	6 000	4 000	2 500	3 000	3 000	3 000	4 500	800	800	36 600
	失业	9 000	6 000	4 000	2 500	3 000	3 000	3 000	4 500	800	800	36 600
	工伤	9 000	6 000	4 000	2 500	3 000	3 000	3 000	4 500	2 236	2 236	39 472
	医疗	9 000	6 000	4 000	2 500	3 000	3 000	3 000	4 500	2 236	2 236	39 472
	生育	9 000	—	4 000	2 500	—	—	—	4 500	—	2 236	22 236
养老费用	单位×20%	1 800	1 200	800	500	600	600	600	900	160	160	7 320
	个人×8%	720	480	320	200	240	240	240	360	64	64	2 938
失业费用	单位×1%	90	60	40	25	30	30	30	45	8	8	366
	个人×0.2%	18	12	8	5	6	6	6	9	0	0	70
工伤费用	单位×0.3%	27	18	12	7.5	9	9	9	13.5	6.71	6.71	118.42
医疗费用	单位×(9%+1%)	900	600	400	250	300	300	300	450	22.36	22.36	3 544.72
	个人×2%+3	183	123	83	53	63	63	63	93	0	0	724
生育费用	单位×0.8%	72	0	32	20	0	0	0	36	0	17.89	177.89

注：1. 失业保险中农民工个人不缴费，失业个人缴费部分农民工为0；

2. 外埠城镇和外埠农民工不缴纳生育保险，二者在生育保险的缴费部分也为0；

3. 医疗保险中农民工的医疗保险单位缴费为1%，个人不缴。

表3-6　北京市社会保险参保人员增加表

序号	*姓名	性别	*公民身份证号	*参加险种					*个人缴费/支付(恢复)原因		申报月工资收人/档次(元)	*增加日期
				养老	失业	工伤	生育	医疗	四险	医疗		
甲	乙	丙	丁	1	2	3	4	5	6	7	8	9
1	A	男	11010519801210××××	√	√	√	√	√	151	7	9 000	2009-5-22
2	B	男	12310519820410××××	√	√	√		√	111	12	6 000	2009-5-22
3	C	女	11011119680722××××	√	√	√	√	√	151	7	4 000	2009-5-22
4	D	男	11011194700524××××	√	√	√	√	√	151	7	2 500	2009-5-22
5	E	女	41011119460152××××	√	√	√		√	151	7	3 000	2009-5-22
6	F	女	43211119560206××××	√	√	√		√	111	12	3 000	2009-5-22
7	G	男	44232419570922××××	√	√	√		√	151	7	3 000	2009-5-22
8	H	女	11011119781108××××	√	√	√	√	√	151	7	4 500	2009-5-22
9	I	女	13210119520924××××	√	√	√		√	111	12	900	2009-5-22
10	J	男	11030319780304××××	√	√	√	√	√	151	7	1 200	2009-5-22

单位负责人：　　社保经办机构经办人员(签章)：　　单位经办人：

社保经办机构(盖章)：　　填报日期：　　年　　月　　日　　办理日期：　　年　　月　　日

1. 表格中带*的项目为必录项，其他有前提条件的必录项请参考指标解释。

2. 四险按收缴业务、支付业务分别填报。

3. 把此表填写好的带上相关的证明材料及复印件，交到征缴岗位即可办理人员增加业务。

知识拓展

2010年广州社保缴费缴费基数与社保费用明细

1. 2010年最新社保缴费基数、比例

养老保险基数：（2010.7月—2011.6月的购买社保基数区间：1 655～8 277元）

工伤保险，失业保险基数：（2010.7月—2011.6月的购买社保基数区间：1 100～11 340元）

生育保险，医疗保险基数：（2010.7月—2011.6月的购买社保基数区间：2 268～11 340元）

社保分单位部分和个人部分，养老保险缴纳比例为个人8%，外资单位20%，省属单位18%，私企单位12%。

医疗险单位7%，个人2%。

失业险单位0.2%，个人0.1%。

工伤单位0.4%，生育单位0.85%。

2. 广州社保缴费基数

表3－7 非广州户籍缴费基数

序号	险种	缴费基数	单位		个人		小计
			费率	缴费（元）	费率	缴费（元）	
1	养老保险	1 655	12%	198.60	8.0%	132.40	331.00
2	失业保险	1 100	0.2%	2.20	0.1%	1.10	3.30
3	工伤保险	1 100	0.4%	4.40	/	/	4.40
4	生育保险	2 268	0.85%	19.28	/	/	19.28
5	医疗保险	3 780	1.2%	45.36	/	/	45.36
6	重大疾病		/	9.83	/	/	9. 83
合计			单位	279.67	个人	133.5	413.17

注：外来工医疗：3 780元，不计算医保年限，无基本医疗。

表 3－8 城镇户籍缴费基数

序号	险种	缴费基数	单位		个人		小计
			费率	缴费（元）	费率	缴费（元）	
1	养老保险	1 655	12%	198.60	8.0%	132.40	331.00
2	失业保险	1 100	0.2%	2.20	0.1%	1.10	3.30
3	工伤保险	1 100	0.4%	4.40	/	/	4.40
4	生育保险	2 268	0.85%	19.28	/	/	19.28
5	医疗保险	2 268	7%	158.76	2%	45.36	204.12
6	重大疾病		/	9.83	/	/	9.83
合计			单位	393.07	个人	178.86	571.93

社会保险费的征缴以统一的缴费基数，按各险种不同比例同单征收。缴费核定办法为当月核定次月应缴金额。用人单位当月到社会保险经办机构办理有关申报手续，次月地税部门通过单位开户银行划款方式征集社会保险费。逾期缴纳的，除补缴欠缴数额外，还按规定加收滞纳金。

（资料来源：广州本地宝网 http：//gz. bendibao. com/gzsi/2010423/si42109. shtml）

任务3　社会保险待遇管理

【任务名称】

核算社会保险待遇。

【任务情境】

案例1：如果你23岁开始参加工作，将来60岁退休，按照目前的缴费标准，自己共要缴纳大约123 000元养老保险费。如果退休时，你的指数化月平均缴费工资为6 000元，当地上年度在岗职工月平均工资为5 200元，且忽略个人账户利息。你知道你退休后每月能领到多少基本养老金吗？

案例2：2010年广州市某参保退休人员李某在一级定点医疗机构住院，医疗费共2 500元，没有自费药品。请问医疗费用中医保可以报销多少？个人需要自付多少？

案例3：宣某是某运输公司的随车装卸工。在一次外出装运钢材等待其他车辆承重的间歇，他躺在车后阴凉处休息（事发后称是发现车后厢滴油而在查看和检修），驾驶司机不知情倒车时将宣某碾成重度伤残。宣某申请工伤认定并享受工伤待遇。劳动行政部门认为宣某是装卸工，工作职责并非车辆修理，是因工作间歇休息地点不当造成伤残，不符合工伤范围，不应认定为工伤。宣某不服提起行政诉讼。一审法院认为，宣某的受伤情形不属于工伤排除范围，就应当认定为属于工伤范围，撤销了劳动行政部门不予认定为工伤的结论。劳动行政部门提起上诉，二审法院则认为，工作间歇是职工劳动过程中的客观需要，为工作的一部分，用人单位应当为职工提供必要的休息场所。宣某虽属休息地点不当，但用人单位应当承担责任。同时，根据工伤保险保护弱势群体权益的立法原则，认为宣某所受伤应当认定为工伤，维持了一审法院的判决。

【任务要求】

（1）请查阅基本养老保险待遇的政策与其计算公式：基本养老金月标准＝基础养老金月标准＋个人账户养老金月标准的含义与计算方法；计算出你退休后每月能领到多少基本养老金数额；

（2）请查阅广州市城镇职工医保或灵活就业人员医保的住院待遇标准，计算案例2中的问题答案；

（3）请查阅相关资料并结合案例3讨论：劳动者自己有过错能否认定“工伤”。

知识链接

只要依法参加社会保险，劳动者就能依法享受相应的社会保险待遇。目前我国企业职工可享受以下几方面的社会保险待遇。

一、基本养老保险待遇

我国新的养老保险制度打破了企业所有制和职工身份的界限，规定凡是按照规定缴纳了养老保险的人员，都可以按照同等条件享受养老保险待遇。

劳动者如果具备以下条件，可以办理退休手续并按月领取养老金：达到国家法定退休年龄，即男年满60周岁，女工人（工人岗位）年满50周岁，女干部（管理岗位）年满55周岁；缴费年限（含视同缴费年限）满15年及其以上。

国务院于1997年7月16日颁布《关于建立统一的企业职工基本养老保险制度的决定》，按照“新人新制度、老人老办法、中人逐步过渡”的原则，首次在全国范围内统一了基本养老保险的计发办法，这种计发办法简单地说就是：参保人员缴费年限（含视同缴费年限）满15年，达到国家规定的退休年龄并按规定办理退休手续后，可以按月领取基本养老金；基本养老金由基础养老金和个人账户养老金组成，基础养老金月标准按当地职工上一年平均工资的20%计发，个人账户养老金月标准按账户存储额的1/120计发。但这种制度在运行过程中存在明显缺陷。一是缺乏参保缴费的激励机制。二是不符合退休人员的实际情况。

因此，国务院于2005年12月3日颁布的《关于完善企业职工基本养老保险制度的决定》对这种计发办法作出了重要调整。新的计发办法具体如下：

对于1997年7月16日颁布的《关于建立统一的企业职工基本养老保险制度的决定》实施（1998年7月1日）后参加工作，且2005年12月3日颁布的《关于完善企业职工基本养老保险制度的决定》实施（2006年1月1日）后达到法定退休年龄并按国家规定办理退休手续，且缴费年限（含视同缴费年限，下同）累计满15年的人员，这类人员退休后的养老待遇为：按月发给基本养老金，其计算公式是：

（1）基本养老金月标准=基础养老金月标准+个人账户养老金月标准

基础养老金月标准=（当地上年度在岗职工月平均工资+本人指数化月平均缴费工资）/2×1%×缴费年数

本人指数化月平均缴费工资=当地上年度职工月平均工资×职工平均工资指数

职工平均工资指数=$(X_0/C_1+X_1/C_2+X_2/C_3+\cdots\cdots+X_{n-1}/C_n)\div N$

其中，X_0，X_1，X_2，$\cdots X_{n-1}$为职工退休当年、前一年、前两年……前$n-1$年的缴费工资；C_1，C_2，C_3，$\cdots C_n$为职工退休前一年、前两年……前n年的当地职工平均工资，N指职工从1994年（新人从参加工作起）至退休前的缴费年限，不足一年的，按缴费月数除以12换算。

（2）个人账户养老金月标准=个人账户储存额÷计发月数；

（3）计发月数根据职工退休时城镇人口平均预期寿命、本人退休年龄、利息等因素确定，见表3-9所示。

表3-9　国务院规定的个人账户养老金计发月数表

退休年龄	计发月数	退休年龄	计发月数	退休年龄	计发月数	退休年龄	计发月数
40	233	41	230	42	226	43	223
44	220	45	216	45	212	47	208
48	204	49	199	50	195	51	190
52	185	53	180	54	175	55	170
56	164	57	158	58	152	59	145
60	139	61	132	62	125	63	117
64	109	65	101	66	93	67	84
68	75	69	65	70	56		

案例 3.5

24 岁的张先生于2005 年参加工作，月工资3 000 元，当年开始每月由单位代扣代缴240 元的基本养老保险费，张先生初步匡算了一下，如果自己将来60 岁退休，按照目前的缴费标准，自己要缴纳103 680 元养老保险费。假定张先生退休时，本人指数化月平均缴费工资为4 000 元，当地上年度在岗职工月平均工资为3 200元，具忽略个人账户利息。请计算张先生退休后每月能领到多少基本养老金?

解答：(4 000 +3 200) ÷2 ×36% +103 680 ÷139 =2 042 (元)

二、失业保险待遇

(一) 享受待遇的条件

1. 享受失业保险待遇的条件

依据《失业保险条例》(中华人民共和国国务院令〔1999〕第258 号) 的规定，具备下列条件的失业人员，可以领取失业保险金。

①按照规定参加失业保险，所在单位和本人已按照规定履行缴费义务满1年的；

②非因本人意愿中断就业的：包括终止劳动合同的；被用人单位解除劳动合同的；被用人单位开除、除名和辞退的；用人单位以暴力、威胁或者非法限制人身自由的手段强迫劳动的；用人单位未按照劳动合同约定支付劳动报酬或者提供劳动条件的。

若职工个人主动提出申请与单位解除劳动合同，是辞职行为，属于非本人意愿中断就业，不享受失业保险待遇。

③已办理失业登记，并有求职要求的。

失业人员在领取失业保险金期间，按照规定同时享受其他失业保险待遇。

2. 停止享受失业保险待遇的条件

失业人员在领取失业保险金期间有下列情形之一的，停止领取失业保险金，并同时停止享受其他失业保险待遇。

①重新就业的；

②应征服兵役的；

③移居海外的；

④享受基本养老保险待遇的；

⑤被判刑收监或者被劳动教养的；

⑥无正当理由，拒不接受当地人民政府指定的部门或者机构介绍的工作的；

⑦有法律、行政法规规定的其他情形的。

（二）待遇标准

1. 国家对失业待遇的基本规定

依据《失业保险条例》（中华人民共和国国务院令〔1999〕第258号）的规定，城镇失业人员失业前所在单位和本人按照规定累计缴费时间满1年不足5年的，其领取失业保险金的期限最长为12个月；累计缴费时间满5年不足10年的，其领取失业保险金的期限最长为18个月；累计缴费时间10年以上的，其领取失业保险金的期限最长为24个月。

社保经办机构根据失业人员累计缴费时间核定其领取失业保险金的期限。失业人员累计缴费时间按照下列原则确定。

①实行个人缴费失业保险费前，按国家规定计算的工龄视同失业保险费时间，并与《失业保险条例》发布后缴纳失业保险费的时间合并计算。

②失业人员在领取失业保险金期间重新就业后再次就业的，缴费时间重新计算，其领取失业保险金的期限可以与前次失业应领取而尚未领取的失业保险金的期限合并计算，但是最长不得超过24个月。失业人员在领取保险金期间重新就业后不满一年再次就业的，可以继续申领其前次失业应领取而尚未领取的失业保险金。

单位若招用的农民合同制工人连续工作满1年，本单位并已缴纳失业保险费，劳动合同期满未续订或者提前解除劳动合同的，由社保经办机构根据其工作时间长短，对其支付一次性生活补助。补助的办法和标准由省、自治区、直辖市人民政府规定。

失业保险金的标准，按照低于当地最低工资标准、高于城市居民最低生活保障标准的水平，由省、自治区、直辖市人民政府确定。

失业人员在领取失业保险期间患病就医的，可以按照规定向社保经办机构申请领取医疗补助金。医疗补助金的标准由省、自治区、直辖市人民政府确定。

失业保险金以及医疗补助金、丧葬补助金、抚恤金、职业培训和职业介绍补贴等失业保险待遇的标准按照各省、自治区、直辖市人民政府的有关规定执行。

失业人员进行失业登记后可享受的待遇如图3-1所示。

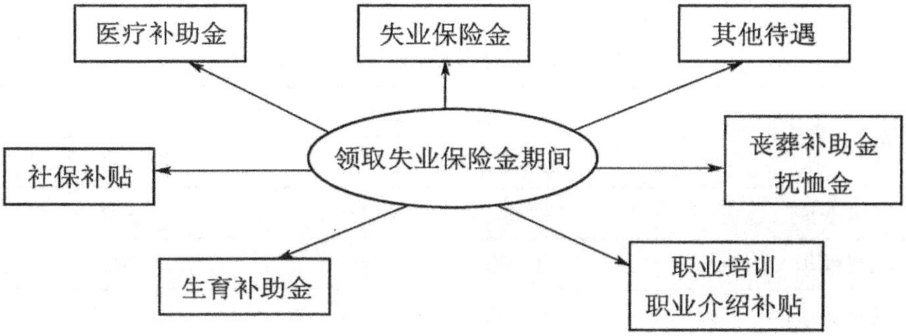

图 3－1　失业人员可享受的待遇

三、基本医疗保险待遇

单位职工按规定办理有关社保手续，履行缴费义务后，一般由当地社保中心为其建立个人医疗账户，发放医疗保险证、医疗保险病历和社会保障卡，职工自缴费次月起享受医疗保险待遇。

由于基本医疗保险费实行“统账结合”，所以根据参保人员所患疾病情况不同，基本医疗保险待遇分别从个人医疗账户和统筹基金两条线享受。以广州市为例，我们来看看基本医疗保险待遇的具体情况。

个人医疗账户资金主要用于支付以下范围：门诊、急诊的基本医疗费用；住院及门诊特定项目基本医疗费用中，应由个人自付的费用；持医院院外配处方到医保定点零售药店配基本医疗保险用药范围的药，或者购买基本医疗保险用药范围内的非处方药的费用。

基本医疗保险统筹基金主要用于门诊特定项目和住院治疗项目。其中，住院医疗费用包括起付标准、共付段和最高支付限额三种情况。

起付标准是指在统筹基金支付前按规定必须由个人支付的基本医疗费用额度。起付标准是以上年度职工平均工资为基数，每次住院根据医院等级按一定比例支付。

共付段是指起付标准以上至统筹基金最高支付限额以内所对应的应由参保人员和医保统筹基金按比例共同负担的医保基本医疗费用。

住院待遇标准（不同保险报销比例不同）。

（一）参加城镇职工医保或灵活就业人员医保的住院待遇标准

起付点指医保范围内的费用部分，起付点以下的金额，由个人负担，超过部分才会按报销比例报销。不同等级医院的起付标准如表 3－10 所示，住院医疗费用双方分担比例如表 3－11 所示。

表 3－10　不同等级医院起付标准

医院等级	起付标准（元）	
	在职职工	退休职工
一级医院	500	350
二级医院	1 000	700
三级医院	2 000	1 400

表 3－11　住院医疗费用双方分担比例一览表

医院等级	在职职工		退休职工	
	统筹基金支付	个人支付	统筹基金支付	个人支付
一级医院	90%	10%	93%	7%
二级医院	85%	15%	89.5%	10.5%
三级医院	80%	20%	86%	14%

（二）参加外来工医保享受待遇标准

符合规定条件，参保单位成功办理了登记并缴费，从缴费的次月起，参保人如患病需要就医，即可享受门诊统筹、门诊慢性病、门诊特定项目以及住院等统筹支付待遇。住院医费费用情况如表 3－12 所示。实际的报销金额 =（住院总费用－自付费用－起付线）×报销比例。

表 3－12　住院医疗总费用计算

<table>
<tr><td colspan="5">住院总医疗费用</td></tr>
<tr><td rowspan="6">自付费用</td><td colspan="4">基本医疗费用</td></tr>
<tr><td rowspan="5">超过年度基金最高支付限额部分的费用</td><td rowspan="2">起付线</td><td colspan="2">基本医疗费用共付段</td></tr>
<tr><td>个人支付比例</td><td>统筹基金支付比例</td></tr>
<tr><td>一级医院 250 元</td><td>一级医院 28%</td><td>一级医院 72%</td></tr>
<tr><td>二级医院 500 元</td><td>二级医院 32%</td><td>二级医院 68%</td></tr>
<tr><td>三级医院 1000 元</td><td>三级医院 36%</td><td>三级医院 64%</td></tr>
<tr><td colspan="4">个人应负担费用</td><td>统筹基金负担费用</td></tr>
</table>

（三）参加广州城镇居民医保享受待遇标准

从 2010 年起，广州市城镇居民基本医疗保险年度（以下简称“居民医保年度”）调整为：当年的 9 月 1 日至次年的 8 月 31 日。

2010 年广州市城镇居民基本医疗保险待遇有所调整，以表 3－13 为准：

表 3－13 广州市城镇居民基本医疗保险待遇住院费用的基金支付比例

参保人群	住院起付标准	首次参保的共付段住院及门诊特定项目基金支付比例	普通门（急）诊待遇	
			待遇范围	待遇标准
未成年人及在校学生	一级医院 150 元 二级医院 300 元 三级医院 600 元	一级医院 85% 二级医院 75% 三级医院 65%	按规定就医属于基本医疗保险药品目录范围内的药费	在社区卫生服务机构或所在学校的医疗机构就医基金按 80% 的比例支付，在其他医疗机构就医基金按 50% 的比例支付；最高支付限额：300 元/人・月
非从业居民	一级医院 500 元 二级医院 1 000 元 三级医院 2 000 元	一级医院 75% 二级医院 65% 三级医院 55%		无普通门（急）诊待遇
老年居民	一级医院 350 元 二级医院 700 元 三级医院 1 400 元			在社区卫生服务机构就医基金按 50% 的比例支付；最高支付限额：100 元/人・月

统筹基金最高支付限额（封顶线）是指在一个社保年度内统筹基金累计支付的最高限额。自 2010 年起，基本医疗保险统筹基金支付在职人员、退休人员、灵活就业人员住院、门诊特定项目和指定慢性病基本医疗费用，累计最高限额标准为上年度本市单位职工年平均工资的 6 倍，2010 社保年度为 272 190 元；外来从业人员基本医疗保险的最高支付限额标准为上年度本市单位职工年平均工资的 4.8 倍，2010 社保年度为 217 752 元；居民医保累计最高限额标准为上年度本市单位职工年平均工资的 3 倍，2010 社保年度为 136 095 元。

当参保人员年度累积发生的基本医疗费用超过了封顶线，就直接进入到重大疾病医疗补助范围。用人单位应当为其所属的参保人员每人按上年度本市职工月平均工资的 0.26% 缴纳重大疾病医疗补助金。重大疾病医疗补助是参保人员在享受基本医疗保险待遇的基础上，为了化解因大病治疗所带来巨大的经济风险而建立的一种医疗补助制度。是否可以享受重大疾病医疗补助待遇是根据参保人年度累积发生的医疗费用是否超过封顶线的标准来判断，而不是以病种确定的，所以不需要参保人办理申请，由医院的电脑系统按规定给予记账，属于重大疾病补助金支付的，由医院与所属地医保中心结算。重大疾病补助金每一社保年度最高支付限额为15万元。具体支付比例见表3-14。

表3-14　广州市重大疾病医疗补助支付标准

项目	重大疾病医疗补助金	年度支付额度
	0～10万元	10万～20万元
重大疾病医疗补助金支付比例	90%	95%
个人支付比例	10%	5%

案例3.6

2010年10月份广州市某参保退休人员张某在三级定点医疗机构做肾移植手术，共花去医疗费35万元，其中自费2.5万元。请问该退休人员自己需付多少钱？可由统筹支付多少？

分析提示：

（1）三级定点医疗机构的起付标准；

（2）进入共付段的费用是否超出封顶线；

（3）重大疾病医疗补助范围的费用分摊。

解答：

三级医院的起付线（退休）为1400元；

进入共付段费用：350000-25000-1400=323600（元）；

2010年度基金最高支付限额（封顶线）：272190元；

退休职工三级医院统筹基金支付比率为86%，因此封顶线所对应的应疗费用=272190÷86%=316500（元）；

超过封顶线所对应的医疗费用为：323600-316500=7100（元），此部分费用进入到重大疾病补助的范围。重大疾病医疗补助金支付比例为90%，此部分报销费用为：7100×90%=6390（元）；

因此，本案例医保报销费用为：272190+6390=278580（元），个人自负费用为：350000-278580=71420（元）。

四、工伤保险待遇

案例 3.7　　单位未在30日内提出工伤认定担责

小王在寿光市一家大型机械公司从事锻压工作，2009年5月21日，在锻压汽车零件时被机床所伤，造成左前臂骨折。事故发生后，小王住院治疗21天，自己支付了全部的医疗费13 000元。2009年7月1日，小王自己到当地劳动保障行政部门提出了工伤认定申请，后被认定为工伤，经鉴定为10级伤残。此后，小王因解除合同，享受工伤待遇与单位发生劳动争议，遂向寿光市劳动争议仲裁院提起仲裁，要求机械公司支付工伤医疗费、一次性工伤医疗补助金及一次性伤残就业补助金等共计52 000元。

庭审中，机械公司同意给付小王一次性医疗补助金及一次性伤残就业补助金，但认为小王属于工伤参保职工，医疗费应当由工伤保险基金支付，拒绝支付医疗费。

仲裁院审理后认为，《工伤保险条例》第十七条规定：职工发生事故伤害或者按照职业病防治法规定被诊断、鉴定为职业病，所在单位应当自事故伤害发生之日或者被诊断、鉴定为职业病之日起30日内，向统筹地区劳动保障行政部门提出工伤认定申请。遇有特殊情况，经报劳动保障行政部门同意，申请时限可以适当延长。用人单位未在本条第一款规定的时限内提交工伤认定申请，在此期间发生符合本条例规定的工伤待遇等有关费用由该用人单位负担。小王发生工伤事故后，机械公司未按照《工伤保险条例》的规定，在30日内向劳动部门提出工伤认定申请，故而，小王在此期间内为治疗工伤垫付的医疗费理应由机械公司自己承担。

最终，仲裁院支持了小王的全部仲裁请求，裁决由机械公司支付小王工伤医疗费、一次性工伤医疗补助金及一次性伤残就业补助金等共计52000元。

（资料来源：http：//www. ldzc. com）

目前各地方的工伤保险依据是国务院于2003年4月27日颁布的《工伤保险条例》（中华人民共和国国务院令第375号）。

《工伤保险条例》（下简称《条例》）规定的工伤保险待遇主要由工伤医疗待遇、伤残待遇、遗属待遇三部分组成。工伤医疗待遇是指职工遭遇工伤之后到评定伤残等级之前的治疗期间所应享受的各项待遇。伤残待遇是指遭遇工伤的职工在评定伤残等级后所应享受的各项待遇；遗属待遇是指职工因遭遇工伤死亡后其遗属应享受的各项待遇。但工伤职工丧失享受工伤待遇条件、拒不接受劳动能力鉴定、拒绝治疗及被判刑正在收监执行等4种情形下，停止享受工伤保险待遇。下述各项工伤待遇中，凡以本人工资为标准者，如果本人工资高于统筹地区职工平均工资300%的，按照统筹地区职工平均工资的300%计算，低于统筹地区职工平均工资60%的，按照统筹地区职工平均工资的60%计算。

（一）工伤医疗待遇

工伤医疗待遇包括因治疗工伤所发生的诊疗费、药品费、住院费、伙食补助费、交通住宿费以及康复性治疗费，还包括治疗期内的工资福利待遇。但工伤职工治疗非工伤引发的疾病，不享受工伤医疗待遇，按照基本医疗保险办法处理。

（1）诊疗费、药费、住院费与康复治疗费。工伤职工享受这些待遇，需要同时符合两个条件：一是原则上应在签订服务协议的（定点）医疗机构就医（但紧急情况可以先到就近医疗机构急救）；二是诊疗内容、使用药品及住院服务标准必须符合国家规定的工伤保险诊疗项目目录、工伤保险药品目录和工伤保险住院服务标准，超出目录和标准的费用工伤保险基金不予支付。该目录和标准由劳动保障行政部门、卫生行政部门、药品监督管理部门共同制定。

（2）辅助器具装配费。辅助器具装配指安装假肢、矫形器、义眼、假牙和配轮椅辅助器具，这项费用须符合如下条件方可按照国家规定的标准从工伤保险基金中支付：一是工伤职工因日常生活或就业需要；二是经劳动能力鉴定委员会确认。

（3）住院伙食补助费与交通食宿费。住院伙食补助费是指职工在统筹地区内住院治疗工伤期间的伙食补助费，这项费用由所在单位依照本单位因公出差伙食补助标准的70%发给；交通食宿费指职工转到统筹地区以外治疗工伤所需的交通食宿费，这项费用由所在单位依照本单位职工因公出差标准报销，但须具备两个条件：一是经过医疗机构出具需到外地就医的证明，二是报经办机构同意到外地就医。

（4）停工留薪期工资待遇。职工因工伤需要暂停工作接受工伤治疗期间，原工资福利待遇不变，由所在单位按月支付，因此这段时限称为“停工留薪期”。停工留薪期一般不超过12个月，伤情严重或者情况特殊，经设区的市级劳动能力鉴定委员会确认，可以适当延长，但延长不得超过12个月。工伤职工在停工留薪期满仍需治疗的，继续享受其他工伤医疗待遇。工伤职工评定伤残等级后，停发停工留薪期工资，按照《条例》规定享受伤残待遇。

（二）伤残待遇

根据《条例》规定，工伤职工的伤残待遇主要包括生活护理费、一次性伤残补助金、伤残津贴、一次性工伤医疗补助金和伤残就业补助金等项。生活护理费按月发放，发放条件有两个：一是工伤职工已评定伤残等级；二是经劳动能力鉴定委员会确认需要生活护理。发放标准分完全不能自理、大部分不能自理、部分不能自理3个不同等级：完全不能自理者发给统筹地区上年度职工月平均工资的50%；大部分不能自理者发给统筹地区上年度职工月平均工资的40%；生活部分不能自理者发给统筹地区上年度职工月平均工资的30%。其他伤残待遇分别与工伤职工被评定的伤残等级有对应关系。参见表3－15。

表3－15　伤残待遇一览表

<table>
<tr><th>伤残等级</th><th>一次性伤残补助金（月工资为标准）</th><th>伤残津贴（按月以本人工资为标准）</th><th>其他待遇</th></tr>
<tr><td>一</td><td>24个月的本人工资</td><td>90%（工伤保险基金支付）</td><td rowspan="4">（1）退出工作岗位，但单位不得解除或终止劳动关系；
（2）伤残津贴实际金额低于当地最低工资标准的，由工伤保险基金补足差额；
（3）单位和职工以伤残津贴为基数缴纳基本医疗保险费；
（4）退休后停发伤残津贴，享受基本养老保险待遇，低于伤残津贴的，由工伤保险基金补足差额</td></tr>
<tr><td>二</td><td>22个月的本人工资</td><td>85%（工伤保险基金支付）</td></tr>
<tr><td>三</td><td>20个月的本人工资</td><td>80%（工伤保险基金支付）</td></tr>
<tr><td>四</td><td>18个月的本人工资</td><td>75%（工伤保险基金支付）</td></tr>
<tr><td>五</td><td>16个月的本人工资</td><td>70%（用人单位发给）</td><td rowspan="2">（1）保留与单位劳动关系，由单位安排适当工作，难以安排的按左列标准发给伤残津贴，津贴实际金额低于当地最低工资标准的，由单位补足差额；
（2）单位按照规定为其缴纳应缴的各项社会保险费；
（3）职工本人可以提出与单位解除或终止劳动关系，但单位须支付一次性工伤医疗补助金和伤残就业补助金，标准由省级政府确定</td></tr>
<tr><td>六</td><td>14个月的本人工资</td><td>60%（用人单位发给）</td></tr>
<tr><td>七</td><td>12个月的本人工资</td><td rowspan="4">7级以下伤残不发给伤残津贴</td><td rowspan="4">劳动合同期满终止，或者职工提出解除劳动合同，可以终止或解除劳动关系，但单位须支付一次性工伤医疗补助金和伤残就业补助金，标准由省级政府确定</td></tr>
<tr><td>八</td><td>10个月的本人工资</td></tr>
<tr><td>九</td><td>8个月的本人工资</td></tr>
<tr><td>十</td><td>6个月的本人工资</td></tr>
</table>

（三）遗属待遇

职工因工死亡，其直系亲属可以从工伤保险金中领取丧葬补助金、供养亲属抚恤金和一次性工亡补助金，这三个方面共同构成了工伤职工的遗属待遇。

（1）丧葬补助金。职工因工伤死亡后，其直系亲属可以一次性领取丧葬补助金，其具体标准为6个月的统筹地区上年度职工月平均工资。

（2）供养亲属抚恤金。领取供养亲属抚恤金的必须是工亡职工生前提供主要生活来源的无劳动能力的亲属，具体范围由劳动保障行政部门规定。抚恤标准按照职工本人工资的一定比例发放，具体标准：工亡职工的配偶每月发给本人生前月工资的40%，其他亲属每人每月发给本人生前月工资的30%，孤寡老人或孤儿每人每月在上述基础上增加10%。但最终核定的各供养亲属的抚恤金之和不得高于工亡职工生前的工资。

（3）一次性工亡补助金。工伤职工因工当场死亡，或者停工留薪期内因工伤导致死亡的，其直系亲属可以领取一次性工亡补助金，其基本标准为48到60个月的统筹地区上年度职工月平均工资，具体标准由统筹地区政府根据当地经济社会发展状况确定，报省、自治区、直辖市政府备案。但一至四级伤残职工在职工留薪期满后死亡的，其直系亲属不能享受该项待遇。

五、生育保险待遇

案例3.8　女职工流产休假是休病假还是休产假

案例展示：怀孕6个月意外流产，女职工要求以产假标准批假遭拒。公司称流产不是生育，不能按合同规定给予生育待遇，只能按病假对待。请问流产休假算病假还是产假？

分析提示：1988年9月4日劳动部《关于女职工生育待遇若干问题的通知》规定：“女职工怀孕不满4个月流产时，应当根据医务部门的意见，给予15～30天的产假；怀孕满4个月以上流产时，给予42天产假。产假期间，工资照发。”

另外，1994年12月14日劳动部发布的《企业职工生育保险试行办法》规定：“女职工生育或流产后，由本人或所在企业持当地计划生育部门签发的计划生育证明，婴儿出生、死亡或流产证明，到当地社会保险经办机构办理手续，领取生育津贴和报销生育医疗费。”据此，该公司须发全额工资、生育津贴，并报销医疗费。

（一）生育待遇项目

根据我国现行女职工保护政策法规和《企业职工生育保险试运行办法》规定，女职工在孕期、分娩和哺乳期间，可以享受的生育待遇项目主要包括如下几项：

（1）产假。女职工生育享受不少于90天的产假，分为产前假和产后假两部分，产前假15天，产后假75天。难产的增加产假15天。多胞胎生育的，每多生1个婴儿增加产假15天。怀孕流产的，根据医务部门的证明，给予一定时间的产假，以4个月划界，不满4个月流产的，给予15到30天的产假；满4个月以上流产的，产假为42天。

（2）生育津贴（原称产假工资）。国家规定的生育津贴支付期限为90天，各地的计划生育条例往往对晚婚晚育的职工给予延长产假期限的优惠政策。因此，全国大部分地区生育津贴支付期限在90～180天之间。生育津贴的计发办法有两种：一是参加生育保险社会统筹的企业，女职工产假期间由生育保险基金支付生育津贴，津贴标准本企业上年度职工月平均工资计发；二是非企业单位或尚未参加生育保险社会统筹单位，女职工生育产假期间一般享受生育前的原基本工资，由本单位支付。

（3）生育医疗费。生育医疗费包括检查费、接生费、手术费、住院费和与生育直接有关的医疗费用，分别情况由生育保险基金、公费医疗或所在单位按照政策规定支付，超出规定的医疗服务费和药费（含自费药品和营养品的药费）由职工个人负担。女职工生育出院后，因生育引起的疾病医疗费由生育保险基金支付，其他疾病的医疗费，按医疗保险待遇规定处理。女职工产假期满后，因病需要休息治疗的，享受有关病假待遇和医疗保险待遇。

（4）计划生育手术费。职工计划生育手术费用（包括因实行计划生育需要，实施放置或取出宫内节育器、流产术、引产术、绝育及复通手术所发生的医疗费用），依照《关于妥善解决城镇职工计划生育手术费用问题的通知》的规定解决。

（5）生育期间的特殊劳动保护。生育期间特殊劳动保护指女职工孕期由于生理变化而在工作中可能遇到特殊困难，为保证女职工的基本收入和母婴生命安全而制定的一项特殊政策，包括收入保护和健康保护两部分。收入保护的主要措施有：①不得安排怀孕女职工从事高强度劳动和孕期禁忌的劳动，也不得安排在正常工作日以外延长劳动时间；②对不能胜任原劳动岗位的孕期女职工，应当减轻其劳动时间和安排其他工作；③对怀孕7个月以上的女职工，不应延长劳动时间和安排夜间劳动，并应在工作时间内安排一定时间的休息时间；④允许怀孕女职工在劳动时间进行产前检查，检查时间计做出勤时间。

（6）生育期间的职业保障。在职业保障方面，国家制定了一系列保障女职工不因怀孕、分娩、哺乳而失业的规定，我国《劳动法》和《劳动合同法》都规定，任何单位不得在女职工孕期、产期、哺乳期解除其劳动合同。对于劳动合同期满而哺乳期未满的女职工，其劳动合同顺延至哺乳期满。

案例3.9　流产休假不可按病假处理

案例展示：黄某半年内累计休假3个多月，其中心脏病休假2个半月，怀孕流产休假20天，后其单位认为她应享受的患病医疗期3个月已经超过，决定解除与她的劳动合同。

分析提示：该单位的决定违反了《劳动法》关于女工产假待遇的规定，是不正确的。黄某可在与单位交涉不能解决的情况下，向劳动争议仲裁委员会申请仲裁，要求确认单位解除劳动合同的决定无效。

我国《劳动法》规定，劳动者患病，医疗期满后，不能从事原工作也不能从事由用人单位另行安排的工作的，用人单位可以与其解除劳动合同。但是，国家在女工生育待遇中规定，不违反计划生育的前提下，女工怀孕流产的，根据医生建议，可给予一定的产假；若产假期满后，女工因身体原因仍不能工作的，经医生证明，其超过产假的待遇，按病假处理。

因此，黄某因流产所休的20天假应属产假，单位不能把它等同于病假待遇。因此，流产休假不能按病假处理，不能作为医疗期计算。

（二）生育保险支付范围

当然，上述生育待遇项目并非全由生育保险金支付，生育保险基金的支付范围一般仅包含其中的生育津贴、生育医疗费和计划生育手术费。同时，依据目前我国生育保险政策，生育保险基金不予支付下列费用：①违反国家或本统筹地区计划生育规定而发生的医疗费用；②因医疗事故而发生的医疗费用；③在非定点医疗机构检查、分娩而发生的医疗费用；④按照规定应当由职工个人负担的医疗费用；⑤婴儿所发生的各项费用；⑥超过定额、限额标准之外的各项费用；⑦不具备卫生行政部门规定的剖宫产手术条件，但女职工个人要求实施剖宫产手术而超出自然分娩定额标准的医疗服务费用；⑩实施人类辅助生殖（如试管婴儿）所发生的医疗费用。

（三）生育保险支付方式和标准

我国实施生育社会保险的地区，女职工在生育或流产后，由本人或所在企业持当地计划生育部门签发的计划生育证明、婴儿出生证、死亡或流产证明，到当地社会保险经办机构办理手续，领取生育津贴和报销生育医疗费。

生育医疗费采取定额、按项目和限额支付相结合的方式向女职工付费。定额支付方式指在确定一定条件后，对满足这样条件的生育女职工给予确定数额的费用；按项目支付一般是按照所做的手术、检查来确定支付的数额。而这两项支付方式还要和限额支付相结合，最后计算支付的所有费用。如《上海市城镇生育保险办法》规定，申领生育津贴、生育医疗补贴的妇女必须同时具备下列条件：①具有本市城镇户口；②参加本市城镇社会保险；③属于计划内生育；④在按规定设置产科、妇科的医疗机构生产或流产（包括自然流产和人工流产）。符合上述条件的，可以享受生育医疗补贴，支付标准为：①妊娠7个月（含7个月）以上或妊娠不满7个月早产的，生育医疗费补贴3000元；②妊娠3个月（含3个月）以上，7个月以下自然流产的，生育医疗费补贴为500元；③妊娠3个月以下自然流产的，生育医疗费补贴为300元。

工作示范

示范1：见知识链接案例3.9。

示范2：广州的梁先生患病在一家三级定点医疗机构治疗，发生医疗费用11 000元，自费项目800元。请问（1）在一级、二级、三级这些不同等级医院就医，梁先生可以报销的和个人负担的费用各是多少？（2）如何使医保卡支付住院费用？

解答：

（1）在一级医院治疗的话，费用计算算法如下：

报销部分：（11 000－500）×90%＝9 450（元）；个人负担部分：（11 000－9 450）＋800＝2 350（元）。

在二级医院治疗的话，费用计算算法如下：

报销部分：（11 000－1 000）×85%＝8 500（元）；个人负担部分：（11 000－8 500）＋800＝3 300（元）。

在三级医院治疗的话，费用计算算法如下：

报销部分：（11 000－2 000）×80%＝7 200（元）；个人负担部分：（11 000－7 200）＋800＝4 600（元）。

可见，如果选择的是三级甲等医院，将会比在一级医院多花2 250元左右。因此，建议患者根据自己的情况与附近医院的情况，合理选择就医的医院，在一、二级医院就医可以大大降低自负的费用。

（2）如果要用医保卡个人账户支付住院费用，在出院结算前告诉医院的结算工作人员，按正常的刷卡手续办理即可。医保内的个人负担部分，既可以全部用医保卡支付（余额足够的话），也可以支付一部分。所谓个人负担部分，指起付点以下的部分（如三级医院的2 000元），以及报销比例个人负担的部分（如三级医院的20%）。自费项目是不能用医保卡个人账户支付的。

以梁先生为例，他的总费用11 800元，其中医保报销7 200元。实际需要支付费用4 600元。由于他入院时用信用卡支付了预付金6 000元。所以，结算时可以直接由医院退回现金1 400元。但考虑到医保卡个人账户还有4 000元，他决定用医保卡支付3 600元。告知结算工作人员后，刷医保卡3 600元。医院退回现金5 000元。

综上所述，梁先生的整个住院费用：

总费用11 800元，其中：医保报销7 200元（由医保中心直接与医院结算）；医保卡个人账户支付3 600元；个人现金支付医保项目费用200元；个人现金支付自费项目800元。

示范3：因本人违章受伤能否得到工伤赔偿？

1998年7月，王某受单位指派在驾车外出取货途中发生交通事故致伤，车辆报废。公安部门认定王某负交通事故的全部责任。王某向劳动行政部门提出认定工伤的申请，当地劳动部门依据劳动部关于司机工伤认定问题的复函，认定王属于工伤（劳动部《关于处理工伤争议有关问题的复函》（劳办发［1996］28号）规定："对职工在工作时间、工作区域因工作原因造成的伤亡（包括因工随车外出发生交通事故而造成的死亡），即使职工本人有一定的责任，都应当认定为工伤。"《关于司机工伤认定问题的复函》（劳办发［1996］271号）规定："司机驾驶车辆执行本单位正常工作时发生交通事故导致本人伤亡的，也应按照《企业职工工伤保险试行办法》第八条的规定认定为工伤。"）。但其公司认为王某驾驶车辆超速行使且不听另一司机的劝告，存在"蓄意违章"情节，不应认定工伤，遂提出行政复议，复议机关以公司证据不足为由，维持了对王某的工伤认定结论。公司不服，再次以王某给公司造成13万元的损失，构成交通肇事罪不应认定为工伤，向法院起诉，并同时向法院提起刑事自诉。该案审理期间，最高人民法院对审理交通肇事刑事案件具体应用法律若干问题作出规定，造成公共财产或他人财产直接损失，负事故全部或主要责任，无能力赔偿数额在30万元以上情形的才构成交通肇事罪。二审法院据此判决王某不构成交通肇事罪。由此，劳动部门认定其为工伤的结论也得以维持。

本案的关键在于对"违章"与工伤的关系有一个正确的认识。这就是说，劳动者在工作中由于自己的违章行为造成自己的伤害能否认定为工伤？对此的回答应当是肯定的。因为工伤保险的原则之一就是"无过错责任原则"，即无论职业伤害的责任在于雇主、他人还是自己，受害者都应得到必要的补偿；这种补偿是无条件的，即使劳动者个人也有过失。因此，实行"无责任补偿"，给予伤残人员及时的物质帮助，是工伤保险法的首要准则。这一原则的确立，起到了发挥社会保险的功能、简化法律程序、提高效率的作用，及时、公正地保障受伤害劳动者的权益，同时，也使企业、雇主从工伤赔偿官司中解脱出来，有利于开展正常的生产经营活动。

考证训练

一、单项选择题

1. 目前世界上大多数国家实行的养老保险类型是（　　）。

A. 强制储蓄型养老保险　　B. 国家统筹型社会保险
C. 投保资助型社会保险　　D. 子女抚养型养老保险

2. 我国《失业保险条例》规定，失业保险待遇的领取根据职工本人失业前在企业连续工作时间确定。连续工作 10 年以上的，领取失业保险期限最长为（　　）。

A. 12 个月　　B. 24 个月　　C. 18 个月　　D. 30 个月

3. 在工伤事故分类中，按照事故类别可以划分为（　　）类别。

A. 10 个　　B. 15 个　　C. 20 个　　D. 30 个

4. 停工留薪期一般不超过（　　）月

A. 6 个　　B. 12 个　　C. 18 个　　D. 24 个

5. 职工因工致残退出生产岗位，二级伤残应按月支付伤残津贴为本人工资的（　　）。

A. 75%　　B. 80%　　C. 85%　　D. 95%

6. 工伤职工治疗非工伤引发的疾病，（　　）享受工伤医疗待遇。

A. 不　　B. 酌情　　C. 全部　　D. 部分

7. 社会保险特征不包括（　　）。

A. 自由性　　B. 社会性　　C. 互济性　　D. 补偿性

8. 在社会保障体系中，（　　）的实施对象是社会贫困者或生活在贫困线以下的人。

A. 社会保险　　B. 社会救济　　C. 社会福利　　D. 社会优抚

9. 我国有关法律根据致残后丧失劳动能力程度和护理依赖程度将伤残划分为（　　）等级。

A. 四个　　B. 七个　　C. 八个　　D. 十个

10. 在社会保障体系中，社会保险实施的对象是（　　）。

A. 全体居民　　B. 军烈属　　C. 劳动者　　D. 贫困者

11. 职工因工致残被鉴定为（　　），应当退出生产、工作岗位，终止劳动关系，发给工伤伤残抚恤证件。

A. 五至六级　　B. 七至十级
C. 一至四级　　D. 五至十级

12. 根据我国住房公积金的有关制度规定，单位录用员工的，应当自录用之日起的（　　）内到住房公积金管理中心办理登记手续。

A. 30 日　　B. 60 日　　C. 90 日　　D. 180 日

二、多项选择题

1. 社会保险包括（　　）。

A. 养老保险　　B. 失业保险　　C. 工伤保险
D. 医疗保险　　E. 生育保险

2. 根据我国工伤保险的有关规定，工伤保险待遇分为（　　）。

A. 福利待遇　　B. 工伤津贴　　C. 工伤医疗期待遇

D. 工伤致残待遇　E. 劳动保护待遇

3. 养老保险是世界各国较普遍实行的一种社会保障制度，一般具有（　　）的特点。

A. 由国家立法强制实行。

B. 企业单位和个人都必须参加

C. 由国家、单位和个人三方面或单位和个人双方共同负担

D. 具有社会性强，影响很大。享受人多且时间较长，费用支出庞大

E. 企业必须向当地社会保险经办机构办理社会保险登记，参加社会保险

4. 涉及职工权益的社会保险费以及其他相关的资金项目包括（　　）。

A. 基本养老和补充养老保险费

B. 医疗保险费、失业保险费

C. 工伤保险费、生育保险费

D. 职工福利费、职工教育经费

E. 奖金、津贴和补贴

5. 根据我国工伤保险的有关规定，工伤医疗期待遇包括（　　）。

A. 医疗待遇　　B. 伤残抚恤金　　C. 伤残补助金

D. 工伤津贴　　E. 福利待遇

三、简答题

简述失业保险待遇享受的条件。

四、案例分析题

2005 年 6 月，19 岁的李某从东北农村来到北京，经亲戚介绍到一家印刷厂当了一名印刷工。2007 年 8 月，已有两年多工作经验的李某，在工作中不慎将左手卷进机器，虽经医院紧急抢救，仍没有保留住李某的左手。在医院治疗期间，劳动和社会保障部门认定了李某的工伤。2008 年 3 月李某治疗完成后，被指定的工伤鉴定机构确定为工伤致残四级。身为农民工的李某失去了劳动能力，给其今后生活带来了许多困难。在其家人的陪同下，他向印刷厂提出按国家规定支付一次性伤残补助金、异地安家费、并按社会平均寿命 70 岁计算，一次性支付他伤残津贴 58 万元。

请回答下列问题：

（1）李某的要求是否有法律依据？

（2）根据法律规定，李某应享受什么样的工伤致残待遇？

学习情境四 职业健康安全管理

能力目标

☆ 能够通过一定的渠道和方法收集、整理、更新职业健康安全法律法规；
☆ 能够协助企业根据职业健康安全法律法规的要求规范管理；
☆ 能够进行法律法规和公司职业健康安全制度文件管理；
☆ 能够组织编写企业职业健康安全制度文件；
☆ 能够协助企业建立规范的职业健康安全管理体系架构。

知识目标

☆ 熟悉职业健康相关法律法规的体系构成；
☆ 掌握主要职业健康安全法律法规的重要条款；
☆ 掌握企业主要的职业健康安全管理制度类型；
☆ 了解职业安全健康管理体系的主要内容。

任务1 解读职业健康安全法律法规

【任务名称】

职业健康安全法律法规的辨识与运用。

【任务情境】

案例1：据中国职业病网介绍，2008年5月19日，浦东新区社会发展局接到王先生的投诉：其妻洪某在一家电子公司从事烘箱、电子板压模工作，一段时间下来竟患上重病，他怀疑该病与单位工作环境有关。经查，该公司生产车间内噪声刺耳，粉尘弥漫。面对执法人员询问，公司负责人表示没有进行职业病申报。

两个月后，执法人员携带仪器对公司生产环境进行采样。检测报告显示，这家公司存在11项职业病危害因素，如环氧树脂、苯甲醇、环己酮、二甲苯、苯乙烯、噪声等。公司负责人承认，招录员工时没有在劳动合同中告知这些危害因素，录用后也没有组织员工进行健康检查，更没有提供特殊防护用品和防护设施。经听证，浦东新区社发局于去年8月21日对该公司作出行政处罚：罚款6.5万元，并发出“未提供个人防护用品”等6条警告。

法院审理后认为，用人单位应为劳动者创造符合国家职业标准和卫生要求的工作环境和条件，并采取措施保障劳动者获得职业卫生保护。用人单位不能因其生产过程中化学成分目前是达标的或未超过国家限定标准，也未发生职业病，就忽视上述因素可能导致职业病的各种危害。

法院认为，只要存在《职业病危害因素分类目录》中列明的项目，即存在导致职业病的潜在可能性，就必须按照《职业病防治法》相关规定进行职业病危害项目申报，进行作业场所内职业病危害因素的检测评价，为接触职业病危害因素的劳动者提供防护用品、进行职业危害合同告知、进行相关职业健康检查等。

案例2：据工人日报报道，2008年3月12日，文昌碧海城项目工地发生一起责任事故。该项目部木工组工人刘某在碧海城东苑12号楼二层顶面施工作业时，不慎摔倒，正好压在运转的圆盘锯上，刘某肺部被横向切开，当场死亡。

事故发生后，文昌市安全生产监督管理局（下称安监局）经过调查、取证，于2008年5月5日作出文安监管〔2008〕7号《关于文昌碧海城项目“3·12”瞒报事故的报告》，向文昌市政府报告碧海城发生安全生产事故情况。

2008年5月22日文昌市政府办公室作出文府〔2008〕63号《关于成立文昌碧海城项目“3·12”死亡事故调查组的通知》，成立死亡事故调查组。

2008年8月15日安监局对3·12工伤死亡事故进行立案。

2008年11月14日安监局向市政府提交《关于文昌碧海城工地伤亡事故报告》。

2008年12月29日文昌市政府对“3·12”生产安全事故作出批复，批复的第三条建议安监局依法对事故责任单位及责任人进行处罚，并依法追究负有安全生产监管职责的有关行政人员的责任。

安监局经调查确认该安全生产事故事实后，2009年1月14日作出文安监管案立字〔2008〕第（05）《行政处罚意见告知书》，并于2月3日作出行政处罚决定，对福建省第五建筑公司（下称“福建五健”）罚款100万元，对该公司项目部经理林某罚款人民币7.44万元，对该公司项目部安全员孙某罚款8640元。

福建五建公司对该处罚不服，向文昌市政府提起行政复议申请，市政府复议办听证后以原告没有按照法律规定向事故发生地县级以上人民政府安全生产监督管理部门和负有安全生产监督管理职责的有关部门报告，行为属于瞒报为由，作出了维持（文）安监管罚字〔2009〕第（01）号《行政处罚决定书》的决定。

随后，福建五建公司以及林某、孙某对上述处罚决定均表示不服，向文昌市人民法院提起行政诉讼，诉请撤销上述3个处罚决定。

文昌市人民法院审理认为，根据《中华人民共和国生产安全事故报告和调查处理条例》的有关规定，生产责任事故发生后，事故发生单位应及时、全面、如实地向相关部门报告情况。福建五建公司及项目经理林某、项目部安全员孙某在事故发生后没有履行法定义务，报告事故情况，而是与死者家属私下签订和解协议，采取私了的办法处理事故。尤其是在事故发生一个月后，文昌市建设局对事故进行调查时仍不报告。认定该公司及有关责任人存在故意隐瞒事故、逃避法律责任的行为，根据法律规定，该公司及有关责任人的行为，属瞒报事故。安监局对福建五建公司、项目部经理林某、安全员孙某作出的行政处罚，认定事实清楚，适用法律正确，程序合法。

文昌市人民法院一审判决维持文昌市安监局作出的行政处罚。

一审判决后，福建五建公司以及林某、孙某不服判决，以一审法院认定事实错误为由，向海南一中院提出上诉。

海南一中院审理认为，在事故发生一个多月后，文昌市建设局对事故情况进行调查时，福建五建公司仍未将事故情况进行报告，文昌市安监局在正式进行调查事故的过程中，福建五建公司才向文昌市安监局报告事故情况。因此，事故情况的调查取得，是被上诉人依法定程序调查取得，并非福建五建公司报告。按照《〈生产安全事故报告和调查处理条例〉罚款处罚暂行规定》第五条第四项规定，“故意隐瞒已经发生的事故，并经有关部门查证属实的，属瞒报。”根据上述规定，福建五建公司对本次事故的发生存在瞒报的行为，并有意逃避法律责任。

林某是福建五建公司在文昌碧海城工程的项目经理，孙某是该项目的安全员，《生产安全事故报告和调查处理条例》第三十六条规定，对事故单位进行处罚的同时，对主要负责人、直接负责的主管人员和其他直接责任人处以上一年年收入60%至100%的罚款，文昌安监局依据该规定同时对林某、孙某作出处罚，符合法律的规定。

此案经海南一中院审判委员会讨论决定，依照《中华人民共和国行政诉讼法》有关规定，判决驳回福建省第五建筑工程公司、公司项目部经理林某和公司项目部安全员孙某的上诉，维持原判。

【任务要求】

（1）分组讨论，根据《中华人民共和国安全生产法》、《中华人民共和国职业病防治法》、《作业场所职业健康监督管理暂行规定》、《作业场所职业危害申报管理办法》等法律法规的要求，案例1公司在职业病防治方面需要做哪些工作？

（2）分组讨论，针对案例2，事故发生后，处理过程中涉及哪些法律法规？公司采取了哪些处理行动？请写出相应的法定处理程序。

（3）各组收集一个职业健康安全方面的案例，在课堂上组织开展案例交流会，要求说明各案例所涉及的法律法规。

知识链接

职业健康安全工作关系到国家和人民生命财产安全，关系到广大劳动者的切身利益，关系到经济的健康发展和社会稳定，关系到国家可持续发展的总体战略，同时也关系到我国的国际形象。近年来，国家立法部门加强了职业健康安全方面的立法，不断健全和完善职业健康安全法规体系。

2001年12月，原国家经贸委参考国际劳工组织《职业健康安全管理体系导则》，发布了《职业健康安全管理体系指导意见》和《职业健康安全管理体系审核规范》。同年，国家质量监督检疫检验总局也发布了GB/T 28001—2001《职业健康安全管理体系规范》，进一步推动了我国职业健康安全管理工作向科学化、规范化方向发展。因此，我国传统的表述“劳动安全卫生”和国际通用词组“职业健康安全”进行了接轨，在本章中两个词汇等效采用。

一、职业健康安全法规形式

（一）职业健康安全法规形式

1. 法律

根据《中华人民共和国立法法》（以下简称《立法法》）规定，全国人民代表大会及其常委会行使国家立法权。全国人民代表大会制定和修改刑事、民事、国家机构的和其他的基本法律。全国人大常委会制定和修改除应当由全国人民代表大会制定的法律以外的其他法律；法律通过后由国家主席签署并予以公布。签署公布法律的主席令应载明该法律的制定机关、通过和施行日期。法律签署公布以后，及时在全国人民代表大会常务委员会公报和在全国范围内发行的报纸上刊登。在常务委员会公报上刊登的法律文本为标准文本。

2. 行政法规

国务院根据宪法和法律，制定行政法规。国务院有关部门认为需要制定行政法规的，应当向国务院报请立项。行政法规由总理签署国务院令公布，并及时在国务院公报和在全国范围内发行的报纸上刊登。在国务院公报上刊登的行政法规为标准文本。

3. 地方性法规、自治条例和单行条例

（1）地方性法规

《立法法》规定，省、自治区、直辖市的人民代表大会及其常委会根据本行政区域的具体情况和实际需要，在不与宪法、法律、行政法规相抵触的前提下，可以制定地方法规。较大的市的人民代表大会及其常委会根据本市的具体情况和实际需要，在不与宪法、行政法规和本省、自治区的地方性法规相抵触的前提下，可以制定地方性法规，报省、自治区人民代表大会常委会批准后施行。所称较大的市是指省、自治区的人民政府所在地的市，经济特区所在地的市和经国务院批准的较大的市。

（2）自治条例和单行条例

民族自治地区的人民代表大会有权依照当地民族的政治、经济和文化的特点，制定自治条例和单行条例。自治区的自治条例和单行条例报全国人民代表大会常务委员会批准后生效。自治州、自治县的自治条例和单行条例，报省、自治区、直辖市的人大常委会批准后生效。

4．规章

国务院各部、委员会、中国人民银行、审计署和具有行政管理职能的直属机构，可以根据法律和国务院的行政法规、决定、命令，在本部门的权限范围内，制定规章。省、自治区、直辖市和较大的市的人民政府，可以根据法律、行政法规和本省、自治区、直辖市的地方性法规，制定规章。部门规章由部门首长签署命令予以公布。地方政府规章由省长或者自治区主席或者市长签署命令予以公布。部门规章签署公布后，及时在国务院公报或者部门公报和在全国范围内发行的报纸上刊登。地方规章签署公布后，及时在本级人民政府公报和在本行政区域范围内发行的报纸上刊登。在各类公报上刊登的文本为标准文本。

（二）《立法法》关于法律效力及法律冲突问题的规定

（1）宪法具有最高法律效力，一切法律、行政法规、地方性法规、自治条例和单行条例、规章都不得同宪法相抵触；

（2）法律效力高于行政法规、地方性法规、规章；

（3）行政法规的效力高于地方性法规、规章；

（4）地方性法规的效力高于本级和下级地方政府规章；

（5）部门规章之间、部门规章与地方政府规章之间具有同等效力，在各自的权限范围内施行；

（6）同一机关制定的法律、行政法规、地方性法规、自治条例和单行条例、规章，特别规定与一般规定不一致的，适用特别规定；新规定与旧规定不一致的，适用新的规定；

（7）地方性法规与部门规章之间对同一事项的规定不一致，不能确定如何适用时，由国务院提出意见，国务院认为应当适用地方性法规的，应当决定在该地方适用地方性法规的规定；认为应当适用部门规章的，应当提请全国人民代表大会常务委员会裁决；

（8）部门规章之间、部门规章与地方政府规章之间对同一事项的规定不一致时，由国务院裁决。

案例 4.1　超龄劳动者受伤可以认定为工伤吗？

张某系江西籍某村村民，今年65岁，2007年8月到浙江绍兴某私营企业从事装卸工作。2009年4月17日，张某在工作过程中不慎从车上摔下，造成颅脑损伤，经鉴定为七级伤残。因向用人单位主张保险待遇遭到拒绝，张某于6月20日向绍兴市劳动与社会保障局提出工伤认定申请。当天，劳动与社会保障局作出《工伤认定申请不予受理通知书》。理由为：根据浙江省劳动和社会保障厅《关于超过法定退休年龄人员在工作中受伤可否受理工伤认定申请的批复》规定：用人单位使用的超过法定退休年龄人员，不属建立劳动关系的对象。此类人员受伤，不属于工伤认定受理范围。

因此，张某向法院提起行政诉讼，请求判令绍兴市劳动与社会保障局对其作出工伤认定，并认定其可依照工伤保险条例的规定享受工伤保险待遇。

法院认为，浙江省劳动和社会保障厅的批复是根据《劳动法》和国务院《关于工人退休、退职的暂行办法》（国发〔1978〕104号）作出的。《关于工人退休、退职的暂行办法》规定的退休退职职工的范围明确限定在“全民所有制企业、事业单位和党政机关，群众团体的工人”，根本不包含私营企业的职工。而《劳动法》第二条明确规定：在中华人民共和国境内的企业、个体经济组织和与之形成劳动关系的劳动者，适用本法。根据《工伤保险条例》第二条第二款“中华人民共和国境内的各类企业的职工和个体工商户的雇工，均有依照本条例的规定享受工伤保险待遇的权利”之规定，《工伤保险条例》并未把超过退休年龄的排除在“职工”之外。因此法院判决撤销市劳动与社会保障局不予受理决定。

江西祥昀律师事务所邝宪平律师认为，我国宪法规定，我国公民都有劳动的权利和义务。而对劳动权的限制，只有劳动法第十五条规定了，禁止单位招用未满16周岁的未成年人。因此，只要是16岁以上的公民都有劳动权，张某虽然超过了法定退休年龄，但仍有劳动权，张某的受伤应属于工伤。

我国法定退休年龄制度主要源于1978年颁布的《关于工人退休、退职的暂行办法》和《关于安置老弱病残干部的暂行办法》两个文件。法律、法规并没有规定劳动者劳动权的上限年龄，用人单位录用超龄劳动者不违反法律、法规的禁止性规定。因此，超龄劳动者在从事受聘或受雇工作中受伤，应当与未超龄劳动者一样，属于工伤认定范围，并享受工伤保险待遇。

（资料来源：http：//www. 1dzc. com）

二、职业健康安全法规体系

职业健康安全法律法规是国家为了保护劳动者在劳动过程中的安全和健康而制定的各种法律法规的总和。职业健康安全法律法规体系以《宪法》为依据和指导原则，目前已建立比较完整的法律体系，当然整个体系还处于不断健全和完善的过程中。《宪法》第四十二条规定，要“加强劳动保护；改善劳动条件”。1987 年全国劳动安全监察工作会议重申职业安全卫生工作的方针为：“安全第一，预防为主”。1994 年 7 月 5 日第八届全国人大常委会第八次会议通过的《中华人民共和国劳动法》第六章专章规定“劳动安全卫生”，以劳动基本法的形式对劳动安全卫生提出了基本要求。2001 年 10 月 27 日第九届全国人民代表大会常务委员会第二十四次会议审议通过了《中华人民共和国职业病防治法》，并于 2002 年 5 月 1 日起施行。2002 年 6 月 29 日，九届全国人大常委会第二十八次会议通过并于 2002 年 11 月 1 日施行的《中华人民共和国安全生产法》，它是在党中央领导下制定的一部“生命法”，它的颁布实施，是我国安全生产法制建设的里程碑。《作业场所职业健康监督管理暂行规定》（安监总局第 23 号令）（以下简称《规定》）已于 2009 年 9 月 1 日起施行。这是国家安监总局第一部职业健康安全规章，标志着我国职业健康监督管理工作朝着法制化、规范化迈出了一大步。

（一）宪法

《中华人民共和国宪法》第四十二条规定：“中华人民共和国公民有劳动的权利和义务。国家通过各种途径，创造劳动就业条件，加强劳动保护，改善劳动条件，并在发展生产的基础上，提高劳动报酬和福利待遇。国家对就业前的公民进行必要的劳动就业训练。”第四十三条规定：“中华人民共和国劳动者有休息的权利。国家发展劳动者休息和休养的设施，规定职工的工作时间和休假制度。”第四十八条规定：“国家保护妇女的权利和利益……”宪法中所有这些规定，是我国职业健康安全立法的法律依据和指导原则。

（二）刑法

《中华人民共和国刑法》对违反各项劳动安全卫生法律法规，情节严重者的刑事责任做了规定。1997 年 3 月 14 日，第八届全国人民代表大会第五次会议通过修订的《中华人民共和国刑法》（以下简称《刑法》），自 1997 年 10 月 1 日起施行。2006 年 6 月 29 日第十届全国人民代表大会第 22 次会议审议通过了《刑法》修正案（六）。《刑法》修正案（六）对《刑法》原一百三十四条、一百三十五条规定的犯罪主体、犯罪行为和刑罚作出了修改。增加了第一百三十五条之一和第一百三十九条之一关于大型群众性活动重大事故罪和瞒报、谎报事故罪的两条规定。《刑法》有关安全生产犯罪的规定主要有重大责任事故罪、重大劳动安全事故罪、大型群众性活动重大事故罪、不报或者谎报事故罪、危险物品肇事罪、提供虚假证明文件罪、国家工作人员职务犯罪等。2010 年 8 月 23 日全国人大常委会 23 日审议的刑法修正案（八）草案，对原来由行政管理手段或民事手段调整的违法行为定为犯罪，规定了不支付劳动报酬的犯罪。老板恶意欠薪或被判刑，刑法修正案（八）草案规定恶意欠薪可判七年，加强了对劳动者权益的保护。

《刑法》中职业健康安全相关法律条款包括：

第一百三十五条：安全生产设施或者安全生产条件不符合国家规定，因而发生重大伤亡事故或者造成其他严重后果的，对直接负责的主管人员和其他直接责任人员，处三年以下有期徒刑或者拘役；情节特别恶劣的，处三年以上七年以下有期徒刑。

举办大型群众性活动违反安全管理规定，因而发生重大伤亡事故或者造成其他严重后果的，对直接负责的主管人员和其他直接责任人员，处三年以下有期徒刑或者拘役；情节特别恶劣的，处三年以上七年以下有期徒刑。

第一百三十六条：违反爆炸性、易燃性、放射性、毒害性、腐蚀性物品的管理规定，在生产、储存、运输、使用中发生重大事故，造成严重后果的，处三年以下有期徒刑或者拘役；后果特别严重的，处三年以上七年以下有期徒刑。

第一百三十七条：建设单位、设计单位、施工单位、工程监理单位违反国家规定，降低工程质量标准，造成重大安全事故的，对直接责任人员，处五年以下有期徒刑或者拘役，并处罚金；后果特别严重的，处五年以上十年以下有期徒刑，并处罚金。

第一百三十九条：违反消防管理法规，经消防监督机构通知采取改正措施而拒绝执行，造成严重后果的，对直接责任人员，处三年以下有期徒刑或者拘役；后果特别严重的，处三年以上七年以下有期徒刑。

在安全事故发生后，负有报告职责的人员不报或者谎报事故情况，贻误事故抢救，情节严重的，处三年以下有期徒刑或者拘役；情节特别严重的，处三年以上七年以下有期徒刑。

第二百七十六条之一：有能力支付而不支付或者以转移财产、逃匿等方法逃避支付劳动者的劳动报酬，情节恶劣的，处三年以下有期徒刑或者拘役，并处或者单处罚金；造成严重后果的，处三年以上七年以下有期徒刑，并处罚金。

案例4.2

河南省平顶山市新华区四矿“9·8”特别重大瓦斯爆炸事故

2009年9月8日0时55分，河南省平顶山市新华区四矿发生特别重大瓦斯爆炸事故，死亡76人、受伤14人，直接经济损失3986.4万元。经调查认定，这是一起责任事故。

事故原因

1. 直接原因

新华区四矿违法违规开采己组煤层，其201机巷顶板冒落导致局部通风机停风后，造成201掘进工作面内积聚大量高浓度瓦斯；违章排放瓦斯过程中致使瓦斯浓度达到爆炸界限；巷道内破损的煤电钻电缆短路产生高温火源引起瓦斯爆炸。

2. 间接原因

(1) 该矿违法组织施工和生产，超层越界盗采资源，不执行瓦斯检查制度，制作假报表、假图纸，弄虚作假、应付检查，安全生产管理混乱。

(2) 河南省、平顶山市、新华区煤炭行业管理部门对该矿擅自变更技改设计方案、边技改边违法生产的行为制止不力，使该矿在不符合验收条件的情况下通过复产验收。

(3) 河南省、平顶山市、新华区国土资源管理部门没有对该矿超层越界开采行为予以制止，未按规定对其开采活动进行实测和检查。

(4) 平顶山市、新华区安全监管部门对该矿在停工停产整顿期间违法施工、违法生产的问题失察。

(5) 平顶山市公安局新华分局在该矿停工停产整顿期间，违规批准供应火工品。

(6) 平顶山市、新华区、焦店镇党委、政府对该矿在停工停产整顿期间违法施工、违法生产的问题监督检查不力。

(7) 河南煤矿安全监察局豫南监察分局对该矿在停工停产整顿期间违法施工和生产的问题失察。

对事故责任人的处理

1. 移送司法机关43人，主要有：

(1) 涉嫌重大责任事故罪被批准逮捕的有3人：张培举，新华区四矿投资人；邓树军，新华区四矿生产副矿长；李迎彬，新华区四矿调度室主任。

(2) 涉嫌强令他人违章冒险作业罪被批准逮捕的1人：李新军，新华区四矿矿长。

(3) 涉嫌玩忽职守罪被批准逮捕的有4人：温子龙，新华区煤炭工业局委派驻矿安监员；康双义，新华区煤炭工业局局长；齐同燕，新华区人民政府副区长；张瑞洲，新华区地质矿产局局长。

(4) 涉嫌受贿罪被批准逮捕的有4人：柴东旺，新华区民政局局长（原区煤炭工业局局长）；黄国军，中平能化集团天安公司地质测量处处长；柳玉君，新华区区委书记；李广，平顶山市国土资源局党组书记。

此外，河南省国土资源厅副厅长张和儒因涉嫌重大违纪违法问题已于2009年11月被河南省纪委立案调查，目前已移送司法机关处理。

2. 给予党纪、行政处分21人。

(1) 撤职、撤销党内职务处分的主要有：原平顶山市煤炭工业局副局长、新华区地质矿产局副局长、平顶山市国土资源局副局长、焦店镇人民政府镇长（党委副书记）、新华区人民政府区长、区委副书记等。

(2) 给以记过、记大过处分的主要有：原新华区安全监管局局长（党组副书记）、河南省工业和信息化厅副厅长兼煤管办主任等。

(3) 还有多人受党内严重警告、撤销党内职务等处分。

3. 行政处罚

责成平顶山市人民政府依法关闭新华区四矿、依法没收该矿非法生产所得，河南省有关部门和河南煤矿安监局依法吊销该矿及有关责任人的所有证照。

（资料来源：国家安全监督局网站）

(三) 职业健康安全基本法

《中华人民共和国劳动法》（以下简称《劳动法》）共十三章一百零七条，其中第四章“工作时间和休息放假”、第六章“劳动安全卫生”及第七章“女职工和未成年工特殊保护”主要涉及职业健康安全内容。九届全国人大常委会第二十八次会议审议通过《中华人民共和国安全生产法》（以下简称《安全生产法》）已于2003年1月1日正式实施，是我国第一部有关安全生产管理的综合性法律。《安全生产法》对生产经营单位的安全生产保障、生产安全事故的应急救援与调查处理、法律责任等做了明确规定，对安全管理机构、安全投入的保证、职工安全培训、从业人员的安全生产权利义务、事故应急救援、事故报告和调查处理、安全生产责任追究等都提出了要求。

(四) 职业健康安全专项法

职业健康安全专项法是针对特定的安全生产领域和特定保护对象而制定的单项法律。如1992年11月七届全国人大常委会第二十八次会议通过我国第一部有关职业健康安全的法律《中华人民共和国矿山安全法》，随后又陆续颁布了《中华人民共和国海上交通安全法》、《中华人民共和国消防法》、《中华人民共和国职业病防治法》和《中华人民共和国道路交通安全法》。

(五) 职业健康安全相关法

职业健康安全涉及社会生产活动各方面，因而我国制定颁布的一系列法律均与其相关。如《中华人民共和国全民所有制企业法》的第三章“企业的权利和义务”第四十一条指出：“企业必须贯彻安全生产制度，改善劳动条件，做好劳动保护和环境保护工作，做到安全生产和文明生产。”《中华人民共和国标准化法》第一章规定：“工业产品的设计、生产检验、包装、储存、运输、使用的方法或者生产、储存、运输过程中的安全、卫生要求”；“建筑工程的设计、施工方法和安全要求”。其他法律如《中华人民共和国妇女权益保障法》、《中华人民共和国环境保护法》、《中华人民共和国卫生防疫法》和《中华人民共和国工会法》中部分条款也与职业健康安全有关，因而也属于此类。

(六) 职业健康安全行政法规

由国务院组织制定并批准公布，为实施职业健康安全法律或规范安全管理制度及程序而颁布的条例、规定等，如《国务院关于特大安全事故行政责任追究的规定》、《生产安全事故报告和调查处理条例》、《危险化学品安全管理条例》、《中华人民共和国尘肺病防治条例》、《中华人民共和国内河交通安全管理条例》、《石油天然气管道保护条例》、《工伤保险条例》、《禁止使用童工规定》、《建设工程安全生产管理条例》、《特种设备安全监察条例》和《突发公共卫生事件应急条例》等。

（七）各部门发布的有关职业健康安全规章

国务院有关部门为加强职业健康安全工作而颁布的标准性文件，如原国家安全生产监督管理局颁布的《煤矿安全规程》，原劳动部颁布的《爆炸危险场所安全规定》、《违反〈中华人民共和国劳动法〉的行政处罚办法》、《建设工程项目职业安全卫生监察规定》、《劳动防护用品规定》；原国家经贸委颁布的《特种作业人员安全技术培训考核管理办法》；国家质量技术监督检验检疫总局颁布的《特种设备质量监督与安全监察规定》；卫生部颁布的《工业企业听力保护标准》等。

（八）职业健康安全地方性法规和地方政府规章

指有立法权的地方权力机关——地方人民代表大会及其常委会和地方政府制定的职业健康安全标准性文件，是对国家安全生产法律、法规的补充和完善，它以解决本地区某一特定的职业健康安全问题为目标，具有较强的针对性和可操作性。

（九）中华人民共和国行政处罚法

1996年3月17日，第八届全国人民代表大会第四次会议通过《中华人民共和国行政处罚法》（以下简称《行政处罚法》）。《行政处罚法》的立法目的是为了规范行政处罚的设定和实施，保障和监督行政机关有效实施行政管理，维护公共利益和社会秩序，保护公民、法人或者其他组织的合法权益。

行政处罚是指国家行政机关依照有关法律、法规和规章，对公民、法人或者其他组织违反行政管理秩序的行为实施处罚的行政执法活动。行政处罚是对犯有违法行为尚不够刑事处分者实施的行政制裁。

行政处罚由法定的国家机关和组织实施。行政处罚的对象是行政相对人。行政相对人是指行政管理的对象。在实施细则处罚时的行政相对人，是指违反行政管理法律、法规和规章并应受行政制裁的人，行政相对人包括公民、法人或者其他组织。行政处罚必须在法律规定的范围内实施；并且必须依照法定程序实施。实施行政处罚的程序主要有简易程序、一般程序和听证程序。

为了保证行政处罚活动的合法、适当，规范行政处罚实施机关及其工作人员的执法活动，防止行政违法和滥施行政处罚权，切实保障行政相对人的合法权利，《行政处罚法》赋予行政相对人陈述权、申辩权、复议权、诉讼权和索赔权五项权利。

现行法律、法规和规章针对不同违反行政管理的行为，设定了多种行政处罚。为了规范行政处罚，《行政处罚法》对最常见的、施行最多的主要行政处罚的种类作了概括性的规定，主要有警告、罚款、没收违法所得、没收非法财物，责令停产停业，暂扣或者吊销许可证、暂扣或者吊销执照，行政拘留，以及法律法规规定的其他行政处罚。法律法规规定的其他行政处罚还包括责令停止违法行为、责令改正、关闭等处罚。

（十）中华人民共和国行政诉讼法

1989年4月4日第七届全国人民代表大会第二次会议通过《中华人民共和国行政诉讼法》（以下简称《行政诉讼法》）是对公民、法人或者其他组织有权依法向人民法院起诉行政机关的违法具体行政行为，有权依法取得赔偿等问题作出规定，它是对宪法原则加以具体化，以保障宪法的贯彻实施。本法第二条规定：公民、法人或者其他组织认为行政机关和行政机关工作人员的具体行政行为侵犯其合法权益，有权依照本法向人民法院提起诉讼。

人民法院审理行政案件，依法实行合议、回避、公开审判和两审终审制度。对属于人民法院受案范围的行政案件，公民、法人或者其他组织可以先向上一级行政机关或者法律、法规规定的行政机关申请复议，对复议不服的，再向人民法院提起诉讼；也可以直接向人民法院提起诉讼。人民法院接到起诉状，经审查，应当在七日内立案或者作出裁定不予受理。原告对裁定不服的，可以提起上诉。

人民法院经过审理，根据不同情况，分别作出以下判决：判决维持；判决撤销或者部分撤销，并可以判决被告重新作出具体行政行为；被告不履行或者拖延履行法定职责的，判决其在一定期限内履行；行政处罚显失公正的，可以判决变更。

人民法院应当在立案之日起三个月内作出第一审判决。有特殊情况需要延长的，由高级人民法院批准，高级人民法院审理第一审案件需要延长的，由最高人民法院批准。当事人不服人民法院第一审判决的，有权在判决书送达之日起十五日内向上一级人民法院提起上诉。当事人不服人民法院第一审裁定的，有权在裁定书送达之日起十日内向上一级人民法院提起上诉。逾期不提起上诉的，人民法院的第一审判决或者裁定发生法律效力。

人民法院审理上诉案件，应当在收到上诉状之日起两个月内作出终审判决。有特殊情况需要延长的，由高级人民法院批准，高级人民法院审理上诉案件需要延长的，由最高人民法院批准。

（十一）职业健康安全标准

根据《劳动法》和《标准化法》的规定，职业健康安全标准属强制性标准，从而赋予职业健康安全标准的法律地位，也是我国职业健康安全法规体系中的一个重要组成部分。

从广义讲，我国的职业健康安全法律体系，是由宪法、国家法律、国务院法规、地方性法规，以及标准、规章、规程和规范性文件等所构成的。在这个体系中，标准处于十分重要的位置，具有技术性法律规定的作用。标准是法律的延伸。与安全生产相关的技术性规定，通常体现为国家标准和行业标准。根据世界贸易组织协议，我国的强制性标准与国外的技术法规具有同样的法律效力。现行法律法规也就此作出了明确规定。《安全生产法》第十六条规定“生产经营单位应当具备本法和有关法律、行政法规和国家标准或者行业标准规定的安全生产条件；不具备安全生产条件的，不得从事生产经营活动。”《安全生产许可证条例》第六条，把厂房、作业场所和安全设施、设备、工艺符合安全生产法律、法规、标准和规定的要求，作为企业取得安全生产许可证应当具备的基本条件。

安全标准是指为实现安全生产和作业，保障劳动者安全和健康而制定颁布的一切有关安全方面的技术、管理等要求，包括设备、装备、器材等。这类标准涉及安全生产标准、产品质量安全标准、公共安全标准等。标准的类型包括国家标准（GB）和行业标准（AQ、MT、LD、JB等）。

安全系统工程有关事故形成理论认为，事故是由人、物、环境、管理四要素引起的，事故预防应从影响系统的四个因素出发进行综合治理，劳动安全卫生应用标准都是用来防止事故和职业病的发生，因此它必须包含针对人的不安全行为、物的不安全状态、环境因素、管理因素等四方面的标准。根据这个原理，安全生产标准分为：基础标准、管理标准、技术标准、方法标准和产品标准等五类。如《企业职工伤亡事故分类标准（GB6441—1986）》是劳动安全管理的基础标准，适用于企业职工伤亡事故统计工作。

（十二）国际公约

经我国批准生效的国际劳工公约，也是我国职业健康安全法形式的重要组成部分。国际劳工公约，是国际职业健康安全法律标准的一种形式，它不是由国际劳工组织直接实施的法律标准，而是采取被会员国批准，并由会员国作为制定国内职业健康安全法规依据的公约文本。国际劳工公约经国家权力机关批准后，批准国应采取必要的措施使该公约发生作用，并负有实施已批准的劳工公约的国际法义务。我国已加入的条约有《作业场所安全使用化学品公约》、《三方协商促进履行国际劳工标准公约》等。

（十三）其他要求

其他要求指的是行业技术标准、政府机构的协定、非法规性指南等。

三、主要职业健康安全法律法规介绍

（一）《中华人民共和国劳动法》

1994年7月5日，第八届全国人民代表大会常务委员会第八次会议审议通过《中华人民共和国劳动法》。该法作为我国第一部全面调整劳动关系的基本法和劳动法律体系的母法，是制定和执行其他劳动法律法规的依据，同时它以国家意志把实现劳动者的权利建立在法律保证的基础上，既是劳动者在劳动问题上的法律保障，又是每一个劳动者在劳动过程中的行为标准。它的颁布改变了我国劳动立法落后的状况，不仅提高了劳动法律标准的层次和效力，而且为制定单项劳动法律、法规，建立完备的劳动法律体系奠定了基础。该法共十三章一百零七条，下面介绍与职业健康安全有关的内容。

1. 关于工作时间和休息放假的规定

《劳动法》第四章“工作时间和休息休假”第三十六条规定：国家实行劳动者每日工作时间不超过八小时，平均每周工作时间不超过四十四小时的工时制度。

注：根据《国务院关于职工工作时间的规定》（1995 年 3 月 25 日国务院第 174 号令）第三条的规定，职工每周工作时间修改为四十小时。

《劳动法》第三十八条规定：用人单位应当保证劳动者每周至少休息一日。《劳动法》第三十九条规定：企业因生产特点不能实行本法第三十六条、第三十八条规定的，经劳动行政部门批准，可以实行其他工作和休息办法。

《劳动法》第四十一条规定：用人单位由于生产经营需要，经与工会和劳动者协商后可以延长工作时间，一般每日不得超过一小时；因特殊原因需要延长工作时间的，在保障劳动者身体健康的条件下延长工作时间每日不得超过三小时，但是每月不得超过三十六小时。

2. 关于职业健康安全的规定

《劳动法》第六章为“职业健康安全”方面的条款（第五十二条至第五十七条），其主要有如下内容。

（1）关于组织在职业安全卫生方面的权利义务的规定

《劳动法》第五十二条规定：“用人单位必须建立、健全劳动安全卫生制度，严格执行国家劳动安全卫生规程和标准，对劳动者进行劳动安全卫生教育，防止劳动过程中的事故，减少职业危险源。”第五十四条规定：“用人单位必须为劳动者提供符合国家规定的劳动安全卫生条件和必要的劳动防护用品，对从事有职业危险源作业的劳动者应当定期进行健康检查。”

“劳动安全卫生制度”主要指安全生产责任制、安全技术措施计划制度、安全生产教育制度、安全卫生检查制度、伤亡事故职业病统计报告和处理制度等。“劳动安全卫生规程和标准”是指关于消除、限制或预防劳动过程中的危险和危害因素，保护职工安全与健康，保障设备、生产正常运行而制定的统一规定。劳动安全卫生标准共分三级，即国家标准、行业标准和地方标准。“国家规定”主要指《工厂安全卫生规程》、《建筑安装工程安全技术规程》、《工业企业设计卫生标准》及一些国家标准，如《工业企业厂内运输安全规程》等。要求企业提供的劳动安全卫生条件，主要包括工作场所和生产设备。工作场所的光线应当充足，噪声、有毒有害气体和粉尘浓度不得超过国家规定的标准，建筑施工、易燃易爆和有毒有害等危险作业场所应当设置相应的防护设施、报警装置、通讯装置、安全标志等。对危险性大的生产设备设施，如锅炉、压力容器、起重机械、电梯、企业内机动车辆，客运架空索道等，必须经过安全评价认可，取得劳动部门颁发的安全使用许可证后，方可投入运行。企业提供的劳动防护用品，必须是经过政府劳动部门安全认证合格的劳动防护用品。对从事有毒有害作业人员应定期进行身体健康检查。

（2）关于劳动安全卫生设施和“三同时”制度的规定

《劳动法》第五十三条规定：“劳动安全卫生设施必须符合国家规定的标准。新建、改建、扩建工程的劳动安全卫生设施必须与主体工程同时设计、同时施工、同时投入生产和使用。”

本条第一款规定劳动安全卫生设施的建设标准。劳动安全卫生设施是指为了防止伤亡事故和职业病的发生，而采取的消除职业危害因素的设备、装置、防护用具及其他防范技术措施的总称，主要包括劳动安全、劳动卫生设施、个体防护措施和生产性辅助设施（如女工卫生室、更衣室、饮水设施等）。“国家规定的标准”主要指劳动部门和各行业主管部门制定的一系列技术标准。本条第二款被称为“三同时”，即组织按照劳动法律法规的有关标准为劳动者提供安全、卫生保障以外，还应该做到安全卫生设施的“三同时”，即新建、改建和扩建工程项目时劳动安全卫生设施与主体工程同时设计、同时施工、同时投产，这是劳动安全卫生法规的一项重要内容。《矿山安全法》、《尘肺病防治条例》、1984 年国务院《关于加强防尘防毒工作的决定》、1988 年原劳动部颁发的《关于生产性建设工程项目职业安全卫生监察的规定》、1992 年颁发的《建设项目（工程）职业安全卫生设施和技术措施验收方法》对“三同时”制度做了具体规定。1996 年 10 月原劳动部颁发了 3 号令《建设项目（工程）劳动安全卫生监察规定》，1999 年 10 月原国家经贸委发出了《关于对建设项目（工程）劳动安全卫生预评价单位进行资格认证的通知》以及 2002 年国家安全生产监督管理局发出《关于加强安全评价机构管理的意见》等对安全预评价起到了极大的推动作用，安全评价工作逐步深入开展，已取得了初步的成效。

（3）关于特种作业的上岗要求的规定

特种作业是指在劳动过程中容易发生伤亡事故，对操作者本人，尤其对他人和周围设施的安全有重大危害的作业，从事特种作业的人员称为特种作业人员。

特种作业的范围包括：电工作业，金属焊接、切割作业，起重机械（含电梯）作业，企业内机动车辆驾驶，登高架设作业，锅炉作业（含水质化验），压力容器作业，制冷作业，爆破作业，矿山通风作业，矿山排水作业，矿山安全检查作业，矿山提升运输作业，采掘（剥）作业，矿山救护作业，危险物品作业，经国家局批准的其他的作业。特种作业人员上岗作业前，必须进行专门的安全技术和操作技能的培训教育，增强其安全生产意识，并获得证书后方可上岗。特种作业人员的培训推行全国统一培训大纲、统一考核教材、统一证件的制度。2002 年 10 月国家安全生产监督管理局颁布了《特种作业人员安全技术培训大纲及考核标准：通用部分》。该大纲与标准内容涉及了电工作业人员、金属焊接与切割作业人员、电梯驾驶员、企业内机动车辆驾驶人员、起重机司机、起重司索指挥作业人员、制冷与空调作业人员和登高架设作业人员八个工种，作为特种作业人员安全技术培训、考核工作的指导性文件。

特种作业人员安全技术考核包括安全技术理论考试与实际操作技能考核两部

分，以实际操作技能考核为主。《特种作业人员操作证》由国家统一印制，地、市级以上行政主管部门负责签发，全国通用。离开特种作业岗位达6个月以上的特种作业人员，应当重新进行实际操作考核，经确认合格后方可上岗作业。取得《特种作业人员操作证》者，每两年进行一次复审。连续从事本工种10年以上的，经用人单位进行知识更新教育后，每4年复审1次。复审的内容包括：健康检查、违章记录、安全新知识和事故案例教育、本工种安全知识考试。未按期复审或复审不合格者，其操作证自行失效。

（4）关于劳动者在安全卫生方面的权利和义务的规定

《劳动法》第五十六条规定："劳动者在劳动过程中必须严格遵守安全操作规程。劳动者对组织管理人员违章指挥、强令冒险作业，有权拒绝执行；对危及生命安全和身体健康的行为，有权提出批评、检举和控告。"

该规定明确了劳动者在劳动安全卫生方面享有的权利和承担的义务。即劳动者依法享有劳动保护权，可以拒绝违章指挥和冒险作业；女职工依法享有特殊保护的权利；对危及生命安全和身体健康的行为，有权提出批评、检举和控告。劳动者负有遵守劳动纪律，执行劳动安全卫生法规的义务；负有及时报告劳动过程中险情的义务；负有接受安全卫生教育的义务。

（5）关于伤亡事故和职业病统计、报告、处理制度的规定

《劳动法》第五十七条规定："国家建立伤亡事故和职业病统计报告和处理制度。县级以上各级人民政府劳动行政部门、有关部门和组织应当依法对劳动者在劳动过程中发生的伤亡事故和劳动者的职业病状况，进行统计、报告和处理。"

伤亡事故和职业病统计报告和处理制度是对劳动者在劳动过程中发生的职业病和与生产有关的伤亡事故进行统计、报告、调查、分析和处理的一项劳动保护制度。这一制度的目的在于及时统计，发现和处理职业病和伤亡事故，积极采取预防措施，防止和减少职业病的危险源，防止伤亡事故的发生。"依法"主要指：《矿山安全法》、《企业职工伤亡事故报告和处理规定》、《特别重大事故调查程序暂行规定》，以及原劳动部发布的《企业职工伤亡事故报告和处理规定的有关问题的解释》、《特别重大事故调查程序暂行规定有关条文的解释》、《企业职工伤亡事故统计报表制度》、《职业病报告办法》、《职业病范围和职业病处理方法的规定》、《特大安全事故行政责任追究的规定》（国务院第302号令）等。

3. 关于女职工和未成年工特殊保护的规定

《劳动法》第七章第五十八条规定：国家对女职工和未成年工实行特殊劳动保护。未成年工是指年满十六周岁未满十八周岁的劳动者。

《劳动法》第五十九条规定：禁止安排女职工从事矿山井下、国家规定的第四级体力劳动强度的劳动和其他禁忌从事的劳动。

《劳动法》第六十四条规定：不得安排未成年工从事矿山井下、有毒有害、国家规定的第四级体力劳动强度的劳动和其他禁忌从事的劳动。

案例 4.3　　怀孕期间换岗降薪公司败诉

孙某于2008年1月1日进入某公司从事办公室文秘工作，双方签订了为期3年的劳动合同。该合同规定，孙某的工作岗位为办公室文秘，同时负责接待等工作。2009年8月，公司以孙某已经怀孕近4个月，不方便再干办公室接待工作为由，向她下发岗位转换通知书，将她从办公室文秘调换为车间质量员，月工资由原来的1200元降至800元。孙某在多次找公司协商未果的情况下，到当地劳动争议仲裁委员会提出申请，要求继续履行所签订的劳动合同。

仲裁委经审理认为，根据《劳动法》第十七条规定，订立和变更劳动合同，应当遵循平等自愿、协商一致的原则，不得违反法律、行政法规的规定。《劳动合同法》第四十二条规定，女职工在孕期、产期、哺乳期的，不得根据《劳动合同法》第四十条和第四十一条中规定的解除合同和裁员。《女职工劳动保护条例》第四条规定，不得在女职工怀孕期、产期、哺乳期降低其基本工资，或者解除劳动合同。《妇女权益保障法》第二十七条规定，任何单位不得因结婚、怀孕、产假、哺乳等情形，降低女职工的工资，辞退女职工，单方解除劳动（聘用）合同或者服务协议。本案中，孙某怀孕后，公司单方变更孙某工作岗位、降低工资，变相解除劳动合同的行为违反了劳动法律、法规的规定，其决定没有法律效力。在仲裁委主持调解下，该公司同意孙某继续在原岗位工作，履行所签订的劳动合同。

（资料来源：http：//www.1dzc.com）

（二）《中华人民共和国劳动合同法》

《中华人民共和国劳动合同法》（以下简称《劳动合同法》）经第十届全国人大常委会第二十八次会议审议通过，于2008年1月1日起施行。《劳动合同法》是调整劳动关系的一部重要法律，是我国劳动保障法律体系的重要组成部分。

《劳动合同法》在坚持《劳动法》确立的劳动合同制度框架基础上，不仅对劳动合同期限、试用期、经济性裁员、经济补偿金等内容作了补充和完善，而且对用人单位民主管理、劳务派遣、非全日制用工、竞业限制等内容做出了新的法律规定，既加大了对劳动者的保护力度，也增加了维护用人单位合法权益的内容。

《劳动合同法》除重申《劳动法》的规定外，对用人单位在规章制度方面还增加了以下内容。

实体方面：用人单位应当建立和完善直接涉及劳动者切身利益的规章制度（包括劳动报酬、工作时间、休息休假、劳动安全卫生、保险福利、职工培训、劳动纪律、劳动定额管理等）。

程序方面：在制定、修改或者决定上述规章制度或者重大事项时，应当经过以下程序：①经职工代表大会或全体职工讨论；②与工会或职工代表平等协商确定；③在单位内公示或者告知劳动者。

规章制度和重大事项实施过程中，工会或职工认为不适当的有权向单位提出意见，通过协商予以修改完善。

用人单位的规章制度违反法律、法规的规定，损害劳动者权益的，劳动者可以解除劳动合同，用人单位应当向劳动者支付经济补偿。

在办理用工手续与签订劳动合同方面，将用人单位的违法成本转为劳动者的经济利益，建立了一种用人单位的违法成本与劳动者的经济利益挂钩的机制。《劳动合同法》规定：用人单位自用工之日起即与劳动者建立劳动关系。建立劳动关系应当订立书面劳动合同。已建立劳动关系，未同时订立书面劳动合同的，应当自用工之日起一个月内订立书面劳动合同。用人单位自用工之日起超过一个月不满一年未与劳动者订立书面劳动合同的，应当向劳动者每月支付二倍的工资。用人单位自用工之日起满一年不与劳动者订立书面劳动合同的，视为用人单位与劳动者已订立无固定期限劳动合同。

《劳动合同法》规定了对从事接触职业病危害作业的劳动者的预防性保护和对在本单位工作时间较长的老职工的保护。规定非因劳动者过错或同意，用人单位不得解除劳动合同的情形包括：从事接触职业病危害作业的劳动者未进行离岗前职业健康检查，或者疑似职业病病人在诊断或者医学观察期间的；在本单位患职业病或者因工负伤并被确认丧失或者部分丧失劳动能力的；患病或者负伤，在规定的医疗期内的；女职工在孕期、产期、哺乳期的；在本单位连续工作满15年，且距法定退休年龄不足5年的；法律、行政法规规定的其他情形。

（三）《中华人民共和国安全生产法》

《安全生产法》确立了安全生产监督管理、生产经营单位安全保障、生产经营单位负责人安全生产责任、从业人员的安全生产权利和义务、安全中介服务、安全生产责任追究、事故应急和处理等七项基本法律制度。

（1）第一章“总则”共15条，是对这部法律若干重要原则问题的规定，对作为分则的其他各章的规定具有概括和指导的作用。

（2）第二章“生产经营单位的安全生产保障”共28条。本章是《安全生产法》的核心内容，主要规定了对生产经营单位安全生产条件的基本要求；生产经营单位主要负责人的安全生产责任；对生产经营单位安全生产投入的要求；生产经营单位安全生产机构的设置及安全生产管理人员的配备；对生产经营单位主要负责人及安全生产管理人员任职的资格要求；生产经营单位对从业人员进行安全生产教育和培训的义务；对生产经营单位特种作业人员的特殊资质要求；生产经营单位建设工程项目的安全设施与主体工程的“三同时”要求以及对危险性较大的行业的建设项目进行安全条件论证和安全评价的特殊要求，对建设项目安全设施的设计、施工、竣工验收的要求；对生产经营单位设施、设备、生产经营场所、工艺的安全要求；对危险物品生产、经营、运输、储存、使用以及危险性作业的特殊要求；生产经营单位对从业人员负有的义务；对两个以上生产经营单位共同作业的安全生产管理特别规定；对生产经营单位发包、出租的特别规定以及生产经营单位发生重大事故时对主要负责人的要求等。

生产经营单位是生产、经营活动的主体，在安全生产工作中处于核心地位。保障安全生产，生产经营单位是关键。从近年来发生的事故看，大都与生产经营单位不具备基本的安全生产条件或者安全生产管理不到位有直接关系。因此，安全生产法本着“预防为主”的原则，有针对性地对生产经营单位应当具备的安全生产条件和加强安全生产管理作出了规定，具有十分重要的意义。

（3）第三章“从业人员的权利和义务”共9条，主要规定了生产经营单位从业人员在安全生产方面的权利和义务，包括了解其作业场所和工作岗位存在的危险因素、防范措施及事故应急措施的权利；对本单位的安全生产工作提出建议的权利；对本单位安全生产工作中存在的问题提出批评、检举、控告的权利；拒绝违章指挥和强令冒险作业的权利；发现直接危及人身安全的紧急情况时，停止作业或者在采取可以的应急措施后撤离作业场所的权利；因生产事故受到损害时要求赔偿的权利；享受工伤社会保险的权利；在作业过程中，严格遵守本单位的安全生产规章制度和操作规程，服从管理，正确佩戴和使用劳动防护用品的义务；接受安全生产教育和培训的义务；及时报告事故隐患或者其他不安全因素的义务。

此外，本章还对生产经营单位不得与从业人员订立“生死合同”以及工会在安全生产管理中的权利与职责等作出了规定。

（4）第四章“安全生产的监督管理”共15条，从不同方面规定了安全生产的监督管理。从根本上说，生产经营单位是生产经营活动的主体，在安全生产工作中居于关键地位，生产经营单位的安全生产管理是做好安全生产工作的保证。但是，强化外部的监督管理同样不可缺少。由于安全生产关系到各类生产经营单位和社会的方方面面，涉及面极广，做好安全生产的监督管理工作，仅靠政府及其有关部门是不够的，必须走专门机关和群众相结合的道路，充分调动和发挥社会各界的积极性，齐抓共管，群防群治，才能建立起经常性的、有效的监督机制，从根本上保障生产经营单位的安全生产。因此，本章的“监督”是广义上的监督，既包括政府及其有关部门的监督，也包括社会力量的监督。

（5）第五章“生产安全事故的应急救援与调查处理”共9条，主要规定了生产安全事故的应急救援以及生产安全事故的调查处理两方面的内容。具体包括县级以上地方各级人民政府应当组织有关部门制定特大生产安全事故应急救援预案，建立应急救援体系；有关生产经营单位应当建立应急救援组织，指定应急救援人员，配备、维护应急救援器材、设备；发生生产安全事故时，生产经营单位负责人应当迅速采取有效措施，组织抢救，防止事故扩大，并按规定上报政府有关部门；有关地方人民政府及负有安全生产监督管理职责的部门负责人应当立即赶到重大生产事故现场，组织、指挥事故抢救。关于生产事故的调查处理，主要是在事故发生后，及时、准确地查清事故原因，查明事故性质和责任，还有失职、渎职行为的行政部门的法律责任。对依法进行的事故调查处理，任何单位和个人不得阻挠和干涉。此外，本章还规定了负责安全生产监督管理的部门应当定期统计分析本行政区域内发生的生产安全事故，并定期向社会公布。

（6）第六章“法律责任”共19条，主要规定负有安全生产监督管理职责的部门的工作人员，承担安全评价、认证、检验、检测的中介服务机构及工作人员，各级人民政府工作人员以及生产经营单位及其负责人和其他有关人员、从业人员违反本法所应承担的法律责任。

（7）第七章“附则”共2条，对本法用语“危险物品”、“重大危险源”作了解释，并规定了本法的实施时间。

（四）《中华人民共和国职业病防治法》

案例4.4　“开胸验肺”农民工张海超获赔60余万元

2009年9月16日河南省新密市刘寨镇农民工张海超“开胸验肺”事件引起社会各界的广泛关注。张海超16日向新华社记者证实其已获得郑州振东耐磨材料有限公司各种赔偿共计615 000元。

张海超说：“我的工伤赔偿问题在新密市政府等有关部门的调解下得到解决，目前已与郑州振东耐磨材料有限公司签订了赔偿协议，赔偿包括医疗费、护理费、住院期间伙食补偿费、停工留薪期工资、一次性伤残补助金、一次性伤残津贴及各项工伤保险待遇共计615 000元，我自己也与郑州振东耐磨材料有限公司终止了劳动关系。”

张海超告诉记者：“虽然经历了种种曲折，事情最终有了结果，我的几个工友也在调解之下得到了相应赔偿，各个程序都特事特办地解决了，我很幸运被关注，但也更希望有关部门更多地关注和重视生活在社会各个角落的农民工群体。”

2009年28岁的张海超，在从事破碎、开压力机等有害工种工作3年多后，因怀疑在工厂得了“尘肺病”，长年奔波于郑州、北京多家医院反复求证，而职业病法定诊断机构——郑州市职业病防治所给出的专业诊断结果，引起他的强烈质疑。在多方求助无门后，被逼无奈的张海超不顾医生劝阻，执著地要求“开胸验肺”，以此证明自己确实患上了“尘肺病”。

张海超“开胸验肺”事件经媒体披露后，引起河南省委、省政府高度重视，省主要领导同志作出批示。河南省卫生厅和郑州市有关部门立即成立了调查处置领导小组，在做好病人诊断救治及善后工作的同时，依法追究了有关部门、有关人员的责任。

（资料来源：http：//news. sina. com. cn/s/2009－09－16/220418665133. shtml）

2001年10月27日，第九届全国人民代表大会常务委员会第二十四次会议通过《中华人民共和国职业病防治法》（以下简称《职业病防治法》），共七章七十九条。由于产生职业危害的因素种类很多，导致职业病的范围较广，职业病的类别较多，不同类别的职业病对劳动者产生的危害差异较大，对各类职业病的防治也不同，不可能把所有职业病的防治都纳入本法的调整范围。根据我国的经济发展水平，并参考国际通行做法，当务之急是严格控制对劳动者身体健康危害最大的几类职业病的发生。因此，本法的调整范围限定于企业、事业单位和个体经济组织（以下统称用人单位）的劳动者在工作或者其他职业活动中，因接触粉尘、放射性物质和有毒、有害物质等职业危害因素而引起的职业病，同时，规定职业病的分类和目录由国务院卫生行政部门会同国务院劳动保障行政部门规定、调整并公布。

1. 职业病防治工作的基本方针和基本管理原则的规定

我国职业病防治工作的基本方针是“预防为主，防治结合”。职业病一旦发生，很难治愈，所以职业病防治工作应当从致病源头抓起，采取前期预防。同时，在劳动过程中需要加强防护与管理，产生职业病后需要及时治疗，并对职业病病人给予相应的保障，做到全过程的监督管理。

职业病防治工作的基本管理原则是“分类管理、综合治理”。由于造成职业病的危害因素有多种，其造成的职业病的危害程度也不相同，其管理需要区别不同情况进行，只有这样才能达到本法的立法目的。职业病的管理除了监督管理部门的监督管理之外，还需要用人单位、劳动者和其他相关单位人员都履行自己的法定义务。

2. 职业病的前期预防

《职业病防治法》在总结我国20世纪50年代初期以来所作规定执行经验的基础上，借鉴国际上的通行做法，从可能产生职业危害的新建、改建、扩建项目（以下统称建设项目）的“源头”实施管理，规定了预评价制度。

3. 劳动过程中的防护与管理

防治职业病，用人单位是关键。用人单位应当采取有效的防治措施，建立、健全有关制度。本法对劳动过程中的防护与管理，做了以下具体规定。

（1）为了保护劳动者健康，加强对有毒、有害物质和放射性物质等主要职业危害因素所致职业病的预防和控制，需要对特殊职业危害工作场所实行有别于一般职业危害工作场所的管理。为此，本法规定对可能发生急性职业损伤的有毒、有害工作场所，用人单位应当设置报警装置，配置现场急救用品、冲洗设备、应急撤离通道和必要的泄险区；对放射工作场所和放射性同位素的运输、储存，用人单位应当配置防护设备和报警装置，保证接触放射线的工作人员佩戴个人剂量计。

（2）为了确保用人单位及时掌握本单位职业危害因素及职业卫生状况并及时采取改进措施，保护劳动者健康，本法有以下规定。

①用人单位应当实施由专人负责的职业病危害因素日常监测并确保监测系统处于正常运行状态；

②用人单位应当定期对工作场所进行职业危害检测、评价；

③发现工作场所职业危害因素不符合国家职业卫生标准和卫生要求时，应当立即停止存在职业危害因素的作业，并采取相应补救措施至职业危害因素符合国家职业卫生标准和卫生要求后，方可重新开工。

（3）针对一些中小企业在生产过程中使用某些产生职业危害的设备、危险化学品、放射性同位素、含放射性物质的原材料，而没有警示标识和中文警示说明，没有说明书或者没有中文说明书，劳动者在不知情的情况下缺乏防范意识，造成健康损害的情况，本法规定凡生产、经营、进口可能产生职业危害因素的设备、危险化学品、放射性同位素、含放射性物质的原材料的，应当提供中文说明书，说明书中应当载明与职业危害相关的事项和职业卫生防护、应急救治等措施；并在醒目位置标明警示标识和中文警示说明。

（4）针对在经济活动中转移产生职业危害作业的现象，本法对转移产生职业危害作业的双方作了限制性规定，任何单位和个人不得将产生职业危害的作业转移给不具备职业卫生防护条件的单位和个人。不具备职业卫生防护条件的单位和个人，不得接受产生职业危害的作业。

（5）针对一些用人单位存在隐瞒工作场所职业危害事实，不告知劳动者危害真相，对从事有害作业的劳动者不提供有效的职业卫生防护条件，导致职业危害发生的情况，本法有以下规定：

①产生职业危害的用人单位，应当在醒目位置设置公告栏，公布与职业病防治有关的事项；

②用人单位应当在产生严重职业危害的作业岗位的醒目位置，设置警示标识和中文警示说明；

③用人单位与劳动者订立劳动合同时，应当在合同中写明可能存在的职业危害危险。劳动者因调换岗位或者工作内容改变而从事合同中未事先告知的存在职业危害危险的作业时，用人单位应当告知劳动者有关职业危害、职业卫生防护措施和待遇等内容，并协商变更原劳动合同相关条款。

（6）为了防止用人单位安排有职业禁忌的劳动者从事所禁忌的作业，做到早期发现、早期诊断、早期治疗职业性健康损害和职业病病人，并通过建立职工健康档案，明确劳动者的职业史和职业危害接触史，为了解劳动者健康状况、指导劳动者选择职业、解决纠纷提供依据，本法有以下规定：

①用人单位应当组织从事接触职业危害作业的劳动者进行上岗前、在岗期间和离岗时职业健康检查。

②用人单位不得安排未经上岗前职业健康检查的劳动者从事接触职业危害的作

业；不得安排有职业禁忌的劳动者从事其所禁忌的作业；对在定期职业健康检查中发现有与所从事的职业相关的健康损害的劳动者，应当调离原工作岗位，并妥善安置；不得解除或者终止与未进行离岗前职业健康检查的劳动者订立的劳动合同。

③用人单位应当为劳动者建立职业健康监护档案，并按照规定期限妥善保存。此外，本法还对劳动者应当享有的职业卫生保护的权利、履行的义务以及工会组织在职业病防治工作中的地位和作用作了相应的规定。

4. 职业病的诊断管理

关于职业病诊断管理，本法主要从以下3个方面作了规定。

（1）考虑到职业病诊断属于医疗活动，具有较强的技术性，对承担职业病诊断的机构应有特殊要求。据此，本法规定：职业病诊断应当由医疗卫生机构承担。从事职业病诊断的医疗卫生机构由省级以上人民政府卫生行政部门批准，并在其《医疗机构执业许可证》上注明获准开展的职业病诊断项目。

（2）考虑到劳动者的流动性较大，为了保护劳动者的权益，方便劳动者进行职业病诊断，需要对劳动者赋予职业病诊断选择权。据此，本法规定：劳动者可以在用人单位所在地或者本人居住地的医疗卫生机构进行职业病诊断。

（3）考虑到职业病诊断比较复杂，其结果往往关系到劳动者享受的待遇，需要严格规范管理。据此，本法规定：承担职业病诊断的医疗卫生机构在进行职业病诊断时，应当组织3名以上取得职业病诊断资格的执业医师集体诊断；职业病诊断证明书，应当由诊断医师共同签署，并经承担职业病诊断的医疗卫生机构审核盖章。

5. 对职业病病人的治疗与保障

对从事接触职业危害因素作业的劳动者发现患有职业病或者有疑似职业病的，必须及时诊断、治疗，妥善安置。据此，本法主要从以下几方面作了规定。

（1）关于对疑似职业病病人的诊断，本法规定：用人单位应当及时安排对疑似职业病病人进行诊断；疑似职业病病人在诊断、医学观察期间的费用，由用人单位承担。

（2）关于对已诊断为职业病的病人，本法有以下规定。

①用人单位应当按照国家有关规定，安排职业病病人进行治疗、康复和定期检查；

②职业病病人的诊疗、康复费用，按照国家有关工伤社会保险的规定执行；没有参加工伤社会保险的，其医疗和生活保障由造成职业病的用人单位承担。

（3）关于对职业病病人的安置和社会保障，本法有以下规定。

①用人单位在疑似职业病病人诊断或者医学观察期间，不得解除或者终止与其订立的劳动合同；

②用人单位对不适宜继续从事原工作的职业病病人，应当调离原岗位，并妥善

安置；

③职业病病人变动工作单位，其职业病待遇不变；用人单位发生分立、合并、解散、破产等情形的，应当按照国家有关规定妥善安置职业病病人。

此外，本法根据所设定的制度、措施，按照不同违法行为的不同性质、危害后果，规定了相应的法律责任，加大了对违法行为的处罚力度；突出了责令停止产生职业危害的作业、停建、停产直至关闭的处罚；对造成职业危害事故的，依法追究刑事责任。同时，本法还对卫生行政部门及其职业卫生监督执法人员的执法活动作了规范，并明确了相应的法律责任。

（五）《作业场所职业健康监督管理暂行规定》

国家安全生产监督管理总局于2009年7月1日发布了第23号令，正式出台了《作业场所职业健康监督管理暂行规定》，从2009年9月1日起施行。这是安监总局承担作业场所职业健康监督管理职责以来，出台的第一个关于职业健康监管工作的部门规章。它对除煤矿企业以外的工矿商贸生产经营单位作业场所的职业危害防治工作，以及安全生产监督管理部门对生产经营单位实施监督管理作出了具体规定。

众所周知，我国当前职业危害防治的形势十分严峻。突出问题是：一是职业危害导致劳动者健康损害的数量大，呈上升趋势。特别是尘肺、职业中毒等职业危害事故居高不下。甚至出现备受社会关注的河北农民工苯中毒、河南“开胸验肺”等极端事件。二是职业危害范围广，作业场所劳动条件差。化工、冶金、机械、电子、建材、纺织、印染、医药等行业不同程度地存在职业病危害。许多中小企业工业生产装备水平不高和工艺技术相对落后，工作场所劳动条件恶劣，缺乏必要的职业病防护，严重影响劳动者身体健康甚至危及生命安全。三是一些用人单位主体责任不落实。对职业危害的认识不足，对劳动者健康重视不够，职业危害防治管理水平低，投入不足。违法行为大量存在。四是在城镇化、工业化过程中，大量农民进城就业，他们流动性大，健康保护意识不强，职业危害防护技能缺乏，加大了职业危害防治监管的难度。五是政府监管存在薄弱环节，职业危害防治相关法律法规和技术标准不够完善。一些地方的监管机构不健全，监管力量薄弱，执法不够严格。六是随着经济和科技的发展，新技术、新工艺、新材料广泛应用，新的职业危害风险以及职业病也将不断出现，防治工作面临新的挑战。

在这样的背景下，国家安监总局出台了《作业场所职业健康监督管理暂行规定》，其目的旨在加强工矿商贸生产经营单位作业场所职业健康的监督管理，强化生产经营单位职业危害防治的主体责任，预防、控制和消除职业危害，保障从业人员生命安全和健康。

《作业场所职业健康监督管理暂行规定》共有五章56条，明确了生产经营单位是职业危害防治的责任主体，并必须按照《暂行规定》做好以下主要工作：一是及时、如实将本单位的职业危害因素向安监部门申报；二是将职业危害及后果如实告知职工；三是对从业人员进行上岗前和在岗期间的职业危害防治知识培训；四是设置企业职业健康管理机构和专兼职管理人员；五是建立、健全职业危害防治制度和操作规程；六是为职工提供符合法律法规和职业卫生标准的作业场所，并对职业危害防护设施进行经常性的维护、检修和保养，定期检测其性能和效果，确保其处于正常状态；七是定期对作业场所职业危害因素检测和职业危害现状评价，并公布其结果，同时向所在地安全监管部门报告；八是对职工进行上岗前、在岗期间和离岗时的职业健康体检，为职工建立健康档案；九是给有职业危害的岗位职工配备合格的个体防护用品；十是对危险岗位的工艺设备及时更新改造，严格做到职业危害防护设施与主体工程"同时设计、同时施工、同时验收"，并将建设项目职业危害设施"三同时"相关文件报送当地安全监管部门备案；十一是作业场所使用有毒物品的生产经营单位，应当按照有关规定向安全生产监督管理部门申请办理职业卫生安全许可证。

案例 4.5 职业病鉴定之殇的困局与破局

26岁的邓昆鹏没有想到，第一次出远门打工，就梦断深圳。现在的他经常戴着一顶鸭舌帽。因为化疗，他曾经浓密的头发已经没了。

一年来，为申请职业病鉴定，他辗转于医院、职业病诊断部门、工厂，最终落脚在城中村的出租屋里。由于工厂提出异议，最终鉴定结果需要两个月后才能出来。邓昆鹏还在苦苦等待，但连他自己都说不清等待着的究竟是什么，一个医学的奇迹？还是一个体面的葬礼。

深圳卫生监督所向南方都市报独家披露的数据显示，目前深圳共有工厂2.24万家，而涉及职业病致病因素的工厂有1.103万家，直接接触这些致病因素的工人有30万，约占到工人总数的10%，2010年的最新数据显示，今年深圳的职业病病例共有97例，比去年69例略有增加。而这个数字也许还是冰山一角，专家表示，由于职业病具有迟发性和隐匿性，实际发生的职业病人数远远大于报告数。

去年，深圳市百名湖南张家界籍劳务工在深圳申请矽肺职业病鉴定无门的新闻喧嚣一时。但在这座并不以开矿和开采业安身立命的城市里，悄悄蔓延着的却是有机溶剂的慢性中毒，仅在今年就发现有机溶剂中毒60例，占到统计数据的70%以上，重金属中毒亦有抬头趋势。比起矽肺来，它们一样隐蔽，也不同程度地在危害工人的健康。

深圳市人大代表常巨平透露，深圳市工业企业使用的进口或国产有机溶剂，几乎都缺乏详尽的中文说明书，致使职业危害隐患未能得到及时发现、控制和消除。在成分和毒性不明的情况下使用化学品，高毒的溶剂常被当作低毒或无毒来使用，从而导致严重的后果。

苦苦等待的鉴定结果

来深圳后，26 岁的邓昆鹏一直在华达玻璃钢通信制品有限公司（以下简称华达）一条生产线上当工人。邓昆鹏所在的生产线主要是制造 3G 天线罩的材料，需要切割等操作。工作起来，伴随着机器轰鸣，玻璃纤维像雾一样弥漫在车间里，不出半天头发就被染成银白色。生产过程中使用含苯的黏合剂，挥发时会有刺鼻气味。呛人的化学气味让人嗓子发痛。工厂最忙的时候，邓昆鹏和工友们每天要在这样的环境里工作 12 个小时。

如今，邓昆鹏挣扎在龙华的一间小出租屋里，打工挣下的一点积蓄全花在治疗上，还欠了不少钱。白血病前期治疗需要 30 万，如果是职业病，工厂需要负担医疗费用，做职业病鉴定成了邓昆鹏的救命稻草。

今年 2 月份，邓昆鹏向南山区疾病预防控制中心申请职业病检测，检测结果显示，华达职业病危害因素包括苯乙烯、噪声、粉尘、二甲苯等。邓昆鹏所在的拉挤车间，没有抽风机和排气扇等卫生防护设施，防护口罩、半面罩、手套等均未提供。但检测结果是：工厂空气不含苯。

由于苯中毒可引发白血病，“空气不含苯”的鉴定报告等于宣判邓昆鹏并非职业病。邓昆鹏说，这种约定时间地点的抽检，给了工厂大扫除的时间。市职业病防治院有关人士介绍，为了核实材料真实性，需要到用人单位进行抽样检查。“一般要先知会用人单位，以免遇到单位不办公的情况。”

因此，今年 8 月份，邓昆鹏向广东省职业病诊断鉴定委员会申请检测。9 月 7 日，鉴定结果出来，报告上明确写着“职业性肿瘤（苯所致白血病）”。这次，南山区疾病预防控制中心抽取该厂 15 个原料样品送深圳市职业病防治院检测，结果显示 7 个样品含有苯。

然而，就在公示的第 15 天，华达对鉴定结论提出异议，向省卫生厅职业病诊断鉴定办公室申请最终鉴定。南都记者就此事采访华达公司副经理黄贻洪时，其透露，一旦最终鉴定结果出来，华达将会按规定、依法履行自己的责任。

根据程序，最终鉴定结果需要两个月后才能出来。邓昆鹏还在苦苦等待，如果最终鉴定显示并非职业病，他将无法继续提出异议。

（资料来源：职业病网：http：//www. zybw. com）

（六）《作业场所职业危害申报管理办法》

近年，国家特别重视并加强健全作业场所职业危害管理的法规建设。《作业场所职业危害申报管理办法》（国家安全监管总局令第 27 号，以下简称《申报办法》）于 2009 年 9 月 8 日公布，自 2009 年 11 月 1 日起施行。职业危害申报是企业必须履行的法定义务，也是安全监管部门履行职业健康监管职责的重要内容。开展职业危害申报有助于引导企业掌握本企业的职业危害情况，做好防控工作，也有助于安全监管部门掌握辖区内职业危害的分布情况，有针对性地开展监管工作。《作业场所职业危害申报管理办法》以《职业病防治法》、《使用有毒物品作业场所劳动保护条例》等法律和行政法规为依据，对职业危害申报的内容、方式、程序以及变更申报、监督检查等作了具体规范，是全面指导职业危害申报工作的重要部门规章。

办法第二条规定：在中华人民共和国境内存在或者产生职业危害的生产经营单位（煤矿企业除外），应当按照国家有关法律、行政法规及本办法的规定，及时、如实申报职业危害，并接受安全生产监督管理部门的监督管理。

办法第五条规定：生产经营单位申报职业危害时，应当提交《作业场所职业危害申报表》和下列有关资料：

（1）生产经营单位的基本情况；

（2）产生职业危害因素的生产技术、工艺和材料的情况；

（3）作业场所职业危害因素的种类、浓度和强度的情况；

（4）作业场所接触职业危害因素的人数及分布情况；

（5）职业危害防护设施及个人防护用品的配备情况；

（6）对接触职业危害因素从业人员的管理情况；

（7）法律、法规和规章规定的其他资料。

（七）《国务院关于特大安全事故行政责任追究的规定》

2001 年 4 月 21 日，国务院颁布第 302 号令《国务院关于特大安全事故行政责任追究的规定》，该规定共二十四条，主要适用于对下列特大安全事故的防范、发生，依照法律、行政法规和本规定的规定有失职、渎职情形或者负有领导责任的地方人民政府主要领导人和政府有关部门正职负责人的行政责任。

（1）特大火灾事故；

（2）特大交通安全事故；

（3）特大建筑质量安全事故；

（4）民用爆炸物品和化学危险品特大安全事故；

（5）煤矿和其他矿山特大安全事故；

（6）锅炉、压力容器、压力管道和特种设备特大安全事故；

（7）其他特大安全事故。

（八）《工伤保险条例》

《工伤保险条例》经 2003 年 4 月 16 日国务院第五次常务会议讨论通过，由国务院第 375 号令公布，自 2004 年 1 月 1 日起施行。本条例共分八章六十四条。第一章总则，第二章工伤保险基金，第三章工伤认定，第四章劳动能力鉴定，第五章工伤保险待遇，第六章监督管理，第七章法律责任，第八章附则。

案例 4.6　　**违章驾驶身亡赔偿判不支持**

2009 年 6 月，俞某驾驶轻便二轮摩托车在上班途中发生交通事故死亡。其家属要求俞某所在公司赔偿死亡赔偿金，经劳动仲裁部门认定，俞某在未依法取得机动车驾驶证的情况下，驾驶未定期进行安全技术检验的机动车上道路行驶，且无证驾驶机动车的行为是因其自身主观原因造成。依据《工伤保险条例》相关规定，俞某的死亡不属于且不视同为工伤。俞某家属讨要死亡赔偿金未果便提起行政复议，相关行政机关也维持了不予认定工伤的行政行为，故俞某家属诉至法院。

在庭审中，原告俞某家属提供相关条例作为证据，认为职工在上下班途中因违章受到机动车事故伤害的，只要其违章行为没有违反治安管理条例，应当认定为工伤，故认为人保局作出对俞某不予认定工伤的决定是错误的。

法院认为，俞某未依法取得机动车驾驶证，且驾驶未定期进行安全技术检验的机动车上道路行驶。在驾车通过没有交通信号灯控制也没有交通警察指挥的交叉路口时未让右方道路的来车先行的行为，分别违反了《中华人民共和国道路交通安全法》和《中华人民共和国道路交通安全法实施条例》，对发生该道路交通事故所起的作用以及过错的严重程度较大，负事故主要责任。根据《工伤保险条例》相关规定，因犯罪或者违反治安管理条例伤亡的，不得认定为工伤或者视同工伤，故法院作出上述判决。

（资料来源：http：//www. 1dzc. com）

（九）《中华人民共和国矿山安全法》

1992 年，第七届全国人民代表大会常务委员会第二十八次会议通过《中华人民共和国矿山安全法》。《中华人民共和国矿山安全法》作为我国第一部劳动安全卫生方面的法律，共分八章五十条，分别对矿山建设和开采的安全保障、矿山企业的安全管理和监督、事故处理、法律责任等内容作了规定。

（十）《中华人民共和国消防法》

1998 年 4 月 29 日，第九届全国人民代表大会常务委员会第二次会议通过《中华人民共和国消防法》。该法共分六章五十四条，对火灾预防、消防组织、灭火救援、法律责任作出详细规定。

（十一）《危险化学品安全管理条例》

2002 年 1 月 9 日，国务院第 52 次常务会议通过国务院第 344 号令《危险化学品安全管理条例》，《条例》对中国境内生产、经营、储存、运输、使用危险化学品和处置废弃危险化学品作出具体规定。

（十二）《特种设备质量监督与安全监察规定》

2000 年，原国家技术监督局颁布《特种设备质量监督与安全监察规定》，对电梯、起重机械、厂内机动车辆等的安全监察作出了具体规定。

（十三）《劳动防护用品配备标准》

2000 年，原国家经济贸易委员会发布《劳动防护用品配备标准》，该标准对境内所有企事业和个体经济组织等组织如何配备、使用劳动防护用品作出了具体规定。

工作示范

案例展示：据中国职业病网介绍，2004 年 3 月 2 日，常熟市卫生局接到常熟市疾病预防控制中心“关于王某某等人职业病诊断的报告”，常熟市某公司王某某等 5 名职工被诊断为苯中毒，另有 4 名职工为观察对象，市卫生局组织调查组对该公司进行了调查处理。

该公司主要从事工艺包装盒、塑料制品、木制工艺品制造、加工，使用的胶水黏合剂中存在苯、甲苯、二甲苯等职业病危害因素，未向卫生行政部门申报产生职业危害的项目。对于接触职业病危害因素的职工，该公司未按规定为其配备符合职业病防护要求的个人防护用品，仅提供了普通的纱布口罩。常熟市疾控中心于 2003 年 3 月对该公司车间空气中职业危害因素进行了检测，该公司生产车间空气中苯、甲苯等物质的浓度不符合国家职业卫生标准。该公司于 2003 年 8 月及 2004 年 3 月对全厂职工进行了两次在岗期间的职业健康检查，但是未安排接触职业病危害因素的职工进行上岗前体检。

问题：该公司哪些行为违反了职业健康安全相关法律法规的要求？

案例分析：本案中，该公司对职业病防治工作重视不够，职业卫生管理组织、制度不完善，有关行为违反了《中华人民共和国职业病防治法》相关法律规定。其中“使用的胶水黏合剂中存在苯、甲苯、二甲苯等职业病危害因素”违反第十三条第一项（产生职业病危害的用人单位的设立除应当符合法律、行政法规规定的设立条件外，其工作场所还应当符合下列职业卫生要求：（一）职业病危害因素的强度或者浓度符合国家职业卫生标准）；“未向卫生行政部门申报产生职业危害的项目”违反了第十四条第二款（用人单位设有依法公布的职业病目录所列职业病的危害项目的，应当及时、如实向卫生行政部门申报，接受监督）；“未按规定为其配备符合职业病防护要求的个人防护用品，仅提供了普通的纱布口罩”违反了第二十条第一款（用人单位必须采用有效的职业病防护设施，并为劳动者提供个人使用的职业病防护用品）；“未安排接触职业病危害因素的职工进行上岗前体检”违反了第三十二条第一款、第二款的规定（对从事接触职业病危害的作业的劳动者，用人单位应当按照国务院卫生行政部门的规定组织上岗前、在岗期间和离岗时的职业健康检查，并将检查结果如实告知劳动者。用人单位不得安排未经上岗前职业健康检查的劳动者从事接触职业病危害的作业）。

知识拓展

社会责任标准 SA8000

1. SA8000 简介

20 世纪末以来，由于消费者和公众的压力，面对日益激烈的市场竞争，很多欧美跨国公司都制定了各自的社会责任守则，同时，一些行业性的、地区性的、全国性的乃至全球性的行业组织和非政府组织也制定了各不相同的守则。据国际劳工组织统计，这样的守则已经超过 400 种。跨国公司一方面要推广本公司的社会责任守则，同时，它还要遵守行业性的、地区性的、全国性的乃至全球性的守则，以迎合不同利益相关团体的需要。同样，对于一家供应商和制造商，它不得不应对不同客户的可能各不相同的守则，不得不重复接受不同客户的工厂检查。由于不同的守则内容可能各不相同，定义各不相同，缺少可比性，也缺少专业的审核员，零售商、供应商和工厂不得不花费大量的人力、物力和财力用于守则的实施和监督，公众和消费者对跨国公司这种缺乏透明度的监督制度也很不满意。公司和消费者都希望制定一个类似 ISO9000 标准的、全球通用的社会责任标准，同时建立一套独立的认证认可机制。

美国的经济优先权委员会（the Council on Economic Priorities ，CEP）一直在积极推动并参与制定社会责任标准的活动。1997 年初，经济优先权委员会成立了经济优先权委员会认可委员会（the Council on Economic Priorities Accreditation Agency，CEPAA），由 CEPAA 负责制定国际通用的社会责任标准，并根据质量体系评估和认证机构（ISO）的基本要求来评估认可认证机构。2001 年，经济优先权委员会认可委员会（CEPAA）更名为社会责任国际（Social Accountability International，SAI），SAI 咨询委员会负责起草社会责任国际标准，它由来自 11 个国家的 20 个大型商业机构、非政府组织、工会、人权及儿童组织、学术团体、会计师事务所及认证机构的有关人士组成。

CEPAA 在纽约召开的第一次会议上就提出了标准草案，最初名为 SA2000，经过多次协商后，最终定名为社会道德责任标准（Social Accountability）8000，简称 SA8000，并在 1997 年 10 月公开发布。2001 年 12 月 12 日，经过 18 个月的公开咨询和深入研究，SAI 发表了 SA8000 第一个修订版，即“SA8000：2001”。

SA8000 是全球第一个可用于第三方认证的社会责任国际标准，旨在通过有道德的采购活动改善全球工人的工作条件，最终达到具备公平而体面的工作条件。

SA8000 标准是根据国际劳工组织（ILO）公约、联合国儿童权利公约及世界人权宣言制定的，主要内容包括童工、强迫劳动、安全卫生、结社自由和集体谈判权、歧视、惩罚性措施、工作时间、工资报酬及管理体系等9个要素。

SA8000标准是一个通用的标准，不仅适用于发达国家，也适用于发展中国家；不仅适合于各类工商企业，也适合于公共机构。

SA8000还有可能代替以前各个公司或行业各自制定的社会责任守则。

2. 社会责任标准SA8000：2001健康与安全的要求

（1）公司应该考虑到产业中普遍认知的危险和任何特定的危险，而提供一个健康与安全的工作环境，并应采取适当的措施，在可能条件下最大限度地降低工作环境中的危害隐患以避免在工作中或由于工作发生或与工作有关的事故对健康的危害。

（2）公司应该指定一个高级管理代表，来负责所有员工的健康与安全，并且负责实施本标准中有关健康与安全的规定。

（3）公司应该保证所有的员工都接受定期和有纪录的健康与安全训练，并为新进的和调职的员工重新进行培训。

（4）公司应该建立系统来侦查、防范或反应可能危害员工健康与安全的潜在威胁。

（5）公司应该提供所有员工干净的厕所、可饮用的水，在适当的情形下提供员工储藏食物的卫生设备。

（6）如果公司提供员工宿舍的话，应该保证宿舍设备干净、安全，并能满足员工的基本需求。

任务2　企业职业健康安全管理制度建设

【任务名称】

建立、健全企业职业健康安全管理制度。

【任务情境】

张先生刚刚应聘到大花园酒店任人力资源经理。当你想到酒店的时候，脑子里出现的第一件事可能不是“危险的工作条件”，但张先生知道，在大花园酒店，安全和健康问题事实上也是个严重的问题。的确是这样，在你能看到的任何一个地方——从迎宾员在车道为客人打开车门，到酒店每年用于清洁和洗涤的几千升氨水、漂白剂和其他腐蚀性化学品，各类声光电气设备等，酒店确实是一个很容易发生意外事故的地方。很明显，危险的工作条件对大花园酒店无益。事故发生率太高不仅对员工不人道，还很可能影响他们的精神面貌，从而影响他们的服务。事故多还会提高公司的成本，减少盈利，因为公司要支付补偿金，而且受影响的员工还不能上班。张先生知道，他必须健全公司的安全与健康制度。

【任务要求】

分小组讨论案例中张先生需要制订哪些安全与健康制度？这些规章制度应包括哪些主要内容？请按类别列出该公司的规章制度清单，并简要写明各规章制度的编制目的。

知识链接

一、企业职业健康安全制度编制

（一）概述

1．企业职业健康安全制度体系的概念

企业职业健康安全制度体系是指企业依据国家有关法律法规、国家和行业标准，结合生产经营中职业健康安全管理的实际需要，以企业的名义起草颁布的有关职业健康安全的各种规范性制度有机联系的统一整体。企业职业健康安全制度是贯彻国家有关职业健康安全法律法规、国家和行业标准，贯彻国家职业健康安全方针政策的行动指南，是企业有效防范生产、经营过程安全生产风险，保障从业人员安全和健康，加强安全生产管理的重要措施。国家职业健康安全法律法规体系为企业内部安全与卫生制度体系的建立提供规范和指导，后者又具体落实前者的要求。

2．企业职业健康安全制度体系的类型

企业职业健康安全制度体系按管理层次可以分为整体性制度、过程控制制度、操作性制度和标准。按职业健康安全健康管理体系建立的安全制度体系，一般分为手册、程序文件、作业指导书三类。按照安全系统工程原理建立的安全规章制度体系，一般由综合管理、人员安全管理、设备设施安全管理、环境安全管理四类组成。按照标准化体系建立的安全规章制度体系，一般把安全规章制度分为安全技术标准，安全管理标准和安全作业标准。

（二）企业职业健康安全制度编制

建立健全企业职业健康安全规章制度是生产经营单位的法定责任，是生产经营单位安全生产的重要保障，是生产经营单位保护从业人员安全与健康的重要手段。

企业职业健康安全制度建设必须以安全生产法律法规、国家和行业标准、地方政府的法规、标准为依据；以生产经营过程中的危险有害因素辨识和事故教训为依据；以国际、国内先进的安全管理方法为依据。

企业职业健康安全制度建设必须坚持主要负责人负责的原则，必须坚持安全第一的原则，必须坚持系统性的原则，必须坚持规范化和标准化的原则。

企业职业健康安全制度的制定一般包括起草、会商、审核、签发、发布五个步骤，制度的运行和维护还包括文件的修订。企业职业健康安全制度发布后，应组织企业有关部门和人员进行学习和培训，对安全操作规程类安全规章制度，还应对相关人员进行考试，考试合格后才能上岗作业。安全规章制度日常管理的重点是在执行过程中的动态检查，确保得到落实贯彻。

第一步：起草。根据生产经营单位安全生产责任制，由负有安全生产管理职能的部门负责起草。制度在起草前，应首先收集国家有关安全生产、职业卫生法律法规、国家行业标准、公司所在地地方政府有关法规、标准等，作为起草的依据，同时结合生产经营单位安全生产的实际情况，进行起草。制度起草要做到目的明确，文字表达清楚、结构严谨、用词正确、文字简明、标点符号正确。

工作示范

武汉华胜工程建设科技有限公司适用法规和要求的更新

二○○九年四季度法律法规更新通知

公司各部门、各项目部：

根据程序文件的规定，我项目管理部对本季度公司适用的现行法律法规全部进行了识别，现予公布。另将公司所有法律法规总清单进行了修正并已登录在公司网站上。

有关施工中常用的、现行的规程、规范也将按季度进行识别后，陆续登录在公司网站上。

附：更新的法律法规清单

请各部门对照本项目部所使用的法律法规清单进行识别并更新。

项目管理部

二○○九年十一月三日

二〇〇九年八月更新的法律法规清单

（HS/Q－E－OHS－RF－04）

序号	名称	编号及时限
一	更新规范	
1	《机械设备安装工程施工及验收通用规范》	GB50231—1998，现为GB50231—2009，自2009年10月1日起实施。原GB50231—1998同时废止
2	《钢网架焊接空心球节点》	JG11—1999，现为JG/T11—2009，自2010年3月1日起实施。原JG11—1999同时废止
3	《钢网架螺栓球节点》	JG10—1999，现为JG/T10—2009，自2010年3月1日起实施。原JG10—1999同时废止
二	新颁规范	
1	《液压升降整体脚手架安全技术规程》	JGJ183—2009，自2010年3月1日起实施
2	《建设工程计价设备材料划分标准》	GB/T50531—2009，自2009年12月1日起实施
三	另增加规范	
	《安全防范工程技术规范》	GB50348—2004，自2004年12月1日起实施
四	其他	
	《住房和城乡建设部关于修改〈房屋建筑工程和市政基础设施工程竣工验收备案管理暂行办法〉的决定》	中华人民共和国住房和城乡建设部令（第2号）2009年10月19日

第二步：会商。责任部门起草的规章制度草案，应在交相关领导签发前征求有关部门的意见。意见不一致时，一般由企业主要负责人或分管安全的负责人主持会议，取得一致意见。

第三步：审核。规章制度在签发前，应进行审核。一是由企业负责法律事务的部门，对规章制度与相关法律法规的符合性及与企业现行规章制度的一致性进行审查；二是提交企业的职工代表大会或安全生产委员会会议进行讨论，对各方面工作的协调性、各方利益的统筹性进行审查。

第四步：签发。技术规程规范、安全操作规程等一般技术性安全规章制度由企业分管安全生产的负责人签发，涉及全局性的综合管理类安全规章制度应由公司主要负责人签发。签发后要进行编号，以“自发布之日起执行”或“现予发布，自某年某月某日起施行”等形式注明生效时间。

第五步：发布。企业的职业健康安全规章制度，应采用固定的发布方式，如通过红头文件形式、在企业内部办公网络发布等。发布的范围应覆盖与制度相关的部门和人员。

第六步：修订。企业应每年对职业卫生安全制度进行一次修订，并公布现行有效的规章制度清单，每3～5年应组织进行一次全面修订，并重新印刷。

二、企业职业健康安全制度主要内容

（一）按照安全系统工程原理建立的安全规章制度体系

按照安全系统工程原理建立的安全规章制度体系，一般由综合安全管理、人员安全管理、设备设施安全管理、环境安全管理四类组成。

1．综合安全管理制度

（1）安全生产管理目标、指标和总体原则

应包括：生产经营单位安全生产的具体目标、指标，明确安全生产的管理原则、责任，明确安全生产管理的体制、机制、组织机构，安全生产风险防范、控制的主要措施，日常安全生产监督管理的重点工作等内容。

（2）安全生产责任制度

应包括：生产经营单位各级领导、各职能部门、管理人员及各生产岗位的安全生产责任权利和义务等内容。

（3）安全管理定期例行工作制度

应包括：生产经营单位定期安全分析会议，定期安全学习制度，定期安全活动，定期安全检查等内容。

（4）承包与发包工程安全管理制度

应包括：生产经营单位承包与发包工程的条件、相关资质审查、各方的安全责任、安全生产管理协议、施工安全的组织措施和技术措施、现场的安全检查与协调等内容。

（5）安全措施和费用管理制度

应包括：生产经营单位安全措施的日常维护、管理；明确安全生产费用保障；根据国家、行业新的安全生产管理要求或季节特点，以及生产、经营情况等发生变化后，生产经营单位临时采取的安全措施及费用来源等。

（6）重大危险源管理制度

应包括：重大危险源登记建档、进行定期检测、评估、监控，相应的应急预案管理；上报有关地方人民政府负责安全生产监督管理的部门和有关部门备案内容及管理。

（7）危险物品使用管理制度

应包括：生产经营单位存在的危险物品名称、种类、危险性；使用和管理的程序、手续；安全操作注意事项；存放的条件及日常监督检查；针对各类危险物品的性质，在相应的区域设置人员紧急救护、处置的设施等。

（8）隐患排查和治理制度

应包括：应排查的设备、设施、场所的名称，排查周期、人员、排查标准；发现问题的处置程序、跟踪管理等内容。

（9）事故调查报告处理制度

应包括：生产经营单位内部事故认定标准，报告程序、现场应急处置、现场保护、资料收集、相关当事人调查、技术分析、调查报告编制等；还应包括向上级主管部门报告事故的流程、内容等。

（10）消防安全管理制度

应包括：生产经营单位消防安全管理的原则、组织机构、日常管理、现场应急处置原则、程序；消防设施、器材的配置、维护保养、定期试验；定期防火检查、防火演练等内容。

（11）应急管理制度

应包括：生产经营单位的应急管理部门，预案的制定、发布、演练、修订和培训等；明确总体预案，专项预案，现场预案等内容。

（12）安全奖惩制度

应包括：生产经营单位安全奖惩的原则；奖励或处分的种类、额度等内容。

2. 人员安全管理制度

（1）安全教育培训制度

应包括：生产经营单位各级领导人员安全管理知识培训、新员工三级教育培训、转岗培训；新材料新工艺新设备使用培训；特种作业人员培训；岗位安全操作规程培训；应急培训等内容。还应明确各项培训的对象、内容、时间及考核标准等。

（2）劳动防护用品发放使用和管理制度

应包括：生产经营单位劳动防护用品的种类、适用范围、领取程序、使用前检查标准；用品寿命周期等内容。

（3）安全工器具的使用管理制度

应包括：生产经营单位安全工器具的种类、使用前检查标准、定期检验、用品寿命周期等内容。

（4）特种作业及特殊作业管理制度

应包括：生产经营单位特种作业的岗位、人员，作业的一般安全措施要求等。特殊作业是指危险性较大的作业，应包括作业的组织程序，保障安全的组织措施、技术措施的制定及执行等内容。

（5）岗位安全规范

应包括：生产经营单位除特种作业岗位外，其他作业岗位保障人身安全、健康，预防火灾、爆炸等事故的一般安全要求。

（6）职业健康检查制度

应包括：生产经营单位职业禁忌的岗位名称、职业禁忌症，定期健康检查的内容、标准等，女工保护，以及按照《职业病防治法》要求的相关内容等。

（7）现场作业安全管理制度

应包括：现场作业的组织管理制度，如工作联系单、工作票、操作票制度，以及作业的风险分析与控制制度、反违章管理制度等内容。

3．设备设施安全管理制度

（1）“三同时”制度

应包括：生产经营单位新建、改建、扩建工程“三同时”的组织、执行程序；上报、备案的执行程序等。

（2）定期巡视检查制度

应包括：生产经营单位所有设备、设施的种类、名称、数量，以及日常检查的责任人员，检查的周期、标准、线路，发现问题的处置等内容。

（3）定期维护检修制度

应包括：生产经营单位所有设备、设施的维护周期、维护范围、维护标准等内容。

（4）定期检测、检验制度

应包括：生产经营单位须进行定期检测的设备种类、名称、数量；有权进行检测的部门或人员；检测的标准及检测结果管理；安全使用证或者安全标志的取得和管理等内容。

（5）安全操作规程

应包括：生产经营单位涉及的电气、起重设备、锅炉压力容器、内部机动车辆、建筑施工维护、机加工等对人身安全健康、生产工艺流程及周围环境有较大影响的设备、装置的安全操作规程。

4．环境安全管理制度

（1）安全标志管理制度

应包括：生产经营单位现场安全标志的种类、名称、数量；安全标志的定期检查、维护等内容。

（2）作业环境管理制度

应包括：生产经营单位生产经营场所的通道、照明、通风等管理标准；以及人员紧急疏散方向、标志的管理等内容。

（3）工业卫生管理制度

应包括：生产经营单位尘、毒、噪声、辐射等涉及职业健康因素的种类、场所；定期检查、检验及控制等管理内容。

当然，生产经营单位的所有制形式、组织形式、生产过程存在的危险有害因素各不相同，这里所指的安全规章制度是原则性和指导性的，其中每个制度又可以分解成若干个制度制定。但是，只要每个制度能够做到目的明确、流程清晰、责任明确、标准明确，就能够用于规范管理或作业行为，就是一个好的安全规章制度。每个生产经营单位，都应认真策划，建立起严密、完整、有效的安全规章制度体系，并按照体系的运行管理生产、经营过程的安全工作，生产经营单位的安全生产工作就有了基本保障。

（二）按照职业健康安全健康管理体系建立的安全制度体系

按 OHSAS 18001 标准建立的职业健康安全管理体系，一般分为管理手册、程序文件、作业指导书三类。管理手册是概括性、系统性的文件；程序文件对管理手册某个体系要素进行详细描写；作业指导书对程序文件实施的某个方面进行更加细致的描述，以对具体行为进行指导和支持，从而形成了管理手册、程序文件、作业指导书三级文件结构。

1. 管理手册

职业健康安全管理手册实际上是组织实施体系的概要性描述，是体系文件的“引”。其书写格式没有统一的要求，但应全面、准确、简明地阐述组织在职业健康安全方面的宗旨，近期实现的目标以及在规范组织安全生产行为，改善组织安全生产绩效中实施要点，需要时可向社会展示，并可以为相关方所索取。

职业健康安全管理手册的结构格式和要求如下：

第一部分：发布令

首页应是由组织最高管理者签署的全面实施体系的发布令。从发布日起组织即按系统文件的要求来规范组织的安全生产管理行为，实施安全生产管理工作。

第二部分：职业健康安全方针

组织应以文件的形式向社会展示组织确保安全生产和职业健康的意图和宗旨，对遵守我国职业健康安全法规和其他要求作出承诺，并结合组织在识别和评价出的对安全生产有风险的危险源中确定实现组织安全生产目标和指标的框架要求，组织全体员工献计献策，积极参与。

第三部分：管理手册目录

按手册的章、节列出标题及页码以便于查阅。

第四部分：前言

简要地介绍组织的概况，曾经发生过的事故及职业病、主要危险源等，其目的是为相关方及第三方审核认证机构提供一个概貌。

第五部分：体系要素的描述

由于职业健康安全管理手册是体系文件的概要性描述，组织可以通过职业健康安全管理手册向社会及相关方展示其全部职业健康安全管理活动，因此，职业健康安全手册应对 GB/T 28001 中的全部体系要素进行描述。

第六部分：职业健康管理手册的管理

由于体系文件是组织实施职业健康安全管理工作的规范性文件，应当受控，以确保在有需要的岗位都有现行有效版本，防止作废版本的使用。因此，应对职业健康安全管理手册的评审、发放、使用、修改、回收、作废等工作制定一个手册的管理规定。

第七部分：附录

附录实际上是职业健康安全管理手册的附件，是对职业健康安全手册的补充说明。主要内容可以包括：企业所在地区的社区平面图；企业场区平面布置图；主要生产现场的工艺流程图；组织重要危险源清单；组织适用的职业健康安全法规和其他要求的清单；组织机构设置图等。

2. 程序文件

按职业健康安全管理体系标准要求，组织建立职业健康安全管理体系，对涉及以下几方面的管理要素要建立与保持程序文件：危险源辨识、风险评价和风险控制策划；法规和其他要求；培训、意识和能力；协商和沟通；文件和资料控制；运行控制；应急准备和响应；绩效测量和监视；事故、事件处理；记录和记录管理；审核。

以上共计 11 个程序文件，属于规定的程序文件，常被称为“共性程序文件”，即每一个声称按照标准要求建立的管理体系都必须具备的程序文件，也是一个组织要符合标准要求最起码的程序文件。其他方面的管理要素根据需要也可以形成程序文件。另外，以下几方面一定以文件形式展示：职业健康安全方针；组织的职业健康安全目标；实现职业健康安全目标的职业健康安全管理方案；实施职业健康安全管理体系过程中组织内部门和人员的职责和权限；实施管理评审的时机、目的和程序。

一般来讲，企业为了便于编制、实施和管理，程序文件都应按统一的表达形式进行陈述。职业安全健康管理体系程序文件一般有如下几部分：目的和范围；术语定义；引用的标准；职责；工作程序；相关记录；参考文件等。

工作示范

某公司劳动卫生职业病防治程序

1. 目的

为有效预防、控制和消除职业危害，防止职业病发生，保护职工身体健康，特制定本程序。

2. 范围

本程序适用于公司所有活动范围内劳动卫生职业病的管理。

3. 引用标准及文件（略）

4. 定义

4.1 劳动卫生监测：检测作业环境中的有害因素的浓度或强度，及其在时间空间上的分布，以及时发现和动态掌握作业环境中潜在的有害因素的种类、存在形式、强度和消长规律，为改善劳动条件的干预措施提供依据。

4.2 健康监护：监测人们的健康状况，识别疾病的症状和体征，以采取有效措施，消除或减少进一步损害健康的可能性。

4.3 职业病：当职业性有害因素作用于人体的强度和时间超过一定限度时，人体不能代偿所造成的功能性或器质性病理改变，从而出现相应的临床症状，影响劳动能力，这类疾病统称为职业病。

5. 职责

5.1 职业安全健康管理者代表负责召开劳动卫生职业病防治工作会议。

5.2 公司劳动安全部负责劳动卫生职业病防治的管理工作，配合政府相关部门做好劳动卫生职业病防治工作。

5.3 各项目经理部的劳动安全部门配合公司劳动安全部开展劳动卫生职业病防治工作。

5.4 劳动卫生职业病患者的确诊权归属省级劳动鉴定委员会指定的职业病医院。

6. 工作程序

6.1 公司职业安全健康管理者代表负责召开公司每年度劳动卫生职业病防治工作会议，总结上年度劳动卫生职业病防治工作，布置本年度劳动卫生职业病防治工作，并进行奖惩。

6.2 公司劳动安全部根据公司各施工现场和作业场所，有毒有害物质的性质、分布、浓度以及职工受害情况和国家有关法律、法规的要求拟订"劳动卫生职业病防治工作计划"，报请管理者代表批准。

6.3 各单位建立健全劳动卫生责任制，根据劳动卫生职业病计划要求，制定相应的劳动卫生监测和健康查体计划配合实施。

6.4 劳动卫生监测

6.4.1 监测内容

（A）作业场所各种粉尘、毒物、物理性有害因素的测定；

（B）劳动卫生防护措施效果的卫生学评价与鉴定；

（C）开展有毒有害作业分级及体力劳动强度分级情况。

6.4.2 监测的时间间隔应根据各现场或作业场所有毒有害因素的浓度或强度，治理情况及造成的职业危害程度确定，原则是：

（A）有毒有害因素的浓度或强度符合国家卫生标准的作业场所岗位，每年监测一次。

(B) 有毒有害因素的浓度或强度超过国家卫生标准的作业场所，一般每季度监测一次。

6.4.3　检测方法

按《卫生防疫工作规范》的要求进行劳动卫生检测。

6.4.4　劳动安全部应及时将检测信息进行分析，并将信息反馈到各被检单位，发现不符合用“不符合报告单”通知有关单位，各单位按《不符合、纠正与预防措施程序》处理，并保持有关记录和资料。

6.5　健康监护

6.5.1　劳动安全部按“劳动卫生职业病防治工作计划”同各单位联系，各单位做出健康监护查体计划，由公司劳动安全部统一安排健康监护时间表。

6.5.2　各单位特殊工种查体和其他临时性的健康监护查体，需向公司劳动安全部提出需求，批准后由公司劳动安全部负责联系省级劳动卫生职业病防治部门根据工作计划及时安排实施临时性健康监护工作。

6.5.3　体检内容及间隔时间

(A) 就业前健康检查及职工从事或变动工作前检查；

(B) 定期健康查体的间隔时间按有关规定；

(C) 职业病患者每年进行一次复查。

6.5.4　健康监护方法

按《卫生防疫工作规范》的要求进行健康监护。

6.5.5　公司劳动安全部将查体结果汇总，提出查体监护意见，报公司职业安全健康管理者代表审核批准后，反馈到相关单位劳动安全部门。相关单位劳动安全部门及时将患有就业禁忌症人员报分管领导批示，按《职工体检、医疗监督管理制度》处理，对确诊的职业病患者根据《职业病范围和职业病处理办法的规定》组织处理。

6.5.6　公司劳动安全部为受害职工建立健康监护档案，将健康监护情况和职业病患者按《卫生监督统计报告管理规定》要求做出登记和报告，保存有关记录。

6.5.7　职业病诊断证明书有效期一年，职业病患者每年一次到职业病防治机构进行复查，换取《职业病诊断证明书》，到期未复查换证者，原职业病诊断证明书作废，并不再享受国家规定的职业病待遇。

6.5.8　劳动安全部根据政府相关部门的工作安排和要求，配合做好劳动卫生职业病防治工作。

7. 下述报告或记录由劳动安全部根据法律要求保存：

7.1　粉尘、高温、噪声、毒物测定记录表

7.2　粉尘、高温、噪声、毒物测定报告单

7.3　劳动条件分级记录表

7.4　劳动条件分级报告书

7.5 噪声作业人员体格检查表
7.6 粉尘作业人员体格检查表
7.7 苯作业人员体格检查记录表
7.8 作业工人体格检查记录

（资料来源：杨永华：职业安全健康管理体系 OSHMS 推行实务）

3. 作业指导书

作业指导书的编写方法和程序文件没有本质的不同。作业指导书只是程序文件中某一部分内容的详细描述。针对某个程序文件要“面面俱到”，即要点不能遗漏；而作业文件一定不能“面面俱到”。

关于作业指导书的格式或栏目，并没有统一的规定。主要的要求是：作业指导书的规定，要能符合组织的运行和活动的实际，能控制运行和活动中的风险，要具体细致、具有可操作性。

下例规程属于作业指导书，是“火工品喷漆安全控制程序”的作业指导书。针对火工品喷漆这个作业活动中已经识别出来的风险、危害和可能的事故，提出了对从事这个作业活动的人员的要求，规定了作业前、作业中、作业后的操作行为，以控制作业活动中的风险。

工作示范

某化工厂火工品喷漆安全操作规程

1. 范围

本规程规定了火工品喷漆作业的安全要求。

本规程适用于三车间火工品喷漆作业。

2. 风险

2.1 原材料包装箱超重，人工搬运装卸过程中手不易抓牢，包装箱滑落，导致操作人员砸伤。

2.2 易燃溶剂搬运过程受到碰撞，发生燃烧，引燃火工品。

2.3 工作场所汽油、溶剂等挥发物存放超量，静电火花或明火引燃物料，发生燃烧。

2.4 进入工房未按要求释放人体静电，未穿防静电服和防静电鞋，引起燃烧，引燃火工品。

2.5 混漆时操作不当，玻璃容器破碎，碎片飞溅划伤人。

2.6 检查喷漆车制动时，手伸到刹车片处操作，挤伤手。

2.7 清理火工品时使用汽油，摩擦产生静电火花，引起燃烧、爆炸。

2.8 火工品喷漆前保护作业时，工作梯放置不稳，人员易坠落、摔伤。

2.9 未检查喷枪管路，喷漆时管路破损，油漆喷到面部伤人。

3. 人员要求

3.1 操作人员必须持证上岗。

3.2 熟知本岗位设备操作规程、安全操作规程、事故应急救援预案、消防知识和消防器材的使用方法。

3.3 严禁酒后上岗，严禁携带火种、首饰、手表、手机、呼机等与生产无关的物品进入工房。

3.4 严格按工艺要求作业。

4. 作业前

4.1 按规定穿戴防静电工服、鞋、防毒口罩，长发不外露。

4.2 进入工房前必须触摸导静电棒。

4.3 作业前由班组长（代班长）组织安全检查：

（A）喷枪无堵塞，无渗漏，管路连接可靠无老化，喷嘴可靠接地。

（B）喷漆车转动灵活，夹具牢固，刹车装置完好，接地线连接完好。

（C）空压机各种连接件、紧固件应牢固无松动，外露传动装置防护罩牢固。

（D）工作梯、凳结构件无严重脱焊、变形、腐蚀、断裂纹现象。

（E）检查水幕式除尘器运转是否正常。

（F）地面平整，残料及时清理，不得堆放杂物。

5. 作业中

5.1 代班长按定员控制进入工房人员。

5.2 人工搬抬物料，必须轻拿轻放，男工每人不超过30kg，女工不超过20kg。

5.3 用汽油、溶剂等挥发物清理火工产品时必须先打开排风系统，盛装汽油的容器不得使用易产生静电材料的容器。

5.4 作业现场清理用汽油、溶剂存量不得超过500mL。

5.5 混漆时，必须佩戴防护手套，不得用力过猛，使用搅拌器混料时，盛装料装不得使用玻璃容器。

5.6 火工产品必须放置稳固并可靠接地，方可进行作业。

5.7 吊装操作按《火工品吊装、翻转安全操作规程》执行。

5.8 在喷漆车或工作凳上作业时，必须注意人员所处位置，防止人员坠落。

5.9 操作人员在检查喷漆车的制动装置时，严禁手伸到滚轮处。

5.10 火工产品喷漆时，必须戴好防毒护具和防护眼镜。

6. 作业后

6.1 作业结束后，切断空压机电源。

6.2 清理后的废料要集中存放及时销毁。

6.3 清理地面和喷涂设备、工装上的浮漆。

7. 相关文件

JAZY 44625—2005《火工品吊装、翻转安全操作规程》

（资料来源：宋大成等编著：《化学工业企业职业安全健康管理体系实施范例》）

工作示范

某企业安全管理制度清单

编号	制度名称	编号	制度名称
1	突发事件处理程序	2	公司防火安全制度
3	公司防盗工作管理制度	4	公司值班管理制度
5	公司出入厂管理制度	6	公司警卫人员值勤准则
7	厨房卫生管理制度	8	员工食堂管理规定
9	公司管理人员住宅规定	10	公司宿舍管理办法
11	公司交通安全责任制	12	司机管理规定
13	车辆维修保养管理办法	14	出车前车辆检查操作管理
15	公司车辆管理制度	16	公司设备维修处理规程
17	公司固定资产处理规定	18	公司财产管理办法

知识拓展

OHSAS 18001 标准

1. OHSAS 18001 标准简介

20 世纪 80 年代末开始，一些发达国家率先开展了研究及实施职业安全健康管理体系的活动。国际标准化组织（ISO）及国际劳工组织（ILO）研究和讨论职业安全健康管理体系标准化问题，许多国家也相应建立了自己的工作小组开展这方面的研究，并在本国或所在地区发展这一标准。为了适应全球日益增加的职业安全健康管理体系认证需求，1999 年英国标准协会（BSI）、挪威船级社（DNV）等 13 个组织提出了职业安全卫生评价系列（OHSAS）标准，即 OHSAS 18001 和 OHSAS 18002，成为国际上普遍采用的职业安全与卫生管理体系认证标准。

1999 年 10 月，国家经贸委颁布了《职业安全卫生管理体系试行标准》（OS-HMS，Occupational Safety and Health Management System）。为迎接加入世界贸易组

织后国内企业面临的国际劳工标准和国际经济一体化的挑战，规范各类中介机构的行为，国家经贸委在原有工作基础上，于2001年12月，发布《职业安全健康管理体系指导意见》和《职业安全健康管理体系审核规范》（GB/T 28001—2001）。

OHSAS 18001标准已在全球得到广泛认可，通过这套完整的行之有效的管理系统，能减少事故发生、创造更好的工作环境和持续改进工作环境。虽然OHSAS 18001并不是治愈组织中所有OHS问题的良药，但是它具有独特的全球认可地位，通过这套完整的行之有效的管理系统，能实现更好的工作环境的持续改进。

OHSAS 18001：2007版标准于2007年7月1日发布，此次新版本相比以往将更加注重以结果为导向，具备了与ISO 9001:2000和ISO 14001:2004更好的兼容性。结合了经过实践证明的现代OHS管理理念，完善了其中的要素和定义。

按OHSAS 18001标准建立职业健康安全管理体系有以下作用：

（1）有助于组织建立科学的管理机制，采用合理的职业健康安全管理原则与方法，持续改进职业健康安全绩效（包括整体或某一具体职业健康安全绩效）；

（2）有助于组织积极主动地贯彻执行相关职业健康安全法规，并满足其要求；

（3）有助于大型组织（如跨国公司或大型现代联合企业）的职业健康安全管理功能一体化；

（4）有助于组织对潜在事故或紧急情况作出响应；

（5）有助于组织满足市场要求；

（6）有助于组织获得注册或认证。

考证训练

一、单项选择题

1. 劳动法律关系与劳动关系最主要的区别在于前者体现了（　　）。

A. 雇主意志　　B. 雇员意志

C. 国家意志　　D. 社会意志

2. 关于劳动法的监督检查制度的说法不正确的是（　　）。

A. 它规定了劳动关系的调整规则

B. 它是实施劳动监督检查的职权划分和行为准则

C. 它规定了以何种手段实现和保证各项劳动法律制度的实施

D. 各项劳动法律制度的范围与劳动监督检查制度的范围是一致的

3. 在劳动安全事故处理中，出现（　　），需上报国务院主管部门。

A. 死亡事故　　B. 一次死亡3人以上的事故

C. 劳动过程伤害事故　　D. 一次死亡5人以上的事故

4. 安全生产法规具有如下什么特性：(　　)。

A. 强制性　　B. 建议性　　C. 随意性　　D. 指导性

5. 根据《职业病防治法》的规定，用于预防和治理职业病危害、工作场所卫生检测、健康监护和职业卫生培训等费用，如何支出？(　　)

A. 在生产成本中据实列支　　B. 国家和企业共同负担

C. 企业和受益员工共同负担　　D. 投资方面负担

6. 依据《安全生产法》，生产经营单位应当向从业人员如实告知作业场所和工作岗位存在的(　　)、防范措施以及事故应急措施。

A. 危险因素　　B. 事故隐患

C. 设备缺陷　　D. 安全生产责任

二、多项选择题

1. (　　) 属于集体协商的内容。

A. 法定社会保险　　B. 工作时间

C. 休息休假　　D. 劳动安全卫生标准

E. 住房安排

2. 在(　　)情况下，劳动者视同工伤。

A. 突发疾病死亡

B. 在抢险救灾中受到伤害

C. 在维护国家利益、公共利益中受到伤害

D. 突发疾病在48小时之内经抢救无效死亡

E. 已取得革命伤残军人证的劳动者到用人单位后旧伤复发

3. 新中国成立以来，我国颁布并在用的有关安全生产、劳动保护法律法规中，以法的形式出现的有：(　　)

A. 《安全生产法》　　B. 《矿山安全法》

C. 《劳动法》　　D. 《职业病防治法》

E. 《劳动保护法》

4. 《职业病防治法》规定，用人单位应当采取下列哪些职业病防治措施(　　)。

A. 建立职工医院

B. 制定职业病防治计划和实施方案

C. 建立、健全职业卫生管理制度和操作规程

D. 建立、健全职业卫生档案和劳动者健康监护档案

E. 建立、健全职业病危害事故应急救援预案

三、案例分析题

1. 某经营危险化学品的企业，制定了如下安全管理制度：安全生产责任制、

安全生产教育培训制度、安全生产检查制度、防爆设备安全管理制度、危险化学品管理制度、重大危险源管理制度。

请问：该企业的安全生产管理制度是否齐全？如不全，请补充？

2. 1999 年 1 月 4 日，重庆綦江县彩虹桥发生特大坍塌事故，导致 40 人死亡，14 人受伤，造成直接经济损失 631 万元。事故相关责任人受到法律处理：綦江县县长、县委书记张开科被重庆市第一中级人民法院判处无期徒刑，县委副书记林世元被判处死刑，缓期两年执行，相关责任人都受到了相应的行政处分。

请问：我国安全事故行政责任处罚的法规有哪些？安全事故刑事责任处罚的法律是什么？刑事处罚的最高力度是多少？

学习情境五　劳动争议管理

能力目标

☆ 具备处理一般常见的劳动争议的专业能力；
☆ 具备对劳动争议的法律法规学习和解读的能力；
☆ 基本掌握一般劳动争议处理法律文书写作。

知识目标

☆ 掌握典型劳动争议类型及处理途径；
☆ 了解企业如何防范劳动争议的发生；
☆ 了解劳动争议仲裁的程序和方法。

任务1　典型劳动争议的处理

【任务名称】

辨识案例中是否存在劳动争议隐患。

【任务情境】

某公司2008年1月1日对其原有的涉及劳动者切身利益的规章制度进行修订，增加了部分条款，但是该公司并没有采取任何的民主程序，且没有将新制定的条款向员工进行公开公示。2008年8月1日，该公司根据新修订的规章制度解雇员工胡某，胡某不服向劳动争议仲裁委员会申请仲裁，胡某提出公司新的规章制度制定的程序不合法，且公司没有对新增加的条款向全体员工进行公示，该公司在答辩时表示据以解雇胡某所使用的规章制度条款是在2008年1月1日前所制定的，而胡某是在2007年8月1日入职的，可以作为解雇胡某的依据使用。

问题：该公司的答辩理由是否符合相关法律规定？

【任务要求】

1. 学生分组，每个小组就上述问题展开探讨，案例中是否存在劳动争议隐患；

2. 每个小组选派一名代表就小组讨论结果情况发言；
3. 要求引用相关法律知识进行分析。

知识链接

为了保证用人单位有良好的工作秩序，避免劳动关系双方的冲突激化，合理地处理劳动关系是非常重要的。

一、劳动争议

（一）劳动争议的概念

劳动争议又称劳动纠纷，是指用人单位与劳动者之间因劳动权利和劳动义务所发生的纠纷。它是用人单位与劳动者因贯彻劳动立法、执行劳动规章而发生的纠纷。

（二）劳动争议产生的原因

劳动关系是现代社会和谐的“晴雨表”和“风向标”。经济社会生活中的一些深层次矛盾和问题不同程度地反映到劳动关系中来，加之我国建立社会主义市场经济的时间不长，目前正处于经济结构转型和发展方式转变的关键时期，劳动关系复杂多变，新问题和新矛盾会不断涌现。《劳动合同法》实施以来，劳动争议案例出现上升的势头。

产生劳动争议的原因可以从劳动双方主体出发进行分析：

1. 用人单位的原因

由于用人单位传统用工模式未能依据《劳动合同法》的实施而及时调整转变。《劳动合同法》等法律对劳动关系双方权利义务进行了调整，加大了对劳动者的保护力度，而用人单位传统的用工模式具有一定的惯性和定势，没有迅速作出调整以适应法律的要求，因此增加了发生劳动争议的可能性，导致劳动争议日益增多。

用人单位用工不规范。具体表现在用人单位内部的规章制度制定的不规范；对劳动法规执行的不规范；日常劳动用工的管理不规范等。目前引发的劳动争议主要在签订劳动合同、缴纳社会保险、计算劳动报酬、计算加班费、劳动保护、辞退、解除和终止劳动合同等方面，由于用人单位和劳动者之间存在一定程度的利益矛盾，如果处理不当，容易引发劳动争议。

用人单位与劳动者共存于同一个利益共同体——企业中，一荣俱荣，一损俱损。企业发展了，双方都获益；企业破产了，双方都受害，这时用人单位侵犯劳动者权益的现象往往较为突出。

2. 劳动者的原因

因劳动者个人产生劳动争议的原因主要有：一是劳动者维权意识和能力大大提

升，例如劳动者对如何保护自身权益的法律意识日渐增强，劳动争议案件也就不断产生；二是个别劳动者恶意用法，违反用人单位的劳动纪律或侵害用人单位的利益。

（三）劳动争议解决的原则与程序

1. 劳动争议解决的原则

（1）合法的原则

合法原则是指劳动争议处理机构在处理劳动争议过程中，必须坚持以事实为依据，以法律为准绳，依法处理劳动争议案件。

（2）公正的原则

公正原则是指劳动争议处理机构在处理劳动争议时，必须做到客观、公平和合理，保证双方当事人处于平等的法律地位，具有平等的权利和义务。

（3）及时处理的原则

在劳动争议案件处理中，一般都有法定的期限，超过期限将不予受理；同时，要在规定时间内完成，否则要承担相应的责任。

（4）调解的原则

调解是指在第三方的主持下，依法劝说争议双方当事人进行协商，在互谅互让的基础上达成协议，从而解决争议的一种方法。

2. 我国劳动争议处理的程序

劳动争议发生后，当事人双方应通过合法的渠道和方式予以解决。我国的法律、法规、规章对此作了明确规定。《中华人民共和国劳动法》第七十七条规定：用人单位与劳动者发生争议，当事人可以依法申请调解、仲裁、提起诉讼，也可以协商解决。调解原则适用于仲裁和诉讼程序。

《中华人民共和国劳动争议调解仲裁法》第五条，《中华人民共和国企业劳动争议处理条例》第六条对此也作了相应的规定：发生劳动争议，当事人不愿协商、协商不成或者达成和解协议后不履行的，可以向调解组织申请调解；不愿调解、调解不成或者达成调解协议后不履行的，可以向劳动争议仲裁委员会申请仲裁；对仲裁裁决不服的，除本法另有规定的外，可以向人民法院提起诉讼。

我国目前的劳动争议处理制度可以用“一调一裁两审”来概括，即发生劳动争议后，当事人除先进行协商外，可以申请劳动调解，调解不成，或者不愿意调解的，当事人可以向劳动争议仲裁委员会申请仲裁；对仲裁裁决不服的，可以向人民法院提起诉讼，其诉讼程序按照民诉讼法的规定，实行两审终审制。“一调一裁两审”的制度将仲裁作为诉讼的一个前置程序，不经仲裁，当事人不能直接向人民法院提起诉讼。

综上所述，我国现行的劳动争议处理程序为：自行协商、申请调解、仲裁和人民法院诉讼。值得注意的是：协商和调解不是劳动争议处理的必经程序，仲裁是劳动争议的必经程序，只有不服仲裁裁决的，才可以向人民法院提起诉讼，不能一发生劳动争议就向人民法院起诉。目前有权处理劳动争议的机构包括：企业劳动争议调解委员会、地方劳动争议仲裁委员会和人民法院。

（1）劳动争议调解

① 劳动争议调解的基本概念

劳动争议调解是指由企业劳动争议调解委员会调解本企业发生的劳动争议。它是企业内基层群众组织所作的调解，是我国处理劳动争议的基本形式之一。调解的范畴包括录用任免争议；劳动合同争议；培训争议；因工作时间、休息休假产生的争议；社会保险、福利争议；劳动报酬、经济补偿和劳动保护争议等。

《中华人民共和国劳动法》第八十条规定：在用人单位内，可以设立劳动争议调解委员会。劳动争议调解委员会由职工代表、用人单位代表和工会代表组成。劳动争议调解委员会主任由工会代表担任。

企业劳动争议调解委员会是调解本企业劳动争议的组织。它的主要职责是：调解本企业内发生的劳动争议，检查督促争议双方当事人履行调解协议，对职工进行劳动纪律、法律的宣传教育，做好劳动争议的预防工作。

② 劳动争议调解的基本程序

调解通常是处理劳动争议的第一个程序。企业劳动争议调解委员会调解劳动争议，一般包括调解准备、调解开始、实施调解和调解终止四个阶段。

③ 劳动争议调解的时效

根据我国现行的法律规定，劳动争议发生后，当事人申请调解，应当在知道或应当知道其权利被侵害之日起30日内，以口头或书面的方式向劳动争议调解委员会提出申请，并填写劳动争议申请书，写明争议的原因、经过，并提出具体的要求。如果是劳动者在10人以上并具有共同申请理由的劳动争议案件，劳动者一方应当推举代表参加调解活动。

企业劳动争议调解委员会接到一方当事人的调解申请后，应当征询对方当事人的意见，对方当事人不同意调解时，调解委员会应当在3日内以书面形式通知申请人；对方当事人愿意调解时，调解委员会应当在4日内作出受理或不受理的决定。

企业劳动争议调解委员会调解劳动争议应当在当事人申请调解之日起30日内结案。在此期限内，双方当事人协商一致达成协议，调解委员会应当制作调解协议书，双方当事人应当严格履行；双方协商未果或达成协议后不履行，则双方当事人在法定期限内，可以向劳动仲裁委员会申请仲裁。

（2）劳动争议仲裁

① 劳动争议仲裁的基本概念

劳动争议仲裁是指由劳动争议仲裁委员会对用人单位与劳动者之间发生的争议，在查明事实、分清责任的基础上依法对劳动争议事实和当事人应承担的责任进行认定和裁决的活动。按我国现行的劳动法律规定，仲裁是处理劳动争议的必经程序。劳动争议当事人只有在仲裁委员会裁决后，对裁决不服时，才能向人民法院起诉，否则法院不予受理。

② 劳动争议仲裁的时效

《中华人民共和国劳动争议调解仲裁法》第二十七条规定：劳动争议申请仲裁的时效期间为一年。仲裁时效期间从当事人知道或者应当知道其权利被侵害之日起计算。另，劳动关系存续期间因拖欠劳动报酬发生争议的，劳动者申请仲裁不受上述规定的仲裁时效期间的限制；但是，劳动关系终止的，应当自劳动关系终止之日起一年内提出。

③ 劳动争议仲裁的程序

提交书面申请。劳动争议当事人向劳动争议仲裁委员会申请仲裁，应当提交书面申请，在提交申诉书时应当载明：双方当事人的基本情况、仲裁请求、所依据的事实和理由、证据等材料。劳动争议申诉书要按照被诉人数提交副本。

仲裁受理。劳动争议仲裁委员会应当在收到当事人的仲裁申请之日 7 日内做出受理或不予受理的决定。决定受理的应当在做出决定之日起将申诉书的副本送达被诉人，并组成仲裁庭；决定不受理的应当说明理由。

做出裁决的期限。劳动争议仲裁委员会受理劳动争议案件，仲裁裁决一般应当在收到仲裁申请的 60 日内做出。

仲裁裁决的效力。当事人对裁决不服的，自收到裁决书之日起 15 日内，可以向人民法院起诉。如当事人对仲裁裁决无异议，或者对裁决不服但在超过法定期限后不起诉的，裁决书即发生法律效力。

（3）劳动争议诉讼

① 劳动争议诉讼的概念

劳动争议诉讼是指劳动争议当事人不服劳动争议仲裁委员会的裁决，在法定的期限内，持劳动争议仲裁决定书向人民法院请求保护其劳动权益，人民法院依据法律规定的诉讼原则和程序，处理该争议的活动。

劳动争议诉讼是解决劳动争议的最终程序。它是由人民法院的民事审判庭按照民事诉讼法规定的普通诉讼程序进行审理。

② 劳动争议诉讼的时效

《企业劳动争议处理条例》第三十条规定：当事人对仲裁裁决不服的，自收到裁决书之日起十五日内，可以向人民法院起诉；期满不起诉的，裁决书即发生法律效力。

③ 劳动争议诉讼的条件

起诉人必须是劳动争议的当事人，当事人因故不能亲自起诉时，可以委托代理人代其起诉，其他人未经委托授权的无权起诉；

必须是不服劳动争议仲裁委员会裁决而向法院起诉，不能未经仲裁程序直接向人民法院起诉；

必须有明确的被告、具体的起诉请求和事实依据；

起诉应当依法向有管辖权的法院起诉，一般应当向仲裁委员会所在地的人民法院起诉。

（四）劳动争议的预防

1．劳动争议预防的含义

劳动争议预防包含两层含义：从广义上讲，指劳动行政机构、劳动争议处理机构及其他行政机构，依照法律的规定，预先采取各种有效措施，积极防范和制止用人单位与劳动者之间发生劳动纠纷的活动；从狭义上讲，主要是指企业的人力资源管理人员要充当内部劳动关系的调解员，合理有效地处理好国家法律法规、公司利益和员工个人利益的关系。

劳动争议预防必须坚持依法进行预防。劳动争议预防是避免或减少劳动争议的第一条防线，是建立和谐劳动关系必不可少的重要环节。

2．劳动争议预防的措施

从企业层面看，劳动争议预防主要有以下几个方面：

（1）增强劳动法制观念

用人单位和劳动者都应该知法、守法，增强劳动法制观念，依法处理员工关系，这是有效预防劳动争议的基本保证。

（2）加强企业人性化管理

在企业实行人性化管理，尊重和关心员工，在重大决策方面尽可能考虑劳资双方的利益，构建和谐的劳资关系，如果出现劳动争议的苗头，及时沟通及时处理，以免事态扩大。实践证明这是积极有效地预防劳动争议的措施。

（3）依法制定并严格执行企业内部的规章制度

首先企业内部的规章制度在制定的程序和内容方面都必须符合劳动法规，否则无效；其次规章制度必须具操作性，尽可能可考量；最后规章制度必须清晰，实用。

二、典型劳动争议的处理

劳动争议案件的类型很多，如因确认劳动关系发生的争议；因订立、履行、变更、解除和终止劳动合同发生的争议；因除名、辞退和辞职、离职发生的争议；因工作时间、休息休假、社会保险、福利、培训以及劳动保护发生的争议；因劳动报酬、工伤医疗费、经济补偿或者赔偿金等发生的争议；法律、法规规定的其他劳动争议。

在实践中，以广州市近几年的劳动争议案件来看，以追索拖欠工资和加班工资的诉求最多。此外，劳动者超时工作的情况亦较严重。下面通过几个典型的案例：用人单位没有与劳动者签订劳动合同、劳动合同解除、试用期辞退员工、加班费发放、薪酬福利、社会保险和住房公积金、培训等争议来说明如何处理此类劳动争议。

1. 用人单位没有与劳动者签订劳动合同

案例5.1　　女工未签劳动合同，拇指被切断难认定工伤

2009年10月12日，向女士应聘到宝山区振乐贸易有限公司工作，双方没有签订劳动合同。2010年9月4日，在机床上操作剪板机时，向女士右手大拇指被机器切掉一半。她到宝山区劳动部门进行工伤认定，但工作人员要求向女士提供劳动关系认定证明。但振乐公司石老板称，已将相关工作承包给了另一名包工头。至于证明一说，他认为，先要该包工头提供合同关系才行。宝山区劳动局办公室工作人员表示将调查此事。

问题：向女士与振乐贸易有限公司是否存在劳动关系？

案例分析：

企业与职工应依法签订劳动合同。但有些职工未能与企业签订劳动合同，如发生工伤事故，也不影响工伤认定。只要有证据表明其与用人单位间存在事实劳动关系，职工的权益就能得到保障。进行工伤认定时，若企业拒不提供相关劳动信息，或个人也难以提供相关信息，社保行政机构有权对企业与职工间的用工关系进行调查、核实，再做出工伤认定结果。

本案中振乐公司石老板称，已将相关工作承包给了另一名包工头。《劳动合同法》第九十四条规定："个人承包经营违反本法规定招用劳动者，给劳动者造成损害的，发包的组织与个人承包经营者承担连带赔偿责任。"

《上海市高院民一庭关于劳动争议案件若干问题的解答》规定："用人单位知道或应当知道其工作人员或承包人以单位名义在外招用人员，不为反对意见；或受招用人员有充分理由相信该工作人员或承包人是代表用人单位的，如果劳动者确实是为该用人单位工作的，应当认定受招用人员与该用人单位之间形成劳动关系。"

这里提醒广大劳动者，上岗前要与公司签订合同，并在工作中保存好劳动关系的相关证明如考勤记录、工作服、工资条、出入证等；另外，如果遇到公司不愿签订合同或拒绝为员工办理各类保险等情况，劳动者可向劳动监察大队举报。

（资料来源：http：//www.hrsalon.org/hotnews/）

2. 解除合同

案例5.2　　开除员工决定网上公示被判无效

司机章静（化名）2008年6月12日正式被南昌某快递公司录用，2008年9月1日签订劳动合同，合同期限为两年，至2010年8月31日止。约定基本工资为每天60元还有补贴。

2009 年 1 月快递公司以章静拒绝公司合理的人事安排为由，将章静开除。2009 年 8 月南昌市劳动争议仲裁委员会下达仲裁裁决书，裁决快递公司应恢复章静的劳动关系并安排适当的工作；支付 2008 年 6 月 12 日至 8 月 31 日未签订劳动合同期间的双倍工资 2818 元；支付加班工资共计 6632 元；支付拖欠工资报酬的经济补偿金 1658 元。章静不服仲裁到法院起诉，要求判令快递公司作出的除名决定无效、继续履行劳动合同、支付拖欠及未足额给付的加班工资、未签订劳动合同的双倍工资、支付经济补偿金、补交各类保险、支付赔偿金，合计 12 万元。

快递公司辩称，章静拒绝公司合理的人事安排，带领社会人员到公司滋事，属于劳动合同中约定的可以解除劳动合同的情形。为严肃公司的规章制度，公司不得不于 2009 年 1 月 7 日作出了单方解除劳动关系的决定，发文挂网公示送达，故请求法院驳回原告不合理的诉请。

问题：公司开除员工决定网上公示是否有效？

案例分析：

一审法院审理认为，公司认定章静在工作期间存在错误，决定开除章静，但作出决定后未送达，仅在网上公示送达。因此，公司作出的“开除决定”并未生效。章静仍是公司的职工。双方之间应继续履行合同。章静在南昌某快递公司工作，公司却未支付章静节假日加班工资，应支付章静的加班工资及拖欠加班工资的经济补偿金。章静提出要求公司补交各类保险，因保险不属于法院受理的范围，该诉请法院不予支持。该院依照《劳动法》的相关规定，判决南昌某快递公司恢复与章静的劳动关系、支付未签订劳动合同的双倍工资 5560 元、支付加班工资共计 6672 元、支付经济补偿金 3336 元。

（资料来源：http：//www. ldzc. com）

3．员工录用

案例 5.3　大学生试用期内被解聘，欲恢复劳动关系状告企业

2008 年 6 月 12 日，曹凌（化名）凭着财务相关专业本科以上学历被上海凯士比泵有限公司招聘，并与凯士比泵公司签订招聘录用函。约定包括了“首期聘用合同期限为 3 年，其中试用期为 6 个月”等内容。6 月 23 日，曹凌开始工作任成本会计。约定试用期为 2008 年 6 月 23 日至同年 12 月 22 日。12 月 12 日，公司以试用期内曹凌不符合录用条件为由，解除了劳动合同。曹凌不满，于 2009 年 1 月 8 日申请仲裁，但裁决对曹凌的要求未予支持。曹凌不服诉至法院。要求判令公司撤销解除劳动合同的通知，恢复劳动关系，继续履行劳动合同，并要求公司支付 12 月 12 日至劳动关系正式恢复之日止的工资奖金。

问题：曹凌能否胜诉？

案例分析：在法庭审理中，曹凌认为，其充其量是不胜任工作，工作表现不

佳，但并非不符合录用条件，在这种情况下，公司应当给予调整岗位，给一次机会，而不应当解除劳动关系。公司则称曹凌应聘成本会计岗位的条件是财务相关专业本科以上学历，两年以上制造型企业成本会计经验及良好的英语沟通能力，但曹凌实际仅符合学历的要求，其他条件均不符合，即曹凌未有在制造型企业工作满2年以上的工作经历，也没有良好的英语沟通能力。通过试用期的考察，认为曹凌不符合岗位期望目标，不符合录用条件，就此解除了劳动关系。曹凌则对公司对其工作描述不予认可，认为工作描述是部门主管、经理等的个人主观意见，其中夸大了本人的小错误，不是客观评价。曹凌认为，招聘条件不是录用条件，其书面英语是很好的，只是听和说有点欠缺。

法院认为，劳动者在试用期间被证明不符合录用条件的，用人单位可以解除劳动合同。试用期是劳动合同当事人为了相互了解对方的情况，即用人单位了解劳动者是否适合从事特定工作以及劳动者了解用人单位的具体情况，而在劳动合同中约定的特定期限。劳动者的劳动技能往往不具有直接的外在表现形式，需要通过实际工作才能体现出来。在试用期内，用人单位可以从思想品质、工作能力、知识水平、身体状况等多方面进一步对劳动者进行考察，了解其是否符合本单位的工作要求。用人单位在试用期内如果能证明劳动者不符合录用条件的，可以随时解除劳动合同。本案中，双方在劳动合同中约定了试用期。结合双方庭审中的陈述以及举证情况，公司以曹凌试用期不符合录用条件为由，与其解除劳动关系，于法有据。曹凌之诉请，缺乏依据，实难支持。

（资料来源：http：//www.ldzc.com）

4. 社会保险纠纷问题

案例5.4　企业与员工签订不买社保协议，无效！

深圳市某外商投资企业与员工李某在签订劳动合同的同时，签订了一份《有关购买社会保险意向书》，约定李某同意企业不为其办理养老、医疗等社会保险。李某工作多年后因被企业无故辞退而引发劳动争议。李某向深圳市劳动争议仲裁委员会申请仲裁，要求该企业支付解除劳动合同的经济补偿金和补交养老、医疗等社会保险费。劳动仲裁委员会裁决支持李某关于解除劳动合同经济补偿金的请求，却驳回了李某关于补交社会保险费的请求，理由是李某在《有关购买社会保险意向书》中，同意企业不为其办理养老、医疗等社会保险。李某不服仲裁裁决，向深圳市人民法院起诉，请求企业为其补交社会保险费。结果，法院支持了李某的请求，理由是社会保险属于法定强制保险，企业和员工都必须依法缴纳社会保险费，任何关于放弃缴纳社会保险费的协议都无效。

问题：企业与员工签订不买社会保险协议有效吗?

案例分析：

《劳动法》第七十二条明确规定：用人单位和劳动者必须依法参加社会保险，缴纳社会保险费。《社会保险费征缴暂行条例》（1999年1月21日国务院令第259号）第三条规定，外商投资企业及其职工属于基本养老保险、基本医疗保险和失业保险的征缴范围，外商投资企业及其职工应当依法向当地社会保险经办机构缴纳社会保险费。广东和深圳有关社会保险法规、规章也规定用人单位和劳动者必须依法参加社会保险，缴纳社会保险费。参加社会保险，缴纳社会保险费是用人单位和劳动者的法定义务，不得以任何形式逃避和放弃。用人单位和劳动者任何关于放弃缴纳社会保险费的协议都是无效的，因有关协议违反了法律的强制性规定。因此，法院支持李某关于补交社会保险费的请求的判决是正确的。

（资料来源：http：//hr. onjobedu. com/zcfg/4504. html）

5．调整工作岗位问题

案例5.5　巴黎春天劳务派遣工不同意调岗被辞退

邓小姐原本是一名化妆品销售员，经由某人才公司劳务派遣，到长宁路巴黎春天百货一家化妆品专柜工作。2010年11月1日，她突感身体不适，经医生诊断是过度疲劳引起的心肌缺血，医生建议邓小姐休息几天，并为她开了3天的病假单。邓小姐拿着医生开具的病假单向化妆品公司的主管请假，却未得到批准，她气愤之下争执了几句。12月10日，邓小姐突然接到人才公司邮寄来的调令，通知她调换工作岗位。

“我家住虹口区岳州路，公司没跟我商量，就要把我的工作地点改到船厂路卜蜂莲花的专柜。如果我去新的地方工作，每天上班要早上5点出门，下班后晚上12点才能到家，以我现在的身体状况，这不是故意刁难吗？”接到调令的第二天，邓小姐没有到新的工作地点报到，她打算再与公司沟通一下，不料，第三天，主管便算她旷工了。事后，主管还短信通知她，如果不去新工作地点报到，仍旧要算她旷工。12月21日，邓小姐接到了人才公司打来的电话，对方表明要与她解除劳动合同。邓小姐认为，人才公司要跟她解除劳动合同是不合理的，如果非要解聘她的话，她要求人才公司按劳动法的相关规定进行赔偿。

问题：化妆品公司是否可以调整叶小姐的工作岗位？如叶小姐拒绝，化妆品公司是否将叶小姐退回劳务派遣公司？劳务派遣公司是否可以解除邓小姐的劳动合同？

案例分析：

在劳务派遣中，用工单位虽与劳动者不存在劳动关系，但可以要求劳动者遵守公司的考勤、作息时间等规章制度，且应根据《劳动合同法》第六十二条规定履行提供劳动条件和劳动保护，告知劳动条件和劳动报酬，支付加班费、绩效奖金、福利待遇等义务。化妆品公司欲把叶小姐的工作地点改到船厂路卜蜂莲花的专柜，除非在原订立的劳动合同及派遣协议中有明确约定，否则属于变更劳动合同，用工三方应当协商一致，未达成一致的，应按原劳动合同及派遣协议全面履行。

至于用工单位在何种情形下可将劳动者退回劳务派遣单位，根据上海市劳动人事争议仲裁庭最新政策规定："被派遣劳动者有《劳动合同法》第三十九条、第四十条第一项、第二项规定的情形时，用工单位可以将劳动者退回劳动派遣单位，劳务派遣单位依照有关规定，可以与劳动者解除劳动合同；用工单位发生《劳动合同法》第四十条第三项、第四十一条规定的情形将劳动者退回到劳务派遣单位的，可以支持。"

《劳动合同法》第三十九条、第四十条第一项、第二项规定的情形指：在试用期间被证明不符合录用条件的；严重违反用人单位的规章制度的；严重失职，营私舞弊，给用人单位造成重大损害的；劳动者同时与其他用人单位建立劳动关系，对完成本单位的工作任务造成严重影响，或者经用人单位提出，拒不改正的；因本法第二十六条第一款第一项规定的情形致使劳动合同无效的；被依法追究刑事责任的；劳动者患病或者非因工负伤，在规定的医疗期满后不能从事原工作，也不能从事由用人单位另行安排的工作的；劳动者不能胜任工作，经过培训或者调整工作岗位，仍不能胜任工作的。《劳动合同法》第四十条第三项规定的情形指：劳动合同订立时所依据的客观情况发生重大变化，致使劳动合同无法履行，经用人单位与劳动者协商，未能就变更劳动合同内容达成协议的。第四十一条规定指的是裁员情形。可见此案中叶小姐拒绝调岗后，化妆品公司将叶小姐退回劳务派遣公司，以及劳务派遣公司解除邓小姐的劳动合同都是没有法律依据的。

如果叶小姐要求继续履行劳动合同，劳务派遣公司和化妆品公司应当继续履行；如果叶小姐不要求继续履行劳动合同或者劳动合同已经不能继续履行的，劳务派遣公司应当依照本法第四十七条规定的经济补偿标准的两倍向叶小姐支付赔偿金。

需注意，因用人单位违法解除、终止劳动合同，劳动者要求支付调解、仲裁期间的工资损失的，仲裁部门如何处理？根据上海市劳动人事争议仲裁庭最新政策规定："依据《上海市企业工资支付办法》第二十三条规定，用人单位单方解除劳动关系，引起劳动争议，经劳动争议仲裁部门或人民法院裁决撤销单位原决定的，用人单位应当支付劳动者在仲裁、诉讼期间的工资。如劳动者同时提出要求支付在调解组织调解期间工资的，仲裁机构在对事实确认后，对其请求可予以支持。"

（资料来源：http：//www. hrsalon. org/hotnews/）

6．加班费计算问题

案例5.6　加班费的计算

中山某工厂与其课长级别的员工都签订有一份《定薪协议》，协议约定员工每月固定薪资3000元，该薪资包含加班费及基本工资、奖金等；工厂与普工签订的劳动合同中也对薪资作出约定，员工每月工资770元/月，工厂以此作为计算加班费的计算基数。

问题：中山该工厂针对工资的处理方式是否违法？

案例分析：

工厂的上述两种操作方式在法律上都是不违法的，第一种与员工所签订的定薪协议正好是工厂证明其所支付的工资包含加班费的有力证据；第二种工厂通过合同方式将加班费的计算基数进行明确约定，也是以后避免发生加班费争议的很好的途径。

法条索引：

《指导意见》

第二十七条　用人单位与劳动者虽然未书面约定实际支付的工资是否包含加班工资，但用人单位有证据证明已支付的工资包含正常工作时间工资和加班工资的，可以认定用人单位已支付的工资包含加班工资。但折算后的正常工作时间工资低于当地最低工资标准的除外。

第二十八条　劳动者加班工资计算基数为正常工作时间工资。用人单位与劳动者约定奖金、津贴、补贴等项目不属于正常工作时间工资的，从其约定。但约定的正常工作时间工资低于当地最低工资标准的除外。

第二十九条　劳动者主张加班工资，用人单位否认有加班的，用人单位应对劳动者未加班的事实负举证责任。用人单位以已经劳动者确认的电子考勤记录证明劳动者未加班的，对用人单位的电子考勤记录应予采信。

劳动者追索两年前的加班工资，原则上由劳动者负举证责任，如超过两年部分的加班工资数额确实无法查证的，对超过两年部分的加班工资一般不予保护。

法条解读：

《劳动合同法》实施后，工厂频繁出现员工以其加班费计算基数违法而提起的诉讼，广东省劳动争议仲裁委员会与广东省高级人民法院，根据广东省的实际情况为两机关处理劳动争议案件制作出一个《指导意见》，其明确指出劳动者正常工作时间的工资是计算加班费的基数，且用人单位与劳动者对基数有约定的应当优先以合同的约定为依据，如果用人单位有证据证明其所支付的工资包含了加班费的，可以认定该支付方式是合法的，但上述无论合同约定还是经过折算的劳动者正常工作时间的工资都不得低于最低工资。

操作建议：

（1）工厂对薪资部分的约定，建议不要通过《人事异动》等内部文件方式进行操作，因为人事异动单一般是工厂单方制作与填写，其证明效果明显弱于双方合同约定；

（2）让员工对其每月薪资进行签收，并建议最好让员工直接在薪资条上进行签字确认，因为薪资中不仅有薪资的数额，还有员工每月的加班工时及出勤工时，其每月确认的不仅是工资总额，也是对其每月的出勤时间的确认。

（资料来源：广东华信达律师事务所　蒋进律师　Johnson. jiangjj@ gmail. com）

7. 企业违法解除劳动合同问题

案例5.7　　工伤可以解除劳动合同吗?

姜某于1994年8月4日进入东莞某工厂从事普工工作，2006年4月23日姜某因违规操作发生工伤，经工伤鉴定为十级伤残。2008年1月，工厂以姜某消极怠工不能按时完成工作为由，连续三天记姜某三次大过，并以姜某严重违反公司规章制度为由与姜某解除劳动合同。而事实上工厂并没有制定规章制度，其所能提供的证据仅有未经员工签字确认的三张记姜某大过的处罚单。

问题：工厂解雇姜某存在哪些法律风险?

案例分析：

上述案例是工厂一真实案例，案件最后工厂是败诉的，法院认定工厂违法解除与姜某的劳动合同，工厂需承担双倍经济补偿金的赔偿金。而本案例的败诉的关键点在于：①工厂没有规章制度，没有赖以处罚员工的理论依据；②工厂没有证据证明姜某有消极怠工的事实。

法条索引：

《中华人民共和国劳动合同法》

第四十八条　用人单位违反本法规定解除或者终止劳动合同，劳动者要求继续履行劳动合同的，用人单位应当继续履行；劳动者不要求继续履行劳动合同或者劳动合同已经不能继续履行的，用人单位应当依照本法第八十七条规定支付赔偿金。

第八十七条　用人单位违反本法规定解除或者终止劳动合同的，应当依照本法第四十七条规定的经济补偿标准的二倍向劳动者支付赔偿金。

法条解读：

《劳动合同法》增加了企业违法解除劳动合同的成本，要求企业如果违法解除或终止劳动合同的，需要支付双倍经济补偿的赔偿金。

操作建议：

工厂通过员工严重违反规章制度与其解除劳动合同必须做到以下几点：

（1）工厂有合法、无明显不合理、且向员工公开公示的规章制度；

（2）工厂有足够的证据证明员工有违反规章制度的行为存在，注意工厂内部的员工的证人证言的证明力在法律上很小；

（3）知会工会，让工会充分参与到案件的处理中来。

（资料来源：广东华信达律师事务所 蒋进律师 Johnson. jiangjj@gmail.com）

8. 支付违约金问题

案例 5.8　**博士违约辞职被判支付医院 11 万元**

李某作为原所在单位的委培对象，被允许在职攻读博士学位。但双方签订的协议书约定，李某博士毕业后必须回原单位上海市某医院工作，期限为 7 年；如有违约，则要赔偿一定的违约金。2008 年李某博士毕业后，随即向原单位提出辞职，并同意向原单位支付 14 万元的违约金。可李某在先期向单位支付了 3 万元后，便拒绝支付剩余的违约金。李某辩称，辞职是劳动合同法赋予被告的权利，且劳动合同法明确赔偿费用不得大于培训费用，故不应再向原告支付违约金，现不同意原告的诉讼请求。日前，黄浦区法院审理了此案并判决支持原告上海某医院的诉讼请求，李某不得不续付 11 万元的违约金。

问题：李某应支付的违约金数额可以大于医院实际支付的培训费用吗？

案例分析：

2008 年 1 月 1 日起施行的《劳动合同法》规定，劳动合同中可约定违约金，但只限于依法约定服务期和竞业限制，约定服务期又只限于用人单位提供专项培训费用，进行专业技术培训，其他情况下设定的违约金条款是无效的。同时《劳动合同法》第二十二条规定："劳动者违反服务期约定的，应当按照约定向用人单位支付违约金。违约金的数额不得超过用人单位提供的培训费用。用人单位要求劳动者支付的违约金不得超过服务期尚未履行部分所应分摊的培训费用。"

这就是说，在要求劳动者支付的违约金不得超过服务期尚未履行部分所应分摊的培训费用基础上，如果约定的违约金高于用人单位实际损失时，劳动者只需按照实际损失支付，如果违约金低于劳动者给用人单位造成的实际损失，则该约定有效，有约定从约定。所以根据《劳动合同法》，李某应支付的违约金数额不应大于医院实际支付的培训费用。

但是李某和医院的服务期违约金协议订立在《劳动合同法》实施之前，主要适用《上海市劳动合同条例》。《劳动合同法》规定："新法施行前已依法订立且在新法施行之日存续的劳动合同，继续履行。"根据上海当时的规定："双方当事人约定的违约金数额高于因劳动者违约给用人单位造成实际损失的，劳动者应当按双方约定承担违约金；约定的违约金数额低于实际损失，用人单位请求赔偿的，劳动者应按实际损失赔偿。"

这就是说，当双方约定的违约金高于用人单位实际损失时，劳动者只需要支付违约金而不用再支付赔偿金，如果违约金低于劳动者因违反服务期约定给用人单位造成的实际损失，劳动者不仅应该支付违约金，还应该补足违约金与实际损失的差额，但两者不必同时支付。所以案例中当双方约定的违约金高于用人单位实际损失时，医院可以要求李某按约定支付违约金。

据此，法院审理后认定，双方订立的“在职人员攻读硕、博士学位协议书”，明确了服务期和违约责任等，不违背当时的法律法规的规定，应属合法有效。

（资料来源：http：//www. hrsalon. org/hotnews/）

工作示范

违反公司规定被解雇，员工败诉

余先生系安徽人，今年30岁，于2006年7月8日到宁波昊天机械有限公司工作，工种为计件操作工。双方于2009年1月13日签订一份劳动合同，约定合同期限为2009年1月1日至2009年12月31日。

2008年7月8日至2009年3月30日间，余先生只操作一台铣床。2009年4月，由于受金融危机影响，公司工作量减少，宁波昊天机械有限公司遂安排余先生同时操作两台铣床。因为操作速度过快，导致产品出现质量问题，宁波昊天机械有限公司对余先生罚款两次。余先生感觉自己收入上受到影响，一时难以接受，于是拒绝同时操作两台铣床。宁波昊天机械有限公司遂根据公司《员工守则》的有关规定对余先生记大过三次，并于2009年5月21日解除双方的劳动合同。

问题：余先生因违反公司规章制度被开除，能否要求用人单位支付经济补偿金？

案例分析：

经向镇海区劳动争议仲裁委员会申请仲裁，余先生不服仲裁裁决，后向法院提起诉讼要求宁波昊天机械有限公司支付经济补偿金12 444元。

镇海法院经审理认为，宁波昊天机械有限公司有权依照《员工守则》对员工加以管理和处分。产品出现质量问题并非同时操作两台铣床所致，而是与其操作节奏有关，余先生以难以接受宁波昊天机械有限公司对其进行罚款为由拒绝操作两台铣床，显然违反了公司规章制度。宁波昊天机械有限公司根据《员工守则》作出解除劳动关系的处分并不违反法律规定。据此，法院判决驳回余先生的诉讼请求。

知识拓展

一、劳动仲裁的具体程序

表5－1　劳动仲裁的具体程序

劳动仲裁办理程序	1. 申请 当事人（用人单位或劳动者）申请仲裁，需向仲裁委员会递交按要求填写的《劳动争议仲裁申请书》正本1份和按被诉人人数提交副本若干份；同时，还需出具法人资格证或公民身份证件，提供与本争议有关的证明、证据材料（如劳动合同，开除、除名、辞退证明书，解除或终止劳动合同证明书等）。 2. 受理 区劳动争议仲裁办公室经办人员检查上述资料齐全时，即予受理。对经审查符合受理条件的劳动争议案件，应填写《劳动争议仲裁立案审批表》并及时报仲裁委员会审批。 决定不予立案的，应当自作出决定之日起7日内制作《不予受理通知书》，送达申诉人；决定立案的，应当自作出决定之日起7日内向申诉人发出《受理案件通知书》，同时，将申诉书副本和《应诉通知书》送达被诉人。要求其在15日内向仲裁委员会提交符合要求的《劳动争议仲裁答辩书》正本1份和按申诉人人数提交副本若干份；出具法人资格证或公民身份证件；并提交与本争议有关的证明、证据材料。 3. 审理 由仲裁庭根据当事人提交的上述资料进行审查并依法开庭进行审理，记录《庭审笔录》，根据调查结果依法进行处理，按处理结果制作相应的仲裁法律文书（《调解书》或《裁决书》、《决定书》）。并由经办人在《法律文书审批表》相关栏中签署意见。 4. 审核 由仲裁办副主任及主任对仲裁处理结果进行审核，并在《法律文书审批表》相关栏中签署意见（当仲裁办副主任独任或担任首席仲裁员进行办案时，其本人无须签署审核意见），报仲裁委员会主任审批。 5. 审批 仲裁委员会主任对仲裁处理结果进行审批，并在《法律文书审批表》相关栏中签署意见。将有关资料与文件都交还给经办人。 6. 送达 经办人向当事人送达经仲裁办负责人签发的仲裁法律文书（《调解书》或《裁决书》、《决定书》），客户在《劳动争议仲裁送达回证》上签收。 7. 结案 经办人填写《结案审批表》，报仲裁委员会主任审批。 8. 归档 将有关资料按规定整理归档，每年向档案管理人员移交。 时限：自组成仲裁庭之日起60日内结案。案情复杂需要延期的，报仲裁委员会批准后可适当延长，但最长不得超过30日。

续上表

依据	《中华人民共和国劳动法》、《中华人民共和国企业劳动争议处理条例》、《劳动争议仲裁委员会办案规则》
备注	根据《中华人民共和国劳动法》第八十二条　提出仲裁要求的一方应当自劳动争议发生之日起60日内向劳动争议仲裁委员会提出书面申请。仲裁裁决一般应在收到仲裁申请的60日内作出。对仲裁裁决无异议的，当事人必须履行。

二、劳动争议立案受理程序

（一）立案条件

（1）申诉人是与本案有直接利害关系的公民、法人或其他组织；

（2）有明确的被诉人；

（3）有具体的申诉请求和事实、理由；

（4）属于劳动争议仲裁委员会受理范围和劳动争议仲裁委员会管辖。

（5）申诉人应当自劳动争议发生之日起一年内向劳动争议仲裁委员会提出书面申请。

（二）应提交资料

（1）申诉状；

（2）劳动合同；

（3）其他有关证据材料。

（三）办理程序

（1）申诉方自争议发生时起30日内向企业调解委员会申请调解，或自争议发生之日起一年内向劳动争议仲裁委员会申请仲裁；

（2）仲裁委员会在收到申诉书之日起7日内作出是否立案的决定。

（3）仲裁委员会决定受理后，应当自作出决定之日起，7日内将申请书副本送达被诉人；

（4）答辩期满，仲裁委员会决定开庭时间并在开庭前5日告知双方当事人；

（5）仲裁委员会应自立案之日起60日内结案，案情复杂的可延长30日；

（6）当事人对仲裁裁决不服的，可自收到裁决书之日起15日内向人民法院起诉。一方当事人在法定期限内不起诉又不履行仲裁裁决的，另一方当事人可申请法院强制执行。

三、用人单位劳动法律实务中应当注意的问题

由于《最高人民法院关于劳动争议纠纷案件中用人单位的举证责任的以上司

法解释》均已施行，这就要求用人单位在涉及因用人单位作出的开除、除名、辞退、解除劳动合同、减少劳动报酬、计算劳动者工作年限等决定而发生的劳动争议时，必须举证证明用人单位的具体行为是符合法律、行政法规、规章及政策的，符合用人单位的合法劳动纪律、规章制度的，以及符合劳动合同的约定的。用人单位的劳动法律实务中应当注意以下几个问题，并在经营管理实务中予以注意：

1. 用人单位的经营管理行为应当符合法律、行政法规、规章及政策的现行规定

用人单位在进行具体的劳动实务行为时，应当尽量做到"有法必依"，从源头上减少违法违规行为的出现，避免不必要的劳动纠纷的出现。另外，由于我国市场经济的纵深发展，在加入世界贸易组织（WTO）以后，我国仍将经常出台、修改或者废除关于劳动的法律、行政法规、规章及政策，由此，就需要用人单位能够及时跟踪相关动态，在劳动管理实务中贯彻、实施新法令、政策的相关规定。

2. 用人单位的各项规章制度和劳动纪律应当合法并公示

根据《劳动法》第四条的规定，用人单位应当依法建立和完善规章制度，保障劳动者享有劳动权利和履行劳动义务，由此，用人单位依法建立和完善各项规章制度和劳动纪律既是用人单位的一项重要的法定权利，也是其一项重要的法定义务。

根据《最高人民法院关于审理劳动争议案件适用法律若干问题的解释》第十九条的规定，用人单位根据《劳动法》第四条之规定，通过民主程序制定的规章制度，不违反国家法律、行政法规及政策规定，并已向劳动者公示的，可以作为人民法院审理劳动争议案件的依据。由此，用人单位在依法制定和完善各项规章制度和劳动纪律时，应当注意以下两个问题：第一，应当通过民主程序制定，如由用人单位的职工大会、职工代表大会等形式表决通过等；第二，不可忽视保留向劳动者进行公示的证据，包括但不限于保留劳动者传阅后的附日期的签名，《员工手册》领取及阅读的附日期的签名，向员工进行张贴公示规章制度的证明材料等文件。只有做好以上各项具体工作，用人单位依法建立和完善的各项规章制度和劳动纪律，才可以作为人民法院审理劳动争议案件的依据。

3. 保留做出相关劳动实务行为的证据材料

根据最高人民法院关于提出举证责任的规定，用人单位在对劳动者做出开除、除名、辞退、解除劳动合同、减少劳动报酬、计算劳动者工作年限等决定时，应当收集、整理并保存好相关证据材料，避免在仲裁或者诉讼发生时，因不能提供或者不能及时提供相关证据材料，而不得不承担"举证不能"的法律责任。

（资料一、二来源：深圳市人力资源和社会保障局；资料三来源：嘉德律师事务所）

任务2　劳动争议处理法律文书写作

【任务名称】

举证材料的准备与答辩书撰写。

【任务情境】

某公司人力资源部工作情景实录

人物：S公司人力资源部殷总，法务专员小杨。

旁白：2010年3月的某一天，S公司人力资源部殷总的办公室，殷总刚接到东山区劳动争议仲裁委员会的开庭通知书，拆开通知书阅读后，殷总心情沉重。

殷总：小杨，你是学法律专业的，你看看这开庭通知书，上个月被我们辞退的袁某告我们无正当理由辞退她。她连续旷工超过15天，难道我们辞退她不合法？

小杨：有没有她近来的考勤记录啊？

殷总：三个月前公司的门禁系统出了故障，电脑里无法查实她近来的考勤情况。

小杨：那有没有其他考勤材料可查，证明她缺勤呢？

殷总：啊！她所在部门好像有签到记录，可以查证她缺勤。这单官司由你负责，你赶快与袁某原所在的部门联系，他们会配合你搜集相关举证材料。还有一个任务，答辩书你先草拟，然后我们一起合计合计。

小杨：好的，一周内保证完成，决不耽误开庭工作。

【任务要求】

1. 案例讨论

（1）学生分组，每个小组就上述问题展开探讨，小杨需准备哪些举证材料；

（2）每个小组选派一名代表进行发言；

（3）要求引用相关法律知识进行分析。

2. 模拟仲裁

开展模拟劳动争议仲裁庭训练，选择本章节某一典型劳动争议案例，学生分别扮演劳动争议仲裁员、书记员、申诉人、被诉人、委托代理人，事先必须按角色分别准备相关材料，如申诉书等。

知识链接

一、劳动争议仲裁举证材料的准备

劳动争议发生后，争议双方当事人可以向本单位劳动争议调解委员会申请调解。调解不成，劳动者或用人单位当事人一方可向劳动争议仲裁委员会申请仲裁。准备申请仲裁一方或被申请的另一方，即劳动者或用人单位双方当事人应当准备哪些举证材料呢？举证材料对于解决劳动争议有何重要性？

根据《中华人民共和国劳动争议调解仲裁法》第三十九条规定：当事人提供的证据经查证属实的，仲裁庭应当将其作为认定事实的根据。劳动者无法提供由用人单位掌握管理的与仲裁请求有关的证据，仲裁庭可以要求用人单位在指定期限内提供。用人单位在指定期限内不提供的，应当承担不利后果。

由此可见，劳动争议仲裁举证材料作为解决劳动争议认定的事实根据，举证资料齐全与否，将影响劳动争议案件的裁决。一般须准备如下资料：

（一）申诉人、被申诉人、第三人基本情况的材料

当事人为自然人的应证明其姓名、性别、年龄、工作单位、户籍所在地、现居住地；用人单位的名称、住所和法定代表人或者主要负责人的姓名、职务。

（二）用人单位在劳动争议仲裁中应准备的举证材料

用人单位须依据当事员工申诉提出的具体问题，准备相应的举证材料。一般如下：

1．解除纠纷

（1）解除处理决定书；（2）被解除者错误事实的证据；（3）解除处理程序方面的证据（企业负责人的意见、职代会的讨论决定、工会的意见以及是否书面通知本人的证据）。

2．辞退纠纷

（1）辞退处理决定书；（2）被辞退者违纪的事实依据；（3）辞退处理程序方面的证据材料（工会意见、职代会的审议记录、是否发放《辞退证明书》）。

3．辞职纠纷

（1）辞职申请书；（2）审批手续及是否批准辞职的决定书。

4．自动离职纠纷

（1）自动离职的事实根据；（2）自动离职审批手续及处理决定书。

5．劳动报酬纠纷

（1）用人单位的人力资源管理部门出具的劳动者的工资发放标准（确定工资的标准、最低工资、加班工资的发放形式）；（2）工资是否实际支付、克扣或拖欠工资的事实依据；（3）对直接受理追索劳动报酬纠纷，应提供雇佣关系证明、双方的劳动合同（无合同的应提供付出劳动的数量以及报酬计算的证据）。

6. 超时加班纠纷

(1) 用人单位的人力资源管理部门出具的企业考勤管理制度、薪酬管理制度；(2) 用人单位就劳动者所处的工作岗位的一般正常工作及加班情况。

7. 履行劳动合同纠纷

(1) 因工作内容而产生的纠纷，提供衡量劳动者劳务的数量标准及质量标准及未完成指标、任务的证据；(2) 因试用期、合同期限而产生的纠纷，提供是否有非法延长试用期的证据。用人单位或劳动者随意、无故改变合同期限及单位解除合同的证据；(3) 因严重违反劳动纪律产生的纠纷，提供劳动者存在严重违反劳动纪律、企业规章制度的事实以及企业规章制度是否经民主程序制定并已向劳动者公示的事实；(4) 因调整工作岗位产生的纠纷，提供劳动者不胜任原工作岗位或因工作需要须合理调岗的证据、用人单位与其协商调整工作岗位的记录。

8. 工伤赔偿纠纷

(1) 为员工购买工伤保险（及商业保险）的证据；(2) 各种实际已发生的工伤赔偿支付事实证据。

9. 其他纠纷

依法应由用人单位承担的其他举证责任。

(三) 劳动者在劳动争议仲裁中应准备的举证材料

1. 劳动报酬纠纷

(1) 劳动者主张应发放加班工资，劳动者应就其用人单位没有发放加班工资，本人超时加班事实举证；(2) 劳动者主张用人单位减少劳动报酬的，应就用人单位减少劳动报酬的事实举证；(3) 劳动者主张用人单位拖欠劳动报酬，应就用人单位拖欠劳动报酬的事实举证。

2. 劳动关系纠纷

(1) 劳动者主张劳动关系成立的，应当提交相应的劳动合同或就工资领取、社会保险、福利待遇及工作管理方面提供的相关证据；(2) 劳动者主张订立无固定期限劳动合同的，劳动者应就订立无固定期限劳动合同条件成立举证；(3) 劳动者无故遭用人单位辞退，应就用人单位辞退理由不足举证。

3. 劳动者权益纠纷

(1) 女职工主张“三期”（孕期、产期、哺乳期）权利的，应就存在“三期”的事实、起止时间以及是否存在晚育、难产、领取独生子女证等应增加产假的事实举证；(2) 劳动者主张购买社会保险的，应就企业未依法为员工购买社会保险事实举证。

4. 工伤赔偿纠纷

劳动者主张工伤赔偿的，应就存在因工伤害的事实及工伤认定、伤残等级及鉴定时间、工伤住院治疗起止时间及费用、同意转院治疗的证明及所需交通费和食宿费、应安装康复器具的证明及费用等举证。

5. 其他纠纷

依法应由劳动者承担的其他举证责任。

二、劳动争议法律文书的写作

《中华人民共和国劳动争议调解仲裁法》第二十八条规定："申请人申请仲裁应当提交书面仲裁申请，并按照被申请人人数提交副本。"

仲裁申请书是劳动争议当事人向仲裁机构申请解决劳动争议的书面凭证，是劳动争议仲裁委员会受理并处理劳动争议案件的依据。因此，仲裁申请书是能否得到劳动仲裁部门受理的重要条件。

（一）申诉书

劳动争议仲裁申诉书一般包括三部分，即首部、正文、尾部。

1. 首部

首部部分应写明以下内容：①标题：劳动争议仲裁申诉书；②争议当事人：申请人与被申请人。劳动者的姓名、性别、年龄、职业、工作单位和住所，用人单位的名称、住所和法定代表人或者主要负责人的姓名、职务；有委托代理人的，应写明代理人的姓名、工作单位等情况。

2. 正文

正文部分是文书的核心，应注意写作技巧和具体运用，应包括：①仲裁请求：指申请要达到的目的和要求。请求事项要具体明确，如果涉及的争议内容有几项，必须一一列出，漏写了的，不会受理。②事实和理由：首先应当写明争议发生的时间、地点、原因、经过和结果等，并重点写明当事人之间权益争议的具体内容和焦点，说明被申请人应当承担的责任。其次，依据法律规定分清是非，明确责任，论证所提要求的正确性、合法性。

3. 尾部

尾部部分应包括：申诉申请书呈送的仲裁机构名称、申请人姓名或名称（签章）、申请时间（年月日）。同时写明提交的副本份数（按被申请人人数提交），物证、书证件数。

申诉申请书，叙述的事实应实事求是，突出重点。请求事项要简明扼要，引用法律条文要准确。

案例 5.9

劳动争议仲裁申诉书

申诉人：王××，男，1975年8月8日生，汉族，湖北省十堰市人，系十堰市××劳务派遣有限公司员工，住十堰市××路×号，电话：138××××××××

第一被诉人：××××××有限公司

地址：十堰市××路×号，电话： 0719－83×××××

法定代表人：张××，该公司董事长

第二被诉人：十堰市××劳务派遣有限公司

地址：十堰市××路×号，电话：0719－86×××××

法定代表人：李××，职务：董事长

请求事项：

1. 第二被诉人支付申诉人1700元工资代替提前30日通知，支付申诉人解除劳动合同经济补偿金8500元，并为申诉人办理档案和社会保险关系转移手续。或按每月600元支付申诉人无工作期间的工资，直至2009年12月31日；

2. 第二被诉人按照第一被诉人同类岗位或相近岗位职工工资标准补发申诉人2008年1月至2008年12月工资20400元；

3. 第一被诉人对上述1、2项请求承担连带赔偿责任。

事实和理由：

申诉人于2003年2月被第二被诉人招为员工，派遣到第一被诉人处工作，双方最后一次劳动合同的期限为两年，即2008年1月1日至2009年12月31日。工作期间，被诉人支付给申诉人的工资远远低于第一被诉人同类岗位或相近岗位职工工资，2008年12月底，因生产任务下降，被诉人未提前30日通知便突然让申诉人离岗。但未办理解除劳动合同手续，未依法足额支付经济补偿金，申诉人无工作期间也未按月支付工资，给申诉人造成了经济损失。

依照法律规定，申诉人依法享有与第一被诉人的劳动者同工同酬的权利，解除劳动合同时应当提前30日通知，并根据申诉人的实际工作年限支付经济补偿金；申诉人在无工作期间，应当按照当地最低工资标准按月支付报酬。为维护自身利益，特依法向贵委申请仲裁，望依法作出公正处理。

此　致

十堰市劳动争议仲裁委员会

申诉人：王××

代书人：杨道成

二〇〇八年十二月二十八日

附：1. 申诉书副本2份；

2. 证据5份。

（资料来源：http：//www. yandaocheng. cn/）

（二）起诉状

劳动争议起诉状是公民、法人或其他组织不服劳动争议仲裁裁决，为了维护自身的权益，作为原告依据事实和法律，向人民法院提起诉讼，要求依法裁决时所提出的书面请求。

劳动争议起诉状惯用格式如下。

1．原告：（1）自然人应写明姓名、性别、出生年月日、民族、籍贯、工作单位、住所、身份证号码；（2）法人或其他组织的应写明全称，住所地，法人代表或负责人（姓名、职务、联系电话），单位工商登记核准号，企业性质，经营范围、方式，开户银行、账号。

2．委托代理人：（1）如果没有工作单位，应写明其姓名、性别、出生年月日、住所；（2）如果有工作单位，应写明其姓名和工作单位；（3）如果是律师，应写明其姓名和所属的律师事务所。

3．被告：参照原告的写法。

4．简要案情

5．诉讼请求

（1）请求的理由（主要是本案的法律关系及法律上的因果关系等）；

（2）提供的证据：

证据之一：①名称或编号……；②内容性质及来源……；③证明对象……

证据之二：

（3）请求的依据：（主要是原告认为本案应当适用的法律依据等）

此致

人民法院

年　月　日

（签名或盖章）

（三）上诉状

劳动争议案件上诉状是指经过人民法院一审的当事人认为一审判决或者裁决不公，在法定期限内（判决为15天，裁决为10天）向上一级人民法院提起上诉。上诉状是当事人要求上一级人民法院进行审理、撤销、变更原判决内容所提交的诉讼法律文书。制作上诉状要求其上诉请求必须提出对一审判决或者裁决中不当部分。如原判决程序违法，要求撤销；证据不充分，要求改判等。同时，必须在规定期限内提出。超过期限，原判决或者裁决依法生效，当事人必须履行裁判的内容。

上诉状的内容一般包括：

上诉人：写明姓名、性别、年龄、民族、籍贯、职业或者工作单位和职务、住址；如果是法人或者其他组织，应写明名称、法人代表、住所、联系地址和邮政编码等。

被上诉人：写明姓名、性别、年龄、民族、籍贯、职业或者工作单位和职务、住址；如果是法人或者其他组织，应写明名称、法人代表、住所、联系地址和邮政编码等。

（如果一审原告、被告都不服判决，提起上诉，则都列为上诉人）

上诉状的格式通常为：

上诉人因×××××一案（写明一审判决或者裁决书所列的案由），不服×××人民法院×年×月×日（××）字第××号判决（或裁定），现提出上诉。

上诉请求：（写明要求上诉一审法院解决的事由，如撤销原判、重新判决等）

上诉理由：（写明一审判决或者裁定不正确的事实根据和法律依据）

此致

×××人民法院

附：本上诉状副本×份

上诉人：×××（签字或盖章）
×年×月×日

（四）答辩书

劳动争议仲裁应诉答辩书是由劳动争议仲裁案件的被申请人向劳动争议仲裁委员会提交的陈述自己意见和事实的法律文书。被申请人应当针对申请人申诉书的请求事项、事实和理由提出答辩意见，并同时引用相关的法律、法规、政策规定以及有关证据进行反驳，以此说明申请人的主张没有合理性或者合法性。

劳动争议仲裁答辩书一般包括三部分，即首部、正文、尾部。

1．首部

首部部分应写明以下内容：①标题：劳动争议仲裁答辩书。②答辩人：个人应写明姓名、性别、年龄、用工性质、工作单位、住址、通信地址等。单位应写明名称，单位性质，地址，法定代表人姓名、职务。有委托代理人的，应写明代理人的姓名、工作单位等情况。

2．正文

正文部分。事实与理由：针对申诉书的请求事项、事实和理由提出答辩意见，并同时引用相关的法律、法规、政策规定以及有关证据进行反驳，以此说明申请人的主张没有合理性或者合法性。

3．尾部

尾部部分。答辩书呈送的仲裁机构名称、答辩人姓名或名称（签章）、申请时间（年月日）。提交的物（书）证件目录。

案例5.9

劳动争议仲裁答辩书

答辩人：×××有限公司

法定代表人：××

答辩人就申诉人×××与答辩人劳仲案字（200×）第×××号劳动争议一案，答辩人不同意申诉人的所有仲裁请求，请求驳回申诉人的所有仲裁请求，理由如下：

一、本案申诉人的申诉已超过申请仲裁的时效规定，依法应不予受理；已经受理的，应驳回申诉人的仲裁请求。

答辩人与申诉人签订的劳动合同规定的合同期限为1年，自2005年1月1日起至2005年12月31日止。申诉人于2005年12月23日签字同意不再续签劳动合同，双方劳动关系已于2005年12月31日终止。在终止劳动关系的同时，答辩人已结清了申诉人的所有工资，申诉人对此并未提出任何异议。《劳动法》第八十二条规定，提出仲裁要求的一方应当自劳动争议发生之日起60日内向劳动争议仲裁委员会提出书面申请。本案申诉人的仲裁申请时间不符合上述规定，仲裁委员会应驳回申诉人的仲裁请求。

二、申诉人于2005年12月31日办理离职手续时，共结余工时388.5小时，加班费共计10090.88元。此笔加班费用已分别于2006年1月分两次发到员工本人账户，其中1月24日发给5194.79元（税前），1月27日发放4896.09元（税前）。申诉人提出的未付加班工资8810.49元计算方式与实际情况不符，没有依据。

答辩人已在终止合同时结清了申诉人的所有工资，不存在未付申诉人工资及奖金的情形，更不存在进行赔偿问题。

三、截止2004年12月31日，申诉人未结算加班工资为28782.57元，按照劳动和社会保障局批准的《综合计算工时工作制审批表》，期间未结算的加班费可在有效期限内（2004年10月1日～2005年9月30日）结算。2005年1月1日至2005年4月30日为止，未结算加班费用为26532.39元，期间未结算加班费用可在有效期内（2005年1月1日～2005年12月31日）结算。2005年5月1日至2005年12月31日未结算的加班费为10090.88元，此笔费用如第二条所述，已按时结算给申诉人。

我司不存在恶意拖欠员工加班工资，一直执行按月支付加班费的办法实施。申诉人在答辩人公司工作10年来从来没有提出过任何有关加班费发放的任何异议或书面要求。

根据2005年5月1日生效的《广东省工资支付条例》，“对于拒不支付或者不按照规定支付劳动者加班或者延长工作时间工资的，责令用人单位按照应付金额百分之五十以上一倍以下的标准计算，向劳动者加付赔偿金。”对于2005年5月1日前未结算的加班费进行补偿没有法律依据。申诉人提出的人民币27761元的赔偿要求没有法律根据。

四、申诉人要求支付经济补偿金没有法律依据

《劳动部关于贯彻执行〈中华人民共和国劳动法〉若干问题的意见》第三十八条规定：“劳动合同期满或者当事人约定的劳动合同终止条件出现，劳动合同即行终止，用人单位可以不支付劳动者经济补偿金。国家另有规定的，可以从其规定。”本案是因劳动合同期满终止劳动关系，因而申诉人的主张没有法律依据。

五、公司不存在拖欠申诉人奖金的情形

奖金是公司根据申诉人的工作表现，每月由部门根据其表现进行评估并将奖金评估表送总经理批准后，人事部按评估表计算出月奖金额，于每月5日汇总上月奖金后按月发放给申诉人的。申诉人的月目标奖金为1449元。综上，申诉人的所有仲裁主张缺乏事实和法律依据，依法应驳回其所有仲裁请求。

此致

××市××区劳动争议仲裁委员会

答辩人：×××有限公司

代理人：×××律师事务所

×××律师/×××律师

二零××年四月四日

（来源：资深律师网）

工作示范

劳动仲裁庭审程序规范

为规范劳动争议仲裁庭审程序，依法公正、及时处理劳动争议案件，维护法律尊严和劳动仲裁权威，保障劳动争议双方当事人的合法权益，根据《中华人民共和国劳动法》、《中华人民共和国企业劳动争议处理条例》、《劳动争议仲裁委员会办案规则》等规定，制定本劳动仲裁庭审程序规范。

一、开庭前准备

（一）书记员核对仲裁当事人和其他仲裁参加人的身份。

（二）书记员宣读仲裁庭纪律：

1. 仲裁庭开庭期间，所有人员必须服从仲裁员的指挥。

2. 仲裁庭内要着装整洁，不得随意走动。

3. 仲裁庭内要保持肃静，开庭时不得鼓掌、喧哗和吵闹；不得使用任何通讯工具，不得进行其他妨碍仲裁的活动。

4. 未经仲裁庭许可，仲裁参加人不得发言和提问。

5. 旁听人员不得发言和提问。

6. 未经仲裁庭许可不得录音、录像或摄影。

7. 对违反仲裁庭纪律和干扰仲裁活动的人员，由仲裁员予以劝告和制止；不听劝告的，仲裁员有权作出警告、训诫或责令退出仲裁庭；情节严重的，依照《中华人民共和国治安处罚条例》有关规定处罚；构成犯罪的，依法追究刑事责任。

（三）仲裁员进入仲裁庭，书记员宣布：全体起立！仲裁员入席，书记员宣布：坐下。

（四）书记员向仲裁员报告：本案当事人、委托代理人（证人、鉴定人、勘验人、翻译人员等）已全部到庭，身份核查无异，庭审准备就绪，可以开庭。

二、宣布开庭

（一）宣布开庭

仲裁员：×××劳动争议仲裁委员会受理×××诉××××解除劳动合同（克扣拖欠工资、工伤待遇、社会保险等）劳动争议一案，现在开庭！

根据《中华人民共和国企业劳动争议处理条例》第十六条的规定，本庭由×××劳动争议仲裁委员会首席仲裁员×××，仲裁员×××、×××组成合议庭进行审理，×××担任书记员。

（或：根据《中华人民共和国企业劳动争议处理条例》第十六条二款的规定，本庭由×××劳动争议仲裁委员会仲裁员×××独任审理，×××担任书记员。）

（二）告知当事人的权利和义务

仲裁员（告知）：根据我国法律的有关规定，当事人在仲裁活动中享有如下权利：有委托代理人、申请回避的权利，有申诉、申辩、质询、质证的权利，有请求调解、自行和解、要求裁决的权利，有向人民法院提起诉讼、申请强制执行的权利；申诉人有放弃、变更、撤回仲裁请求的权利；被诉人有承认、反驳申诉人仲裁请求、提起反诉的权利。

当事人在仲裁活动中承担如下义务：有遵守仲裁程序和仲裁庭纪律的义务，有如实陈述案情、回答仲裁员提问的义务，有对自己提出的主张举证的义务，有尊重对方当事人及其他仲裁参加人的义务，有缴纳仲裁费用的义务，有自觉履行发生法律效力的调解、裁决文书的义务。

仲裁员告知当事人权利义务后，应当询问双方当事人是否清楚在仲裁活动中的权利和义务，按如下程序进行：

仲裁员询问申诉人是否清楚权利义务。

申诉人回答（清楚或不清楚）。

仲裁员询问被诉人是否清楚权利义务。

被诉人回答（清楚或不清楚）。

仲裁员（告知）：根据《中华人民共和国企业劳动争议处理条例》第三十五条的规定，如果当事人认为本庭组成人员与本案有利害关系，可能影响到本案的公正审理，可以申请本庭组成人员回避。申请回避按如下程序进行：

仲裁员询问申诉人是否申请本庭组成人员回避？

申诉人回答（申请回避或不申请回避）。

仲裁员询问被诉人是否申请本庭组成人员回避？

被诉人回答（申请回避或不申请回避）。

（提示：当事人申请仲裁庭组成人员回避的，应说明理由。申请仲裁委员会主任回避的，由仲裁委员会决定；申请仲裁委员会其他成员、仲裁员和其他人员回避的，由仲裁委员会主任决定。）

三、仲裁庭审理

仲裁员（告知）：仲裁庭审理案件，应以事实为根据，以法律为准绳，查明事实，分清是非，依法维护争议双方的合法权益。仲裁庭审理按如下程序进行：

（提示：简单的劳动争议案件，以查明案件全部事实为原则，可视案情需要适当简略以下庭审程序。）

（一）申诉与答辩

仲裁员（告知）：申诉与答辩按如下程序进行：

申诉人申诉（宣读申诉书或口头陈述事实，明确仲裁请求和理由）。

被诉人答辩（宣读答辩书或口头提出答辩意见，对申诉人的仲裁请求有异议或提出反诉的，应明确具体请求和理由）。

（二）调查与质证

仲裁员（归纳）：根据申诉人提出的申诉事实理由和被诉人提出的答辩意见，本庭将围绕如下重点……查明事实，分清责任，双方当事人应如实回答本庭的提问。仲裁庭调查按如下程序进行：

仲裁员询问申诉人；

申诉人如实回答仲裁员的提问；

仲裁员询问被诉人；

被诉人如实回答仲裁员的提问。

（提示：仲裁庭调查，可以采取先询问申诉人，后询问被诉人的顺序进行；也可以采取重点事实依次向申、被诉双方询问、核实的方法进行。仲裁员调查结束后，可以视情况让双方当事人互相询问，也可不安排询问。仲裁员询问结束，可让双方律师就本案事实部分向对方当事人询问；一方或双方没有代理律师的，律师询问程序可省略。）

仲裁员（告知）：双方律师可以就本案的事实部分向对方当事人询问。律师询问按如下程序进行：

申诉人代理律师询问，被诉人及其代理人回答。

被诉人代理律师询问，申诉人及其代理人回答。

仲裁员（告知）：本庭对案件事实部分的调查先告一段落，现在进行证据的质证。质证时，当事人双方应当围绕证据的真实性、关联性、合法性，针对证据证明力以及证明力大小，进行质疑、说明和辩驳。质证按如下程序进行：

被诉人对申诉人提供（出示）的证据进行质证；

申诉人对被诉人提供（出示）的证据进行质证；

申诉人、被诉人对第三人提供（出示）的证据进行质证；

第三人对申诉人、被诉人提供（出示）的证据进行质证。

（提示：没有第三人参加的案件，申、被诉方对第三人的质证和第三人对申、被诉方的质证程序省略。质证结束，有证人或提供证人证言的，由证人出庭作证或由当事人、委托代理人宣读证人证言；没有证人或提供证人证言的，证人出庭和宣读证言程序省略。）

仲裁员（告知）：现在由证人出庭作证。证人作证时，应当如实向本庭提供证言，不得隐瞒和歪曲事实真相，不得作伪证，否则将承担法律责任。经仲裁庭许可，当事人和委托代理人可以向证人发问，证人可以拒绝回答与本案无关的提问。证人出庭作证按如下程序进行：

仲裁员询问证人，证人答问；

申诉人或其委托代理人向证人发问，证人答问；

被诉人或其委托代理人向证人发问，证人答问。

仲裁员（归纳）：根据规定，未经庭审质证的证据，不能作为定案的依据。本庭通过质证，现对申、被诉双方提供的证据作如下认定：

对申诉人下列证据予以认定：……

对申诉人下列证据不予认定：……

对被诉人下列证据予以认定：……

对被诉人下列证据不予认定：……

除以上认定和不予认定的证据外，对申、被诉双方的下列证据，本庭将在闭庭后予以审查认定或不予认定：……

（三）仲裁庭辩论

仲裁员（归纳）：根据仲裁庭调查和申、被诉双方质证的情况，本案争议的焦点，是……。下面进行仲裁庭辩论，双方可围绕争议的焦点提出自己的辩论意见。辩论按如下程序进行：

申诉人发言；

被诉人发言；

申诉人的代理律师发表代理意见；

被诉人的代理律师发表代理意见。

（四）调解与裁决

仲裁员（告知）：根据《中华人民共和国劳动法》第七十七条第二款、《中华人民共和国企业劳动争议处理条例》第二十七条的规定，仲裁庭处理劳动争议案件应当先行调解，在查明事实的基础上促使双方当事人自愿达成协议。现在，征询双方意见，双方当事人是否愿意在本庭主持下进行调解？

仲裁员询问申诉人是否愿意调解？

申诉人回答（愿意或不愿意）。

仲裁员询问被诉人是否愿意调解？

被诉人回答（愿意或不愿意）。

（提示：双方当事人愿意调解的，可由双方各自提出调解意见，也可由仲裁员根据庭审调查的事实和法律规定提出调解方案，让双方当事人进行协商。调解达成一致意见的，仲裁员应当庭宣布调解达成的协议。双方当事人不愿调解或调解达不成一致意见的，仲裁员应宣布双方当事人调解未达成协议。）

仲裁员（宣布）：在本庭主持下，经过调解，由于双方当事人未能就调解达成一致意见，根据《中华人民共和国企业劳动争议处理条例》第二十八条第二款规定，调解不成的，由仲裁庭作出裁决。本庭将根据事实和法律法规择日对本案作出裁决。当事人在闭庭后校阅庭审笔录，证实无误后在上面签字。如有遗漏或差错，可向书记员提出补正。

现在闭庭！

（资料来源：广东省劳动和社会保障厅办公室，2002年11月1日印发）

知识拓展

关于劳动争议纠纷案件中用人单位举证责任的研究

根据自2002年4月1日起施行的《最高人民法院关于民事诉讼证据的若干规

定》，以及自 2002 年 4 月 16 日起施行的《最高人民法院关于审理劳动争议案件适用法律若干问题的解释》的相关规定，对于劳动争议纠纷案件中用人单位的举证责任均已作了明确规定。

一．劳动争议纠纷案件中用人单位的举证责任的法律规定

劳动争议纠纷案件中用人单位的举证责任的法律规定主要包括以下内容：

1.《最高人民法院关于民事诉讼证据的若干规定》（2001 年 12 月 6 日最高人民法院审判委员会第 1201 次会议通过，并自 2002 年 4 月 1 日起施行）

第六条　在劳动争议纠纷案件中，因用人单位作出开除、除名、辞退、解除劳动合同、减少劳动报酬、计算劳动者工作年限等决定而发生劳动争议的，由用人单位负举证责任。

2.《最高人民法院关于审理劳动争议案件适用法律若干问题的解释》（2001 年 3 月 22 日最高人民法院审判委员会第 1165 次会议通过，并自 2002 年 4 月 16 日起施行）

第十三条　因用人单位作出的开除、除名、辞退、解除劳动合同、减少劳动报酬、计算劳动者工作年限等决定而发生的劳动争议，用人单位负举证责任。

二、规定劳动争议纠纷案件中用人单位的举证责任

在劳动争议案件中，由于用人单位各项劳动纪律、管理制度的制定及其实施，均基本上由用人单位来控制，用人单位既制定各项劳动纪律、管理制度，又对各劳动者执行劳动纪律、管理制度的记录进行记载、保管，并根据各项劳动纪律、管理制度的制定以及与劳动者签订的劳动合同约定，对劳动者做出奖惩决定。

由此，对于劳动者而言，在发生劳动争议纠纷时，难以实现在仲裁或者诉讼中在用人单位搜集证据，乃至举出证据支持己方的仲裁或者诉讼观点上处于平等的地位。所以，通过对劳动争议纠纷案件中因用人单位作出的开除、除名、辞退、解除劳动合同、减少劳动报酬、计算劳动者工作年限等决定而发生的劳动争议案件，引入用人单位的举证责任制度，将有力地促进用人单位在针对劳动者做出各种劳动实务处理决策时，严格地遵守劳动法律、法规以及规章的规定，执行用人单位合法规章制度的，并符合用人单位与劳动者签订的劳动合同的约定。这样，将进一步地增强用人单位依法行为的法律意识，最终达到减少劳动争议纠纷，保护劳动者合法权益的立法目的。

根据《劳动争议仲裁委员会办案规则》第三条关于“劳动争议仲裁委员会处理劳动争议案件，必须遵守国家法律、法规、规章和政策”的规定，为了使仲裁裁决与诉讼判决保持适用法律的一致性及连贯性，相信最高人民法院出台的以上关于劳动争议纠纷案件中用人单位的举证责任的司法解释将很快被参照适用到劳动争议案件的仲裁审理中去。

但是，最高人民法院对于劳动争议纠纷案件中用人单位的举证责任的规定是有严格的范围的，即劳动争议纠纷案件中用人单位承担举证义务的范围仅限于因用人单位作出的开除、除名、辞退、解除劳动合同、减少劳动报酬、计算劳动者工作年限等决定（应当做限制性解释）而发生的劳动争议。

而对于其他类型的劳动争议纠纷案件，我们认为，还是应当适用“谁主张，谁举证”的民事诉讼的基本原则，该由劳动者举证证明的事实，还是应当由劳动者通过举证证实，否则，应当由劳动者承担“举证不能”的法律责任。另外，无论在劳动争议案件的仲裁，还是在劳动争议案件的诉讼，均不能将劳动争议纠纷案件中用人单位的举证责任的规定任意扩大理解以及适用，否则，将导致司法实践中过分地增加用人单位对于任何劳动争议纠纷的案件均需承担举证责任的义务，过分削减劳动者应当依法承担的举证义务，使用人单位与劳动者的仲裁及诉讼地位失去平衡，扭曲了司法解释的立法意图。

（资料来源：嘉德律师事务所）

表5－2　劳动争议仲裁登记表

序号：

<table>
<tr><td colspan="2">时　　间</td><td colspan="3">年　　　月　　　日</td></tr>
<tr><td rowspan="2">申请人</td><td>姓　名</td><td colspan="3"></td></tr>
<tr><td>身份证号码</td><td></td><td>电话</td><td></td></tr>
<tr><td rowspan="2">被申请人</td><td>单位名称</td><td colspan="3"></td></tr>
<tr><td>联 系 人</td><td></td><td>电话</td><td></td></tr>
<tr><td></td><td colspan="4">被申请人入职时间：　　　年　　月　　日
解除□/终止□劳动合同时间：　　　年　　月　　日</td></tr>
<tr><td>承办人处理意见</td><td colspan="4"></td></tr>
<tr><td>备注</td><td colspan="4"></td></tr>
</table>

表5－3　劳动争议仲裁申请书

申　请　人				被申请人	
姓 名				名 称	
性 别		年 龄		地 址	
原职务或岗位		是否深圳户籍		企 业 类 型	
联系地址				法定代表人	
电 话				电话	
邮 编				邮编	

请求事项：

事实和理由（主要包括入职时间、解除或终止劳动合同时间、解除或终止劳动关系前十二个月平均工资、解除或终止劳动合同原因、证据和证人情况等）：

此致

×××劳动争议仲裁委员会

申请人：__________（签名或盖章）

年　月　日

注：1. 申请书应用黑色钢笔书写。

2. 事实和理由部分空格不够用时，可用同样大小纸续加中页。

3. 申请书副本份数，应按被申请人人数提交。

（资料来源：深圳市人力资源和社会保障局）

考证训练

一、单项选择题

1. 根据我国劳动法律的规定，发生劳动争议，必须经过（　　）之后，才可以向人民法院提起诉讼。

A. 调节　B. 仲裁　C. 协商　D. 和解

2. 劳动争议仲裁委员会对每一起劳动争议实行（　　）即行终结的法律制度。

A. 一次裁决　B. 二次裁决　C. 三次裁决　D. 四次裁决

3. 仲裁文书的送达方式不包括（　　）。

A. 留置送达　B. 公告送达　C. 转托送达　D. 直接送达

4. 企业劳动争议调解委员会调解劳动争议应在当事人申请调解之日起的（　　）内结束，到期未结束的视为调解不成。

A. 10 日　B. 15 日　C. 30 日　D. 60 日

5. 劳动争议的申请调解的时效为（　　）。

A. 15 日　B. 30 日　C. 60 日　D. 90 日

6. 劳动争议的申请仲裁的时效为（　　）。

A. 一个月　B. 3 个月　C. 6 个月　D. 1 年

7. 仲裁裁决书自双方当事人收到之日的（　　）内不向人民法院起诉的，即发生法律效力。

A. 7 日　B. 15 日　C. 30 日　D. 60 日

8. 劳动合同的无效只能由（　　）确认。

A. 劳动争议仲裁委员会　B. 人民法院

C. 劳动争议仲裁委员会和人民法院　D. 劳动争议调解委员会

9. 劳动争议仲裁的原则不包括（　　）。

A. 裁决应先行调解

B. 当事人不服仲裁，只能向法院提出诉讼

C. 在双方当事人都同意的情况下仲裁委员会才能接受仲裁

D. 可能影响公正裁决的人应当回避

10. 发生劳动争议后，劳动争议调解委员会职工代表是由（　　）。

A. 工会指定　B. 当事人指定

C. 用人单位推荐　D. 职代会或职工大会推举

二、多项选择题

1. 劳动争议的预防措施有（　　）。

A. 强化劳动关系当事人的劳动法制观念

B. 强化对劳动法律、法规执行情况监督检查
C. 强化劳动合同、集体合同的管理
D. 强化和完善企业的民主管理体制
E. 完善我国的劳动立法

2. 企业调解委员会的组成包括（　　）。

A. 职工代表　　B. 工会代表
C. 劳动行政部门代表　　D. 用人单位代表
E. 仲裁委员会的办事机构

3. 企业劳动争议调解委员会调解的程序内容包括（　　）。

A. 申请和受理　　B. 案件仲裁准备
C. 开庭审理和裁决　　D. 仲裁文书的送达
E. 劳动争议当事人履行协议

三、案例分析题

1. 邓某等15人系某住宅公司建筑工程队工人，月工资标准为750元。1996年9月，该公司决定建筑工程队实行日工资制，公司以月工资750元除以每月日历天数30天，得出日工资25元。小时工资用日工资25元除以8小时得出3.13元。10月份发工资时，邓某等人实得工资529元，比过去少了221元。邓某等人找到公司，提出日工资标准太低，要求改正。公司以日工资是由月工资标准换算而来为由，不改正。为此，邓某等人向当地劳动争议仲裁委员会提出申诉。

问题：该公司的决定有没有错误？错在哪里？

2. 桂某于1977年9月参加工作，先后在某市运输公司、邮电局等单位任职，1994年8月调到食品公司工作，1995年5月17日不幸摔伤住院，经医院确诊为轻度骨折需要半年多时间才能痊愈。1995年8月20日，公司通知桂某3个月的医疗期已满，如不能回公司上班工作将解除劳动关系。桂某提出自己已工作了十多年，3个月医疗期太短，而该公司以桂某在公司工作不到一年，如不能在8月30日前回公司上班便解除劳动关系。为此，桂某向当地劳动争议仲裁委员会提出申诉，请求仲裁委员会依法确定自己应当享受的医疗期待遇。

仲裁委员会受理此案后，对双方根据实际情况做出调解，企业接受仲裁调解，给予桂某6个月的医疗期。

问题：劳动争议仲裁委员会为什么做出这样的调解？是否合理？

3. 谭某1998年6月与大华科技公司签订了为期3年的劳动合同。合同期间，大华公司为了研制新项目派谭某外出培训半年，当时双方书面约定，谭某培训期间合同中止履行，待谭某培训结束后继续履行，合同期按谭某培训时间顺延。2001年12月31日，按顺延时间劳动合同期满。公司提出要与谭某续签合同，谭某不同意。公司提出若不续签合同，谭某就必须退还公司为其支付的培训费20 000元，否则不办理终止合同手续。为此谭某向当劳动争议仲裁委员会提出申诉，请求该公

司为其办理终止劳动合同的手续。仲裁委员会受理后，经调查谭某与该公司所签劳动合同按协议已到期，谭某不愿意续订劳动合同，要求终止劳动关系理由正当，应支持。经调解，企业放弃了索要培训费的要求，为谭某办理了终止劳动合同的手续。

问题：在此案例中，大华公司的要求是否正确？为什么？企业的权益应如何保护呢？

4. 陈雄是广州市城镇居民户，1986 年 4 月 1 日到光明饮料厂工作。陈雄入职后，光明饮料厂一直未与其签订劳动合同。1999 年 7 月，光明饮料厂在为陈雄办理社会保险手续时，将陈雄参加工作的时间写成 1998 年 7 月，并把陈雄的职工性质归类为临时工。根据光明饮料厂提供的材料，广州市社会保险基金管理中心便将陈雄列入外地临时工的类别，社会养老保险的缴费日期从 1998 年 7 月开始。2000 年 11 月 15 日，被诉人以“厂经营情况变更”为由书面通知陈雄解除劳动关系。陈雄对光明饮料厂未为其缴纳 1998 年 7 月前的社会养老保险费的做法不服，向劳动争议仲裁委员会申请仲裁，要求光明饮料厂补缴其 1998 年 7 月前的社会养老保险费，并赔偿其失业后不能享受失业保险待遇造成的损失。

劳动争议仲裁委员会经审理后认为：申诉人（陈雄）在职期间，虽然被诉人（光明饮料厂）一直未与其依法签订劳动合同，但双方存在事实劳动关系，被诉人在 1999 年 7 月为申诉人办理社会养老保险登记时，擅自更改申诉人城市居民的身份，将申诉人列入外地临时工的类别。同时，由于被诉人未为申诉人参加社会失业保险，造成申诉人失业后不能享受失业保险待遇。经调解无效后，劳动争议仲裁委员会根据相关规定，裁决被诉人为申诉人补办 1986 年 4 月至 1998 年 6 月的社会养老保险手续。赔偿申诉人失业保险待遇损失 4400 元。

问题：（1）在此案例中，劳动争议仲裁委员会的裁决是否正确？为什么？

（2）如果你是该企业人力资源部门的经理，你认为企业与员工建立劳动关系过程中应该注意些什么问题？

学习情境六　营造和谐的员工关系

能力目标

☆ 能够运用集体谈判来解决劳动关系的相关争议问题；
☆ 能用所学知识，对特定案例情景提出员工压力管理方法；
☆ 能进行EAP服务形式的选择及服务内容的确定；
☆ 能设计员工满意度调查问卷。

知识目标

☆ 掌握工会的概念、性质、特征、作用；
☆ 熟悉工会类型的划分标准、工会的组建程序；
☆ 掌握集体谈判的概念、原则、特征、作用及程序；
☆ 了解企业员工压力的来源；
☆ 熟悉EAP实施的四大模式，掌握EAP的操作流程；
☆ 掌握员工满意度调查的内容及实施步骤。

任务1　认识工会组织

【任务名称】

发挥工会作用，解决劳动争议。

【任务情境】

南海本田罢工事件

2010年5月17日，南海本田汽车零部件制造公司数百名员工因对工资和福利不满停工一天。罢工原因是普通员工的收入每月省吃俭用仅剩400多元，中日员工工资相差50倍。5月21日，三百余工人启动第二轮罢工。22日下午1点多，公司宣布与“参与集体怠工、停工、集会，无正当理由不服从公司命令”的两名停工者解除劳动合同。当天下午2点多，停工员工复工。公司24日公布了对员工停工事宜的解决方案。由于与预期结果差距太大，停工的员工对公司提薪方案出台的过程提出异议。即使是本田提出加薪24%之后，仍有部分工人拒绝回到工作岗位。为了居中调停，狮山镇总工会的人员到工厂劝导不愿复工的员工："如果不同意资方的加薪方案，可以选择离职"。这个过程中发生肢体冲突，造成三名工人受伤。在经历被打之后，工人对工会失去了信心。他们要求殴打员工的工会人员在媒体与工人面前向被打的员工道歉，并给予相应的赔偿。对方并没有作出正面回应。

【任务要求】

1. 学生小组讨论，在本案例情形中，工会应如何发挥维护作用；
2. 各小组派代表介绍讨论结果；
3. 各小组访问某一个单位的工会主席，了解该单位的工会工作开展情况，并在课堂上进行汇报。

知识链接

一、工会的基本理论

（一）工会的概念

工会是职工自愿结合的工人阶级群众组织。中华全国总工会及其各工会组织代表职工的利益，依法维护职工的合法权益。

（二）工会的性质

（1）从经济关系的角度看，工会具有经济属性，即维护会员的经济利益。

（2）从阶级关系的角度看，工会具有阶级属性。《工会法》第二条规定："工会是职工自愿结合的工人阶级的群众组织。中华全国总工会及其各工会组织代表职工的利益，依法维护职工的合法权益。"

（3）从社会关系的角度看，工会具有群众属性。《工会法》第三条："在中国境内的企业、事业单位、机关中以工资收入为主要生活来源的体力劳动者和脑力劳动者，不分民族、种族、性别、职业、宗教信仰、教育程度，都有依法参加和组织工会的权利。任何组织和个人不得阻挠和限制。"

（4）工会也是政治性的社会组织。《工会法》第四条："工会必须遵守和维护宪法，以宪法为根本的活动准则，以经济建设为中心，坚持社会主义道路、坚持人民民主专政、坚持中国共产党的领导、坚持马克思列宁主义毛泽东思想邓小平理论，坚持改革开放，依照工会章程独立自主地开展工作。"

（三）工会类型

根据组织结构不同，工会可以分为：以职业为组织原则的职业工会、以产业为组织原则的产业工会、企业工会、区域性或地方性工会。

（四）工会在经济社会中的作用

工会作为重要的社会政治团体，在经济社会中发挥着以下作用：

（1）保证不改变，并在可能的条件下提高其成员的生活水平和经济地位；

（2）对社会上的权威关系施加影响，以利于实现工会的利益和目的；

（3）提高所有为生存而工作的人的福利，不管他是不是工会成员；

（4）建立一种对雇主使用反复无常的专横政策的防范机制，并向工作场所推广；

（5）针对市场波动、技术变化或资方决策导致的威胁或意外事件，提高并尽可能保证个人的安全保障水平。

（五）工会对劳动关系的作用

在现代经济社会，工会致力于对劳动关系中的矛盾和劳动问题与雇主一方进行交涉，通过内部协调、互相帮助，解决工人内部的竞争，以集体谈判、罢工等形式争取和维护工人的利益，改善工人的工作、生活条件等。

劳动关系是社会关系中最基本、最重要的关系之一，劳动关系双方——劳动者和雇主之间存在利益差别，而利益的差异则使劳动关系有发生冲突的可能，同时，资强劳弱的事实又使劳动关系具有实质的不平等特点，弱势的劳动者在个别劳动关系中处于不利地位。作为劳动者自愿组织的工会正是在增强劳动者力量、弥补个别劳动关系内在不平衡、协调劳动关系的制度安排等方面，起着促进劳动关系和谐的作用。西方发达市场经济国家协调劳资关系的实践说明了这一点。西方社会的劳资矛盾在一段时期内非常尖锐，但最终依然实现了劳资合作。究其原因，工会在劳资关系协调中发挥了至关重要的作用。

案例 6.1　UAW 与美国三大汽车公司

在 2008 年席卷全球的经济危机的背景下，美国汽车的三巨头：通用、福特和克莱斯勒也陷入了破产的危机，不得不向美国政府请求救援。诚然，导致汽车三巨头的没落有很多原因，但其中最为引人注意的莫过于三巨头高额的人力成本。

据美国密歇根州的汽车研究中心提供的数据显示，通用汽车工人的小时工资（包括福利在内）为 70 ～ 78 美元，比丰田和本田等日本企业美国工厂的人力成本高出近 30 美元。来自美国科尔尼管理咨询公司的数据显示，通用每辆车上分担的医疗保险成本为 1500 美元，大众为 418 美元，丰田只有 97 美元。在通用工作的工人们每年的薪金有固定涨幅，享受着优厚的退休金和医疗福利，雇员的家属也包括在公司支付的医疗福利范围之内，工人们在工作中也颇为自由，可以在流水线上吸烟，可以为没有干活的“加班”领取加班费，不能轻易地被解雇……

工人们能够有如此“过分”的优厚待遇与一个组织密切相关，这就是美国汽车工人联合会（United Automobile Workers），美国最大的独立工会，简称UAW。

UAW成立于1936年，目的是将汽车工人联合起来维护自己的权益。1936—1937年间，UAW组织了一系列罢工、静坐、破坏以及其他的一些手段，最终迫使三大汽车公司承认其代表工人谈判的合法地位，成为汽车工人利益的代言人。UAW也因此被称为“世界上最具战斗力的工会”。UAW在其高峰时期，在整个北美成员多达150万人。

通过与三大汽车公司的谈判，UAW为工人争取了一系列的权利，如加班工资、带薪假期、申诉程序、医疗保险等。20世纪50年代三大汽车公司的慷慨解囊，使工会工人们享受着丰厚的福利待遇，也为三巨头沉重的人力负担埋下了伏笔。20世纪70年代的石油危机的爆发，使三大汽车公司热衷的大车型失去吸引力，以日本为代表的国外车型占据了美国国内汽车市场的50%，三大汽车公司业绩迅速下滑，汽车工人们工资和福利待遇的提高与美国汽车制造商的财富和收益的下降产生了矛盾。而且，劳动成本问题也使三大公司在与外国品牌的竞争中明显处于劣势。大多数外国品牌的美国工厂成功抵制了UAW的侵蚀，有助于保持较低的人工成本。

三大汽车公司为了设法爬出这个成本黑洞，与UAW进行了艰苦的谈判。尽管采取的员工买断、建立医疗信托基金等方式取得了一定的成果，但UAW做出的一些让步不能使三大汽车公司发生根本的改变，历史的沉积使三大公司距离轻装上阵依然遥远。三大汽车巨头正被UAW，这个被称为“最霸道的工会”慢慢消耗和吞噬。

二、工会的组建

（一）工会组建的实体要件

工会组建的实体要件即是组建工会必须具备的法律条件，具体包括：

（1）工会会员的资格：在中国境内的企业、事业单位、机关中以工资收入为主要生活来源的体力劳动者和脑力劳动者，不分民族、种族、性别、职业、宗教信仰、教育程度，都有依法参加和组织工会的权利。

（2）工会组织的发起人或领导人的法律资格：企业主要负责人的近亲属不得作为本企业基层工会委员会成员的人选。

（3）工会组织的合法性：承认中华全国总工会的章程，经上级工会批准。

（二）组建工会的程序及建会模式

组建工会的程序要件，是指工会组织的组建必须符合相应的法律程序，包括：第一，要由职工提出要求或申请；第二，组建工会和领导人选举结果要报上级工会批准。

工会的组建模式有：独立组建模式；联合组建模式；上挂组建模式；派入组建模式；统筹组建模式；属地组建模式等。

案例6.2

“芝麻官”的“芝麻事”

——记××县××所工会马主席

在××县××所有一位“芝麻官”，这位“芝麻官”在处理“芝麻事”的过程中，以所为家，工作勤奋；爱岗敬业，关爱他人；风趣幽默，和蔼可亲。大伙儿都亲切地称呼他“马爷”。他，就是工会主席——马××同志。

一次玩笑中，我问“马爷”：“什么叫工会?”“马爷”没有正面回答我，而是直接从工会二字的结构上诠释工会，他说：“工字上面的一横就是支部和行政，下面的一横就是干部和职工，中间的一竖就是工会，工会就是连接支部、行政、干部、职工的桥梁；所谓会，上面是人，下面是云，“人云”就是让干部职工都有说话的机会和地方，这就是工会。”听了“马爷”的解释，我终于明白了工会工作的深刻含义，也明白了：为什么每年初当大伙儿还沉浸在节日的欢乐气氛之中的时候，我们的“马爷”就开始筹划召开职代会的有关事宜。原来一年一度的职代会，不仅是体现民意、共商所实的群英会，更是启动一年工作的“动员会”，这个会非开好不可。因此，每年召开职工会员大会的时候，“马爷”都要组织全体会员认真审议修改单位《目标管理责任制实施方案》，向全体会员报告工会工作情况，听取所行政工作报告和财务、工会会费预决算报告，集体讨论签订集体合同和女职工权益保护专项合同。在日常工作中，“马爷”从不以工会主席身份自居，而是与监督所行政主要领导平等协商，共同检查集体合同和有关协议书落实情况，保证集体合同和女职工权益专项合同兑现率达到100%。同时，建立并完善了重大事项协商制、费用支出公开制、职工权益保护制等机制和制度。

“马爷”还用一则寓言故事向我介绍工会工作的要领，他说：有一次，太阳和风在一起争论谁有威力，风说：“我来证明我比你行。你看到那儿那个穿大衣的老头了吗？我打赌我能比你更快地使他脱掉大衣。”于是太阳躲到云后，风就开始吹起来，愈吹愈大，大到成了一场飓风，但是风吹得愈急，老人把大衣裹得愈紧。终于，风放弃了。然后太阳从云后走出来，对老人露出了灿烂的笑容。不久，老人开始擦汗，然后脱掉大衣。太阳对风说：“你看，还是温和与友善，比愤怒和暴力有威力吧。”在平常工作中，“马爷”这个“太阳公公”长期坚持以人为本、服务员工的立会理念。在他的倡导下成立了工会贴心服务队，广泛筹措服务经费，为患病职工、病亡家属、困难对象提供必要帮助。每逢职工生日、红白喜事、传统佳节，服务队都一一登门道喜或慰问；针对职工维权，定期组织职工进行健康检查，经常过问职工福利以及工作强度等情况，尽力营造温馨环境，维护职工合法权益。

（资料来源：http：//www. cdswsjd. com/ReadNews. asp? NewsID＝638）

三、集体谈判

（一）集体谈判的概念

工会组织的基本行动方式是集体谈判。

集体谈判这一术语由英国学者西德尼·韦布（Sidney Webb）和比阿特丽斯·韦布（Beatrice Webb）首先提出并开始使用。在大多数西方国家，劳动者更倾向于联合起来共同确立就业条件和待遇，以防止雇主提供不利于自己的劳动条件。平等协商或称集体谈判制度，是通过雇主代表和工人代表之间经过谈判，形成合同来确定劳动者的工资和劳动条件，确定劳资双方的权利和义务的一整套法律程序。单个的劳动者在资方面前没有讨价还价能力，按照集体行动的逻辑，再多的无组织的劳动者也不会增加谈判力，但是，如果劳动者组成工会，工会就具有与资方相对平等的讨价还价能力。集体谈判制度能够有效解决劳动者权益保护问题，因为劳资双方更可能知道他们之间的合作剩余的多少，对于合作剩余的分配更加合理一些，从而能够避免《劳动合同法》立法上的不足。

（二）集体谈判在我国的发展

我国在计划经济体制时期不存在集体谈判制度。在向市场经济过渡过程中，劳动就业制度发生了重大改变，新型的“雇主—雇员关系”取代了国企的终生就业关系，计划经济条件下国家代表企业、企业代表职工、主体界限模糊、利益关系不明的状况正在得到彻底改变。20世纪90年代初，我国开始引入集体协商制度，1994年颁布的《劳动法》对集体协商和集体合同制度作了原则性规定，但这一制度还没有发挥应有的作用，集体谈判的机制还没有真正形成。在我国市场经济体制逐步确立的过程中，企业劳资矛盾凸现，劳资纠纷陡增，大量工人下岗，静坐、怠工、罢工，群体性事件和突发性事件频繁，劳动争议的数量呈不断上升的趋势。我国的集体谈判制度相对比较弱，现实中实行的是集体协商。

（三）集体谈判的原则

1. 合法原则

协商、签订、履行的全过程都要符合国家法律、法规的相关规定；进行协商的双方主体、协商的内容、协商的程序要符合相关的规定。

2. 相互尊重，平等协商原则

法律赋予双方协商的平等身份，任何一方不得强迫对方服从自己的意志。

3. 诚实守信，公平合作原则

在订立、履行合同时应当讲诚信，行使权利与履行义务相统一；提供材料，积极答复，如出现问题，依法依规变更，协商妥善解决。

4. 兼顾双方合法权益原则

注重从企业实际出发，达成的协议要切实可行；兼顾长远利益和职工的具体要求，力争“互利双赢”的结果。

（四）集体谈判的结构

企业集体谈判的结构，是指企业集体谈判的集中或分散程度，具体来说，就是指企业集体谈判在哪些级别上进行，谈判是建立在企业级别上，还是建立在行业级别上；是建立在地方一级上，还是建立在全国范围内；是建立在单个级别上，还是建立在多个级别上等。

由发达市场经济国家企业集体谈判的发展实践可知，企业集体谈判的结构是由历史因素、市场状况、主体情况、谈判内容以及国家法律与政策等多种因素综合作用决定的。就我国目前企业结构的复杂状况和社会经济的发展状况而言，单独采用哪一级谈判结构都不能适合实际的需要，而在近期内建立行业谈判和企业谈判两级结构较为合适；行业谈判较为适合于国有企业，企业级谈判较为适合于非国有企业。

案例 6.3　**向 145 家企业发集体谈判要约书**

深圳市总工会主席许德森在深圳市工会第五次代表大会作报告时介绍，目前深圳总工会已向 145 家重点企业发出集体谈判要约。

最新数据表明，截至去年 9 月底，深圳现有基层工会委员会 22569 家，覆盖企事业单位 83068 家，工会会员 385.26 万人，比五年前增长了 133.5%。而近五年来，全市工会新签和续签的集体合同覆盖企事业单位 31154 家，涉及职工 334.6 万人。而深圳总工会已经向 145 家企业发出了集体谈判要约书。

记者了解到，要约涉及的集体谈判内容将包括劳动报酬、工作时间、休息休假、劳动安全卫生、保险福利、职工培训、劳动纪律以及劳动定额管理等直接涉及劳动者切身利益的规章制度或者重大事项。

许德森表示，市总工会将建立工会协商谈判专家队伍，努力使集体协商谈判成为调整劳动关系的一项制度性安排，推动企业建立健全职工工资共决机制和正常增长机制。

他还表示，将大力推行区域性、行业性集体合同，通过集体合同签订程序化、内容具体化、执行严格化，切实增强集体合同的实效性。而将加大力度实施法律援助行动，加强与司法部门和律师事务所的合作，为职工劳动争议调解、仲裁、诉讼和涉及劳动权益的集体谈判提供专业指导与帮助。

（资料来源：《深圳商报》）

工作示范

工资集体谈判要约书

××：

为维护员工合法权益，促进发展，构建和谐稳定的关系，根据《中华人民共和国劳动法》、《中华人民共和国工会法》、《中华人民共和国劳动法》、《集体合同规定》、《工资集体协商试行办法》、《深圳市实施〈中华人民共和国工会法〉办法》、《深圳市员工工资支付条例》等相关法律法规的规定，结合本公司实际，工会将就工资增长机制等涉及工资的有关事项与公司进行集体谈判。谈判时间为×××年××月××日，谈判地点为××。请公司自收到工资集体谈判要约书之日起十日内予以书面承诺。

附件：工资集体谈判承诺书

（工会委员会章）

年　月　日

工资集体谈判承诺书

××：

为充分尊重员工的要求，保障员工的劳动权益，公司同意就涉及工资的有关事项与员工进行集体谈判。

（公章）

年　月　日

（五）集体谈判的程序

企业集体谈判的程序，一般是指企业集体谈判所要经过的过程和步骤，是谈判双方当事人在各个阶段包括从准备阶段到正面交锋直到集体合同签订阶段所进行的各项工作和努力的总称。企业集体谈判的程序所涉及的问题较多，归纳起来主要有：谈判对手的承认、谈判义务、谈判的常设机构、谈判的准备、谈判进程、谈判代表授权以及集体合同期限等。

第一，谈判对手的承认问题。在实际实施企业集体谈判以前，谈判对手的承认问题是一个至关重要的问题。谈判对手的承认问题，主要是企业管理者一方对工会组织代表资格的承认问题。

第二，谈判义务和常设机构问题。谈判义务主要是针对企业管理者或雇主而言的。设立谈判常设机构有利于双方当事人履行自己的谈判义务、保证谈判的连续举行，也有利于双方就有关问题或共同感兴趣的问题开展研究，为谈判顺利举行奠定基础。

第三，谈判准备问题。谈判准备主要是指双方当事人为举行集体谈判各自进行的各项具体准备工作。一般来说，谈判准备包括以下工作：（1）要拟定谈判方案。就是要根据近期的经济形势和企业经营状况，双方当事人各自拟定内容，包括谈判的基本原则、最低目标和主要谈判策略等在内的谈判方案，以便自己一方在谈判中做到有的放矢。（2）组建谈判组织。即在没有谈判常设机构的情况下，双方当事人都要临时成立自己的谈判机构，具体确定自己一方的谈判人员及其首席代表。（3）约定谈判日期和地点。这是由双方当事人协商而定的。（4）上报政府有关部门或主管机构。即要将预定的谈判主体、谈判日期和谈判地点以及谈判的双方当事人代表等上报政府或劳动问题的部门或机构。需要指出的是，在谈判准备阶段，企业管理者还有义务向工会方面提供企业准确的有关信息和数据，以作为双方谈判方案和进行具体谈判的客观依据和共同基础。

第四，谈判进程问题。谈判进程是指具体的谈判实施和进展。一般来说，会出现下面几种情形：一种是谈判双方相互谅解和妥协，谈判很快达成协议；另一种是就有关问题互不相让，谈判陷入僵局，但经调解后可以达成协议；还有一种是谈判陷入僵局后，经调解无效，导致谈判破裂甚至引起工人罢工或关闭工厂事件，这时就需要通过仲裁或法律诉讼的办法加以解决，或由政府出面促成谈判继续举行，直到最终达成协议。

第五，谈判代表授权问题。主要是指谈判代表有无权利签订经谈判而达成的协议即谈判集体合同。一般来说，企业集体合同的签订可经企业职工大会的批准生效。

第六，集体合同期限问题。合同期限的长短各有特点。期限较长，有利于职工的就业稳定和企业生产经营活动的顺利进行等；期限较短，有利于劳方通过不断谈判来改善自己的劳动条件和工资待遇，企业管理者在这方面可以灵活掌握。

工作示范

菜市口百货商场开展的工资集体协商

菜市口百货商场是一家老百货公司，今年商场刚完成搬新家。员工抱怨工资相比之前，没涨反而少了。于是，由工会牵头，开展了本次工资集体协商。具体情形如下：

（1）在工资协商前，由公司董事会、股东会讨论和通过财务预算。预算中包含当年应提取的职工工资，预计实现的利润等指标。双方代表在进行协商时把年初预算作为参考，根据公司销售、利税、利润等指标完成情况，依据工资指导线，合理确定当年企业职工平均工资增长水平、加班工资折算标准、企业职工最低工资标准、职工病假工资支付标准等工资分配方案。

（2）通过建立协商调整工资机制，职工进一步了解了企业经营思路和发展规划。通过交流和沟通，职工进一步增强了与企业共进退的荣誉感。在年初，老商场拆迁搬入了新商场，经营场所发生变化，势必影响到公司的销售收入。在集体协商时，通过双方沟通，职工理解了企业处境，职工代表们讲：工资别说不增长，就是下降我们也没意见。双方协商的结果是工资不增长。

经过公司上下团结一心，共同努力，当年销售额不但没有下降，而且还增长14.5%，利税增长5.6%，职工的当年实际收入保持了上一年的水平。

知识拓展

《中华人民共和国工会法》法律条文节选

第三条

在中国境内的企业、事业单位、机关中以工资收入为主要生活来源的体力劳动者和脑力劳动者，不分民族、种族、性别、职业、宗教信仰、教育程度，都有依法参加和组织工会的权利。任何组织和个人不得阻挠和限制。

第六条

维护职工合法权益是工会的基本职责。工会在维护全国人民总体利益的同时，代表和维护职工的合法权益。

工会通过平等协商和集体合同制度，协调劳动关系，维护企业职工劳动权益。

工会依照法律规定通过职工代表大会或者其他形式，组织职工参与本单位的民主决策、民主管理和民主监督。

工会必须密切联系职工，听取和反映职工的意见和要求，关心职工的生活，帮助职工解决困难，全心全意为职工服务。

第九条

工会各级组织按照民主集中制原则建立。

各级工会委员会由会员大会或者会员代表大会民主选举产生。企业主要负责人的近亲属不得作为本企业基层工会委员会成员的人选。

各级工会委员会向同级会员大会或者会员代表大会负责并报告工作，接受其监督。

工会会员大会或者会员代表大会有权撤换或者罢免其所选举的代表或者工会委员会组成人员。

上级工会组织领导下级工会组织。

第十条

企业、事业单位、机关有会员二十五人以上的，应当建立基层工会委员会；不足二十五人的，可以单独建立基层工会委员会，也可以由两个以上单位的会员联合建立基层工会委员会，也可以选举组织员一人，组织会员开展活动。女职工人数较多的，可以建立工会女职工委员会，在同级工会领导下开展工作；女职工人数较少的，可以在工会委员会中设女职工委员。

第三章　工会的权利和义务

第十九条

企业、事业单位违反职工代表大会制度和其他民主管理制度，工会有权要求纠正，保障职工依法行使民主管理的权利。

法律、法规规定应当提交职工大会或者职工代表大会审议、通过、决定的事项，企业、事业单位应当依法办理。

第二十条

工会帮助、指导职工与企业以及实行企业化管理的事业单位签订劳动合同。

工会代表职工与企业以及实行企业化管理的事业单位进行平等协商，签订集体合同。集体合同草案应当提交职工代表大会或者全体职工讨论通过。

工会签订集体合同，上级工会应当给予支持和帮助。

企业违反集体合同，侵犯职工劳动权益的，工会可以依法要求企业承担责任；因履行集体合同发生争议，经协商解决不成的，工会可以向劳动争议仲裁机构提请仲裁，仲裁机构不予受理或者对仲裁裁决不服的，可以向人民法院提起诉讼。

第二十一条

企业、事业单位处分职工，工会认为不适当的，有权提出意见。

企业单方面解除职工劳动合同时，应当事先将理由通知工会，工会认为企业违反法律、法规和有关合同，要求重新研究处理时，企业应当研究工会的意见，并将处理结果书面通知工会。

职工认为企业侵犯其劳动权益而申请劳动争议仲裁或者向人民法院提起诉讼的，工会应当给予支持和帮助。

第二十二条

企业、事业单位违反劳动法律、法规规定，有下列侵犯职工劳动权益情形，工会应当代表职工与企业、事业单位交涉，要求企业、事业单位采取措施予以改正；企业、事业单位应当予以研究处理，并向工会作出答复；企业、事业单位拒不改正的，工会可以请求当地人民政府依法作出处理：

（一）克扣职工工资的；

（二）不提供劳动安全卫生条件的；

（三）随意延长劳动时间的；

（四）侵犯女职工和未成年工特殊权益的；

（五）其他严重侵犯职工劳动权益的。

第二十三条

工会依照国家规定对新建、扩建企业和技术改造工程中的劳动条件和安全卫生设施与主体工程同时设计、同时施工、同时投产使用进行监督。对工会提出的意见，企业或者主管部门应当认真处理，并将处理结果书面通知工会。

第二十四条

工会发现企业违章指挥、强令工人冒险作业，或者生产过程中发现明显重大事故隐患和职业危害，有权提出解决的建议，企业应当及时研究答复；发现危及职工生命安全的情况时，工会有权向企业建议组织职工撤离危险现场，企业必须及时做出处理决定。

第二十五条

工会有权对企业、事业单位侵犯职工合法权益的问题进行调查，有关单位应当予以协助。

第二十六条

职工因工伤亡事故和其他严重危害职工健康问题的调查处理，必须有工会参加。工会应当向有关部门提出处理意见，并有权要求追究直接负责的主管人员和有关责任人员的责任。对工会提出的意见，应当及时研究，给予答复。

第二十七条

企业、事业单位发生停工、怠工事件，工会应当代表职工同企业、事业单位或者有关方面协商，反映职工的意见和要求并提出解决意见。对于职工的合理要求，企业、事业单位应当予以解决。工会协助企业、事业单位做好工作，尽快恢复生产、工作秩序。

第二十八条

工会参加企业的劳动争议调解工作。

地方劳动争议仲裁组织应当有同级工会代表参加。

第二十九条

县级以上各级总工会可以为所属工会和职工提供法律服务。

第三十条

工会协助企业、事业单位、机关办好职工集体福利事业，做好工资、劳动安全卫生和社会保险工作。

第三十一条

工会会同企业、事业单位教育职工以国家主人翁态度对待劳动，爱护国家和企业的财产，组织职工开展群众性的合理化建议、技术革新活动，进行业余文化技术学习和职工培训，组织职工开展文娱、体育活动。

第三十二条

根据政府委托，工会与有关部门共同做好劳动模范和先进生产（工作）者的评选、表彰、培养和管理工作。

第三十三条

国家机关在组织起草或者修改直接涉及职工切身利益的法律、法规、规章时，应当听取工会意见。

县级以上各级人民政府制定国民经济和社会发展计划，对涉及职工利益的重大问题，应当听取同级工会的意见。

县级以上各级人民政府及其有关部门研究制定劳动就业、工资、劳动安全卫生、社会保险等涉及职工切身利益的政策、措施时，应当吸收同级工会参加研究，听取工会意见。

第三十四条

县级以上地方各级人民政府可以召开会议或者采取适当方式，向同级工会通报政府的重要的工作部署和与工会工作有关的行政措施，研究解决工会反映的职工群众的意见和要求。

各级人民政府劳动行政部门应当会同同级工会和企业方面代表，建立劳动关系三方协商机制，共同研究解决劳动关系方面的重大问题。

任务2　员工压力管理

【任务名称】

学会对员工进行压力管理。

【任务情境】

（1）工程师王伟遇到了前所未有的压力：工程验收期限日益逼近，而设备联通调试仍不稳定；组内一名工程师被抽调到另一项目中，人手更为紧张；公司内部再次重组，前景还不十分明朗；太太的新工作尚未安排到位，又面临为儿子的入学择校而奔波……日积月累忙碌而无序的生活，使得王伟睡眠质量打折，免疫力下降，工作效率和创造力骤减。

（2）刘女士在一家著名的会计事务所工作，年薪很高，但每天都要加班加点工作12个小时。由于全球金融危机，公司面临重组和裁员。近一年来刘女士总感到疲惫不堪，经常失眠、早醒。感觉发热、咽痛、无力，有时还伴有腹痛，记忆力明显衰退，对工作也失去了信心。可是去医院检查，各项常规检查结果正常，没有发现器质性病变。

（3）陈先生先是在某外企工作，后由亲友推荐到某大型国企办公室，主要工作是做电话记录、发放通知等，非常轻松。但是，因为每天重复着单调乏味的工作，一年后他经常感到心里慌张。为逃避心理上的空虚，他经常上网玩游戏或看些无聊的杂志和报纸。由于不能适应新环境的文化氛围，他的人际关系也比较紧张。最近，陈先生明显情绪低落，注意力不集中，反应迟钝，常感到倦怠，食欲不振，对工作和生活都失去了信心。

【任务要求】

（1）班级分小组，小组成员讨论对案例中三个人物进行压力管理的方法；

（2）各小组派代表介绍讨论结果，并现场进行减压方式演示。

知识链接

一、压力和压力的来源

压力是身体或心理的刺激因素。任何有碍于人们的生理、心理健康的干扰都可称之为压力，压力会使人产生紧张或不平衡状态。每个人都体验过压力，压力可以说是无处不在。

在现代社会，给人们带来压力的可以是个人、企业内部、企业外部因素。

（一）个人因素

（1）职业生涯发展是给个人带来压力的主要因素。如何在一家企业里找到自己的事业发展曲线并取得成功，如何在群体中体现自身价值并出类拔萃，这是一种无形中对自己施加的压力。对员工来说，最大的压力威胁就是失业。升职、调动和发展的机会关系到员工未来的职业发展，而这些机会对人来说，非常重要但又十分不确定，所以它们也是人们工作压力的重要来源之一。

（2）家庭及生活问题。家庭既是幸福所在，也是压力的主要来源。结婚、离婚、经济上入不敷出，再加上购房及房价上涨、子女上学与就业，都会给员工带来极大压力感，并使员工在工作时不得不考虑后顾之忧。

（3）个性差异。压力源能否导致压力反应、能引起多大强度的压力，关键看个性的基本倾向。对某一情景，比较脆弱的人感到压力很大，总是注意现实中的负面因素。刚强的人则把压力看作挑战与机会，感觉自己能控制自己的生活与命运。虽然人们各自的个性特点并不是压力的直接来源，但它却直接影响着个体对压力的反应和接受，很明显，压力的产生存在个性差异。

（二）企业内部因素

（1）工作负担。有太多的任务需要完成被称作工作超载，这是企业内部导致压力的重要因素之一。如果没有足够的时间和没有足够的能力去完成工作，再加上不良工作条件，员工的工作压力将会更大。工作负担过重会让员工觉得工作永远跟不上计划，感到疲惫不堪，进而产生压力。另外，员工总是希望通过努力能够自我实现，工作中无所事事即工作欠债一样会给他们造成压力。

（2）角色冲突与模糊。员工在工作中担负一定职责，扮演特定的角色，这是产生压力的重要来源。常见的问题有角色冲突、角色模糊等。比如老板要求部门经理开除某员工，但这样做却有违于经理的价值观，这就产生了角色冲突；操作者在工作中收到让人混淆，甚至是自相矛盾的指令，这就产生了角色模糊；员工角色预期不清楚，就不清楚自己的工作职责、权力，当员工不知道他该做些什么时，就会产生角色模糊感，便产生不安与困惑，内心情感激烈冲突时会引起抑郁。

（3）人际关系要求。人际关系是人与人之间心理上的关系，表现为亲近、疏远、友好、敌对等心理距离，反映着人们寻求满足的心理状态。与同事、上司、下属良好的人际关系可以促进个人目标与组织目标的实现。如果缺乏，则会使员工产生相当的压力感或发生敌对关系。

（4）组织变革。组织并购、重组和信息化等组织变革，往往能够造成巨大的压力，因为这是组织的变化，是工作性质的变化，同时往往引起裁员，以及整个管理机制的变更。另外，组织里面是否缺乏公正，组织分配制度如何，奖惩制度如何，给不给员工一种工作的安全感等，这些都是已经被证实了的重要的压力源。

（5）组织领导作风。有些公司首席执政官对员工的控制过度严格，专制作风严重，并经常解雇达不到其所要求标准的员工。这样的管理风格会导致员工的紧张、恐惧和焦虑，使得员工在短期内产生幻觉式的压力。

（三）企业外部因素

导致员工压力的企业外部因素主要是经济和技术的不确定性。心理学家多德拉认为："如果一个环境给你带来了不良症状和障碍，那么你在这个环境中就会遇到许多心理上的冲突。要解决这些症状和障碍就得去认识你身上存在的冲突。"当经济不景气导致产品需求量减少或价格下跌时，企业不得不采取相应对策，如通过裁员、降低报酬水平和工作时间增加或缩短的方式来渡过难关，此时的员工将受到被解雇和降低报酬等压力。而新技术的不确定性通过技术突破使员工的技术与知识在短时内过时，如电脑、自动化、外语水平的提高及其他技术创新，会威胁到许多员工，使他们产生紧张情绪和压力感。

二、压力的影响

压力在日常生活中很寻常，管理得好，可以起到积极的作用，并帮助我们表现得更出色。比如某人可能因为压力而获得奥运金牌；反之，压力管理得不好或被忽略，它将成为一个"杀手"。压力带来的危害包括经济危害和社会群体危害。

（一）经济危害

因员工压力过大造成的员工经常性的旷工、心不在焉、创造力下降而导致的企业生产力损失，仅在美国每年就超过1500亿美元。为了预防和减少压力对员工个人和组织造成的消极影响，发挥其积极效应，许多企业管理者已开始关注员工的压力管理问题。企业实施适当的压力管理能有效地减轻员工过重的心理压力，保持适度的、最佳的压力，从而使员工提高工作效率，进而提高整个组织的绩效、增加利润。

（二）社会群体危害

过度的压力严重危害企业员工的身心健康。以中国高级经理人为例，根据《财富》（中文版）对中国5000名高级经理人所进行的压力与健康专题问题调查结果来看，70%的高级经理人身心健康被压力困扰。当感受到压力存在时，人们通常会伴随出现诸如感觉异常疲劳或体力透支、呼吸急促或头晕、饮食量或吸烟量比平时增加等身体方面的不适症状。而在心理健康方面，容易出现心理衰竭的现象，即一种持续的身心疲惫不堪、厌倦沮丧、悲观失望、失去创造力和生命活力的感觉。当压力过大时，会导致忧郁症、社交冷漠症，甚至“过劳死”。工作压力不仅关系到员工的身心健康，而且对个人和组织的工作绩效有很大的影响。因此，对压力的管理与有效应付是当代管理者应密切关注的问题。由于压力的产生是个体和组织交互作用的结果，所以，工作压力的管理与应付也只有将个体与组织结合起来，才能收到最好的效果。

案例6.4　××集团的连续自杀事件回顾

××科技集团是专门从事电脑、通讯、消费电子、数码内容、汽车零部件、通路等6C产业的高科技企业。1974年在台湾成立，1988年在深圳建厂后迅速扩大，成为拥有近70万员工、全球最大的电子产业制造商，其顶尖的IT产业客户群遍布全球。在经济不景气的2009年，出口额仍达556亿美元，占内地出口总额的3.9%，连续7年雄居中国企业榜首，2009年在世界500强中位列109位。但就是这样一个营运成绩卓著、经济效益尚佳、社会影响广泛的企业集团，从2007年6月至今，连续发生了14起员工跳楼自杀事件，仅2010年1月就有6名员工以跳楼自杀这种极端方式了却了人生。

自杀员工都是“80后”、“90后”的年轻员工，都来自农村，入职时间较短。××集团最低工资标准只有900块，于是很多工人把希望寄托在加班费上。每个月工人都要和厂方签订一份协议，表明他们是自愿加班的。工人劳动时间太长，很少与人沟通交流，没有社会和文化生活，身心上的疲惫无法排解，致使这些新生代高度情感焦虑，最终导致自杀。这一桩桩血淋淋的事实，着实应引起社会各界的广泛关注与深思。

××事件折射出当今这样一个社会现状：尽管中国经济迅猛发展，但仍处在前工业化及工业化的进程中，低廉的“世界加工厂”榨取的是中国底层员工的斑斑血汗；经济转型、结构的调整、生存的压力使得很多人心态失衡，社会制度的缺失、主人翁地位的丧失、外资老板的冷酷严厉使得员工极难融入极速变化的社会。城市、企业，社会保障、就业、住房、医疗及方方面面的压力使得人们的心理健康程度明显下降。

三、员工个人压力管理

健康是每个人最宝贵的资产，员工个人尤其有必要做好自身的压力管理。

（一）心态情绪管理

通过各种放松技巧，如自我调节、催眠、进行放松活动等方法，员工自己可以减轻紧张感。通常情况下，员工自己认为的最大问题对于他人来说也许根本不算问题，只要员工能够认识到这一点，由此产生的压力自然容易化解。有关认知心理研究发现92%的压力是不必要承受的；必须承担的，只有总数的8%。所以，我们要善于排除心中忧虑，或为忧虑定下“停损点”。对员工个体来说，压力管理的关键在于“消除没有建设性的忧虑”。

（二）自我疏导压力

当觉得没有自信，总觉得不如人，就用一些独特的方式排解压力：停止批评自己，把注意力放在已做好的部分；停止和别人比较，珍惜自己所拥有的。可以尝试学习积极正面的自我对话，写一张履历表，把优点都列上去每周浏览，作为自我勉励。

另外，听音乐、大声唱、快步走、开怀笑、用力摇等方法可以刺激脑部分泌脑内啡，活化内耳球囊，连接与愉快感觉有关的脑部组织，使情绪发泄，释放压力能量，消除负性情绪。哲学家威廉说：我们不是因为快乐而唱歌，而是唱歌使我们快乐。

（三）时间管理

管理学家彼得·德鲁克说：“有效的管理者不是从他们的任务开始，而是从他们的时间开始。不是从做计划开始，而是从发觉他们的时间实际花在什么地方开始。在某些情况下，时间资源所获得的收益比资本和劳动力两项资源所能获得的收益要大得多、重要得多。”很多人不善于管理自己的时间，感觉很忙，压力很大，如果他们能恰当地安排好时间，那么他们在既定的每天或每周时间段内所必须完成的任务就不至于落空。因此，根据轻重缓急进行时间管理，做工作列表，将复杂事情分解成各部分，理解并学会应用基本的时间管理原则有助于员工更好地应付工作带来的压力感。

（四）扩大社交支持网络

通过与朋友、家人、同事聊天可以排遣压力。因此，扩大自己的社交网络是减轻压力的一种手段，较多的人际交往能够减小因工作压力过大而累垮的可能性。主动寻求专家帮助也可以帮助解压。有时员工自己有问题，他们会寻求专家帮助或临床咨询。希望得到这种帮助的人可以选择心理咨询、职业咨询、家庭咨询、生理治疗、药物治疗、外科治疗及工作压力咨询。

案例 6.5 微软“高压”管理的秘诀——“压力变动力”

压力既可成为工作的阻力又能成为向上的动力。众所周知，在知识密集型企业里，员工的压力直接影响工作的成绩，而在很多人比较关注的国内一流研究机构——微软亚洲研究院里，这种压力又被赋予了另一种含义。

在位于北京海淀知春路的微软亚洲研究院里，集聚着一群国内外知名的科学家和优秀研究人员。以张亚勤、张宏江和沈向洋等业界精英们为首的科研团队在紧张的工作环境中，创造着一个又一个高科技成果。“高压”在这里已不能用“程度”来形容，但是，由此带来的看得见的“动力”却充满整个研究院。

在微软亚洲研究院里，压力来自各个方面，但主要是来自于对自身事业的追求，即如何在一家世界一流的研究机构里找到自己的事业发展曲线并取得成功；如何在一群“best of the best”的同事当中体现自身价值并保持出类拔萃，这是一种无形中自己加给自己的压力。从环境和机制上来看的话，一些原本旨在消除压力的措施又在另一个层面上带来新的压力，但微软亚洲研究院更愿意称其为正面的压力，即动力。如高自由度所带来的“压力”：工作时间是弹性的，研究方向要自己去把握，研究项目要由自己设定，大的研究项目还可能需要介入一个团队的力量。如果项目最后证明是没有价值的话，公司资源特别是整个团队一段时间的努力就会白费。这一压力所带来的效应是：项目负责人在最初确立项目时会更缜密地从用户需求、学术价值、公司利益等各个角度去做全面考核和评价。

张宏江告诉记者，坦率地讲，大家普遍感到有压力，但没有人觉得自己是被强迫在做任何事情。公司的发展曲线与个人的发展曲线在大多数情形下是弥合的。在研究院工作不仅是要达到公司预定的目标，同时也是达到自己事业上的目标；虽然大家都感到有很大的压力，但并没有太多的怨气。压力和怨气是两个不同的方面，怨气会引发人厌倦工作环境和工作，而一定的压力则让人感觉我们的事业在蒸蒸日上，只有保持这种干劲才能实现自己的梦想。研究院的研究员们日常的感觉就是：自己的辛苦是在为自己的前途和梦想努力，这样压力和前途有机地结合在一起，也是该研究院区别于其他单位的原因。

另外，科研项目、执行计划和指标是由自己提出来的，这种压力就由被动转为主动。所以虽然是弹性的工作制，白天、夜里都会看到有研究员在自己上班。很多人都明白，研究院是在提供一个成功的舞台，努力制造一种轻松的工作环境，使压力变成一种动力。成功的背后是靠一条“压力路”走出来的，张宏江认为，压力完全可以转换成动力，这是研究院和其他机构不太一样的地方。第一，自己能够把握自己事业的机会，驾驭自己的自由度，处理好工作和压力的矛盾；第二，学会面临问题如何找重点，花更少的力量做更多的事情。张宏江博士介绍，为了把科研人员的事业和工作结合得更紧密，每个月最后一个星期的中午会有一次“如何成功”、“如何平衡工作和生活”的讲座，每次大家做反馈的时候也会觉得压力很大，但是并没有人埋怨，因为研究人员认为，宁可跟一群竞争者在一起，也不能在没有压力的环境中工作。

张宏江说：“到现在为止，听到研究院工作压力大，不来报名的人可能有，但因为工作压力大而无法工作下去的却从没听说过。”国内的科研单位并不少，很多人也做得很辛苦，如果从科研成果的产出来讲很大程度上不如微软，这里面也许有名院效应，但是也不排除在管理机制上有一定的差距。所谓“压力管理”更大程度上应该是一种管理的理念，微软亚洲研究院压力管理的确是一个很具有典型性的例子，所以，HR 部门和企业领导要做的就是将工作与科研人员的事业目标结合在一起。

好的领导也可以解压，交流、沟通对缓解压力很有好处。1999 年 3 月毕业于上海交通大学的计算机软件博士高剑峰讲了自己缓解压力的小诀窍：我是李开复到中国来招的第一批学生，刚进研究院的学生只是副研究员，要经历两年的“考验”，才能决定你是否能成为一名合格的研究员。所以，最初的两年工作压力是非常大的。当初缓解压力最有效的办法就是去李开复的办公室跟他聊天。用高剑峰的话说，“微软亚洲研究院提倡‘open door’政策，鼓励员工与经理的沟通。如果有个善解人意的好领导对缓解压力有很大的帮助”。儒雅的李开复像打太极拳一样给大家泄压，张宏江却像打少林拳一样给大家打气，所以有激情的管理者也是解压的好方法。

四、企业压力管理

企业的员工压力管理是企业组织针对员工的身心健康和绩效，进行预防和干预的系列解压措施。重视员工压力管理，已成为企业人力资源管理的一个重要方面，能够帮助企业管理者从战略的高度来改进员工压力管理，为企业发展助力。企业可用以下的压力管理方法。

（一）改善组织的工作环境和条件

首先，领导者或管理者力求创造高效率的工作环境并严格控制打扰。如关注噪声、光线、舒适、整洁、装饰等方面，给员工提供一个赏心悦目的工作空间，有利于达到员工与工作环境相适应，提高员工的安全感和舒适感，减轻压力。

其次，要确保员工拥有做好工作的良好的工具、设备。如及时更新陈旧的电脑、复印机、传真机等。

（二）企业文化上鼓励员工

从企业文化氛围上鼓励并帮助员工提高心理保健能力，学会缓解压力、自我放松。

1．企业向员工提供压力管理的信息、知识

企业可为员工订阅有关保持心理健康与卫生的期刊、杂志，让员工免费阅读。这也能体现企业对员工成长与健康的真正关心，使员工感受到关怀与尊重，从而也会成为一种有效的激励手段，激发员工提高绩效进而提高整个组织的绩效。

企业可开设宣传专栏，普及员工的心理健康知识，有条件的企业还可开设有关压力管理的课程或定期邀请专家作讲座、报告。可告知员工诸如压力的严重后果、代价（如疾病、工作中死亡、事故受伤、医疗花费、生产率下降而造成潜在收入损失等），压力的早期预警信号（生理症状、情绪症状、行为症状、精神症状），压力的自我调适方法（如健康食谱、有规律锻炼身体、学着放松和睡个好觉、发展个人兴趣爱好等）……让员工筑起"心理免疫"的堤坝，增强心理"抗震"能力。

2．向员工提供保健或健康项目

企业可向员工提供保健或健康项目，鼓励员工养成良好的、健康的生活方式。如有些企业建立了专门的保健室，向员工提供各种锻炼、放松设备，让员工免费使用，还有一名专职的健康指导员去监督锻炼计划和活动。美国一些著名公司还为有健身习惯的人发放资金从而鼓励健身。通过健身、运动不仅保持了员工的生理健康（这是心理健康的基础），而且还可使员工的压力很大程度上得到释放和宣泄。

3．提供心理咨询服务

企业可聘请资深专业人士为心理咨询员，免费向承受压力的员工提供心理咨询，使员工达成一种共识：身体不适，找内外科医生，心理不适，找心理医生。心理咨询在为员工提供精神支持与心理辅导、帮助其提高社会适应能力、缓解心理压力、保持心理健康方面确是一种十分有效的科学方法。

（三）加强过程管理

企业可以在组织制度、程序上帮助员工减轻压力，加强过程管理。

（1）人力资源招聘：注意识别人力资源的特点，选拔与工作要求（个性要求、能力要求等各方面）相符合的人力资源，力求避免上岗后因无法胜任工作而产生巨大心理压力现象。

（2）人力资源配置：力求人与事的最佳配置，并清楚地定义在该岗位上员工的角色、职责、任务。可减轻因角色模糊、角色冲突等引起的心理压力。

（3）人力资源培训：第一，可培训员工提高处理工作的技能（如撰写公文或报告、工作陈述、新技能等），使之工作起来更得心应手，减少压力；第二，可进行员工时间管理培训（按各项任务的紧急性、重要性区分优先次序、计划好时间），消除时间压力源；第三，可培训员工的沟通技巧等，消除人际关系压力源等。

（4）职业生涯规划：帮助员工改善思维，抛弃不切实际的期望值太高的目标，建立现实客观的 SMART 式的发展目标：S - specific（特定的、适合自己的），M - measurable（可衡量的），A - achievable（可实现的），R - *realistic*（实际的），T -

time－based（基于时间的）。

（5）人力资源沟通：第一，领导者或管理者应向员工提供组织有关信息，及时反馈绩效评估的结果，并让员工参与与他们息息相关的一些决策等，使员工知道企业里正在发生什么事情，他们的工作完成得如何等，从而增加其控制感，减轻由于不可控、不确定性带来的压力；第二，各级主管应与下属积极沟通，真正关心下属的生活，全方位了解下属在生活中遇到的困难并给予尽可能的安慰、帮助，减轻各种生活压力源给员工带来的种种不利影响和压力，并缩短与下属的心理距离。

（6）保障制度：完善员工保障制度，向其提供社会保险及多种形式的商业保险，增强员工的安全感和较为稳定的就业心理，减轻其压力。

（7）向员工提供有竞争力的薪酬，并保持企业内部晋升渠道的畅通等，有利于帮助减轻或消除社会压力源给员工带来的压力。

工作示范

微软的有效化解压力四法

压力无时无处不存在，关键是你怎么对待压力。研究院积极提出各种可以缓解压力的措施和方法，收到了很好的效果。

一、工作解压

沟通解压：研究院要求每个项目的“老板”，一定要定期和自己的组员沟通，针对出现了什么问题，及时解决问题。比如，组员的资源比较缺乏或是研究进度比较慢，“老板”就要帮忙解决。

二、活动解压

聚餐：每个月各个研究小组有一次聚餐；每三个月各个研究小组有一次Offsite；每六个月有一次全院的Offsite，把大家拉出去，在有山有水、很幽雅的环境里开一天半的会，内容包括：工作总结，研究院的文化和下一步的方向，同时带给大家一些振奋士气的好消息：谁得到晋升、谁可以转正等，到了晚上大家可以真正地放松。

月末酒会：在研究院，每个月的最后一个周末下午3点钟会有一次月末酒会，活动现场会放些水果、饮料、小吃，大家可以彼此问候、放松，或趁此机会给本月过生日的员工庆祝生日、切蛋糕，介绍本月新到的员工等。是一个非常活跃的放松活动。

三、环境解压

在研究院里，有一个非常随便的工作环境，自己的办公室可以完全按照自己的喜好打扮。研究院还充分利用各种空间给大家提供一个放松和交流的场所，对缓解压力起到了巨大作用。

聊天室：有单辟出来的比较开阔的聊天室，环境就像是家里的客厅。落地的玻璃窗、绿色的植物以及各种杂志使人非常放松。当然，如果想找人讨论技术问题的话，无论是墙上还是桌子上都有白板。

厨房：每半层都有24小时开放的厨房，里面有咖啡、巧克力奶、酸奶、豆浆、柠檬茶和各种汽水饮料，大家可以在此休息和闲聊。

“桃花源”：300多平方米的“桃花源”，由两个阳台组成的一个放松场所，备有乒乓球台，可能还会装上几台Xbox游戏机，供大家闲暇时放松。

另外，研究院还利用专业上的培训和讨论在很大程度上帮助员工缓解压力，培训会作为一种奖励。以张亚勤为首的领导们也时常会做些关于压力管理的培训，如在专门的时间给员工讲“工作和生活之间平衡”，或请专业机构来讲等。

四、充电解压

研究院的科研人员还有一种疏导压力的方式就是充电解压，例如去国外参加一些国际性会议，或安排访问几个不错的大学。

知识拓展

小测试：我是否有压力？

个体在感受和认知压力源的刺激后，在心理、生理和行动上出现了一系列的压力征兆。请根据下列压力征兆进行压力自我检查。

（1）心理上个体在面对压力时，其心理上或情绪上表现出来的差异是显著的，这与个人对情境的认知评价密切相关。与压力战斗所引起的心理征兆：消极、厌倦、不满、生气；逃避压力所形成之心理征兆：冷淡、认命、健忘、幻想、心不在焉、能力丧失。

（2）生理上个体会进一步去面对并克服所面临的障碍或干脆逃避并忽略有障碍的相关知觉。

短期生理征兆：头痛、头晕、眼睛疲劳、胃痛、气喘、便秘、心跳加快、血压上升、血糖增加与血液凝结。

长期生理征兆：心脏病、高血压、胆固醇增加、心室肥大、皮肤起疹、淋巴腺炎、甲状腺异常、秃头、胃及十二指肠溃疡、狭心症以及心肌梗塞。

（3）行为上是指人们身处在一个工作困境过程中所表现出来的思考与感受。

压力过大时会发生：体重发生变化、抽烟习惯增加、咖啡饮用、酒精饮用以及使用迷幻药、缺勤、旷工、离职、恐慌型的行为以及做出错误的判断。

任务3 员工援助计划

【任务名称】

制订企业员工援助计划。

【任务情境】

富士康9连跳引沪企业关注 员工心理援助很功利

“富士康9连跳”事件发生后，引起了沪企业对员工心理状况的广泛关注。记者昨天从本市多家心理咨询机构获悉，最近一段时间以来，企业前来咨询员工心理干预的电话数量激增。“用什么方式可以保证我的员工不跳楼?”几天来，这成为资深心理咨询师周云生被询问最多的一个问题。中华英才网职场顾问赵洪炜也表示，这些天频频接到企业HR的咨询电话，询问如何避免“跳楼悲剧”在自家企业上演。可见如何对员工进行心理维护成为最近企业HR关注的重点。然而据了解，目前企业的心理援助普遍功利化，作为一线员工的新生代打工族则成为心理干预“盲点”。

记者了解到，企业将心理援助纳入员工福利并不新鲜，但这种福利仅在500强外资企业里比较流行，而且普遍功利化。据心理咨询师杨沐介绍，即便是为员工提供心理服务的外资企业，也仅仅是“部分埋单”，工作压力大同时与企业效益息息相关的销售人员、管理人员成为关怀的重点；而在一线工作的打工族则几乎成为“盲点”。

“设立专门心理咨询热线、定期开放心理咨询室、组织团队心理培训、制定员工心理分析报告等等。”据周云生介绍，建立一套完整的、长效的心理干预体系，每个员工每年需花费300至500元，在深圳的富士康龙华园区共有员工30多万人，这样庞大的投入很少劳动密集型企业可以承受。“心理干预还需要时间投入，一般来说，一节课需要1.5～2小时，10节课以上才能发挥效果，这样的时间成本也不是一般企业能承受的。”

专家同时提醒，对于新生代打工族来说，家庭、感情都可能是造成心理危机的原因，但归属感、安全感的缺乏则是成为引爆“心理炸弹”的导火索。赵洪炜建议劳动密集型企业适当放宽对速度和效率的限制，对于“不能接打电话”等严苛规定进行适当调整。“限制人身自由，容易引发心理压抑。”他说，企业还应特别关心员工“8小时外生活”，避免员工因为超负荷工作产生的悲观情绪。特别是“85”后、“90”后的新生代打工族，他们到大城市面对高强度的工作时，往往没有调整好自己的心理状态。

（资料来源：http：//sh. sina. com. cn/news/s/2010－05－20/0814143517. html）

【任务要求】

（1）分小组，小组成员讨论案例中涉及 EAP 服务的哪些内容；

（2）各小组派代表介绍讨论结果。

知识链接

一、员工援助计划概述

（一）EAP 的概念

员工援助计划（Employee Assistance Programs，EAP），是组织为帮助员工及其家属解决职业心理健康问题，提高员工在企业中的工作绩效，由组织出资为员工提供的专业的、系统的、带有援助和福利性质的，并且能够绝对保障隐私的咨询服务项目。

由定义可知 EAP 项目一般具有如下基本特征：

（1）EAP 对象：所有员工及其家属。

（2）EAP 目标：旨在改善组织的氛围和工作环境，解决员工或其家属的心理、行为问题，最终达到提升员工工作绩效并提高员工工作、生活质量的目的。

（3）EAP 实质：需要有专业人员的参与，他们通过对组织进行调查和诊断，对员工进行培训和教育，对员工或其家属提供心理咨询，来预防问题、解决问题。

（二）EAP 的起源及发展

EAP 通常被认为产生于 20 世纪二三十年代的美国。在当时，美国一些企业在管理过程中发现员工的酗酒、吸烟、药物滥用等行为严重地影响了生产效率。为了解决员工这些不良行为习惯对企业的影响，有的企业想到了通过行为纠正的方法来帮助员工克服这些成瘾行为，建立了职业酒精依赖项目（Occupational Alcoholism Program，OAP），这就是员工援助计划的雏形。

EAP 的发展历程大致分为 4 个阶段：职业戒酒计划（OAPs，1936 ～ 1962）、员工援助计划（EAPs，1962 年至现在）、职业健康促进计划（OHPPs，1980 年至现在）、员工增强计划（EEPs，1988 年至现在）。目前，世界财富 500 强企业中，有 90% 以上的企业总部为员工提供了 EAP 服务。英国、加拿大、法国、澳大利亚、日本等国家的许多企业、政府部门和军队均广泛开展了此项服务。在我国，政府部门和军队也有一些类似项目。2000 年，深圳市公安局建立了心理服务中心，为警察提供心理咨询和其他服务。目前，北京市公安局也在易普斯咨询公司的帮助下积极筹建民警心理服务中心。解放军某部也建立了心理咨询服务机制（中央电视台“新闻联播”曾对此进行专门报道）。上述活动虽然在名称上没有直接与 EAP 联系在一起，但都是重要的 EAP 实践。EAP 已成为帮助组织成员缓解精神压力、改善生活方式、促进身心健康，进而提高企业工作效率的一种重要方式。

二、员工援助计划的内容

20 世纪二三十年代，以梅奥教授为首的研究人员对美国西部电气公司进行了一项生产力的研究，即霍桑实验，其中一项实验内容是允许大约 20000 名员工向研究者抱怨任何问题，结果发现员工的工作热情有了很大的提升且工作紧张度相对有了降低。随后，西部电气采纳了研究者的忠告，对员工提供了社会和心理调整项目来持续改善生产力。之后，人们又发现，影响员工工作效率的原因有很多，于是 EAP 的服务领域就慢慢地拓展开来，涵盖了员工生活中的方方面面——家庭负担、人际关系、工作压力、子女问题、职业发展、减肥、饮食紊乱、财务问题、法律纠纷、生活目标等。员工援助计划最初的目标是帮助企业中的问题员工，不仅仅是要帮助他们应付所遇到的应急事件，更要帮助他们掌握心理调适方法以获得成长。后来，这一计划逐渐为大家接受，服务对象也扩展到所有的员工，甚至包括员工的家属。

EAP 核心内容是通过向一个企业或组织机构内的员工提供关注个人心理和行为健康（国外通常的说法是精神健康，即 Mental Health）的各种服务来达到提升他们的个人生活质量和工作绩效的目标，从而使员工个人和组织都能够受益。通常 EAP 的内容包括。

（一）职业压力管理

职业压力是职业心理健康问题的主要来源。联邦政府的职业安全与健康机构（National Institute for Occupational Safety and Health）的一项研究表明，美国超过半数的劳动力将职业压力看作他们生活中的一个主要问题，压力以及其所导致的问题与疾病——缺勤、体力衰竭、精神健康问题，每年耗费美国企业界 3000 多亿美元。这一数字比 10 年前增加了一倍多。在过去 4 年里，因为职业压力而请病假的雇员增加了两倍。在美国，近一半的公司为他们的员工提供某种形式的压力管理训练。在我国，近年来高校教授猝死，官员跳楼、卧轨自杀事件，富士康员工自杀事件等极端行为的报道屡见报端，员工的职业压力与心理健康以及对企业造成的影响日渐受到广泛关注。为了提高员工在困难的工作情境中的应付能力，除了对员工进行压力管理训练之外，EAP 是比较常用的方法。

（二）工作、职业问题

很多人希望能够评价他们的职业目标，但是苦于找不到专业的帮助，而这种帮助往往可以从 EAP 那里得到。如果一个员工想做出一个明智的决定，他（她）可以从 EAP 职业咨询中获益。EAP 的咨询师可以帮助来访的员工评估他（她）的技能和兴趣，帮助其规划出达到职业目标的可行途径。

（三）家庭相关问题

工作和家庭平衡，是每一个员工面临的问题。很多员工会发现自己就像是三明治中的夹层，夹在子女的需要和父母或亲戚的需要之间。这些问题包括：婚姻关系、子女教育，或者年老父母的养育。员工想要更加了解并解决这些问题，可以考虑跟专家谈谈，他们可以从澄清问题到建立问题解决方案等方面向来访的员工提供帮助。

（四）酒精、药物滥用

无数的研究都认为拙劣的工作绩效和药物滥用之间有显著的联系。没有该类问题的员工的绩效比有这些问题的员工高 3 到 8 倍。EAP 服务可以提供一系列相关的干预、咨询、转介和个案管理。

除此之外，EAP 还关注更多可能影响员工身心健康和工作绩效的方方面面的问题，如健康问题等。在美国，广义的 EAP 还包括一些交通服务等，做到真正意义上的员工援助，即帮助员工解决具体的问题，从而使员工能够更加健康、有活力地投入到工作中去。

案例 6.6　　今年有 8 位官员非正常死亡

近年来，官员自杀现象频频出现，级别从省部级、厅局级到县处级、科级，每个层级都有。据不完全统计，2009 年一年有 13 名官员非正常死亡，今年已有 8 起，其中大部分是自杀。分析指出，官员自杀主要是精神家园缺失所致，而贪污腐败、仕途不顺、工作压力过大是构成官员自杀的三大诱因。“官员自杀现象原因很多，非常值得深入分析。不是说当了官就高兴，有的人当了很高级别的官，也有可能产生抑郁。分析原因，一种是因贪污受贿‘做贼心虚’，遇到纪委调查周围干部就睡不着觉。另一种是本身就被抑郁症困扰的人，进入公务员队伍做官；还有一些‘买官卖官’，花很多钱买官，当官后钱却回不来而抑郁；当然也不排除一些心理素质不好的官员，看到比自己差的人提升了，而自己得不到提升，其心理上接受不了而产生抑郁。就目前中国来讲，确实存在公务员通过‘买官卖官’、靠关系坐在官位上的，但也有一些公务员，来自普通阶层，靠埋头苦干上来的。”一位不愿透露姓名的专家接受采访时认为，“官员自杀与公平公正有很大关系，基层官场最容易产生任命干部的不公，这是造成人心理不平衡的重要原因。干部任用提拔，有的靠关系，有的靠送钱。而埋头苦干的，干得再好就是上不去，这样的人容易产生抑郁心理。”

如何构建精神家园，减少官员困惑和抑郁？长期在国家机关和地方政府任职的国务院参事任玉岭建议，为官者要心态平和，组织部门对官员任命也应想着老百姓，才能做到公平公正。中国科学院心理研究所所长、中国心理学会前理事长张侃认为，“官员最重要的是找准自己的定位，只要定位符合社会伦理道德，适应社会进步，一切就会非常简单。”“官员的心理要健康，前提是要有一个人人清廉的政治环境，让官员不想贪、不能贪、不敢贪，用制度保护官员的心理健康。”北京大学政府管理学院廉政研究中心主任李成言接受采访时表示：“中央今年发布《中国共产党党员领导干部廉洁从政若干准则》，在规范党员干部行为方面强调52个‘不准’，并在实施与监督方面有具体措施，使官员廉洁从政更多了一些制度保障。如果官员腐败问题得到有效控制，那么官员自杀的案件自然会逐步减少。”“健康的心理来自于包容、开放的心态，这种心态与社会心理状态息息相关。”国家行政学院研究员、全国政策科学研究会副秘书长胡仙芝认为，“官员作为执掌公共权力的特殊主体，应该还权力以公共性、开放性，让权力在阳光下运行，这样执掌权力主体的心理也变得更加‘阳光’一些。”

新闻回顾

2010年以来，媒体已公开报道的官员“非正常死亡”事件涉及陕西、河南、安徽、广东等8个省市的干部。

2010年1月13日：河南省邓州市建设局墙改办主任刘云峰在接受纪委调查时“跳楼自杀”；

2010年1月18日凌晨：陕西省勉县纪委副书记、县监察局局长冯某从勉县医院住院部7楼跳下，经抢救无效死亡；

2010年1月20日：安徽蚌埠市人大常委会一名副县级官员从该市行政办公中心综合楼坠楼身亡；

2010年2月1日：温州当地媒体刊发一则“讣告”称，温州市发改委主任黄河“由于劳累过度，突发疾病，经抢救无效因公殉职”；

2010年2月5日：广东省茂名市检察院检察长刘先进在湛江市跳楼身亡；

2010年6月24日：民航中南地区管理局局长、党委书记刘亚军留下不足200字的遗书，撞火车身亡；

2010年8月25日：河北省万全县县长王聪著在宿舍自缢死亡；

2010年8月27日：江苏射阳县纪委的一名干部在该县人民医院住院部大楼跳楼自杀。

（资料来源：http：//news. sina. com. cn/c/2010－09－02/020618053566s. shtml）

三、员工援助计划的模式

EAP实施的四大常见模式：

（一）外部模式

外部模式指组织通过契约的方式将员工援助计划外包，由外部具有社会工作、心理咨询辅导等知识经验的专业人员或机构提供员工援助计划服务。外部模式在服务的使用上除了更多元化及更专业外，对服务对象而言有更多的隐私保障。

（二）混合模式

混合模式指组织内部员工援助计划实施部门与外部的专业机构联合，共同为组织员工提供帮助项目。这种模式可以分担企业内部人员的负担，其内容因地制宜，较符合组织需要，而且由内部和外部专家合作，可以取长补短，共同帮助员工。

（三）联合模式

联合模式指几个组织联合成立一个专门为员工提供援助的联合服务机构，该机构设置专人管理，聘用具有社会工作、心理咨询等知识和经验的专业服务人员，为各个企业的员工提供服务。

（四）共同委托模式

共同委托模式指几个企业共同委托具有专业能力的服务专业人员与机构，提供员工援助计划服务。此种模式适合公司规模较小的企业，通过共享资源，达到企业对员工的帮助。此模式要注意的是共同委托的企业应当具备相似的产业背景和内部员工特色，才能使共同委托方式达成共识，并发挥最大效益。

四、员工援助计划的操作流程

根据员工援助计划的实际操作，EAP 的操作流程可以分为六个阶段：

（一）问题诊断阶段

由专业人员采用专业的心理健康调查方法评估员工心理生活质量现状，分析导致问题产生的原因。此阶段可以采用观察法、访谈法、问卷调查法和文献法。

（二）方案设计阶段

根据调查的问题确定 EAP 服务的主要目标，并制订具体的、可操作的实施计划，同时建立畅通无阻、反应迅速的服务渠道。

（三）宣传推广阶段

宣传推广活动要具有针对性。针对管理者的宣传推广是为了取得上级领导的支持和理解，以保证活动的顺利实施。针对员工的宣传推广是为了在员工和咨询员中建立互信关系，提高员工对 EAP 服务的认可度。受中国传统文化的影响，部分问题员工排斥接受 EAP 服务，所以必须重视建立相互信任的关系，让员工意识到接受 EAP 服务有助于其个人问题的解决。

（四）教育培训阶段

教育培训阶段也要具有针对性。针对管理者，培训内容一般为心理知识和心理咨询技巧，以便于其在工作中发现、甄别、解决和预防员工心理问题。针对普通员工，培训内容一般为基本的心理知识和自我管理技巧，例如职业心理健康、压力管理、挫折应对、积极情绪、职业倦怠、工作与生活平衡、咨询式管理者等系列培训。常用的培训方法包括心理讲座或团体辅导等。

（五）咨询辅导阶段

咨询辅导阶段侧重于针对个别员工的特殊问题进行心理咨询。对于受心理问题困扰的员工，提供咨询热线、个人面询、电话咨询、电子邮件咨询等形式多样的服务，解决困扰员工的心理问题。

（六）项目评估和反馈

在项目进行和结束时，分别提供阶段性评估和总体评估报告，帮助管理者及时了解员工帮助项目的实施效果，也为改善和提高服务质量提供依据。

工作示范

EAP服务的内容

对于中国企业来说，EAP需要解决的个人问题主要是：压力、情绪、人际关系及心理困扰。对企业问题的帮助则涉及：裁员心理危机、灾难性事件、工作中的公平感、降低意外事故出错率、问题员工、减少缺勤率、提升满意度指标、降低离职率、协助进行绩效沟通等多个方面。这些问题可以通过问卷调查科学体现，可以通过心理健康培训、压力移除培训、情绪分析与控制、自信心培训等有效预防，也可利用电话咨询、团队工作坊、个体面对面等方式处理和解决。下列是部分企业的EAP服务内容：

富士施乐高科技EAP服务内容：降低员工离职率；

腾讯科技、UT斯达康EAP服务内容：舒缓研发人员工作压力，重拾创新能力；

佛山移动、惠州联通EAP服务内容：调节客服中心人员工作心理压力，快乐工作，树立良好企业形象，提高服务质量；

博罗烟草专卖局EAP服务内容：帮助员工缓解工作压力、改善工作情绪、提高工作积极性、增强员工自信心、有效处理同事/客户关系；

国家开发银行EAP服务内容：工作负荷、工作与家庭的平衡、内部沟通改善问题；

新浪华南EAP服务内容：并购融合、环境适应。

知识拓展

EAP项目实施的内容

一、初级预防：消除诱发问题的来源

初级预防的目的是减少或消除任何导致职业心理健康问题的因素，并且设法建立一个积极的、支持性的、健康的工作环境。通过对人力资源管理进行诊断，能够发现问题所在以及解决问题的途径。通常，初级预防通过改变一些人事政策来实现，如改善组织内的信息沟通，工作再设计，给予低层人员更多的自主权等。

二、二级预防：教育和培训

教育和培训旨在帮助员工了解职业心理健康的知识，如各种可能的因素怎样对员工心理健康产生影响，以及如何提高对抗不良心理问题的能力。有关的教育课程包括应付工作压力、自信心训练、放松技术、生活问题指导，以及解决问题技能等。二级预防的另一个重要目的是向人力资源管理人员和组织内从事员工保健的专业人员提供专门的培训课程，来提高他们对员工心理健康的意识和处理员工个人问题的能力。如“基本咨询技能”和“行为风险管理”等方面的培训。

三、三级预防：员工心理咨询与辅导

员工心理咨询是指由专业心理咨询人员向员工提供个别、隐私的心理辅导服务，以解决他们的各种心理和行为问题，使他们能够保持较好的心理状态来生活和工作。由于员工的许多职业心理健康问题与家庭生活方面的因素有关，这种心理咨询服务通常也面向员工的直系家庭成员。

案例 6.7　联想电脑公司客服本部员工心理帮助计划（EAP）项目

（一）公司基本资料

1984 年，柳传志先生带领 10 名中国计算机科技人员前瞻性地意识到了 PC 必将改变人们的工作和生活。怀揣着 20 万元人民币的启动资金以及将研究成果转化为成功产品的坚定决心，这 11 名科研人员在北京一处租来的传达室里开始创业，年轻的公司命名为“联想”（Legend，英文含义为传奇）。在公司发展过程中，联想勇于创新，实现了许多重大的技术突破；并成功研制了可将英文操作系统翻译成中文的联想汉卡，开发出可以一键上网的个人电脑，并于 2003 年推出完全创新的关联应用技术，从而确立了联想在 3C 时代的重要地位。凭借这些技术领先的个人电脑产品，联想登上了中国 IT 业界的顶峰，到 2004 年联想已经连续八年占据中国市场份额第一的位置。

1994 年，联想在香港证券交易所成功上市；4 年后，联想生产了自有品牌的第一百万台个人电脑。2003 年，联想将其英文标识从“Legend”更换为“Lenovo”其中“Le”取自原标识“Legend”，代表秉承一贯传统，新增的“novo”取自拉丁词“新”，代表着联想的核心是创业精神。2004 年，联想公司正式从“Legend”更名为“Lenovo”。

联想在 2005 年 5 月完成对 IBM 个人电脑事业部的收购，这标志着联想将成为全球个人电脑市场的领先者——年收入约 130 亿美元，服务于世界各地的企业和个人用户。

（二）推行员工帮助计划的背景

2000年12月至2001年7月，北京师范大学心理系接受联想电脑公司服务部委托，为联想电脑公司客服部门的员工提供员工帮助计划（EAP）服务，张西超担任项目主持人。内容涉及员工心理状况问卷调查、客服各级员工工作访谈、管理层心理培训、员工心理健康培训、心理咨询等多个层面。

项目提供的服务形式多种多样，即从整体上为联想客服员工上了一堂生动的心理课，又为管理层、一线员工层提供了迫切需要的心理学知识和技巧，还为部分员工直接提供了解决个人困惑或问题的机会，为客服员工无论是自助还是助人都奠定了一定的基础，为他们的工作、生活带来了全面改观和全新的契机。

（三）调查与诊断

项目工作组对联想电脑公司客服全国大区—中心站点开展了问卷调查和深入访谈，收集到一手资料，也发现许多问题，为以后EAP活动的开展奠定了良好的基础。

问卷调查可以分为两个部分：纸质调查和电子邮件调查。两次问卷的调查内容基本相同：压力水平量表、压力应对方式量表、工作满意度量表、SCL－90症状自评量表、人际接纳量表。电子邮件调查由于比问卷调查晚了将近2个月，所以对问卷中存在的表达不清或调查对象难以理解的专业术语进行了部分修正，问卷结构和内容都没有经过改动，这样就保证了调查内容的一致性，便于对比研究。

经过调查发现，工作负荷重、承受压力较大、人员流动较高等问题对员工产生潜在的重大影响，而多数员工缺乏自我调节和解决工作、生活冲突的能力。为此，项目组明确此次EAP活动的目的在于如何既满足了联想客户服务部门发展的需求，又能为客服员工提供一次解决个人问题的机会，培养他们的心理健康意识，促进他们心理素质的提高与完善，训练他们的自我调整以及助人、沟通等心理技巧和能力。

（四）访谈

个人访谈主要采用半结构化访谈提纲，该访谈提纲经过项目工作组4名研究生和2名心理学专家半个月的讨论、调整而确定下来。访谈提纲主要是以联想公司关心的员工问题为主要思路，同时也关注员工个人的情绪表达，并借此询问给员工个人带来的困扰问题。深入访谈由4名参与访谈提纲设计的研究生亲自执行，并对访谈过程全程录音，然后将录音内容转录成文字，由专业人员进行编码分析，对访谈内容进行定性和定量的分析处理，从中发现、整理、分析问题，为随后而来将要展开的咨询、培训等服务内容获取一手的员工资料。

此外，项目组还进行了一次焦点座谈会，邀请客服部各大区的4名督导进行了一场关于客服员工的心理状态、工作困惑、职业生涯发展的专题座谈会。历时一个多小时的座谈会全程录像、录音。随后都由专业人士进行了编码分析，从另一个角度取得了关于客服员工工作现状的难得的第一手资料。

（五）员工需求

1. 员工遇到的问题

部分员工压力比较大，其压力源来自：自身的发展、工作时间紧迫、与客户的交往沟通困难等。与客户交往沟通困难的主要原因在于有些客户本身蛮不讲理，而公司对客服人员的要求比较高，即使在受到伤害和委屈的时候，仍然要保持微笑的态度面对顾客，所以经常感到很难处理与客户间的关系。自我发展的困难主要在于：培训和学习充电的机会比较少；工作相对单一；看不到美好的前景；工作量大，任务艰巨。

2. 员工的需求

多数员工表示希望在客户应对、情绪管理与压力释放、人际关系促进、潜能开发等方面能够接受专业的培训或训练。

（六）实施计划

服务对象：联想电脑公司客服部门的员工及其家属

实施方案：

1. 初级预防——宣传（小册子，电子邮件）

初级预防的目的是减少或消除任何导致职业心理健康问题的因素，并且更重要的是设法建立一个积极的、支持性的和健康的工作环境。为此，项目组专门印制了精美的EAP宣传小册子，散发到各个客服中心站点，同时定时向全国客服员工发送特定的电子邮件，对一些基本的心理学知识和自我调节技巧进行介绍，使多数员工都有机会接触EAP，并能对自身的心理健康和心理素质逐渐形成重视的态度和科学的认知。

2. 二级预防——培训（管理层，一线员工）

（1）各大区督导与管理层心理健康培训

对联想各大区督导以及中层管理员工共40多人进行了“心理健康和交互作用”和“心理健康与人才发展”的专题培训。培训课程介绍了心理健康的定义和内涵、心理健康的标准，引导受训员工学习自我暗示、自我控制、情绪管理、人际沟通、耐挫能力等自我调整、提高心理健康水平、摆脱困扰的实际技能和技巧。这些内容对管理层人员提高自身的心理素质，获得更为全面的发展起到了积极的推动作用。

（2）客服部管理层咨询技巧培训

先后两次对联想电脑公司客户服务本部30多名员工进行题目为“作为咨询式的管理者——亲情的专业化”的专题培训。培训过程中介绍了心理咨询的基本概念、内容、理念、模式、技巧，以及成功的咨询者标准；结合工作中可能会出现的问题进行咨询技巧和方法的训练、评估和指导；最后为管理者总结了如何在实际的管理工作中推广亲情模式，贯彻人本精神，提供了实际的指导建议。

（3）一线员工心理培训

对联想电脑公司客服部北京中心站员工进行题目为“工作与生活的协调”的专题培训。

3. 三级预防——咨询（电话，个别，团体）

（1）团体咨询

项目组邀请了联想电脑公司客服部门的8名管理层员工进行了一次团体咨询。通过团体咨询，参与者在充分沟通的基础上，解决工作中的压力、冲突、自我效能感的丧失等问题。

（2）电话咨询

电话咨询服务为期两个月，项目组为联想电脑公司客服部所有员工开通了电话咨询热线，聘请国内的心理咨询界知名的专业心理咨询师担任热线咨询师。在此期间，项目组先后接到54人次的电话咨询，咨询员工总数达到了48人，其中包括11%的员工家属。在咨询中，最受关注的就是人际沟通、自身发展和工作压力三个方面的问题。

（3）个别咨询

个别咨询历时一个月，项目组为联想电脑公司客服部北京地区10名员工提供了20人次的个别咨询服务。咨询师聘请北京心理咨询界知名的专业心理咨询师担任。咨询结果显示，员工对咨询效果非常满意，甚至有数名员工表示愿意与咨询师建立长期的咨询关系。在咨询的过程中，项目组不断接收到其他员工要求参加咨询的信息，可见20人次的咨询还远远无法满足联想客服员工的需求。

（资料来源：http：//www. psylinda. org/xinlizixun/20100603818. html）

任务4 满意度调查

【任务名称】

学会设计员工满意度调查问卷。

【任务情境】

如何管理员工的满意度？

管理员工的满意度，首先应该确立衡量员工满意度的指标，形成有效的指标体系，用它来规范满意度管理的有效运作，使之落到实处。这个工作应从以下几个方面考虑：

1. 工作环境

工作环境对任何一个人来说都是考量工作满意度的重要指标之一，如果一个人的工作环境不能达到要求，你很难要求他心情舒畅地工作。在这里，经理应该考虑员工工作环境的舒适度，考虑员工所需要的设备器材是否已经配备齐全，比如计算机、打印机、网络等，这些东西在现代化的公司算不上什么奢侈品，都有条件达到，但是没有或者性能不好将很大程度地影响员工的心情和工作质量。问题关键在于你是否重视它，是否注意到员工的这些需求，唯有给予了足够的重视，员工才能获得一个相对较为满意的工作环境，从而更加满意地工作，工作才更有效率和成果。

2．薪资制度

员工的工资水平是否合理，分配是否公平，这些问题都会影响员工的满意度，需要加以解决和研究。解决这些问题的关键在于企业是否拥有完善科学的薪资分配制度。经理必须给员工一个清晰的、所得依赖于付出的薪资路线，让员工对薪资有一个清晰的认识，在薪资激励下不断感到满意并不断付出。薪资制度是衡量员工满意度的生命线，经理应该把它当作一件大事来抓，多下工夫，多与员工沟通，给员工展现一个公平公正具有激励力的薪资分配制度，用薪资激励员工，满足员工的需求。

3．职责是否清楚

责权利相统一是管理的基本原则，也是保证员工满意的最为根本的要求。责权利中任何一点的失衡都将打破这个平衡，使员工落入不公平的逆反情绪当中，产生抱怨和不平，影响员工的士气和心情，导致工作效率的下降和满意度的降低。关于这个要求，经理要做的就是给员工出具一份职责清楚、权限明确、标准确定、内容详尽的职位说明书，告诉员工各自的职责所在，让员工的工作有所依据，在其位谋其政负其责，真正担当起职位赋予的职责和权力，使管理落实到人。职责不清楚，满意将无从谈起，混乱将不可避免。

4．考核政策是否清晰

在许多的企业，关于考核的政策与规定都是十分模糊的。很多政策员工根本不了解，也不理解，经理与员工之间没有就考核目标和考核程序的沟通，很多的操作都是由经理一个人完成。至于考核什么，为什么这样考核，考核的结果又是什么，考核的结果做何用途等与员工关系密切的内容员工根本不知道，一切都是暗箱操作，都是经理的单方面行动。这样的考核方式肯定不能得到员工的认可，尤其是这些考核关系到员工的薪资和晋升这些利害关系，谁都想弄个明白，谁都想知道自己的考核结果以及这些考核结果的来由。不明不白的考核结论是无法接受的，更是无法得到员工的认可和满意的。所以，考虑到员工的满意度管理，经理应改变这种被动局面和单方行为，应多一些与员工沟通关于考核的问题，将考核的政策与内容告知员工，让员工清楚整个考核的程序和过程，使员工在考核中获得满意感。

5．工作程序是否合适

许多员工绩效水平不高并不是员工不愿意做也并不是员工没有能力做好，其中可能的原因是一些工作程序出了问题。因为程序烦琐不当，导致员工的工作热情收不到效果，或者导致效率的低下。所以，经理应该花一些时间对工作程序进行调查，对工作流程进行再思考，通过流程再造使工作流程更加方便员工操作，为员工提供更多的便利，保证员工的努力收到成效，产生效益。

6. 人际关系是否融洽

人际关系是保证和谐工作氛围的重要条件之一，也是衡量员工满意度的重要指标，一定意义上，它也是一种权力资源，是保证人们按自己方式做事的一种手段。因此，经理必须对部门的人际关系给予关注，采取必要的手段进行干预，积极创造一种和谐的人际关系氛围，使员工关系更加和谐，更加有凝聚力和士气。

通过员工满意度指标体系的构建，经理可以在管理工作中占据主动，满足员工的需求，达到员工满意度最大化的目标。

（资料来源：http：//www. globrand. com/2006/30449. shtml）

【任务要求】

1. 分小组，小组成员一起按任务情境中提到的管理员工满意度的有关内容设计所在学校的员工满意度调查问卷；
2. 各小组派代表展示并介绍调查问卷；
3. 开展本校教职工满意度调查，每位同学负责一份。

知识链接

一、员工满意度调查的概念

员工满意度调查（Employee Satisfaction Survey），是一种科学的人力资源管理工具，它通常以问卷调查等形式，收集员工对企业管理各个方面满意程度的信息，然后通过后续专业、科学的数据统计和分析，真实地反映公司经营管理现状，为企业管理者决策提供客观的参考依据。

案例 6.8　　员工满意度调查在知名企业的应用

惠普（HP）公司是最早开展对员工满意度进行调查的企业。他们总是考虑如何创造一种环境，让员工有机会展示他们最佳的成绩，发挥他们的潜能，并认可和尊重他们的成就，使得企业里的每一名员工都深深地感到自己的重要性。凭着这种对员工人性化的尊重，惠普公司从 20 世纪 50 年代末到 60 年代初，在业绩和管理上取得了飞速的发展。

通用电气前董事长兼 CEO 韦尔奇深知员工满意度调查的重要意义。通过运用专业的调查技巧可以使他深入了解每一年度员工们的意见和建议，在韦尔奇眼里，员工是智慧的源泉。他进行问卷调查的初衷是为了印证他本人的经营思路和创意与公司经营实践是否一致。逐渐地他意识到，问卷调查的价值决不限于实践检验；它实际上已成为韦尔奇所热情推广的好学精神的一部分。通过民意调查，韦尔奇的通用电气可以及时纠正其经营策略。

在员工的满意度调查上，西方企业的发展经验相当成熟。西方企业通过员工满意度调查，了解和把握每一名员工的能力和需求，也促进了企业快速地成长以及加速全球化的进程。

（资料来源：《如何提升员工满意度和敬业精神》，吴小平编著）

二、员工满意度调查的目的

员工满意度调查的目的可以概括为以下几方面。

（一）诊断现存问题的症结

例如，公司员工的高流失率，通过员工满意度调查就会找出导致问题发生的原因，确定是否是因员工工资过低、管理不善等而致。

（二）发掘潜在问题

公司组织结构的等级可能阻碍或隐藏了员工的不满情绪，需要管理者主动地去挖掘。例如公司通过员工满意度调查发现员工对薪酬满意度有下降的趋势，那就及时检查其薪酬政策，找出不满增加的原因并采取措施予以纠正。

（三）了解员工需求

通过员工满意度调查，公司可以找准员工的主要需求，从而加强激励的有效性。

（四）创造沟通气氛

员工满意度调查，也是企业与员工进行沟通的一种方式。企业用认真的态度去对待员工满意度调查，会使员工感受到企业的关怀和重视。

三、员工满意度调查的内容

从调查内容来讲，员工满意度调查一般是围绕下列5个方面展开。

（一）工作环境满足度

工作环境满足度指工作环境的湿度、亮度、噪音、气味等方面；工作必需设施的完备和可取得的程度；工作作息时间和加班制度等。

（二）工作回报满足度

工作回报满足度指工作薪酬的绝对公平和相对公平程度；医疗保险和假期等福利的合理和齐全程度；激励制度；职务晋升制度；培训制度。

（三）工作本身满足度

工作本身满足度指工作的胜任程度；工作的挑战性程度；工作的发展空间

大小。

（四）工作群体满足度

工作群体满足度指员工与其同事、上级、下级的人际关系状况。例如上级的信任、支持、指导，同事的相互了解和理解，以及下属领会意图、完成任务情况。

（五）企业满足度

企业满足度指员工对企业文化、企业战略的认同程度；员工对企业经营治理的参与程度；信息渠道的畅通及信息开放程度。

四、员工满意度调查的实施步骤

员工满意度调查可以采用 PDACR 五步法。

（一）制订调查计划（Plan）

1. 明确调查的目的

调查目的决定了调查的范围、内容、技术方法、调查承担者等，是制订调查计划的首要步骤。

2. 确定调查范围

调查范围可以是在集团和全部子公司内的全员调查，也可以是针对某一个子公司或者某几个部门、或者特定人群的专项调查。全员调查一般一年进行一到两次。而专项调查相对灵活，可以不定期举行，例如针对部门的销售部员工满足度调查，针对特定人群的新员工满足度调查。确定调查范围有利于提高调查效率。

3. 确定调查内容

为了确定调查内容，需要了解企业现状，确定突出的问题。可以通过访谈的方法，选取一些员工进行座谈，获取与满意度调查内容有关的企业信息。还可以进行文案调查，对企业内部资料进行收集与归纳。在此基础上，拟订调查计划。

（二）实施调查方案（Do）

根据事先拟订的调查计划，为了完成规定的调查任务，管理层可以灵活地选择不同的调查方法，实施方案，并形成书面报告。员工满足度调查可以由企业的人力资源部或者外部的咨询公司来承担。咨询公司有较强的理论和专业经验，本公司人员则更熟悉公司实际情况，要根据具体情况来选择。调查过程中填表人对问卷涉及的术语的含义有疑问和分歧时，问卷设计者要给予相应的说明和指导。问题通常在 25 ～ 50 个之间，时间控制在 15 ～ 30 分钟，否则会引起填表人的厌烦感。

（三）分析调查结果（Analyze）

实施调查后收回大量问卷和调查报告，调查人员通过检验、归类、统计，形成用文字、图表表达的调查结果，并对现存问题进行总体评价分析，提出改革的具体措施，最终提交综合报告。对调查问卷的分析方法可以借助计算机软件和人工方法相结合。常用到的数学分析工具有期望、方差、二次回归分析等，治理分析工具有控制图、分析原因的鱼骨刺法等。

（四）实施改进措施（Correct）

针对调查结论，实施改进措施是十分必要的，否则员工会把满足度调查看成“形式主义”，对企业领导丧失信任。而且矛盾不会随着时间的推移自动消失，积累的时间越长，爆发的力度越大。改进措施包括：

1．改进各项制度

针对员工满足度调查中暴露的问题，企业管理层应该相应地改进和完善制度。例如，员工抱怨工作乏味，没有个人成长机会，企业可以在以后的工作中加强对员工的技能培养，建立健全晋升、培训、轮岗制度。

2．落实各项制度

有时，企业有完善的制度，但是没有很好地贯彻和落实到位，也会招致员工不满。应加强基础管理工作，将制度落实到位。

3．培育企业文化

通过企业文化建设工作引导企业价值理念和员工价值观保持一致，鼓励平等竞争。

（五）跟踪反馈效果（Review）

实施改进措施并不是员工满足度工作的终结，人力资源部还要对改进措施进行两方面的效果评估，一是评价措施的经济性，即能够以一定的投入获得较大的产出；二是评价措施的实用性，即改进措施对员工满意度指标的改善。以便总结经验和教训，更好地开展下一步的工作。

1．效果的经济性评价

对改进措施的经济性评价可以采用成本/效益法。成本是指进行员工满足度调查所花费的调查成本以及实施改进措施所花费的成本。比如，聘请咨询公司设计调查问卷所支付的咨询费、增加员工培训所增加的培训费。效益是指企业在劳动生产率、出勤率、顾客投诉率、销售收入、利润率等指标上的变动情况。

2．效果的实用性评价

对改进措施的实用性评价则需要下一轮的调查。因为整改措施的效果不可能一步到位，立竿见影。新的员工满足度指标往往要通过新的调查来实现，所以说员工满意度工程是不断循环、不断提升的过程。另外，下一次的调查计划除了包括对上一次改进措施的效果反馈以外，若有必要，还可以包括本次未涉及的调查领域。

五、员工满意度调查的方法

目前国际上为企业所普遍接受和采纳的员工满意度调查方法主要有以下几种。

（一）工作描述指数法

这是最有名的员工满意度调查法，它对薪酬、晋升、管理、工作本身和公司群体都有各自的满意等级，可用在各种形式的组织中。

（二）明尼苏达工作满意调查表

本调查表共有100项调查内容。20个大项中每项下设有5个小项。这20个大项是：个人能力的发挥；成就感；能动性；公司培训和自我发展；权力；公司政策及实施；报酬；部门和同事的团队精神；创造力；独立性；道德标准；公司对员工的奖惩；本人责任；员工工作安全；员工所享受的社会服务；员工社会地位；员工关系管理和沟通交流；公司技术发展；公司的多样化发展；公司工作条件和环境。"明尼苏达工作满意调查表"也有简单形式，即以上20个大项可以直接填写每项的满意等级，总的满意度可以通过20项全部得分的加总而获得，如表6-1所示：

表6-1 明尼苏达工作满意度问卷

请问您自己：我对工作这一方面的满意度如何？
非常满意：指对我工作的这一方面非常满意。
满意：对我工作的这一方面满意。
不确定：表示不能确定对我工作的这一方面是满意还是不满意。
不满意：对我工作的这一方面不满意。
非常不满意：指对我工作的这一方面非常不满意。

对你现在的工作感觉如何？	非常满意	满意	不确定	不满意	非常不满意
1. 能够一直保持忙碌的状态					
2. 独立工作的机会					
3. 时不时地能有一些做不同事情的机会					
4. 在团体中成为重要角色的机会					
5. 我的老板对待他/她的下属的方式					
6. 我的上司做决策的能力					
7. 能够做一些不违背我良心的事情					
8. 我的工作的稳定性					
9. 能够为其他人做些事情的机会					
10. 告诉他人该做些什么的机会					
11. 能够充分发挥我能力的机会					
12. 公司政策实施的方式					
13. 我的收入与我的工作量					
14. 职位晋升的机会					

续表 6－1

15. 能自己作出判断的自由					
16. 自主决定如何完成工作的机会					
17. 工作条件					
18. 同事之间相处的方式					
19. 工作表现出色时，所获得的奖励					
20. 我能够从工作中获得的成就感					

（三）彼得需求满意调查表

此调查表适用于管理人员。其提问集中在管理工作的具体问题，每个问题都有三句，如“你在当前的管理位置上个人成长和发展的机会如何？理想的状况应如何？而现在的实际状况又如何？”

工作示范

金德实业制品来料加工厂员工满意度调查问卷

第 1 部分　对工作本身的满意度（第 1 ～ 5 题）

1. 您的个人能力及特长是否得到了发挥？

A. 全部得到发挥　　B. 基本得到发挥

C. 不确定　　D. 没有得到发挥

E. 根本没有得到发挥

2. 您认为您的职位与权力是否相对应？

A. 非常对应　B. 基本对应　C. 不确定　D. 不对应　E. 极度不对应

3. 您对您个人的能力表现感到满意吗？

A. 非常满意　B. 基本满意　C. 不确定　D. 不满意　E. 极度不满

4. 您觉得这份工作具有挑战性吗？

A. 非常具有挑战性　　B. 具有一定的挑战性

C. 不确定　　D. 不具有挑战性

E. 极不具有挑战性

5. 您在工作中是否感到有乐趣？

A. 时时有　B. 偶尔有　C. 不确定　D. 没有　E. 极度没有

第2部分 对工作回报的满意度（第6～10题）

6. 您对在公司获得的收入是否感到满意？
A. 非常满意 B. 基本满意 C. 不确定 D. 不满意 E. 极度不满意
7. 在日常工作中，您经常受到表扬与鼓励吗？
A. 经常有 B. 偶尔有 C. 不确定 D. 没有 E. 根本没有
8. 您经常参加培训吗？
A. 经常有培训 B. 偶尔有培训
C. 不确定 D. 没有培训
E. 根本没有培训
9. 您的晋升机会多吗？
A. 非常多 B. 基本有 C. 不确定 D. 没有 E. 根本没有
10. 您认为公司的奖励制度是否合理、公正？
A. 非常合理公正 B. 基本合理公正
C. 不确定 D. 不合理不公正
E. 极度不合理不公正

第3部分 对工作环境的满意度（第11～15题）

11. 您对职工食住条件感到满意吗？
A. 非常满意 B. 基本满意 C. 不确定 D. 不满意 E. 极度不满
12. 您认为公司的加班是否合理？
A. 非常合理 B. 基本合理 C. 不确定 D. 不合理 E. 极度不合理
13. 您认为工作的资源配备充裕吗？
A. 非常充裕 B. 基本充裕 C. 不确定 D. 不充裕 E. 极度不充裕
14. 您对医疗、工伤保障感到满意吗？
A. 非常满意 B. 基本满意 C. 不确定 D. 不满意 E. 极度不满
15. 您对您的工作环境感到舒适吗？
A. 非常舒适 B. 基本舒适 C. 不确定 D. 不舒适 E. 极度不舒适

第4部分 对工作群体的满意度（第16～20题）

16. 您对同事之间的人际关系状况感到满意吗？
A. 非常满意 B. 基本满意 C. 不确定 D. 不满意 E. 极度不满
17. 您认为公司的团队精神如何？
A. 非常强 B. 基本强 C. 不确定 D. 不强 E. 极度不强
18. 您对您和周围同事的工作质量是否感到满意？
A. 非常满意 B. 基本满意 C. 不确定 D. 不满意 E. 极度不满

19. 您对公司会议的有效性看法如何?

A. 有非常好的作用　　B. 基本有作用　　C. 不确定　　D. 满意作用　　E. 根本没有作用

20. 您对同事之间的工作配合与协作是否感到满意?

A. 非常满意　　B. 基本满意　　C. 不确定　　D. 不满意　　E. 极度不满

第5部分　对企业经营管理的满意度(第21～25题)

21. 您认为公司管理层是否注重听取员工意见,做到有效沟通?

A. 非常注重　　B. 基本注重　　C. 不确定　　D. 不注重　　E. 极度不注重

22. 您对公司的用人机制感到满意吗?

A. 非常满意　　B. 基本满意　　C. 不确定　　D. 不满意　　E. 极度不满

23. 您对公司管理人员才能感到满意吗?

A. 非常满意　　B. 基本满意　　C. 不确定　　D. 不满意　　E. 极度不满

24. 您对公司的制度建设感到满意吗?

A. 非常满意　　B. 基本满意　　C. 不确定　　D. 不满意　　E. 极度不满

25. 您对公司内部宣传工作的看法如何?

A. 非常满意　　B. 基本满意　　C. 不确定　　D. 不满意　　E. 极度不满

第6部分　对企业文化的满意度(第26～30题)

26. 认同"金德的员工都有着共同文化和价值观"的说法吗?

A. 非常赞同　　B. 同意　　C. 不确定　　D. 反对　　E. 强烈反对

27. 您对公司提倡的企业精神与价值观的看法如何?

A. 非常认同　　B. 基本认同　　C. 不确定　　D. 不认同　　E. 极不认同

28. 您认为员工的责任感及能动性如何?

A. 非常有　　B. 基本有　　C. 不确定　　D. 没有　　E. 极度没有

29. 您认为公司的企业文化现状是否有助于企业的长期发展?

A. 非常有帮助　　B. 有一定帮助　　C. 不确定　　D. 没有帮助　　E. 有障碍

30. 您对企业的发展远景及未来展望有信心吗?

A. 非常有信心　　B. 基本有信心　　C. 不确定　　D. 怀疑　　E. 很悲观

答题卡

说明:

第一,员工满意度调查采用不记名方式进行,为便于了解不同类型员工意见,请将以下基本信息填写完整;

第二,调查结果用于改善管理,调查结果以保密方式进行统计和处理,请放心作答；

第三，本问卷填写不超过50%的内容时，视为无效答卷；为了能有效地收集满意度意见，请认真填写本问卷，谢谢您的参与！

您的基本信息：

1. 您的工作部门是：

A. 人力资源部　B. 行政部　C. 生产部　D. 工程部　E. 品系部

F. 项目管理部　G. 物流管理部　H. 业务部　I. 其他

2. 您在金德的工作年限：

A. 不满1年　B. 1～2年　C. 3～4年　D. 5～10年　E. 10年以上

3. 您的最高学历：

A. 初中以下　B. 初中　C. 高中/中专/技校

D. 大专　E. 本科　F. 硕士及以上

4. 您的工作性质属于：

A. 生产类　B. 技术类　C. 营销类　D. 管理类　E. 辅助类　F. 其他

5. 您的职位属于：

A. 普通员工　B. 基层管理人员　C. 中层管理人员

非常谢谢您完成了这份调查问卷！您对目前公司内部管理有什么建议或意见？如果有，请把它们写出来。________________________

____

知识拓展

如何判断员工满意度调查的必要性

员工满意度调查是否必要，可以通过对公司一些相应的情况进行考察来做出判断。通过考察也可以知道调查的重点是什么，同时也能够知道该选择什么样的调查方式。可以从以下几方面进行考察：

1. 公司组织变动情况

当一个组织快速发展的时候，了解和掌握员工对他们的工作、对公司的发展前途以及个人成长等是十分重要的。

2. 员工工作状态

当公司的员工流动率超过该行业的平均流动率时，当员工的出勤情况变得糟糕时，这些情况可能表明公司内部存在问题。员工满意度的调查是解决这个问题的有效方法，可以快速诊断问题的症结所在。

3．重要事件的影响

当公司面临或者发生一些重要的突发事件时，对于公司来讲，或许这些事件会带来不可预测的影响，从而影响组织气氛，导致公司内部沟通不畅、诚信危机和员工的恐惧等。通过员工的满意度调查可以了解事件的影响程度。

4．人事变动的影响

公司内部出现重大的人事变动时，也会在公司内部引起重大的影响。因为变更对于组织内部的很多人来说都是困难的，如果决策者处理不好，公司的生产力和利润可能下降。这个时候对员工的情况进行了解也就非常必要了。

5．竞争环境的变化

公司所处的竞争环境的变化也会对员工产生重要的影响。比如当竞争环境变得非常激烈时，降低人员流动率、提高企业的生产力都是企业制胜的关键因素。与员工保持密切的联系是维持竞争力的有效手段，此时，员工满意度调查将变得更加重要。

6．人力资源管理政策的制定

在制定公司人力资源管理政策的时候，也要考虑员工的情况，了解员工的需求。这样才有可能在保证公司的最大投资回报率的同时，使员工也感到满意。在适当的时候，不妨进行一次员工满意度调查。

7．变革的需要

公司出现变革时，就要考虑是否对员工造成重要影响。如果公司进行的重大变革对员工确实可能产生重要影响，比如，当公司在购并的时候，进行员工满意度调查就显得非常必要了，调查的信息对于员工管理将有重要价值和意义。

考证训练

一、单项选择题

1．工会是职工（　　）的工人阶级的群众组织。

A．自愿结合　　B．自愿组建　　C．依法成立　　C．依法组建

2．（　　）的几个行业，可以根据需要建立全国的或者地方的产业工会。

A．同一行业　　B．同一行业或者性质相近

C．性质相近　　C．同一产业或者产业相近

二、简答题

1．在现阶段我国社会，外企工会普遍“缺位”，请你评议一下这种现象。

2．压力管理与人力资源管理有何联系？

3．EAP 实施的四大常见模式有哪些？

4．员工满意度调查的内容主要包括哪些方面？

附录1：中华人民共和国劳动合同法

（2007年6月29日第十届全国人民代表大会常务委员会
第二十八次会议通过）

目 录

第一章　总　则

第一条　为了完善劳动合同制度，明确劳动合同双方当事人的权利和义务，保护劳动者的合法权益，构建和发展和谐稳定的劳动关系，制定本法。

第二条　中华人民共和国境内的企业、个体经济组织、民办非企业单位等组织（以下称用人单位）与劳动者建立劳动关系，订立、履行、变更、解除或者终止劳动合同，适用本法。

国家机关、事业单位、社会团体和与其建立劳动关系的劳动者，订立、履行、变更、解除或者终止劳动合同，依照本法执行。

第三条　订立劳动合同，应当遵循合法、公平、平等自愿、协商一致、诚实信用的原则。

依法订立的劳动合同具有约束力，用人单位与劳动者应当履行劳动合同约定的义务。

第四条　用人单位应当依法建立和完善劳动规章制度，保障劳动者享有劳动权利、履行劳动义务。

用人单位在制定、修改或者决定有关劳动报酬、工作时间、休息休假、劳动安全卫生、保险福利、职工培训、劳动纪律以及劳动定额管理等直接涉及劳动者切身利益的规章制度或者重大事项时，应当经职工代表大会或者全体职工讨论，提出方案和意见，与工会或者职工代表平等协商确定。

在规章制度和重大事项决定实施过程中，工会或者职工认为不适当的，有权向用人单位提出，通过协商予以修改完善。

用人单位应当将直接涉及劳动者切身利益的规章制度和重大事项决定公示，或者告知劳动者。

第五条 县级以上人民政府劳动行政部门会同工会和企业方面代表，建立健全协调劳动关系三方机制，共同研究解决有关劳动关系的重大问题。

第六条 工会应当帮助、指导劳动者与用人单位依法订立和履行劳动合同，并与用人单位建立集体协商机制，维护劳动者的合法权益。

第二章　劳动合同的订立

第七条 用人单位自用工之日起即与劳动者建立劳动关系。用人单位应当建立职工名册备查。

第八条 用人单位招用劳动者时，应当如实告知劳动者工作内容、工作条件、工作地点、职业危害、安全生产状况、劳动报酬，以及劳动者要求了解的其他情况；用人单位有权了解劳动者与劳动合同直接相关的基本情况，劳动者应当如实说明。

第九条 用人单位招用劳动者，不得扣押劳动者的居民身份证和其他证件，不得要求劳动者提供担保或者以其他名义向劳动者收取财物。

第十条 建立劳动关系，应当订立书面劳动合同。

已建立劳动关系，未同时订立书面劳动合同的，应当自用工之日起一个月内订立书面劳动合同。

用人单位与劳动者在用工前订立劳动合同的，劳动关系自用工之日起建立。

第十一条 用人单位未在用工的同时订立书面劳动合同，与劳动者约定的劳动报酬不明确的，新招用的劳动者的劳动报酬按照集体合同规定的标准执行；没有集体合同或者集体合同未规定的，实行同工同酬。

第十二条 劳动合同分为固定期限劳动合同、无固定期限劳动合同和以完成一定工作任务为期限的劳动合同。

第十三条 固定期限劳动合同，是指用人单位与劳动者约定合同终止时间的劳动合同。

用人单位与劳动者协商一致，可以订立固定期限劳动合同。

第十四条 无固定期限劳动合同，是指用人单位与劳动者约定无确定终止时间的劳动合同。

用人单位与劳动者协商一致，可以订立无固定期限劳动合同。有下列情形之一，劳动者提出或者同意续订、订立劳动合同的，除劳动者提出订立固定期限劳动合同外，应当订立无固定期限劳动合同：

（一）劳动者在该用人单位连续工作满十年的；

（二）用人单位初次实行劳动合同制度或者国有企业改制重新订立劳动合同时，劳动者在该用人单位连续工作满十年且距法定退休年龄不足十年的；

（三）连续订立二次固定期限劳动合同，且劳动者没有本法第三十九条和第四十条第一项、第二项规定的情形，续订劳动合同的。

用人单位自用工之日起满一年不与劳动者订立书面劳动合同的，视为用人单位与劳动者已订立无固定期限劳动合同。

第十五条 以完成一定工作任务为期限的劳动合同，是指用人单位与劳动者约定以某项工作的完成为合同期限的劳动合同。

用人单位与劳动者协商一致，可以订立以完成一定工作任务为期限的劳动合同。

第十六条 劳动合同由用人单位与劳动者协商一致，并经用人单位与劳动者在劳动合同文本上签字或者盖章生效。

劳动合同文本由用人单位和劳动者各执一份。

第十七条 劳动合同应当具备以下条款：

（一）用人单位的名称、住所和法定代表人或者主要负责人；

（二）劳动者的姓名、住址和居民身份证或者其他有效身份证件号码；

（三）劳动合同期限；

（四）工作内容和工作地点；

（五）工作时间和休息休假；

（六）劳动报酬；

（七）社会保险；

（八）劳动保护、劳动条件和职业危害防护；

（九）法律、法规规定应当纳入劳动合同的其他事项。

劳动合同除前款规定的必备条款外，用人单位与劳动者可以约定试用期、培训、保守秘密、补充保险和福利待遇等其他事项。

第十八条 劳动合同对劳动报酬和劳动条件等标准约定不明确，引发争议的，用人单位与劳动者可以重新协商；协商不成的，适用集体合同规定；没有集体合同或者集体合同未规定劳动报酬的，实行同工同酬；没有集体合同或者集体合同未规定劳动条件等标准的，适用国家有关规定。

第十九条 劳动合同期限三个月以上不满一年的，试用期不得超过一个月；劳动合同期限一年以上不满三年的，试用期不得超过二个月；三年以上固定期限和无固定期限的劳动合同，试用期不得超过六个月。

同一用人单位与同一劳动者只能约定一次试用期。

以完成一定工作任务为期限的劳动合同或者劳动合同期限不满三个月的，不得约定试用期。

试用期包含在劳动合同期限内。劳动合同仅约定试用期的，试用期不成立，该期限为劳动合同期限。

第二十条 劳动者在试用期的工资不得低于本单位相同岗位最低档工资或者劳动合同约定工资的百分之八十，并不得低于用人单位所在地的最低工资标准。

第二十一条 在试用期中，除劳动者有本法第三十九条和第四十条第一项、第二项规定的情形外，用人单位不得解除劳动合同。用人单位在试用期解除劳动合同的，应当向劳动者说明理由。

第二十二条 用人单位为劳动者提供专项培训费用，对其进行专业技术培训的，可以与该劳动者订立协议，约定服务期。

劳动者违反服务期约定的，应当按照约定向用人单位支付违约金。违约金的数额不得超过用人单位提供的培训费用。用人单位要求劳动者支付的违约金不得超过服务期尚未履行部分所应分摊的培训费用。

用人单位与劳动者约定服务期的，不影响按照正常的工资调整机制提高劳动者在服务期期间的劳动报酬。

第二十三条 用人单位与劳动者可以在劳动合同中约定保守用人单位的商业秘密和与知识产权相关的保密事项。

对负有保密义务的劳动者，用人单位可以在劳动合同或者保密协议中与劳动者约定竞业限制条款，并约定在解除或者终止劳动合同后，在竞业限制期限内按月给予劳动者经济补偿。劳动者违反竞业限制约定的，应当按照约定向用人单位支付违约金。

第二十四条 竞业限制的人员限于用人单位的高级管理人员、高级技术人员和其他负有保密义务的人员。竞业限制的范围、地域、期限由用人单位与劳动者约定，竞业限制的约定不得违反法律、法规的规定。

在解除或者终止劳动合同后，前款规定的人员到与本单位生产或者经营同类产品、从事同类业务的有竞争关系的其他用人单位，或者自己开业生产或者经营同类产品、从事同类业务的竞业限制期限，不得超过二年。

第二十五条 除本法第二十二条和第二十三条规定的情形外，用人单位不得与劳动者约定由劳动者承担违约金。

第二十六条 下列劳动合同无效或者部分无效：

（一）以欺诈、胁迫的手段或者乘人之危，使对方在违背真实意思的情况下订立或者变更劳动合同的；

（二）用人单位免除自己的法定责任、排除劳动者权利的；

（三）违反法律、行政法规强制性规定的。

对劳动合同的无效或者部分无效有争议的，由劳动争议仲裁机构或者人民法院确认。

第二十七条 劳动合同部分无效，不影响其他部分效力的，其他部分仍然有效。

第二十八条 劳动合同被确认无效，劳动者已付出劳动的，用人单位应当向劳动者支付劳动报酬。劳动报酬的数额，参照本单位相同或者相近岗位劳动者的劳动报酬确定。

第三章 劳动合同的履行和变更

第二十九条 用人单位与劳动者应当按照劳动合同的约定，全面履行各自的义务。

第三十条 用人单位应当按照劳动合同约定和国家规定，向劳动者及时足额支付劳动报酬。

用人单位拖欠或者未足额支付劳动报酬的，劳动者可以依法向当地人民法院申请支付令，人民法院应当依法发出支付令。

第三十一条 用人单位应当严格执行劳动定额标准，不得强迫或者变相强迫劳动者加班。用人单位安排加班的，应当按照国家有关规定向劳动者支付加班费。

第三十二条 劳动者拒绝用人单位管理人员违章指挥、强令冒险作业的，不视为违反劳动合同。

劳动者对危害生命安全和身体健康的劳动条件，有权对用人单位提出批评、检举和控告。

第三十三条 用人单位变更名称、法定代表人、主要负责人或者投资人等事项，不影响劳动合同的履行。

第三十四条 用人单位发生合并或者分立等情况，原劳动合同继续有效，劳动合同由承继其权利和义务的用人单位继续履行。

第三十五条 用人单位与劳动者协商一致，可以变更劳动合同约定的内容。变更劳动合同，应当采用书面形式。

变更后的劳动合同文本由用人单位和劳动者各执一份。

第四章 劳动合同的解除和终止

第三十六条 用人单位与劳动者协商一致，可以解除劳动合同。

第三十七条 劳动者提前三十日以书面形式通知用人单位，可以解除劳动合同。劳动者在试用期内提前三日通知用人单位，可以解除劳动合同。

第三十八条 用人单位有下列情形之一的，劳动者可以解除劳动合同：

（一）未按照劳动合同约定提供劳动保护或者劳动条件的；

（二）未及时足额支付劳动报酬的；

（三）未依法为劳动者缴纳社会保险费的；

（四）用人单位的规章制度违反法律、法规的规定，损害劳动者权益的；

（五）因本法第二十六条第一款规定的情形致使劳动合同无效的；

（六）法律、行政法规规定劳动者可以解除劳动合同的其他情形。

用人单位以暴力、威胁或者非法限制人身自由的手段强迫劳动者劳动的，或者用人单位违章指挥、强令冒险作业危及劳动者人身安全的，劳动者可以立即解除劳动合同，不需事先告知用人单位。

第三十九条 劳动者有下列情形之一的，用人单位可以解除劳动合同：

（一）在试用期间被证明不符合录用条件的；

（二）严重违反用人单位的规章制度的；

（三）严重失职，营私舞弊，给用人单位造成重大损害的；

（四）劳动者同时与其他用人单位建立劳动关系，对完成本单位的工作任务造成严重影响，或者经用人单位提出，拒不改正的；

（五）因本法第二十六条第一款第一项规定的情形致使劳动合同无效的；

（六）被依法追究刑事责任的。

第四十条 有下列情形之一的，用人单位提前三十日以书面形式通知劳动者本人或者额外支付劳动者一个月工资后，可以解除劳动合同：

（一）劳动者患病或者非因工负伤，在规定的医疗期满后不能从事原工作，也不能从事由用人单位另行安排的工作的；

（二）劳动者不能胜任工作，经过培训或者调整工作岗位，仍不能胜任工作的；

（三）劳动合同订立时所依据的客观情况发生重大变化，致使劳动合同无法履行，经用人单位与劳动者协商，未能就变更劳动合同内容达成协议的。

第四十一条 有下列情形之一，需要裁减人员二十人以上或者裁减不足二十人但占企业职工总数百分之十以上的，用人单位提前三十日向工会或者全体职工说明情况，听取工会或者职工的意见后，裁减人员方案经向劳动行政部门报告，可以裁减人员：

（一）依照企业破产法规定进行重整的；

（二）生产经营发生严重困难的；

（三）企业转产、重大技术革新或者经营方式调整，经变更劳动合同后，仍需裁减人员的；

（四）其他因劳动合同订立时所依据的客观经济情况发生重大变化，致使劳动合同无法履行的。

裁减人员时，应当优先留用下列人员：

（一）与本单位订立较长期限的固定期限劳动合同的；

（二）与本单位订立无固定期限劳动合同的；

（三）家庭无其他就业人员，有需要扶养的老人或者未成年人的。

用人单位依照本条第一款规定裁减人员，在六个月内重新招用人员的，应当通知被裁减的人员，并在同等条件下优先招用被裁减的人员。

第四十二条 劳动者有下列情形之一的，用人单位不得依照本法第四十条、第四十一条的规定解除劳动合同：

（一）从事接触职业病危害作业的劳动者未进行离岗前职业健康检查，或者疑似职业病病人在诊断或者医学观察期间的；

（二）在本单位患职业病或者因工负伤并被确认丧失或者部分丧失劳动能力的；

（三）患病或者非因工负伤，在规定的医疗期内的；

（四）女职工在孕期、产期、哺乳期的；

（五）在本单位连续工作满十五年，且距法定退休年龄不足五年的；

（六）法律、行政法规规定的其他情形。

第四十三条 用人单位单方解除劳动合同，应当事先将理由通知工会。用人单位违反法律、行政法规规定或者劳动合同约定的，工会有权要求用人单位纠正。用人单位应当研究工会的意见，并将处理结果书面通知工会。

第四十四条 有下列情形之一的，劳动合同终止：

（一）劳动合同期满的；

（二）劳动者开始依法享受基本养老保险待遇的；

（三）劳动者死亡，或者被人民法院宣告死亡或者宣告失踪的；

（四）用人单位被依法宣告破产的；

（五）用人单位被吊销营业执照、责令关闭、撤销或者用人单位决定提前解散的；

（六）法律、行政法规规定的其他情形。

第四十五条 劳动合同期满，有本法第四十二条规定情形之一的，劳动合同应当续延至相应的情形消失时终止。但是，本法第四十二条第二项规定丧失或者部分丧失劳动能力劳动者的劳动合同的终止，按照国家有关工伤保险的规定执行。

第四十六条 有下列情形之一的，用人单位应当向劳动者支付经济补偿：

（一）劳动者依照本法第三十八条规定解除劳动合同的；

（二）用人单位依照本法第三十六条规定向劳动者提出解除劳动合同并与劳动者协商一致解除劳动合同的；

（三）用人单位依照本法第四十条规定解除劳动合同的；

（四）用人单位依照本法第四十一条第一款规定解除劳动合同的；

（五）除用人单位维持或者提高劳动合同约定条件续订劳动合同，劳动者不同意续订的情形外，依照本法第四十四条第一项规定终止固定期限劳动合同的；

（六）依照本法第四十四条第四项、第五项规定终止劳动合同的；

（七）法律、行政法规规定的其他情形。

第四十七条 经济补偿按劳动者在本单位工作的年限，每满一年支付一个月工资的标准向劳动者支付。六个月以上不满一年的，按一年计算；不满六个月的，向劳动者支付半个月工资的经济补偿。

劳动者月工资高于用人单位所在直辖市、设区的市级人民政府公布的本地区上年度职工月平均工资三倍的，向其支付经济补偿的标准按职工月平均工资三倍的数额支付，向其支付经济补偿的年限最高不超过十二年。

本条所称月工资是指劳动者在劳动合同解除或者终止前十二个月的平均工资。

第四十八条 用人单位违反本法规定解除或者终止劳动合同，劳动者要求继续履行劳动合同的，用人单位应当继续履行；劳动者不要求继续履行劳动合同或者劳动合同已经不能继续履行的，用人单位应当依照本法第八十七条规定支付赔偿金。

第四十九条 国家采取措施，建立健全劳动者社会保险关系跨地区转移接续制度。

第五十条 用人单位应当在解除或者终止劳动合同时出具解除或者终止劳动合同的证明，并在十五日内为劳动者办理档案和社会保险关系转移手续。

劳动者应当按照双方约定，办理工作交接。用人单位依照本法有关规定应当向劳动者支付经济补偿的，在办理工作交接时支付。

用人单位对已经解除或者终止的劳动合同的文本，至少保存二年备查。

第五章 特别规定

第一节 集体合同

第五十一条 企业职工一方与用人单位通过平等协商，可以就劳动报酬、工作时间、休息休假、劳动安全卫生、保险福利等事项订立集体合同。集体合同草案应当提交职工代表大会或者全体职工讨论通过。

集体合同由工会代表企业职工一方与用人单位订立；尚未建立工会的用人单位，由上级工会指导劳动者推举的代表与用人单位订立。

第五十二条 企业职工一方与用人单位可以订立劳动安全卫生、女职工权益保护、工资调整机制等专项集体合同。

第五十三条 在县级以下区域内，建筑业、采矿业、餐饮服务业等行业可以由工会与企业方面代表订立行业性集体合同，或者订立区域性集体合同。

第五十四条 集体合同订立后，应当报送劳动行政部门；劳动行政部门自收到集体合同文本之日起十五日内未提出异议的，集体合同即行生效。

依法订立的集体合同对用人单位和劳动者具有约束力。行业性、区域性集体合同对当地本行业、本区域的用人单位和劳动者具有约束力。

第五十五条 集体合同中劳动报酬和劳动条件等标准不得低于当地人民政府规

定的最低标准；用人单位与劳动者订立的劳动合同中劳动报酬和劳动条件等标准不得低于集体合同规定的标准。

第五十六条　用人单位违反集体合同，侵犯职工劳动权益的，工会可以依法要求用人单位承担责任；因履行集体合同发生争议，经协商解决不成的，工会可以依法申请仲裁、提起诉讼。

第二节　劳务派遣

第五十七条　劳务派遣单位应当依照公司法的有关规定设立，注册资本不得少于五十万元。

第五十八条　劳务派遣单位是本法所称用人单位，应当履行用人单位对劳动者的义务。劳务派遣单位与被派遣劳动者订立的劳动合同，除应当载明本法第十七条规定的事项外，还应当载明被派遣劳动者的用工单位以及派遣期限、工作岗位等情况。

劳务派遣单位应当与被派遣劳动者订立二年以上的固定期限劳动合同，按月支付劳动报酬；被派遣劳动者在无工作期间，劳务派遣单位应当按照所在地人民政府规定的最低工资标准，向其按月支付报酬。

第五十九条　劳务派遣单位派遣劳动者应当与接受以劳务派遣形式用工的单位（以下称用工单位）订立劳务派遣协议。劳务派遣协议应当约定派遣岗位和人员数量、派遣期限、劳动报酬和社会保险费的数额与支付方式以及违反协议的责任。

用工单位应当根据工作岗位的实际需要与劳务派遣单位确定派遣期限，不得将连续用工期限分割订立数个短期劳务派遣协议。

第六十条　劳务派遣单位应当将劳务派遣协议的内容告知被派遣劳动者。

劳务派遣单位不得克扣用工单位按照劳务派遣协议支付给被派遣劳动者的劳动报酬。

劳务派遣单位和用工单位不得向被派遣劳动者收取费用。

第六十一条　劳务派遣单位跨地区派遣劳动者的，被派遣劳动者享有的劳动报酬和劳动条件，按照用工单位所在地的标准执行。

第六十二条　用工单位应当履行下列义务：

（一）执行国家劳动标准，提供相应的劳动条件和劳动保护；

（二）告知被派遣劳动者的工作要求和劳动报酬；

（三）支付加班费、绩效奖金，提供与工作岗位相关的福利待遇；

（四）对在岗被派遣劳动者进行工作岗位所必需的培训；

（五）连续用工的，实行正常的工资调整机制。

用工单位不得将被派遣劳动者再派遣到其他用人单位。

第六十三条　被派遣劳动者享有与用工单位的劳动者同工同酬的权利。用工单位无同类岗位劳动者的，参照用工单位所在地相同或者相近岗位劳动者的劳动报酬确定。

第六十四条 被派遣劳动者有权在劳务派遣单位或者用工单位依法参加或者组织工会，维护自身的合法权益。

第六十五条 被派遣劳动者可以依照本法第三十六条、第三十八条的规定与劳务派遣单位解除劳动合同。

被派遣劳动者有本法第三十九条和第四十条第一项、第二项规定情形的，用工单位可以将劳动者退回劳务派遣单位，劳务派遣单位依照本法有关规定，可以与劳动者解除劳动合同。

第六十六条 劳务派遣一般在临时性、辅助性或者替代性的工作岗位上实施。

第六十七条 用人单位不得设立劳务派遣单位向本单位或者所属单位派遣劳动者。

第三节 非全日制用工

第六十八条 非全日制用工，是指以小时计酬为主，劳动者在同一用人单位一般平均每日工作时间不超过四小时，每周工作时间累计不超过二十四小时的用工形式。

第六十九条 非全日制用工双方当事人可以订立口头协议。

从事非全日制用工的劳动者可以与一个或者一个以上用人单位订立劳动合同；但是，后订立的劳动合同不得影响先订立的劳动合同的履行。

第七十条 非全日制用工双方当事人不得约定试用期。

第七十一条 非全日制用工双方当事人任何一方都可以随时通知对方终止用工。终止用工，用人单位不向劳动者支付经济补偿。

第七十二条 非全日制用工小时计酬标准不得低于用人单位所在地人民政府规定的最低小时工资标准。

非全日制用工劳动报酬结算支付周期最长不得超过十五日。

第六章 监督检查

第七十三条 国务院劳动行政部门负责全国劳动合同制度实施的监督管理。

县级以上地方人民政府劳动行政部门负责本行政区域内劳动合同制度实施的监督管理。

县级以上各级人民政府劳动行政部门在劳动合同制度实施的监督管理工作中，应当听取工会、企业方面代表以及有关行业主管部门的意见。

第七十四条 县级以上地方人民政府劳动行政部门依法对下列实施劳动合同制度的情况进行监督检查：

（一）用人单位制定直接涉及劳动者切身利益的规章制度及其执行的情况；

（二）用人单位与劳动者订立和解除劳动合同的情况；

（三）劳务派遣单位和用工单位遵守劳务派遣有关规定的情况；

（四）用人单位遵守国家关于劳动者工作时间和休息休假规定的情况；

（五）用人单位支付劳动合同约定的劳动报酬和执行最低工资标准的情况；

（六）用人单位参加各项社会保险和缴纳社会保险费的情况；

（七）法律、法规规定的其他劳动监察事项。

第七十五条 县级以上地方人民政府劳动行政部门实施监督检查时，有权查阅与劳动合同、集体合同有关的材料，有权对劳动场所进行实地检查，用人单位和劳动者都应当如实提供有关情况和材料。

劳动行政部门的工作人员进行监督检查，应当出示证件，依法行使职权，文明执法。

第七十六条 县级以上人民政府建设、卫生、安全生产监督管理等有关主管部门在各自职责范围内，对用人单位执行劳动合同制度的情况进行监督管理。

第七十七条 劳动者合法权益受到侵害的，有权要求有关部门依法处理，或者依法申请仲裁、提起诉讼。

第七十八条 工会依法维护劳动者的合法权益，对用人单位履行劳动合同、集体合同的情况进行监督。用人单位违反劳动法律、法规和劳动合同、集体合同的，工会有权提出意见或者要求纠正；劳动者申请仲裁、提起诉讼的，工会依法给予支持和帮助。

第七十九条 任何组织或者个人对违反本法的行为都有权举报，县级以上人民政府劳动行政部门应当及时核实、处理，并对举报有功人员给予奖励。

第七章　法律责任

第八十条 用人单位直接涉及劳动者切身利益的规章制度违反法律、法规规定的，由劳动行政部门责令改正，给予警告；给劳动者造成损害的，应当承担赔偿责任。

第八十一条 用人单位提供的劳动合同文本未载明本法规定的劳动合同必备条款或者用人单位未将劳动合同文本交付劳动者的，由劳动行政部门责令改正；给劳动者造成损害的，应当承担赔偿责任。

第八十二条 用人单位自用工之日起超过一个月不满一年未与劳动者订立书面劳动合同的，应当向劳动者每月支付二倍的工资。

用人单位违反本法规定不与劳动者订立无固定期限劳动合同的，自应当订立无固定期限劳动合同之日起向劳动者每月支付二倍的工资。

第八十三条 用人单位违反本法规定与劳动者约定试用期的，由劳动行政部门责令改正；违法约定的试用期已经履行的，由用人单位以劳动者试用期满月工资为标准，按已经履行的超过法定试用期的期间向劳动者支付赔偿金。

第八十四条 用人单位违反本法规定，扣押劳动者居民身份证等证件的，由劳动行政部门责令限期退还劳动者本人，并依照有关法律规定给予处罚。

用人单位违反本法规定，以担保或者其他名义向劳动者收取财物的，由劳动行政部门责令限期退还劳动者本人，并以每人五百元以上二千元以下的标准处以罚款；给劳动者造成损害的，应当承担赔偿责任。

劳动者依法解除或者终止劳动合同，用人单位扣押劳动者档案或者其他物品的，依照前款规定处罚。

第八十五条 用人单位有下列情形之一的，由劳动行政部门责令限期支付劳动报酬、加班费或者经济补偿；劳动报酬低于当地最低工资标准的，应当支付其差额部分；逾期不支付的，责令用人单位按应付金额百分之五十以上百分之一百以下的标准向劳动者加付赔偿金：

（一）未按照劳动合同的约定或者国家规定及时足额支付劳动者劳动报酬的；

（二）低于当地最低工资标准支付劳动者工资的；

（三）安排加班不支付加班费的；

（四）解除或者终止劳动合同，未依照本法规定向劳动者支付经济补偿的。

第八十六条 劳动合同依照本法第二十六条规定被确认无效，给对方造成损害的，有过错的一方应当承担赔偿责任。

第八十七条 用人单位违反本法规定解除或者终止劳动合同的，应当依照本法第四十七条规定的经济补偿标准的二倍向劳动者支付赔偿金。

第八十八条 用人单位有下列情形之一的，依法给予行政处罚；构成犯罪的，依法追究刑事责任；给劳动者造成损害的，应当承担赔偿责任：

（一）以暴力、威胁或者非法限制人身自由的手段强迫劳动的；

（二）违章指挥或者强令冒险作业危及劳动者人身安全的；

（三）侮辱、体罚、殴打、非法搜查或者拘禁劳动者的；

（四）劳动条件恶劣、环境污染严重，给劳动者身心健康造成严重损害的。

第八十九条 用人单位违反本法规定未向劳动者出具解除或者终止劳动合同的书面证明，由劳动行政部门责令改正；给劳动者造成损害的，应当承担赔偿责任。

第九十条 劳动者违反本法规定解除劳动合同，或者违反劳动合同中约定的保密义务或者竞业限制，给用人单位造成损失的，应当承担赔偿责任。

第九十一条 用人单位招用与其他用人单位尚未解除或者终止劳动合同的劳动者，给其他用人单位造成损失的，应当承担连带赔偿责任。

第九十二条 劳务派遣单位违反本法规定的，由劳动行政部门和其他有关主管部门责令改正；情节严重的，以每人一千元以上五千元以下的标准处以罚款，并由工商行政管理部门吊销营业执照；给被派遣劳动者造成损害的，劳务派遣单位与用工单位承担连带赔偿责任。

第九十三条 对不具备合法经营资格的用人单位的违法犯罪行为，依法追究法律责任；劳动者已经付出劳动的，该单位或者其出资人应当依照本法有关规定向劳动者支付劳动报酬、经济补偿、赔偿金；给劳动者造成损害的，应当承担赔偿责任。

第九十四条 个人承包经营违反本法规定招用劳动者，给劳动者造成损害的，发包的组织与个人承包经营者承担连带赔偿责任。

第九十五条 劳动行政部门和其他有关主管部门及其工作人员玩忽职守、不履行法定职责，或者违法行使职权，给劳动者或者用人单位造成损害的，应当承担赔偿责任；对直接负责的主管人员和其他直接责任人员，依法给予行政处分；构成犯罪的，依法追究刑事责任。

第八章 附 则

第九十六条 事业单位与实行聘用制的工作人员订立、履行、变更、解除或者终止劳动合同，法律、行政法规或者国务院另有规定的，依照其规定；未作规定的，依照本法有关规定执行。

第九十七条 本法施行前已依法订立且在本法施行之日存续的劳动合同，继续履行；本法第十四条第二款第三项规定连续订立固定期限劳动合同的次数，自本法施行后续订固定期限劳动合同时开始计算。

本法施行前已建立劳动关系，尚未订立书面劳动合同的，应当自本法施行之日起一个月内订立。

本法施行之日存续的劳动合同在本法施行后解除或者终止，依照本法第四十六条规定应当支付经济补偿的，经济补偿年限自本法施行之日起计算；本法施行前按照当时有关规定，用人单位应当向劳动者支付经济补偿的，按照当时有关规定执行。

第九十八条 本法自2008年1月1日起施行。

附录2：中华人民共和国劳动法

（1994年7月5日第八届全国人民代表大会常务委员会
第八次会议通过）

目　录

第一章　总　则

第一条　为了保护劳动者的合法权益，调整劳动关系，建立和维护适应社会主义市场经济的劳动制度，促进经济发展和社会进步，根据宪法，制定本法。

第二条　在中华人民共和国境内的企业、个体经济组织（以下统称用人单位）和与之形成劳动关系的劳动者，适用本法。

国家机关、事业组织、社会团体和与之建立劳动合同关系的劳动者，依照本法执行。

第三条　劳动者享有平等就业和选择职业的权利、取得劳动报酬的权利、休息休假的权利、获得劳动安全卫生保护的权利、接受职业技能培训的权利、享受社会保险和福利的权利、提请劳动争议处理的权利以及法律规定的其他劳动权利。

劳动者应当完成劳动任务，提高职业技能，执行劳动安全卫生规程，遵守劳动纪律和职业道德。

第四条　用人单位应当依法建立和完善规章制度，保障劳动者享有劳动权利和履行劳动义务。

第五条 国家采取各种措施，促进劳动就业，发展职业教育，制定劳动标准，调节社会收入，完善社会保险，协调劳动关系，逐步提高劳动者的生活水平。

第六条 国家提倡劳动者参加社会义务劳动，开展劳动竞赛和合理化建议活动，鼓励和保护劳动者进行科学研究、技术革新和发明创造，表彰和奖励劳动模范和先进工作者。

第七条 劳动者有权依法参加和组织工会。

工会代表和维护劳动者的合法权益，依法独立自主地开展活动。

第八条 劳动者依照法律规定，通过职工大会、职工代表大会或者其他形式，参与民主管理或者就保护劳动者合法权益与用人单位进行平等协商。

第九条 国务院劳动行政部门主管全国劳动工作。

县级以上地方人民政府劳动行政部门主管本行政区域内的劳动工作。

第二章　促进就业

第十条 国家通过促进经济和社会发展，创造就业条件，扩大就业机会。

国家鼓励企业、事业组织、社会团体在法律、行政法规规定的范围内兴办产业或者拓展经营，增加就业。

国家支持劳动者自愿组织起来就业和从事个体经营实现就业。

第十一条 地方各级人民政府应当采取措施，发展多种类型的职业介绍机构，提供就业服务。

第十二条 劳动者就业，不因民族、种族、性别、宗教信仰不同而受歧视。

第十三条 妇女享有与男子平等的就业权利。在录用职工时，除国家规定的不适合妇女的工种或者岗位外，不得以性别为由拒绝录用妇女或者提高对妇女的录用标准。

第十四条 残疾人、少数民族人员、退出现役的军人的就业，法律、法规有特别规定的，从其规定。

第十五条 禁止用人单位招用未满十六周岁的未成年人。

文艺、体育和特种工艺单位招用未满十六周岁的未成年人，必须依照国家有关规定，履行审批手续，并保障其接受义务教育的权利。

第三章　劳动合同和集体合同

第十六条 劳动合同是劳动者与用人单位确立劳动关系、明确双方权利和义务的协议。

建立劳动关系应当订立劳动合同。

第十七条 订立和变更劳动合同，应当遵循平等自愿、协商一致的原则，不得违反法律、行政法规的规定。

劳动合同依法订立即具有法律约束力，当事人必须履行劳动合同规定的义务。

第十八条 下列劳动合同无效：

（一）违反法律、行政法规的劳动合同；

（二）采取欺诈、威胁等手段订立的劳动合同。

无效的劳动合同，从订立的时候起，就没有法律约束力。确认劳动合同部分无效的，如果不影响其余部分的效力，其余部分仍然有效。

劳动合同的无效，由劳动争议仲裁委员会或者人民法院确认。

第十九条 劳动合同应当以书面形式订立，并具备以下条款：

（一）劳动合同期限；

（二）工作内容；

（三）劳动保护和劳动条件；

（四）劳动报酬；

（五）劳动纪律；

（六）劳动合同终止的条件；

（七）违反劳动合同的责任。

劳动合同除前款规定的必备条款外，当事人可以协商约定其他内容。

第二十条 劳动合同的期限分为有固定期限、无固定期限和以完成一定的工作为期限。劳动者在同一用人单位连续工作满十年以上，当事人双方同意延续劳动合同的，如果劳动者提出订立无固定期限的劳动合同，应当订立无固定期限的劳动合同。

第二十一条 劳动合同可以约定试用期。试用期最长不得超过六个月。

第二十二条 劳动合同当事人可以在劳动合同中约定保守用人单位商业秘密的有关事项。

第二十三条 劳动合同期满或者当事人约定的劳动合同终止条件出现，劳动合同即行终止。

第二十四条 经劳动合同当事人协商一致，劳动合同可以解除。

第二十五条 劳动者有下列情形之一的，用人单位可以解除劳动合同：

（一）在试用期间被证明不符合录用条件的；

（二）严重违反劳动纪律或者用人单位规章制度的；

（三）严重失职，营私舞弊，对用人单位利益造成重大损害的；

（四）被依法追究刑事责任的。

第二十六条 有下列情形之一的，用人单位可以解除劳动合同，但是应当提前三十日以书面形式通知劳动者本人：

（一）劳动者患病或者非因工负伤，医疗期满后，不能从事原工作也不能从事由用人单位另行安排的工作的；

（二）劳动者不能胜任工作，经过培训或者调整工作岗位，仍不能胜任工作的；

（三）劳动合同订立时所依据的客观情况发生重大变化，致使原劳动合同无法履行，经当事人协商不能就变更劳动合同达成协议的。

第二十七条 用人单位濒临破产进行法定整顿期间或者生产经营状况发生严重困难，确需裁减人员的，应当提前三十日向工会或者全体职工说明情况，听取工会或者职工的意见，经向劳动行政部门报告后，可以裁减人员。

用人单位依据本条规定裁减人员，在六个月内录用人员的，应当优先录用被裁减的人员。

第二十八条 用人单位依据本法第二十四条、第二十六条、第二十七条的规定解除劳动合同的，应当依照国家有关规定给予经济补偿。

第二十九条 劳动者有下列情形之一的，用人单位不得依据本法第二十六条、第二十七条的规定解除劳动合同：

（一）患职业病或者因工负伤并被确认丧失或者部分丧失劳动能力的；

（二）患病或者负伤，在规定的医疗期内的；

（三）女职工在孕期、产假、哺乳期内的；

（四）法律、行政法规规定的其他情形。

第三十条 用人单位解除劳动合同，工会认为不适当的，有权提出意见。如果用人单位违反法律、法规或者劳动合同，工会有权要求重新处理；劳动者申请仲裁或者提起诉讼的，工会应当依法给予支持和帮助。

第三十一条 劳动者解除劳动合同，应当提前三十日以书面形式通知用人单位。

第三十二条 有下列情形之一的，劳动者可以随时通知用人单位解除劳动合同：

（一）在试用期内的；

（二）用人单位以暴力、威胁或者非法限制人身自由的手段强迫劳动的；

（三）用人单位未按照劳动合同约定支付劳动报酬或者提供劳动条件的。

第三十三条 企业职工一方与企业可以就劳动报酬、工作时间、休息休假、劳动安全卫生、保险福利等事项，签订集体合同。集体合同草案应当提交职工代表大会或者全体职工讨论通过。

集体合同由工会代表职工与企业签订；没有建立工会的企业，由职工推举的代表与企业签订。

第三十四条 集体合同签订后应当报送劳动行政部门；劳动行政部门自收到集体合同文本之日起十五日内未提出异议的，集体合同即行生效。

第三十五条 依法签订的集体合同对企业和企业全体职工具有约束力。职工个人与企业订立的劳动合同中劳动条件和劳动报酬等标准不得低于集体合同的规定。

第四章　工作时间和休息休假

第三十六条　国家实行劳动者每日工作时间不超过八小时、平均每周工作时间不超过四十四小时的工时制度。

第三十七条　对实行计件工作的劳动者，用人单位应当根据本法第三十六条规定的工时制度合理确定其劳动定额和计件报酬标准。

第三十八条　用人单位应当保证劳动者每周至少休息一日。

第三十九条　企业因生产特点不能实行本法第三十六条、第三十八条规定的，经劳动行政部门批准，可以实行其他工作和休息办法。

第四十条　用人单位在下列节日期间应当依法安排劳动者休假：

（一）元旦；

（二）春节；

（三）国际劳动节；

（四）国庆节；

（五）法律、法规规定的其他休假节日。

第四十一条　用人单位由于生产经营需要，经与工会和劳动者协商后可以延长工作时间，一般每日不得超过一小时；因特殊原因需要延长工作时间的，在保障劳动者身体健康的条件下延长工作时间每日不得超过三小时，但是每月不得超过三十六小时。

第四十二条　有下列情形之一的，延长工作时间不受本法第四十一条规定的限制：

（一）发生自然灾害、事故或者因其他原因，威胁劳动者生命健康和财产安全，需要紧急处理的；

（二）生产设备、交通运输线路、公共设施发生故障，影响生产和公众利益，必须及时抢修的；

（三）法律、行政法规规定的其他情形。

第四十三条　用人单位不得违反本法规定延长劳动者的工作时间。

第四十四条　有下列情形之一的，用人单位应当按照下列标准支付高于劳动者正常工作时间工资的工资报酬：

（一）安排劳动者延长工作时间的，支付不低于工资的百分之一百五十的工资报酬；

（二）休息日安排劳动者工作又不能安排补休的，支付不低于工资的百分之二百的工资报酬；

（三）法定休假日安排劳动者工作的，支付不低于工资的百分之三百的工资报酬。

第四十五条 国家实行带薪年休假制度。

劳动者连续工作一年以上的，享受带薪年休假。具体办法由国务院规定。

第五章 工 资

第四十六条 工资分配应当遵循按劳分配原则，实行同工同酬。

工资水平在经济发展的基础上逐步提高。国家对工资总量实行宏观调控。

第四十七条 用人单位根据本单位的生产经营特点和经济效益，依法自主确定本单位的工资分配方式和工资水平。

第四十八条 国家实行最低工资保障制度。最低工资的具体标准由省、自治区、直辖市人民政府规定，报国务院备案。

用人单位支付劳动者的工资不得低于当地最低工资标准。

第四十九条 确定和调整最低工资标准应当综合参考下列因素：

（一）劳动者本人及平均赡养人口的最低生活费用；

（二）社会平均工资水平；

（三）劳动生产率；

（四）就业状况；

（五）地区之间经济发展水平的差异。

第五十条 工资应当以货币形式按月支付给劳动者本人。不得克扣或者无故拖欠劳动者的工资。

第五十一条 劳动者在法定休假日和婚丧假期间以及依法参加社会活动期间，用人单位应当依法支付工资。

第六章 劳动安全卫生

第五十二条 用人单位必须建立、健全劳动安全卫生制度，严格执行国家劳动安全卫生规程和标准，对劳动者进行劳动安全卫生教育，防止劳动过程中的事故，减少职业危害。

第五十三条 劳动安全卫生设施必须符合国家规定的标准。

新建、改建、扩建工程的劳动安全卫生设施必须与主体工程同时设计、同时施工、同时投入生产和使用。

第五十四条 用人单位必须为劳动者提供符合国家规定的劳动安全卫生条件和必要的劳动防护用品，对从事有职业危害作业的劳动者应当定期进行健康检查。

第五十五条 从事特种作业的劳动者必须经过专门培训并取得特种作业资格。

第五十六条 劳动者在劳动过程中必须严格遵守安全操作规程。

劳动者对用人单位管理人员违章指挥、强令冒险作业，有权拒绝执行；对危害生命安全和身体健康的行为，有权提出批评、检举和控告。

第五十七条 国家建立伤亡事故和职业病统计报告和处理制度。县级以上各级人民政府劳动行政部门、有关部门和用人单位应当依法对劳动者在劳动过程中发生的伤亡事故和劳动者的职业病状况，进行统计、报告和处理。

第七章 女职工和未成年工特殊保护

第五十八条 国家对女职工和未成年工实行特殊劳动保护。

未成年工是指年满十六周岁未满十八周岁的劳动者。

第五十九条 禁止安排女职工从事矿山井下、国家规定的第四级体力劳动强度的劳动和其他禁忌从事的劳动。

第六十条 不得安排女职工在经期从事高处、低温、冷水作业和国家规定的第三级体力劳动强度的劳动。

第六十一条 不得安排女职工在怀孕期间从事国家规定的第三级体力劳动强度的劳动和孕期禁忌从事的活动。对怀孕七个月以上的女职工，不得安排其延长工作时间和夜班劳动。

第六十二条 女职工生育享受不少于九十天的产假。

第六十三条 不得安排女职工在哺乳未满一周岁的婴儿期间从事国家规定的第三级体力劳动强度的劳动和哺乳期禁忌从事的其他劳动，不得安排其延长工作时间和夜班劳动。

第六十四条 不得安排未成年工从事矿山井下、有毒有害、国家规定的第四级体力劳动强度的劳动和其他禁忌从事的劳动。

第六十五条 用人单位应当对未成年工定期进行健康检查。

第八章 职业培训

第六十六条 国家通过各种途径，采取各种措施，发展职业培训事业，开发劳动者的职业技能，提高劳动者素质，增强劳动者的就业能力和工作能力。

第六十七条 各级人民政府应当把发展职业培训纳入社会经济发展的规划，鼓励和支持有条件的企业、事业组织、社会团体和个人进行各种形式的职业培训。

第六十八条 用人单位应当建立职业培训制度，按照国家规定提取和使用职业培训经费，根据本单位实际，有计划地对劳动者进行职业培训。

从事技术工种的劳动者，上岗前必须经过培训。

第六十九条 国家确定职业分类，对规定的职业制定职业技能标准，实行职业资格证书制度，由经过政府批准的考核鉴定机构负责对劳动者实施职业技能考核鉴定。

第九章　社会保险和福利

第七十条　国家发展社会保险事业，建立社会保险制度，设立社会保险基金，使劳动者在年老、患病、工伤、失业、生育等情况下获得帮助和补偿。

第七十一条　社会保险水平应当与社会经济发展水平和社会承受能力相适应。

第七十二条　社会保险基金按照保险类型确定资金来源，逐步实行社会统筹。用人单位和劳动者必须依法参加社会保险，缴纳社会保险费。

第七十三条　劳动者在下列情形下，依法享受社会保险待遇：

（一）退休；

（二）患病、负伤；

（三）因工伤残或者患职业病；

（四）失业；

（五）生育。

劳动者死亡后，其遗属依法享受遗属津贴。

劳动者享受社会保险待遇的条件和标准由法律、法规规定。

劳动者享受的社会保险金必须按时足额支付。

第七十四条

社会保险基金经办机构依照法律规定收支、管理和运营社会保险基金，并负有使社会保险基金保值增值的责任。

社会保险基金监督机构依照法律规定，对社会保险基金的收支、管理和运营实施监督。

社会保险基金经办机构和社会保险基金监督机构的设立和职能由法律规定。

任何组织和个人不得挪用社会保险基金。

第七十五条　国家鼓励用人单位根据本单位实际情况为劳动者建立补充保险。

国家提倡劳动者个人进行储蓄性保险。

第七十六条　国家发展社会福利事业，兴建公共福利设施，为劳动者休息、休养和疗养提供条件。

用人单位应当创造条件，改善集体福利，提高劳动者的福利待遇。

第十章　劳动争议

第七十七条　用人单位与劳动者发生劳动争议，当事人可以依法申请调解、仲裁、提起诉讼，也可以协商解决。

调解原则适用于仲裁和诉讼程序。

第七十八条　解决劳动争议，应当根据合法、公正、及时处理的原则，依法维护劳动争议当事人的合法权益。

第七十九条　劳动争议发生后，当事人可以向本单位劳动争议调解委员会申请调解；调解不成，当事人一方要求仲裁的，可以向劳动争议仲裁委员会申请仲裁。当事人一方也可以直接向劳动争议仲裁委员会申请仲裁。对仲裁裁决不服的，可以向人民法院提起诉讼。

第八十条 在用人单位内，可以设立劳动争议调解委员会。劳动争议调解委员会由职工代表、用人单位代表和工会代表组成。劳动争议调解委员会主任由工会代表担任。

劳动争议经调解达成协议的，当事人应当履行。

第八十一条 劳动争议仲裁委员会由劳动行政部门代表、同级工会代表、用人单位方面的代表组成。劳动争议仲裁委员会主任由劳动行政部门代表担任。

第八十二条 提出仲裁要求的一方应当自劳动争议发生之日起六十日内向劳动争议仲裁委员会提出书面申请。仲裁裁决一般应在收到仲裁申请的六十日内作出。对仲裁裁决无异议的，当事人必须履行。

第八十三条 劳动争议当事人对仲裁裁决不服的，可以自收到仲裁裁决书之日起十五日内向人民法院提起诉讼。一方当事人在法定期限内不起诉又不履行仲裁裁决的，另一方当事人可以申请人民法院强制执行。

第八十四条 因签订集体合同发生争议，当事人协商解决不成的，当地人民政府劳动行政部门可以组织有关各方协调处理。

因履行集体合同发生争议，当事人协商解决不成的，可以向劳动争议仲裁委员会申请仲裁；对仲裁裁决不服的，可以自收到仲裁裁决书之日起十五日内向人民法院提起诉讼。

第十一章　监督检查

第八十五条 县级以上各级人民政府劳动行政部门依法对用人单位遵守劳动法律、法规的情况进行监督检查，对违反劳动法律、法规的行为有权制止，并责令改正。

第八十六条 县级以上各级人民政府劳动行政部门监督检查人员执行公务，有权进入用人单位了解执行劳动法律、法规的情况，查阅必要的资料，并对劳动场所进行检查。

县级以上各级人民政府劳动行政部门监督检查人员执行公务，必须出示证件，秉公执法并遵守有关规定。

第八十七条 县级以上各级人民政府有关部门在各自职责范围内，对用人单位遵守劳动法律、法规的情况进行监督。

第八十八条 各级工会依法维护劳动者的合法权益，对用人单位遵守劳动法律、法规的情况进行监督。

任何组织和个人对于违反劳动法律、法规的行为有权检举和控告。

第十二章　法律责任

第八十九条　用人单位制定的劳动规章制度违反法律、法规规定的，由劳动行政部门给予警告，责令改正；对劳动者造成损害的，应当承担赔偿责任。

第九十条　用人单位违反本法规定，延长劳动者工作时间的，由劳动行政部门给予警告，责令改正，并可以处以罚款。

第九十一条　用人单位有下列侵害劳动者合法权益情形之一的，由劳动行政部门责令支付劳动者的工资报酬、经济补偿，并可以责令支付赔偿金：

（一）克扣或者无故拖欠劳动者工资的；

（二）拒不支付劳动者延长工作时间工资报酬的；

（三）低于当地最低工资标准支付劳动者工资的；

（四）解除劳动合同后，未依照本法规定给予劳动者经济补偿的。

第九十二条　用人单位的劳动安全设施和劳动卫生条件不符合国家规定或者未向劳动者提供必要的劳动防护用品和劳动保护设施的，由劳动行政部门或者有关部门责令改正，可以处以罚款；情节严重的，提请县级以上人民政府决定责令停产整顿；对事故隐患不采取措施，致使发生重大事故，造成劳动者生命和财产损失的，对责任人员比照刑法第一百八十七条的规定追究刑事责任。

第九十三条　用人单位强令劳动者违章冒险作业，发生重大伤亡事故，造成严重后果的，对责任人员依法追究刑事责任。

第九十四条　用人单位非法招用未满十六周岁的未成年人的，由劳动行政部门责令改正，处以罚款；情节严重的，由工商行政管理部门吊销营业执照。

第九十五条　用人单位违反本法对女职工和未成年工的保护规定，侵害其合法权益的，由劳动行政部门责令改正，处以罚款；对女职工或者未成年工造成损害的，应当承担赔偿责任。

第九十六条　用人单位有下列行为之一，由公安机关对责任人员处以十五日以下拘留、罚款或者警告；构成犯罪的，对责任人员依法追究刑事责任：

（一）以暴力、威胁或者非法限制人身自由的手段强迫劳动的；

（二）侮辱、体罚、殴打、非法搜查和拘禁劳动者的。

第九十七条　由于用人单位的原因订立的无效合同，对劳动者造成损害的，应当承担赔偿责任。

第九十八条　用人单位违反本法规定的条件解除劳动合同或者故意拖延不订立劳动合同的，由劳动行政部门责令改正；对劳动者造成损害的，应当承担赔偿责任。

第九十九条　用人单位招用尚未解除劳动合同的劳动者，对原用人单位造成经济损失的，该用人单位应当依法承担连带赔偿责任。

第一百条　用人单位无故不缴纳社会保险费的，由劳动行政部门责令其限期缴纳；逾期不缴的，可以加收滞纳金。

第一百零一条 用人单位无理阻挠劳动行政部门、有关部门及其工作人员行使监督检查权，打击报复举报人员的，由劳动行政部门或者有关部门处以罚款；构成犯罪的，对责任人员依法追究刑事责任。

第一百零二条 劳动者违反本法规定的条件解除劳动合同或者违反劳动合同中约定的保密事项，对用人单位造成经济损失的，应当依法承担赔偿责任。

第一百零三条 劳动行政部门或者有关部门的工作人员滥用职权、玩忽职守、徇私舞弊，构成犯罪的，依法追究刑事责任；不构成犯罪的，给予行政处分。

第一百零四条 国家工作人员和社会保险基金经办机构的工作人员挪用社会保险基金，构成犯罪的，依法追究刑事责任。

第一百零五条 违反本法规定侵害劳动者合法权益，其他法律、行政法规已规定处罚的，依照该法律、行政法规的规定处罚。

第十三章　附　则

第一百零六条 省、自治区、直辖市人民政府根据本法和本地区的实际情况，规定劳动合同制度的实施步骤，报国务院备案。

第一百零七条 本法自1995年1月1日起施行。

附录3：中华人民共和国社会保险法

《中华人民共和国社会保险法》已由中华人民共和国第十一届全国人民代表大会常务委员会第十七次会议于2010年10月28日通过，现予公布，自2011年7月1日起施行。

目　录

第一章　总　则

第一条　为了规范社会保险关系，维护公民参加社会保险和享受社会保险待遇的合法权益，使公民共享发展成果，促进社会和谐稳定，根据宪法，制定本法。

第二条　国家建立基本养老保险、基本医疗保险、工伤保险、失业保险、生育保险等社会保险制度，保障公民在年老、疾病、工伤、失业、生育等情况下依法从国家和社会获得物质帮助的权利。

第三条　社会保险制度坚持广覆盖、保基本、多层次、可持续的方针，社会保险水平应当与经济社会发展水平相适应。

第四条　中华人民共和国境内的用人单位和个人依法缴纳社会保险费，有权查询缴费记录、个人权益记录，要求社会保险经办机构提供社会保险咨询等相关服务。个人依法享受社会保险待遇，有权监督本单位为其缴费情况。

第五条　县级以上人民政府将社会保险事业纳入国民经济和社会发展规划。

国家多渠道筹集社会保险资金。县级以上人民政府对社会保险事业给予必要的经费支持。

国家通过税收优惠政策支持社会保险事业。

第六条 国家对社会保险基金实行严格监管。

国务院和省、自治区、直辖市人民政府建立健全社会保险基金监督管理制度，保障社会保险基金安全、有效运行。县级以上人民政府采取措施，鼓励和支持社会各方面参与社会保险基金的监督。

第七条 国务院社会保险行政部门负责全国的社会保险管理工作，国务院其他有关部门在各自的职责范围内负责有关的社会保险工作。

县级以上地方人民政府社会保险行政部门负责本行政区域的社会保险管理工作，县级以上地方人民政府其他有关部门在各自的职责范围内负责有关的社会保险工作。

第八条 社会保险经办机构提供社会保险服务，负责社会保险登记、个人权益记录、社会保险待遇支付等工作。

第九条 工会依法维护职工的合法权益，有权参与社会保险重大事项的研究，参加社会保险监督委员会，对与职工社会保险权益有关的事项进行监督。

第二章　基本养老保险

第十条 职工应当参加基本养老保险，由用人单位和职工共同缴纳基本养老保险费。

无雇工的个体工商户、未在用人单位参加基本养老保险的非全日制从业人员以及其他灵活就业人员可以参加基本养老保险，由个人缴纳基本养老保险费。

公务员和参照公务员法管理的工作人员养老保险的办法由国务院规定。

第十一条 基本养老保险实行社会统筹与个人账户相结合。

基本养老保险基金由用人单位和个人缴费以及政府补贴等组成。

第十二条 用人单位应当按照国家规定的本单位职工工资总额的比例缴纳基本养老保险费，记入基本养老保险统筹基金。

职工应当按照国家规定的本人工资的比例缴纳基本养老保险费，记入个人账户。

无雇工的个体工商户、未在用人单位参加基本养老保险的非全日制从业人员以及其他灵活就业人员参加基本养老保险的，应当按照国家规定缴纳基本养老保险费，分别记入基本养老保险统筹基金和个人账户。

第十三条 国有企业、事业单位职工参加基本养老保险前，视同缴费年限期间应当缴纳的基本养老保险费由政府承担。

基本养老保险基金出现支付不足时，政府给予补贴。

第十四条 个人账户不得提前支取，记账利率不得低于银行定期存款利率，免征利息税。个人死亡的，个人账户余额可以继承。

第十五条 基本养老金由统筹养老金和个人账户养老金组成。

基本养老金根据个人累计缴费年限、缴费工资、当地职工平均工资、个人账户金额、城镇人口平均预期寿命等因素确定。

第十六条 参加基本养老保险的个人，达到法定退休年龄时累计缴费满十五年的，按月领取基本养老金。

参加基本养老保险的个人，达到法定退休年龄时累计缴费不足十五年的，可以缴费至满十五年，按月领取基本养老金；也可以转入新型农村社会养老保险或者城镇居民社会养老保险，按照国务院规定享受相应的养老保险待遇。

第十七条 参加基本养老保险的个人，因病或者非因工死亡的，其遗属可以领取丧葬补助金和抚恤金；在未达到法定退休年龄时因病或者非因工致残完全丧失劳动能力的，可以领取病残津贴。所需资金从基本养老保险基金中支付。

第十八条 国家建立基本养老金正常调整机制。根据职工平均工资增长、物价上涨情况，适时提高基本养老保险待遇水平。

第十九条 个人跨统筹地区就业的，其基本养老保险关系随本人转移，缴费年限累计计算。个人达到法定退休年龄时，基本养老金分段计算、统一支付。具体办法由国务院规定。

第二十条 国家建立和完善新型农村社会养老保险制度。

新型农村社会养老保险实行个人缴费、集体补助和政府补贴相结合。

第二十一条 新型农村社会养老保险待遇由基础养老金和个人账户养老金组成。

参加新型农村社会养老保险的农村居民，符合国家规定条件的，按月领取新型农村社会养老保险待遇。

第二十二条 国家建立和完善城镇居民社会养老保险制度。

省、自治区、直辖市人民政府根据实际情况，可以将城镇居民社会养老保险和新型农村社会养老保险合并实施。

第三章 基本医疗保险

第二十三条 职工应当参加职工基本医疗保险，由用人单位和职工按照国家规定共同缴纳基本医疗保险费。

无雇工的个体工商户、未在用人单位参加职工基本医疗保险的非全日制从业人员以及其他灵活就业人员可以参加职工基本医疗保险，由个人按照国家规定缴纳基本医疗保险费。

第二十四条 国家建立和完善新型农村合作医疗制度。

新型农村合作医疗的管理办法，由国务院规定。

第二十五条 国家建立和完善城镇居民基本医疗保险制度。

城镇居民基本医疗保险实行个人缴费和政府补贴相结合。

享受最低生活保障的人、丧失劳动能力的残疾人、低收入家庭六十周岁以上的老年人和未成年人等所需个人缴费部分，由政府给予补贴。

第二十六条 职工基本医疗保险、新型农村合作医疗和城镇居民基本医疗保险的待遇标准按照国家规定执行。

第二十七条 参加职工基本医疗保险的个人，达到法定退休年龄时累计缴费达到国家规定年限的，退休后不再缴纳基本医疗保险费，按照国家规定享受基本医疗保险待遇；未达到国家规定年限的，可以缴费至国家规定年限。

第二十八条 符合基本医疗保险药品目录、诊疗项目、医疗服务设施标准以及急诊、抢救的医疗费用，按照国家规定从基本医疗保险基金中支付。

第二十九条 参保人员医疗费用中应当由基本医疗保险基金支付的部分，由社会保险经办机构与医疗机构、药品经营单位直接结算。

社会保险行政部门和卫生行政部门应当建立异地就医医疗费用结算制度，方便参保人员享受基本医疗保险待遇。

第三十条 下列医疗费用不纳入基本医疗保险基金支付范围：

（一）应当从工伤保险基金中支付的；

（二）应当由第三人负担的；

（三）应当由公共卫生负担的；

（四）在境外就医的。

医疗费用依法应当由第三人负担，第三人不支付或者无法确定第三人的，由基本医疗保险基金先行支付。基本医疗保险基金先行支付后，有权向第三人追偿。

第三十一条 社会保险经办机构根据管理服务的需要，可以与医疗机构、药品经营单位签订服务协议，规范医疗服务行为。

医疗机构应当为参保人员提供合理、必要的医疗服务。

第三十二条 个人跨统筹地区就业的，其基本医疗保险关系随本人转移，缴费年限累计计算。

第四章 工伤保险

第三十三条 职工应当参加工伤保险，由用人单位缴纳工伤保险费，职工不缴纳工伤保险费。

第三十四条 国家根据不同行业的工伤风险程度确定行业的差别费率，并根据使用工伤保险基金、工伤发生率等情况在每个行业内确定费率档次。行业差别费率和行业内费率档次由国务院社会保险行政部门制定，报国务院批准后公布施行。

社会保险经办机构根据用人单位使用工伤保险基金、工伤发生率和所属行业费率档次等情况，确定用人单位缴费费率。

第三十五条 用人单位应当按照本单位职工工资总额，根据社会保险经办机构确定的费率缴纳工伤保险费。

第三十六条　职工因工作原因受到事故伤害或者患职业病，且经工伤认定的，享受工伤保险待遇；其中，经劳动能力鉴定丧失劳动能力的，享受伤残待遇。

工伤认定和劳动能力鉴定应当简捷、方便。

第三十七条　职工因下列情形之一导致本人在工作中伤亡的，不认定为工伤：

（一）故意犯罪；

（二）醉酒或者吸毒；

（三）自残或者自杀；

（四）法律、行政法规规定的其他情形。

第三十八条　因工伤发生的下列费用，按照国家规定从工伤保险基金中支付：

（一）治疗工伤的医疗费用和康复费用；

（二）住院伙食补助费；

（三）到统筹地区以外就医的交通食宿费；

（四）安装配置伤残辅助器具所需费用；

（五）生活不能自理的，经劳动能力鉴定委员会确认的生活护理费；

（六）一次性伤残补助金和一至四级伤残职工按月领取的伤残津贴；

（七）终止或者解除劳动合同时，应当享受的一次性医疗补助金；

（八）因工死亡的，其遗属领取的丧葬补助金、供养亲属抚恤金和因工死亡补助金；

（九）劳动能力鉴定费。

第三十九条　因工伤发生的下列费用，按照国家规定由用人单位支付：

（一）治疗工伤期间的工资福利；

（二）五级、六级伤残职工按月领取的伤残津贴；

（三）终止或者解除劳动合同时，应当享受的一次性伤残就业补助金。

第四十条　工伤职工符合领取基本养老金条件的，停发伤残津贴，享受基本养老保险待遇。基本养老保险待遇低于伤残津贴的，从工伤保险基金中补足差额。

第四十一条　职工所在用人单位未依法缴纳工伤保险费，发生工伤事故的，由用人单位支付工伤保险待遇。用人单位不支付的，从工伤保险基金中先行支付。

从工伤保险基金中先行支付的工伤保险待遇应当由用人单位偿还。用人单位不偿还的，社会保险经办机构可以依照本法第六十三条的规定追偿。

第四十二条　由于第三人的原因造成工伤，第三人不支付工伤医疗费用或者无法确定第三人的，由工伤保险基金先行支付。工伤保险基金先行支付后，有权向第三人追偿。

第四十三条　工伤职工有下列情形之一的，停止享受工伤保险待遇：

（一）丧失享受待遇条件的；

（二）拒不接受劳动能力鉴定的；

（三）拒绝治疗的。

第五章　失业保险

第四十四条　职工应当参加失业保险，由用人单位和职工按照国家规定共同缴纳失业保险费。

第四十五条　失业人员符合下列条件的，从失业保险基金中领取失业保险金：

（一）失业前用人单位和本人已经缴纳失业保险费满一年的；

（二）非因本人意愿中断就业的；

（三）已经进行失业登记，并有求职要求的。

第四十六条　失业人员失业前用人单位和本人累计缴费满一年不足五年的，领取失业保险金的期限最长为十二个月；累计缴费满五年不足十年的，领取失业保险金的期限最长为十八个月；累计缴费十年以上的，领取失业保险金的期限最长为二十四个月。重新就业后，再次失业的，缴费时间重新计算，领取失业保险金的期限与前次失业应当领取而尚未领取的失业保险金的期限合并计算，最长不超过二十四个月。

第四十七条　失业保险金的标准，由省、自治区、直辖市人民政府确定，不得低于城市居民最低生活保障标准。

第四十八条　失业人员在领取失业保险金期间，参加职工基本医疗保险，享受基本医疗保险待遇。

失业人员应当缴纳的基本医疗保险费从失业保险基金中支付，个人不缴纳基本医疗保险费。

第四十九条　失业人员在领取失业保险金期间死亡的，参照当地对在职职工死亡的规定，向其遗属发给一次性丧葬补助金和抚恤金。所需资金从失业保险基金中支付。

个人死亡同时符合领取基本养老保险丧葬补助金、工伤保险丧葬补助金和失业保险丧葬补助金条件的，其遗属只能选择领取其中的一项。

第五十条　用人单位应当及时为失业人员出具终止或者解除劳动关系的证明，并将失业人员的名单自终止或者解除劳动关系之日起十五日内告知社会保险经办机构。

失业人员应当持本单位为其出具的终止或者解除劳动关系的证明，及时到指定的公共就业服务机构办理失业登记。

失业人员凭失业登记证明和个人身份证明，到社会保险经办机构办理领取失业保险金的手续。失业保险金领取期限自办理失业登记之日起计算。

第五十一条　失业人员在领取失业保险金期间有下列情形之一的，停止领取失业保险金，并同时停止享受其他失业保险待遇：

（一）重新就业的；

（二）应征服兵役的；

（三）移居境外的；

（四）享受基本养老保险待遇的；

（五）无正当理由，拒不接受当地人民政府指定部门或者机构介绍的适当工作或者提供的培训的。

第五十二条 职工跨统筹地区就业的，其失业保险关系随本人转移，缴费年限累计计算。

第六章 生育保险

第五十三条 职工应当参加生育保险，由用人单位按照国家规定缴纳生育保险费，职工不缴纳生育保险费。

第五十四条 用人单位已经缴纳生育保险费的，其职工享受生育保险待遇；职工未就业配偶按照国家规定享受生育医疗费用待遇。所需资金从生育保险基金中支付。

生育保险待遇包括生育医疗费用和生育津贴。

第五十五条 生育医疗费用包括下列各项：

（一）生育的医疗费用；

（二）计划生育的医疗费用；

（三）法律、法规规定的其他项目费用。

第五十六条 职工有下列情形之一的，可以按照国家规定享受生育津贴：

（一）女职工生育享受产假；

（二）享受计划生育手术休假；

（三）法律、法规规定的其他情形。

生育津贴按照职工所在用人单位上年度职工月平均工资计发。

第七章 社会保险费征缴

第五十七条 用人单位应当自成立之日起三十日内凭营业执照、登记证书或者单位印章，向当地社会保险经办机构申请办理社会保险登记。社会保险经办机构应当自收到申请之日起十五日内予以审核，发给社会保险登记证件。

用人单位的社会保险登记事项发生变更或者用人单位依法终止的，应当自变更或者终止之日起三十日内，到社会保险经办机构办理变更或者注销社会保险登记。

工商行政管理部门、民政部门和机构编制管理机关应当及时向社会保险经办机构通报用人单位的成立、终止情况，公安机关应当及时向社会保险经办机构通报个人的出生、死亡以及户口登记、迁移、注销等情况。

第五十八条 用人单位应当自用工之日起三十日内为其职工向社会保险经办机

构申请办理社会保险登记。未办理社会保险登记的，由社会保险经办机构核定其应当缴纳的社会保险费。

自愿参加社会保险的无雇工的个体工商户、未在用人单位参加社会保险的非全日制从业人员以及其他灵活就业人员，应当向社会保险经办机构申请办理社会保险登记。

国家建立全国统一的个人社会保障号码。个人社会保障号码为公民身份号码。

第五十九条 县级以上人民政府加强社会保险费的征收工作。

社会保险费实行统一征收，实施步骤和具体办法由国务院规定。

第六十条 用人单位应当自行申报、按时足额缴纳社会保险费，非因不可抗力等法定事由不得缓缴、减免。职工应当缴纳的社会保险费由用人单位代扣代缴，用人单位应当按月将缴纳社会保险费的明细情况告知本人。

无雇工的个体工商户、未在用人单位参加社会保险的非全日制从业人员以及其他灵活就业人员，可以直接向社会保险费征收机构缴纳社会保险费。

第六十一条 社会保险费征收机构应当依法按时足额征收社会保险费，并将缴费情况定期告知用人单位和个人。

第六十二条 用人单位未按规定申报应当缴纳的社会保险费数额的，按照该单位上月缴费额的百分之一百一十确定应当缴纳数额；缴费单位补办申报手续后，由社会保险费征收机构按照规定结算。

第六十三条 用人单位未按时足额缴纳社会保险费的，由社会保险费征收机构责令其限期缴纳或者补足。

用人单位逾期仍未缴纳或者补足社会保险费的，社会保险费征收机构可以向银行和其他金融机构查询其存款账户；并可以申请县级以上有关行政部门作出划拨社会保险费的决定，书面通知其开户银行或者其他金融机构划拨社会保险费。用人单位账户余额少于应当缴纳的社会保险费的，社会保险费征收机构可以要求该用人单位提供担保，签订延期缴费协议。

用人单位未足额缴纳社会保险费且未提供担保的，社会保险费征收机构可以申请人民法院扣押、查封、拍卖其价值相当于应当缴纳社会保险费的财产，以拍卖所得抵缴社会保险费。

第八章 社会保险基金

第六十四条 社会保险基金包括基本养老保险基金、基本医疗保险基金、工伤保险基金、失业保险基金和生育保险基金。各项社会保险基金按照社会保险险种分别建账，分账核算，执行国家统一的会计制度。

社会保险基金专款专用，任何组织和个人不得侵占或者挪用。

基本养老保险基金逐步实行全国统筹，其他社会保险基金逐步实行省级统筹，具体时间、步骤由国务院规定。

第六十五条 社会保险基金通过预算实现收支平衡。

县级以上人民政府在社会保险基金出现支付不足时，给予补贴。

第六十六条 社会保险基金按照统筹层次设立预算。社会保险基金预算按照社会保险项目分别编制。

第六十七条 社会保险基金预算、决算草案的编制、审核和批准，依照法律和国务院规定执行。

第六十八条 社会保险基金存入财政专户，具体管理办法由国务院规定。

第六十九条 社会保险基金在保证安全的前提下，按照国务院规定投资运营实现保值增值。

社会保险基金不得违规投资运营，不得用于平衡其他政府预算，不得用于兴建、改建办公场所和支付人员经费、运行费用、管理费用，或者违反法律、行政法规规定挪作其他用途。

第七十条 社会保险经办机构应当定期向社会公布参加社会保险情况以及社会保险基金的收入、支出、结余和收益情况。

第七十一条 国家设立全国社会保障基金，由中央财政预算拨款以及国务院批准的其他方式筹集的资金构成，用于社会保障支出的补充、调剂。全国社会保障基金由全国社会保障基金管理运营机构负责管理运营，在保证安全的前提下实现保值增值。

全国社会保障基金应当定期向社会公布收支、管理和投资运营的情况。国务院财政部门、社会保险行政部门、审计机关对全国社会保障基金的收支、管理和投资运营情况实施监督。

第九章 社会保险经办

第七十二条 统筹地区设立社会保险经办机构。社会保险经办机构根据工作需要，经所在地的社会保险行政部门和机构编制管理机关批准，可以在本统筹地区设立分支机构和服务网点。

社会保险经办机构的人员经费和经办社会保险发生的基本运行费用、管理费用，由同级财政按照国家规定予以保障。

第七十三条 社会保险经办机构应当建立健全业务、财务、安全和风险管理制度。

社会保险经办机构应当按时足额支付社会保险待遇。

第七十四条 社会保险经办机构通过业务经办、统计、调查获取社会保险工作所需的数据，有关单位和个人应当及时、如实提供。

社会保险经办机构应当及时为用人单位建立档案，完整、准确地记录参加社会保险的人员、缴费等社会保险数据，妥善保管登记、申报的原始凭证和支付结算的会计凭证。

社会保险经办机构应当及时、完整、准确地记录参加社会保险的个人缴费和用人单位为其缴费，以及享受社会保险待遇等个人权益记录，定期将个人权益记录单免费寄送本人。

用人单位和个人可以免费向社会保险经办机构查询、核对其缴费和享受社会保险待遇记录，要求社会保险经办机构提供社会保险咨询等相关服务。

第七十五条 全国社会保险信息系统按照国家统一规划，由县级以上人民政府按照分级负责的原则共同建设。

第十章 社会保险监督

第七十六条 各级人民代表大会常务委员会听取和审议本级人民政府对社会保险基金的收支、管理、投资运营以及监督检查情况的专项工作报告，组织对本法实施情况的执法检查等，依法行使监督职权。

第七十七条 县级以上人民政府社会保险行政部门应当加强对用人单位和个人遵守社会保险法律、法规情况的监督检查。

社会保险行政部门实施监督检查时，被检查的用人单位和个人应当如实提供与社会保险有关的资料，不得拒绝检查或者谎报、瞒报。

第七十八条 财政部门、审计机关按照各自职责，对社会保险基金的收支、管理和投资运营情况实施监督。

第七十九条 社会保险行政部门对社会保险基金的收支、管理和投资运营情况进行监督检查，发现存在问题的，应当提出整改建议，依法作出处理决定或者向有关行政部门提出处理建议。社会保险基金检查结果应当定期向社会公布。

社会保险行政部门对社会保险基金实施监督检查，有权采取下列措施：

（一）查阅、记录、复制与社会保险基金收支、管理和投资运营相关的资料，对可能被转移、隐匿或者灭失的资料予以封存；

（二）询问与调查事项有关的单位和个人，要求其对与调查事项有关的问题作出说明、提供有关证明材料；

（三）对隐匿、转移、侵占、挪用社会保险基金的行为予以制止并责令改正。

第八十条 统筹地区人民政府成立由用人单位代表、参保人员代表，以及工会代表、专家等组成的社会保险监督委员会，掌握、分析社会保险基金的收支、管理和投资运营情况，对社会保险工作提出咨询意见和建议，实施社会监督。

社会保险经办机构应当定期向社会保险监督委员会汇报社会保险基金的收支、管理和投资运营情况。社会保险监督委员会可以聘请会计师事务所对社会保险基金的收支、管理和投资运营情况进行年度审计和专项审计。审计结果应当向社会公开。

社会保险监督委员会发现社会保险基金收支、管理和投资运营中存在问题的，有权提出改正建议；对社会保险经办机构及其工作人员的违法行为，有权向有关部门提出依法处理建议。

第八十一条 社会保险行政部门和其他有关行政部门、社会保险经办机构、社会保险费征收机构及其工作人员，应当依法为用人单位和个人的信息保密，不得以任何形式泄露。

第八十二条 任何组织或者个人有权对违反社会保险法律、法规的行为进行举报、投诉。

社会保险行政部门、卫生行政部门、社会保险经办机构、社会保险费征收机构和财政部门、审计机关对属于本部门、本机构职责范围的举报、投诉，应当依法处理；对不属于本部门、本机构职责范围的，应当书面通知并移交有权处理的部门、机构处理。有权处理的部门、机构应当及时处理，不得推诿。

第八十三条 用人单位或者个人认为社会保险费征收机构的行为侵害自己合法权益的，可以依法申请行政复议或者提起行政诉讼。

用人单位或者个人对社会保险经办机构不依法办理社会保险登记、核定社会保险费、支付社会保险待遇、办理社会保险转移接续手续或者侵害其他社会保险权益的行为，可以依法申请行政复议或者提起行政诉讼。

个人与所在用人单位发生社会保险争议的，可以依法申请调解、仲裁，提起诉讼。用人单位侵害个人社会保险权益的，个人也可以要求社会保险行政部门或者社会保险费征收机构依法处理。

第十一章　法律责任

第八十四条 用人单位不办理社会保险登记的，由社会保险行政部门责令限期改正；逾期不改正的，对用人单位处应缴社会保险费数额一倍以上三倍以下的罚款，对其直接负责的主管人员和其他直接责任人员处五百元以上三千元以下的罚款。

第八十五条 用人单位拒不出具终止或者解除劳动关系证明的，依照《中华人民共和国劳动合同法》的规定处理。

第八十六条 用人单位未按时足额缴纳社会保险费的，由社会保险费征收机构责令限期缴纳或者补足，并自欠缴之日起，按日加收万分之五的滞纳金；逾期仍不缴纳的，由有关行政部门处欠缴数额一倍以上三倍以下的罚款。

第八十七条 社会保险经办机构以及医疗机构、药品经营单位等社会保险服务机构以欺诈、伪造证明材料或者其他手段骗取社会保险基金支出的，由社会保险行政部门责令退回骗取的社会保险金，处骗取金额二倍以上五倍以下的罚款；属于社会保险服务机构的，解除服务协议；直接负责的主管人员和其他直接责任人员有执业资格的，依法吊销其执业资格。

第八十八条 以欺诈、伪造证明材料或者其他手段骗取社会保险待遇的，由社会保险行政部门责令退回骗取的社会保险金，处骗取金额二倍以上五倍以下的罚款。

第八十九条 社会保险经办机构及其工作人员有下列行为之一的，由社会保险行政部门责令改正；给社会保险基金、用人单位或者个人造成损失的，依法承担赔偿责任；对直接负责的主管人员和其他直接责任人员依法给予处分：

（一）未履行社会保险法定职责的；

（二）未将社会保险基金存入财政专户的；

（三）克扣或者拒不按时支付社会保险待遇的；

（四）丢失或者篡改缴费记录、享受社会保险待遇记录等社会保险数据、个人权益记录的；

（五）有违反社会保险法律、法规的其他行为的。

第九十条 社会保险费征收机构擅自更改社会保险费缴费基数、费率，导致少收或者多收社会保险费的，由有关行政部门责令其追缴应当缴纳的社会保险费或者退还不应当缴纳的社会保险费；对直接负责的主管人员和其他直接责任人员依法给予处分。

第九十一条 违反本法规定，隐匿、转移、侵占、挪用社会保险基金或者违规投资运营的，由社会保险行政部门、财政部门、审计机关责令追回；有违法所得的，没收违法所得；对直接负责的主管人员和其他直接责任人员依法给予处分。

第九十二条 社会保险行政部门和其他有关行政部门、社会保险经办机构、社会保险费征收机构及其工作人员泄露用人单位和个人信息的，对直接负责的主管人员和其他直接责任人员依法给予处分；给用人单位或者个人造成损失的，应当承担赔偿责任。

第九十三条 国家工作人员在社会保险管理、监督工作中滥用职权、玩忽职守、徇私舞弊的，依法给予处分。

第九十四条 违反本法规定，构成犯罪的，依法追究刑事责任。

第十二章　附　则

第九十五条 进城务工的农村居民依照本法规定参加社会保险。

第九十六条 征收农村集体所有的土地，应当足额安排被征地农民的社会保险费，按照国务院规定将被征地农民纳入相应的社会保险制度。

第九十七条 外国人在中国境内就业的，参照本法规定参加社会保险。

第九十八条 本法自 2011 年 7 月 1 日起施行。

附录4：中华人民共和国劳动争议调解仲裁法

目　录

第一章　总　则

第一条　为了公正及时解决劳动争议，保护当事人合法权益，促进劳动关系和谐稳定，制定本法。

第二条　中华人民共和国境内的用人单位与劳动者发生的下列劳动争议，适用本法：

（一）因确认劳动关系发生的争议；

（二）因订立、履行、变更、解除和终止劳动合同发生的争议；

（三）因除名、辞退和辞职、离职发生的争议；

（四）因工作时间、休息休假、社会保险、福利、培训以及劳动保护发生的争议；

（五）因劳动报酬、工伤医疗费、经济补偿或者赔偿金等发生的争议；

（六）法律、法规规定的其他劳动争议。

第三条　解决劳动争议，应当根据事实，遵循合法、公正、及时、着重调解的原则，依法保护当事人的合法权益。

第四条　发生劳动争议，劳动者可以与用人单位协商，也可以请工会或者第三方共同与用人单位协商，达成和解协议。

第五条　发生劳动争议，当事人不愿协商、协商不成或者达成和解协议后不履行的，可以向调解组织申请调解；不愿调解、调解不成或者达成调解协议后不履行的，可以向劳动争议仲裁委员会申请仲裁；对仲裁裁决不服的，除本法另有规定的外，可以向人民法院提起诉讼。

第六条　发生劳动争议，当事人对自己提出的主张，有责任提供证据。与争议事项有关的证据属于用人单位掌握管理的，用人单位应当提供；用人单位不提供的，应当承担不利后果。

第七条 发生劳动争议的劳动者一方在十人以上，并有共同请求的，可以推举代表参加调解、仲裁或者诉讼活动。

第八条 县级以上人民政府劳动行政部门会同工会和企业方面代表建立协调劳动关系三方机制，共同研究解决劳动争议的重大问题。

第九条 用人单位违反国家规定，拖欠或者未足额支付劳动报酬，或者拖欠工伤医疗费、经济补偿或者赔偿金的，劳动者可以向劳动行政部门投诉，劳动行政部门应当依法处理。

第二章 调 解

第十条 发生劳动争议，当事人可以到下列调解组织申请调解：

（一）企业劳动争议调解委员会；

（二）依法设立的基层人民调解组织；

（三）在乡镇、街道设立的具有劳动争议调解职能的组织。

企业劳动争议调解委员会由职工代表和企业代表组成。职工代表由工会成员担任或者由全体职工推举产生，企业代表由企业负责人指定。企业劳动争议调解委员会主任由工会成员或者双方推举的人员担任。

第十一条 劳动争议调解组织的调解员应当由公道正派、联系群众、热心调解工作，并具有一定法律知识、政策水平和文化水平的成年公民担任。

第十二条 当事人申请劳动争议调解可以书面申请，也可以口头申请。口头申请的，调解组织应当当场记录申请人基本情况、申请调解的争议事项、理由和时间。

第十三条 调解劳动争议，应当充分听取双方当事人对事实和理由的陈述，耐心疏导，帮助其达成协议。

第十四条 经调解达成协议的，应当制作调解协议书。

调解协议书由双方当事人签名或者盖章，经调解员签名并加盖调解组织印章后生效，对双方当事人具有约束力，当事人应当履行。

自劳动争议调解组织收到调解申请之日起十五日内未达成调解协议的，当事人可以依法申请仲裁。

第十五条 达成调解协议后，一方当事人在协议约定期限内不履行调解协议的，另一方当事人可以依法申请仲裁。

第十六条 因支付拖欠劳动报酬、工伤医疗费、经济补偿或者赔偿金事项达成调解协议，用人单位在协议约定期限内不履行的，劳动者可以持调解协议书依法向人民法院申请支付令。人民法院应当依法发出支付令。

第三章 仲 裁

第一节 一般规定

第十七条 劳动争议仲裁委员会按照统筹规划、合理布局和适应实际需要的原则设立。省、自治区人民政府可以决定在市、县设立；直辖市人民政府可以决定在区、县设立。直辖市、设区的市也可以设立一个或者若干个劳动争议仲裁委员会。劳动争议仲裁委员会不按行政区划层层设立。

第十八条 国务院劳动行政部门依照本法有关规定制定仲裁规则。省、自治区、直辖市人民政府劳动行政部门对本行政区域的劳动争议仲裁工作进行指导。

第十九条 劳动争议仲裁委员会由劳动行政部门代表、工会代表和企业方面代表组成。

劳动争议仲裁委员会组成人员应当是单数。劳动争议仲裁委员会依法履行下列职责：

（一）聘任、解聘专职或者兼职仲裁员；

（二）受理劳动争议案件；

（三）讨论重大或者疑难的劳动争议案件；

（四）对仲裁活动进行监督。劳动争议仲裁委员会下设办事机构，负责办理劳动争议仲裁委员会的日常工作。

第二十条 劳动争议仲裁委员会应当设仲裁员名册。仲裁员应当公道正派并符合下列条件之一：

（一）曾任审判员的；

（二）从事法律研究、教学工作并具有中级以上职称的；

（三）具有法律知识、从事人力资源管理或者工会等专业工作满五年的；

（四）律师执业满三年的。

第二十一条 劳动争议仲裁委员会负责管辖本区域内发生的劳动争议。

劳动争议由劳动合同履行地或者用人单位所在地的劳动争议仲裁委员会管辖。双方当事人分别向劳动合同履行地和用人单位所在地的劳动争议仲裁委员会申请仲裁的，由劳动合同履行地的劳动争议仲裁委员会管辖。

第二十二条 发生劳动争议的劳动者和用人单位为劳动争议仲裁案件的双方当事人。

劳务派遣单位或者用工单位与劳动者发生劳动争议的，劳务派遣单位和用工单位为共同当事人。

第二十三条 与劳动争议案件的处理结果有利害关系的第三人，可以申请参加仲裁活动或者由劳动争议仲裁委员会通知其参加仲裁活动。

第二十四条 当事人可以委托代理人参加仲裁活动。委托他人参加仲裁活动，应当向劳动争议仲裁委员会提交有委托人签名或者盖章的委托书，委托书应当载明委托事项和权限。

第二十五条 丧失或者部分丧失民事行为能力的劳动者，由其法定代理人代为参加仲裁活动；无法定代理人的，由劳动争议仲裁委员会为其指定代理人。劳动者死亡的，由其近亲属或者代理人参加仲裁活动。

第二十六条 劳动争议仲裁公开进行，但当事人协议不公开进行或者涉及国家秘密、商业秘密和个人隐私的除外。

第二节 申请和受理

第二十七条 劳动争议申请仲裁的时效期间为一年。仲裁时效期间从当事人知道或者应当知道其权利被侵害之日起计算。

前款规定的仲裁时效，因当事人一方向对方当事人主张权利，或者向有关部门请求权利救济，或者对方当事人同意履行义务而中断。从中断时起，仲裁时效期间重新计算。

因不可抗力或者有其他正当理由，当事人不能在本条第一款规定的仲裁时效期间申请仲裁的，仲裁时效中止。从中止时效的原因消除之日起，仲裁时效期间继续计算。

劳动关系存续期间因拖欠劳动报酬发生争议的，劳动者申请仲裁不受本条第一款规定的仲裁时效期间的限制；但是，劳动关系终止的，应当自劳动关系终止之日起一年内提出。

第二十八条 申请人申请仲裁应当提交书面仲裁申请，并按照被申请人人数提交副本。仲裁申请书应当载明下列事项：

（一）劳动者的姓名、性别、年龄、职业、工作单位和住所，用人单位的名称、住所和法定代表人或者主要负责人的姓名、职务；

（二）仲裁请求和所根据的事实、理由；

（三）证据和证据来源、证人姓名和住所。

书写仲裁申请确有困难的，可以口头申请，由劳动争议仲裁委员会记入笔录，并告知对方当事人。

第二十九条 劳动争议仲裁委员会收到仲裁申请之日起五日内，认为符合受理条件的，应当受理，并通知申请人；认为不符合受理条件的，应当书面通知申请人不予受理，并说明理由。对劳动争议仲裁委员会不予受理或者逾期未作出决定的，申请人可以就该劳动争议事项向人民法院提起诉讼。

第三十条 劳动争议仲裁委员会受理仲裁申请后，应当在五日内将仲裁申请书副本送达被申请人。

被申请人收到仲裁申请书副本后，应当在十日内向劳动争议仲裁委员会提交答辩书。劳动争议仲裁委员会收到答辩书后，应当在五日内将答辩书副本送达申请人。被申请人未提交答辩书的，不影响仲裁程序的进行。

第三节　开庭和裁决

第三十一条　劳动争议仲裁委员会裁决劳动争议案件实行仲裁庭制。仲裁庭由三名仲裁员组成，设首席仲裁员。简单劳动争议案件可以由一名仲裁员独任仲裁。

第三十二条　劳动争议仲裁委员会应当在受理仲裁申请之日起五日内将仲裁庭的组成情况书面通知当事人。

第三十三条　仲裁员有下列情形之一，应当回避，当事人也有权以口头或者书面方式提出回避申请：

（一）是本案当事人或者当事人、代理人的近亲属的；

（二）与本案有利害关系的；

（三）与本案当事人、代理人有其他关系，可能影响公正裁决的；

（四）私自会见当事人、代理人，或者接受当事人、代理人的请客送礼的。

劳动争议仲裁委员会对回避申请应当及时作出决定，并以口头或者书面方式通知当事人。

第三十四条　仲裁员有本法第三十三条第四项规定情形，或者有索贿受贿、徇私舞弊、枉法裁决行为的，应当依法承担法律责任。劳动争议仲裁委员会应当将其解聘。

第三十五条　仲裁庭应当在开庭五日前，将开庭日期、地点书面通知双方当事人。当事人有正当理由的，可以在开庭三日前请求延期开庭。是否延期，由劳动争议仲裁委员会决定。

第三十六条　申请人收到书面通知，无正当理由拒不到庭或者未经仲裁庭同意中途退庭的，可以视为撤回仲裁申请。

被申请人收到书面通知，无正当理由拒不到庭或者未经仲裁庭同意中途退庭的，可以缺席裁决。

第三十七条　仲裁庭对专门性问题认为需要鉴定的，可以交由当事人约定的鉴定机构鉴定；当事人没有约定或者无法达成约定的，由仲裁庭指定的鉴定机构鉴定。

根据当事人的请求或者仲裁庭的要求，鉴定机构应当派鉴定人参加开庭。当事人经仲裁庭许可，可以向鉴定人提问。

第三十八条　当事人在仲裁过程中有权进行质证和辩论。质证和辩论终结时，首席仲裁员或者独任仲裁员应当征询当事人的最后意见。

第三十九条　当事人提供的证据经查证属实的，仲裁庭应当将其作为认定事实的根据。

劳动者无法提供由用人单位掌握管理的与仲裁请求有关的证据，仲裁庭可以要求用人单位在指定期限内提供。用人单位在指定期限内不提供的，应当承担不利后果。

第四十条　仲裁庭应当将开庭情况记入笔录。当事人和其他仲裁参加人认为对自己陈述的记录有遗漏或者差错的，有权申请补正。如果不予补正，应当记录该申请。

笔录由仲裁员、记录人员、当事人和其他仲裁参加人签名或者盖章。

第四十一条 当事人申请劳动争议仲裁后，可以自行和解。达成和解协议的，可以撤回仲裁申请。

第四十二条 仲裁庭在作出裁决前，应当先行调解。

调解达成协议的，仲裁庭应当制作调解书。

调解书应当写明仲裁请求和当事人协议的结果。调解书由仲裁员签名，加盖劳动争议仲裁委员会印章，送达双方当事人。调解书经双方当事人签收后，发生法律效力。

调解不成或者调解书送达前，一方当事人反悔的，仲裁庭应当及时作出裁决。

第四十三条 仲裁庭裁决劳动争议案件，应当自劳动争议仲裁委员会受理仲裁申请之日起四十五日内结束。案情复杂需要延期的，经劳动争议仲裁委员会主任批准，可以延期并书面通知当事人，但是延长期限不得超过十五日。逾期未作出仲裁裁决的，当事人可以就该劳动争议事项向人民法院提起诉讼。

仲裁庭裁决劳动争议案件时，其中一部分事实已经清楚，可以就该部分先行裁决。

第四十四条 仲裁庭对追索劳动报酬、工伤医疗费、经济补偿或者赔偿金的案件，根据当事人的申请，可以裁决先予执行，移送人民法院执行。

仲裁庭裁决先予执行的，应当符合下列条件：

（一）当事人之间权利义务关系明确；

（二）不先予执行将严重影响申请人的生活。

劳动者申请先予执行的，可以不提供担保。

第四十五条 裁决应当按照多数仲裁员的意见作出，少数仲裁员的不同意见应当记入笔录。仲裁庭不能形成多数意见时，裁决应当按照首席仲裁员的意见作出。

第四十六条 裁决书应当载明仲裁请求、争议事实、裁决理由、裁决结果和裁决日期。裁决书由仲裁员签名，加盖劳动争议仲裁委员会印章。对裁决持不同意见的仲裁员，可以签名，也可以不签名。

第四十七条 下列劳动争议，除本法另有规定的外，仲裁裁决为终局裁决，裁决书自作出之日起发生法律效力：

（一）追索劳动报酬、工伤医疗费、经济补偿或者赔偿金，不超过当地月最低工资标准十二个月金额的争议；

（二）因执行国家的劳动标准在工作时间、休息休假、社会保险等方面发生的争议。

第四十八条 劳动者对本法第四十七条规定的仲裁裁决不服的，可以自收到仲裁裁决书之日起十五日内向人民法院提起诉讼。

第四十九条 用人单位有证据证明本法第四十七条规定的仲裁裁决有下列情形之一，可以自收到仲裁裁决书之日起三十日内向劳动争议仲裁委员会所在地的中级人民法院申请撤销裁决：

（一）适用法律、法规确有错误的；

（二）劳动争议仲裁委员会无管辖权的；

（三）违反法定程序的；

（四）裁决所根据的证据是伪造的；

（五）对方当事人隐瞒了足以影响公正裁决的证据的；

（六）仲裁员在仲裁该案时有索贿受贿、徇私舞弊、枉法裁决行为的。

人民法院经组成合议庭审查核实裁决有前款规定情形之一的，应当裁定撤销。

仲裁裁决被人民法院裁定撤销的，当事人可以自收到裁定书之日起十五日内就该劳动争议事项向人民法院提起诉讼。

第五十条 当事人对本法第四十七条规定以外的其他劳动争议案件的仲裁裁决不服的，可以自收到仲裁裁决书之日起十五日内向人民法院提起诉讼；期满不起诉的，裁决书发生法律效力。

第五十一条 当事人对发生法律效力的调解书、裁决书，应当依照规定的期限履行。一方当事人逾期不履行的，另一方当事人可以依照民事诉讼法的有关规定向人民法院申请执行。受理申请的人民法院应当依法执行。

第四章　附　则

第五十二条 事业单位实行聘用制的工作人员与本单位发生劳动争议的，依照本法执行；法律、行政法规或者国务院另有规定的，依照其规定。

第五十三条 劳动争议仲裁不收费。劳动争议仲裁委员会的经费由财政予以保障。

第五十四条 本法自 2008 年 5 月 1 日起施行。

“考证训练”习题解答

学习情境一：

一、单项选择题

1. C 2. B 3. D 4. D 5. C 6. C 7. C 8. D 9. B

二、多项选择题

1. CDE 2. BCDE 3. ABCDE 4. BCDE 5. AB

三、简答题

1. 劳动关系又称为劳资关系，《劳动法》规定，劳动关系是指劳动者与用人单位在实现劳动过程中建立的社会经济关系，具体是指在实现劳动过程发生的，一方有偿提供劳动力，另一方提供生产资料，并由两者结合进行生产而形成的社会关系。

劳动关系具有以下特征：首先，劳动是劳动力与生产资料的结合关系，劳动者固定为劳动力所有者和支出者，用人单位（或雇主）固定为生产资料所有者和劳动力使用者，劳动关系的本质是强调劳动者将其所有的劳动力与用人单位的生产资料相结合；其次，劳动关系具有显著从属性，用人单位要安排劳动者在组织内和生产资料结合；而劳动者则要完成各项生产任务，并遵守单位内部的规章制度，两者是隶属主体间的指挥和服从为特征的管理关系；最后，劳动关系是人身关系，由于劳动力的存在和支出与劳动者人身不可分离，劳动者向用人单位提供劳动力，实际上就是劳动者将人身在一定限度内交给用人单位，作为补偿，用人单位要向劳动者支付工资等物质待遇。

2. 劳动合同的内容一般包括法定条款和约定条款两部分。法定条款是劳动法要求劳动合同必须具备的条款，约定条款是根据工种、岗位的不同特点，由双方共同协商确定的具体条款。

法定条款具体包括：（1）劳动合同期限；（2）工作内容；（3）劳动保护和劳动条件；（4）劳动报酬；（5）劳动纪律；（6）劳动合同终止的条件；（7）违反劳动合同的责任。

约定条款具体包括：（1）试用期条款；（2）保守商业秘密和有技术秘密条款；（3）禁止同业竞争条款；（4）其他可备条款，例如第二职业条款，违约金和赔偿金条款、补充保险、福利条款等。

3. 订立劳动合同必须遵循合法原则、公平原则、平等自愿原则、协商一致原则、诚实信用原则。合法原则要求劳动合同的形式合法和内容合法，按照劳动合同法的规定，除非全日制用工外，都应当以书面形式订立劳动合同。劳动合同内容必须具备必备条款，且内容不得违反法律规定。公平原则要求劳动合同内容公平合理，用人单位不得以强势地位压制劳动者而制定显失公平的合同条款。平等自愿原则指劳动者和用人单位在订立劳动合同时法律地位平等，订立劳动合同完全是出于劳动者和用人单位双方的真实意思的表示，出于自愿而签订。协商一致原则是指合同条款是经双方协商一致达成的，任何一方不得把自己的意志强加给另一方，不得强迫订立劳动合同。诚实信用原则是一项社会基本道德原则，为人处世均应当遵循该原则。用人单位和劳动者在订立劳动合同时要诚实，讲信用，不得欺诈对方。根据劳动合同法的规定，用人单位招用劳动者时，应当如实告知劳动者工作内容、工作条件、工作地点、职业危害、安全生产状况、劳动报酬，以及劳动者要求了解的其他情况；用人单位有权了解劳动者与劳动合同直接相关的基本情况，劳动者应当如实说明。

4. 有下列情形之一的，可以认为具备了变更劳动合同的条件：（1）在不损害国家、集体和他人利益的情况下，双方协商一致的；（2）劳动合同订立时所依据的客观情况发生了重大变化，如企业经上级部门批准转产或者改变生产任务，或者企业经营不善，企业严重亏损等，原劳动合同无法履行，经合同双方协商一致的；（3）由于不可抗力的因素致使劳动合同无法完全履行的。不可抗力是指当事人所不能预见、不能避免并不能克服的客观情况，如自然灾害、意外事故、战争等；（4）劳动合同订立时所依据的法律、法规已修改，致使原劳动合同无法全面履行，需要作出修改；（5）劳动者的身体健康状况发生变化、劳动能力丧失或部分丧失、所在岗位与其职业技能不相适应，原劳动合同不能履行。

四、综合题

1. 仲裁委员会组成仲裁庭，查明魏某的视力的确不符合被诉人招工简章中的视力要求，同时被诉人发现申诉人不符合的时间在劳动合同规定的间内，被诉人是合法的，申诉人魏某的理由不能支持。经调解无效，作出仲裁裁决如下：

（1）维持某市教育印刷厂“关于解除魏某劳动合同的决定”；

（2）驳回魏某仲裁请求；

（3）仲裁费30元，由魏某承担。

我国《劳动法》明确规定，在不超过6个月的试用期内，劳动合同双方当事人可以相互考察，如果一方有过错，由于劳动者个人的过错使得劳动合同难以继续履行下去。劳动者在试用期间内被证明不符合录用条件的，用人单位可以解除劳动合同就是其中之一。

2. 答案：不能，

因为按照《劳动法》第二十九条第三项规定，女职工在孕期、产期、哺乳期内的，用人单位不得依据本法第二十六条、第二十七条的规定解除劳动合同。《劳动法》第二十六条规定了在三种情况下用人单位提前30日以书面形式通知劳动者本人，可以解除劳动合同。其中第二种情形为劳动者不能胜任工作，经过培训或调整工作岗位仍不能胜任工作的，可以解除劳动合同。《劳动法》第二十九规定对怀孕女职工不能依据《劳动法》第二十六条规定解除合同，当然包括女职工不能胜任工作在内。这是《劳动法》对女职工的特殊劳动保护。该服装厂未能执行《劳动法》这一规定，在康某明示已怀孕5个多月的情况下，仍坚持解除劳动合同，显然是错误的。

另外，按照《劳动法》第二十六条的规定，即便女工康某未怀孕，该服装厂对于不能胜任服装裁剪工作的康某解除劳动合同也在程序上违法。这就是说，该服装厂应对康某再次进行培训或重新调整工作岗位，如果经过培训或调整工作岗位后康某仍不能胜任工作，才可以提前30天以书面形式通知本人解除劳动合同。该服装厂在没有对康某进行培训或调整工作岗位的情况下，就以不胜任工作为由解除劳动合同，也是违反《劳动法》第二十六条的规定的。

学习情境二：

一、单项选择题

1. B 2. A 3. D 4. D 5. C

二、多项选择题

1. BCDE 2. ABCE 3. ABCD 4. BCDE 5. ABCE

三、案例分析题

参考答案：

（1）这是一起因集体合同与劳动合同有出入而引发的劳动争议，主要涉及集体合同的订立、生效以及劳动合同和集体合同的约束力等内容。

（2）本案例订立集体合同的过程中，振兴公司的工会推选了协商代表，就员工最低工资、劳动时间等达成了一致，并经2/3以上职工代表审议通过，因此，振兴公司集体合同的订立程序是符合法律、法规相关规定的。

（3）本案例中，振兴公司将双方签订后的集体合同报送到劳动行政部门，劳动行政部门自收到集体合同文本之日起15日内未提出异议，因此该集体合同即行生效。

（4）本案中，振兴公司与刘某签订劳动合同时，该公司与工会签订的集体合同已经生效，所以，集体合同对刘某同样具有效力。同时刘某与公司签订的劳动合同中约定的工资报酬低于集体合同中约定的标准，因此该项的规定无效。

综上所述，劳动争议仲裁委员会应该做出以下裁决：

（1）振兴公司补发刘某2个月的工资差额：即：（1300－1000）×2＝600元。

（2）在劳动合同剩余期限内，振兴公司应当每月按照不低于1300元的标准，支付刘某的工资；

（3）振兴公司与刘某所订立的劳动合同依然有效，除工资条款外，其他条款不变。

学习情境三：

一、单项选择题

1. B 2. B 3. A 4. B 5. C 6. A 7. A 8. B 9. D 10. A 11. C 12. A

二、多项选择题

1. ABCDE 2. CD 3. ABCDE 4. ABC 5. ABCD

三、简答题

1. 不是任何失业者都能享受失业保险待遇，必须具备一定的条件和资格：

（1）失业者必须处于劳动年龄阶段，即处于法定最低劳动年龄与退休年龄之间。

（2）失业者必须是非自愿失业，而不是自愿失业。

（3）失业前必须工作过一定时日，或者投保过一定的时日。

（4）失业后必须立即到政府指定的劳动就业介绍机构，一般是职业介绍所去登记，表明自己已经失业，要求寻求新的工作岗位；同时必须表示，愿意接受职业介绍机构提供的新的、适当的工作，服从分配，愿意接受职业介绍机构提供的再就业培训，以便到新岗位上能胜任。

四、案例分析题

（1）法律依据分析

①李某的要求部分有法律依据。

②李某要求厂里一次性支付伤残补助金有法律依据

③李某要求厂里支付异地安家费没有法律依据，因为李某本身是外地人员，不存在异地安家问题，因此他不能享受此待遇。

④李某要求一次性支付他伤残津贴没有法律依据。

（2）李某应享受的工伤致残待遇

①因工负伤被鉴定为一至四级的，应退出生产工作岗位，终止劳动关系，发给工伤伤残抚恤证件。

②按月发给伤残抚恤金，李某为四级工伤，抚恤金标准为李某工资的75%。

③发给一次性伤残补助金，李某为四级工伤，可以得到其18个月工资的伤残补助金。

④患病时按医疗保险有关规定执行，对其中由个人负担的部分遇有困难时，由工伤保险基金酌情补助。

学习情境四：

一、单项选择题

1. C 2. A 3. B 4. A 5. A 6. A

二、多项选择题

1. ABCD 2. BCE 3. ABCD 4. BCDE

三、案例分析题

1. 不齐全。比较完善的制度包括如下几方面的管理制度：

（一）综合安全管理制度

（1）安全生产管理目标、指标和总体原则，明确安全生产管理的体制、机制、组织机构，规定安全生产风险防范、控制的主要措施，日常安全生产监督管理的重点工作等内容。

（2）安全生产责任制度

（3）重大危险源管理制度

（4）危险物品使用管理制度

（5）隐患排查和治理制度

（6）事故调查报告处理制度

（7）消防安全管理制度

（8）应急管理制度

（9）安全奖惩制度

（二）人员安全管理制度

（1）安全教育培训制度

（2）劳动防护用品发放使用和管理制度

（3）安全工器具的使用管理制度

（4）特种作业及特殊作业管理制度

（5）岗位安全规范

（6）职业健康检查制度

（7）现场作业安全管理制度，如动火管理制度等。

（三）设备设施安全管理制度（题中所列“防爆设备安全管理制度”，只涉及其中一种设备，应对主要的生产、安全保障和检测设备建立设备管理制度）

（1）“三同时”制度

（2）定期巡视检查制度

（3）定期维护检修制度

（4）定期检测、检验制度

（5）安全操作规程

（四）环境安全管理制度

（1）安全标志管理制度

（2）作业环境管理制度

（3）工业卫生管理制度

2. 行政处罚是指国家行政机关依照有关法律、法规和规章，对公民、法人或者其他组织违反行政管理秩序的行为实施处罚的行政执法活动。行政处罚是对犯有违法行为尚不够刑事处分者实施的行政制裁。因此，安全事故行政责任处罚的具体规范存在于《安全生产法》、《劳动法》、《职业病防治法》等法律以及有关法规和规章中，而规范行政处罚的设定和实施，保障和监督行政机关有效实施行政管理，维护公共利益和社会秩序，保护公民、法人或者其他组织的合法权益则由《行政处罚法》规定。

刑事责任处罚的法律是《刑法》。安全事故罪的刑事处罚最高力度是有期徒刑3～7年。

刑法第一百三十五条"重大劳动安全事故罪"安全生产设施或者安全生产条件不符合国家规定，因而发生重大伤亡事故或者造成其他严重后果的，对直接负责的主管人员和其他直接责任人员，处三年以下有期徒刑或者拘役；情节特别恶劣的，处三年以上七年以下有期徒刑。

学习情境五：

一、单项选择题

1. B　2. A　3. B　4. C　5. B　6. D　7. B　8. C　9. A　10. B

二、多项选择题

1. ABCDE　2. ABD　3. ABCD

三、案例分析题

1. 这是一起因工资问题发生的争议，焦点是怎样计算日工资和小时工资。本案中，该公司的计算方法是错误的。

制度工作天数计算公式为：

（全年日历天数－法定休假日天数－公休日）÷12个月＝每月制度工作天数

日工资为劳动者本人月工资标准除以每月制度工作天数，小时工资为日工资除以8小时。

按照上述公式，每周实行40小时工作制时，每月制度工作天数为21.16天。以该公司工程队为例，每周实行40小时（每周五天）工时制度，公司与职工劳动合同规定月工资为750元，职工的日工资计算应为：750元÷21.16天＝35.44元，小时工资为：35.44元÷8小时＝4.43元。邓某10月份应得749.91元。

从本案的情况看，该公司在计算劳动者工资时，把规定的应按劳动者月工资除以每月制度工作天数折算，没有扣除法定节假日和公休日，因此，出现了错误的结果。

2. 本案争议的实质问题是职工的医疗期如何计算，从案情陈述看，该食品公司的计算方法是错误的，是不符合法律规定的。

本案中，该食品公司错就错在计算职工桂某医疗期时，只看桂某在本单位的工作年限，没有看桂某的实际工作年限。《企业职工患病或非因工负伤医疗期限规定》第三条明确规定“实际工作年限十年以上的，在本单位工作五年以下的，医疗期为六个月”，很显然，职工桂某 1977 年 9 月参加工作，到 1995 年 5 月实际工作年限已将近 18 年之多，其非因工负伤后的医疗期应以桂某实际工作年限和在现在工作单位的工作年限合计作为条件来计算，即享受六个月的医疗期。

3. 这是一起因续订劳动合同而发生的劳动争议案件，该公司的要求是不符合法律规定的。《劳动法》第二十三条规定，劳动合同期满或者当事人约定的劳动合同终止的条件出现，劳动合同即行终止。第十七条规定，订立和变更劳动合同，应当遵循平等自愿、协商一致的原则。本案中，该公司与谭某所订劳动合同期限届满后，合同中约定的权利义务也就不存在了，双方的劳动关系应以合同到期而终止。如果一方需要续订劳动合同，必须经平等自愿、协商一致来确定，一方不能强迫另一方续订劳动合同（合同有约定的除外）。

本案中，该公司以索要培训费为由，强求谭某续订劳动合同，是不符合法律规定的。对职工进行业务技术培训是企业的义务，至于对某一劳动者单独支付一笔费用进行专门技术培训的，企业应同其签订有关培训合同，就双方培训期间及培训后的有关事项做出约定，一方违反培训合同，给对方造成损失的，应承担赔偿责任。而本案中，该公司派谭某外出培训，虽然花费了 20 000 元培训费，但双方并没有就培训结束后有关事项作出任何约定，在这种情况下，合同期满谭某提出不愿续订劳动合同，无任何违约行为，完全符合法律规定。该公司索要培训费是没有道理的，不与谭某办理终止劳动合同手续更是不合法的。

4. （1）此案例，劳动仲裁委员会的裁决是正确的。

根据《中华人民共和国劳动法》第十六条规定和《广州市劳动合同管理规定》第三条规定：“建立劳动关系应当订立劳动合同。”光明饮料厂招用工，长期不与劳动者订立劳动合同，已严重违反了以上规定；劳动争议仲裁委员会经过审理，认定存在事实劳动关系是合理的。

《中华人民共和国劳动法》第七十二条规定，用人单位和劳动者必须依法参加社会保险，缴纳社会保险费。养老保险、失业保险均是社会保险的项目之一，因此用人单位应依法按时足额缴纳养老、失业保险费，否则，就会造成劳动者退休或失业时，不能享受社会保险待遇。在此案中，光明饮料厂企业以更改劳动者的身份和参加工作年份达到减少缴纳劳动者的社会保险目的，显然，这种做法是违反《中华人民共和国劳动法》规定的，是对劳动者的合法权益的侵犯，应当予以纠正，劳动争议仲裁委员会依法裁定用人单位为劳动者补缴养老保险费，赔偿失业保险待遇损失，有效地保障了劳动者的合法权益。

（2）企业与员工建立劳动关系中应注意：

① 企业的劳动用工要符合劳动法律法规的规定，签订劳动合同；

② 劳动者的合法权益应得到保护；

③ 企业的合法权益应在劳动合同中体现。

学习情境六：

一、单项选择题

1. A 2. B

二、简答题

1. 建立外企工会是中国法律使然；建立工会是企业内部管理的法定要求；建立外企工会是预防与化解劳动争议的途径之一。

2. 在企业管理中，应用压力管理能更好地发挥人力资源的作用，促进人力资源开发与管理的成功。

3. 外部模式；混合模式；联合模式；共同委托模式。

4. 工作环境满足度；工作回报满足度；工作本身满足度；工作群体满足度；企业满足度。

参考文献

[1] 中国就业培训技术指导中心．企业人力资源管理师 [M]．北京：中国劳动社会保障出版社，2007.
[2] 陈延园．劳动关系 [M]．北京：中国人民大学出版社，2002.
[3] 黄山市政府信息公开网．http：//zw. huangshan. gov. cn.
[4] 左祥琦．劳动关系管理 [M]．北京：中国发展出版社，2007.
[5] 彭剑锋．人力资源管理概论 [M]．上海：复旦大学出版社，2007.
[6] 大楚人才网．http：//yc. 566job. com. html/10239. html.
[7] 陈维政，李贯卿，毛晓燕．劳动关系管理 [M]．北京：科学出版社，2010.
[8] 常凯．中国劳动关系报告——当地中国劳动关系的特点和趋势 [M]．北京：中国劳动社会保障出版社，2009.
[9] 塞尔．欧洲劳动关系：共性卷 [M]．易定红等译．北京：中国劳动社会保障出版社，2009.
[10] 法律服务网．http：//www. goodlawyer. cn.
[11] 中华人民共和国社会和劳动保障部．http：//www. molss. gov. cn.
[12] 石先广法律工作室．http：//shixianguang. bokee. com.
[13] 中国雅虎知识堂．http：//ks. cn. yahoo. com.
[14] 常凯．劳动关系·劳动者·劳权 [M]．北京：中国劳动出版社，2005.
[15] 找法网．http：//china. findlaw. cn.
[16] 余世平，刘新．劳动法学实务与案例评析 [M]．北京：中国工商出版社，2004.
[17] 王君南，陈微波．劳动关系与社会保险．济南：山东人民出版社，2004.
[18] 法律快车．http：//www. lawtime. cn.
[19] 110 法律咨询．http：//www. 110. com.
[20] 邹杨，丁玉梅．劳动合同法最新理论与实务 [M]．大连：东北财经大学出版社，2009.
[21] 董保华．劳动合同研究 [M]．北京：中国劳动社会保障出版社，2005.
[22] 左祥琦．学好用好劳动合同法 [M]．北京：北京大学出版社，2007.
[23] 左祥琦．劳动合同与集体合同 [M]．北京：中国劳动社会保障出版社，2002.
[24] 李艳，赵淑芳．员工关系管理实务手册 [M]．北京：人民邮电出版社，2009.
[25] 肖传亮，童丽，王贵军．劳动关系管理 [M]．大连：东北财经大学出版社，2008.
[25] 国务院关于建立统一的企业职工基本养老保险制度的决定（国发〔1997〕26 号）.
[27] 国务院关于完善企业职工基本养老保险制度的决定（国发〔2005〕38 号）.
[28] 国务院关于建立城镇职工基本医疗保险制度的决定（国发〔1998〕44 号）.
[29] 广州市社会保险基金管理中心网．http：//www. gzlm. net/sbjjzx/guide_ canbaodengji. html.
[30] 中华人民共和国人力资源与社会保障部网站．http：//www. mohrss. gov. cn/.
[31] 北京市人力资源与社会保障局网站．http：//www. bjp. gov. cn/.
[32] 社会保险登记管理暂行办法（中华人民共和国劳动和社会保障部令第 1 号）.
[33] 社会保险费征缴暂行条例（中华人民共和国国务院令第 259 号）.
[34] 广州市番禺区地方税务局网．http：//dfsw. panyu. gov. cn/system/newstemplet/default. asp?

id=3042.
[35] 广州本地宝网. http://gz.bendibao.com/gzsi/2010423/si42109.shtml.
[36] 失业保险条例（中华人民共和国国务院令第258号）.
[37] 工伤保险条例（中华人民共和国国务院令第375号），
[38] 企业职工生育保险试运行办法（劳部发〔1994〕504号）.
[39] 岳宗福. 五险一金——制度·案例·答疑［M］. 北京：中国法制出版社，2008.
[40] 张慧霞. 社会保险制度解读与操作实务［M］. 北京：清华大学出版社，北京交通大学出版社，2009.
[41] 孟昭喜，劳动和社会保障部组织编写. 社会保险经办管理［M］. 北京：中国劳动社会保障出版社，2005.
[42] 中华人民共和国劳动法（1994年7月5日）.
[43] 中华人民共和国劳动合同法（2007年6月29日）.
[44] 本书编写组. 劳动维权法律手册. 北京：中国法制出版社，2007.
[45] 劳动和社会保障部教材办公室组织编写. 企业人力资源管理人员：人力资源管理师［M］. 中国劳动社会保障出版社，2005.
[46] 钱炎，蔡启明，黍洪江. 人力资源管理师（职业二级）应试习题集［M］. 立信会计出版社，2005.
[47] 宋大成，郭海滨，毕连喜. 化学工业企业职业安全健康管理体系实施范例［M］. 北京：化学工业出版社，2006.
[48] 杨永华. 职业安全健康管理体系OSHMS推行实务［M］. 深圳：海天出版社，2003.
[49] 中国安全生产科学研究院编. 职业健康安全管理体系国家注册审核员培训教程［M］. 北京：化学工业出版社，2005.
[50] 中国安全生产注册安全工程师工作委员会编. 安全生产管理知识［M］. 北京：中国大百科全书出版社，2008.
[51] 中国安全生产协会注册安全工程师工作委员会编. 安全生产法及相关法律知识［M］. 北京：中国大百科全书出版社，2008.
[52] 中国就业培训技术指导中心组织编写. 企业人力资源管理师·常用法律手册［M］. 北京：中国劳动社会保障出版社，2007.
[53] 中国就业培训技术指导中心组织编写. 企业人力资源管理师（四级）［M］. 北京：中国劳动社会保障出版社，2007.
[54] 黎友焕. SA8000与中国企业社会责任建设［M］. 北京：中国经济出版社，2004.
[55] 中国安全生产科学研究院编. 中国职业安全卫生概况［M］. 北京：中国劳动社会保障出版社，2004.
[56]（澳）杰夫·泰勒（Taylor·G）/凯丽·伊斯特（Easter·K）/罗伊·亨格尼（Hegney·R）著. 职业安全与健康（Enhancing Occupational safety and Health）［M］. 北京：化学工业出版社，2007.
[57] 德斯勒，曾湘泉编. 人力资源管理［M］. 北京：中国人民大学出版社，2006.
[58] 赵秋生编著. 厂长经理和管理人员职业安全健康知识［M］. 北京：化学工业出版社，2005.

[59] 职业健康安全管理体系规范（GB/T28001—2001).
[60] 社会责任 8000（SA8000：2001).
[61] 中国人大网 . http：//www. npc. gov. cn.
[62] 国家安全生产总局网站 . http：//www. chinasafety. gov. cn/newpage.
[63] 国家人力资源社保部网 . http：//www. mohrss. gov. cn.
[64] 职业病网 . http：//www. zybw. com.
[65] 中国认证认可信息网 . http：//www. cait. cn.
[66] 商务部网站 . http：//gpj. mofcom. gov. cn.
[67] 中国认证信息网 . http：//www. cniso. com. cn.
[68] 武汉华胜工程建设科技有限公司网 . http：//www. huaskj. com.
[69] 广州誉杰管理咨询有限公司网站 . http：//www. yukey. org. cn.
[70] 中国人民大学劳动人事学院组织编写 . 员工关系管理 [M]. 上海：复旦大学出版社，2004.
[71] 吴小平 . 如何提升员工满意度和敬业精神 [M]. 北京：北京大学出版社，2004.
[72] 郭庆松 . 企业劳动关系 [M]. 北京：经济管理出版社，2001.
[73] 李英娟 . 浅议企业对员工的压力管理 [J] . 经济管理 . 2002 年（21).
[74] 赵甜蜜 . 企业员工的工作压力管理 [J] . 合作经济与科技. 2005 年（19).